아산재단 연구총서 제367집

노인주택 파노라마

유 선 종

집문당

머리말

출산율 감소와 평균수명 증가로 인한 고령화는 세계적인 이슈로 대두되고 있으며, 이러한 인구구조의 변화는 지금까지 인류가 경험하지 못한 큰 변화이다. UN은 평균수명 증가로 100세 이상 인구가 급증하는 호모헌드레드(Homo-Hundred) 시대가 도래함으로써 각국의 고령화 문제가 심각해질 것으로 예측하고 있다.

우리나라는 OECD 국가 중 최저 수준의 출산율(2013년 1.18명)과 고령인구의 비중(2050년 40.2%)으로 인해 일본과 함께 세계 최고령 국가가 될 전망이다. 세계보건기구(WHO)의 '2013 세계보건통계'에 따르면 2011년 출생아를 기준으로 한국인의 기대수명은 평균 81세(남자 77세, 여자 84세)로 추산되었고, 보건복지부(2011)의 '인생 100세 시대 대응전략'에서는 1954년생 남자의 39.6%, 여자의 46.2%가 98세까지 생존할 것이라고 전망하였다.

수명 100세 시대라는 말이 낯설지 않은 오늘날, 60세에 퇴직한다고 가정할 때 40여 년의 여생이 기다리고 있어, 수명 100세 시대를 대비한 노후설계는 청년기부터 요구된다. 건강하게 준비된 장수는 축복이지만, 준비되지 않은 채 맞이하는 장수는 재앙이라는 냉혹한 현실을 자각해야 한다.

삶의 보람을 느끼며 노후생활을 보낼 수 있는 장수복지사회를 위해 건강한 65~74세의 전기고령자에게는 능동적인 사회 참가 기회를 제공하는 방향으로 환경이 조성되어야 한다. 거동이 불편한 75세 이상의 후기고령자에게는 고령자보건·복지 분야에 관한 서비스를 종합적으로 정비하고 개호·수발에 관한 사회 전반의 이해와 복지문화가 구축되어야 한다.

노인의 가령(加齡)과 더불어 노인주거에 대한 중요성은 커지고 있으며, 노인의 시설 입소와 노인세대의 주거 안정을 위한 다각적인 주거정책이 필요하다. 주택문제는 노인복지의 핵심적인 부분으로 주택시장에서 노인가구가 차지하는 영향력은 증가하고 있다. 주택시장은 공급자 중심 주택정책에서 수요자 중심의 주택정책으로 전환하고 있으며 실수요자 위주의 주택시장 형성 및 수요 다양화 등으로 주택시장의 패러다임의 변화가 나타나고 있다.

노인주택이 고령자의 주거 안정 및 삶의 질 향상에 기여하기 위해서는 노인의 욕구에 부합되는 다양한 주택이 공급되고, 주택 및 거주자에 대한 지속적인 사후관리 및 필요 서비스의 제공이 중요하다. 따라서 고령자가 경제적 상황, 건강상태, 현 주거상태, 가족 특성, 여가생활 등 자신의 상황에 맞는 고령자주택을 선택할 수 있도록 다양한 주거유형이 개발될 필요가 있다. 나아가 다양한 고령자주택의 공급과 함께 지속적인 운영도 중요하고, 노인의 생애주기 변화에 대처할 수 있는 다양한 주택유형의 개발과 함께 사후관리가 필수적인 요건이 된다.

베이비붐 세대가 노인이 되면서 짧은 시간에 고령화가 가속화되는 압축적 고령화 현상과 직면하면서 건강장수를 위한 준비, 노후의 삶을 위한 경제적 준비, 노후 여가문화의 개발, 노인대학 등의 교육, 가족과 친지와의 관계, 은퇴 이후의 30~40년에 이르는 삶의 질적 향상을 위한 노력은 더 이상 미룰 수 없다.

지금까지 노인주거는 우리 사회에 있어서 해결되어야 하는 많은 사안 중 하나였지만 시급한 현안은 아니었다. 그러나 급속한 고령사회로 진전되는 오늘날, 노인주거와 관련된 사안은 시급하고 중요한 현안이 되고 있다.

이 책은 고령자의 노후생활과 노인의 주거에 대하여 보다 쉽게 이해할 수 있도록 일본의 사례를 중심으로 설명하는 데 역점을 두었다. 우리나라에 다가오는 고령화와 관련된 미래사회는 일본의 노인주거시설에 대한 통찰을 통해 간접경험을 할 수 있기 때문이다.

따라서 이 책에서는 일본의 노인주택의 추이에 대한 고찰과 이를 바탕으로 우리나라에 주는 시사점을 도출하고, 인생 100세 시대를 맞이하는 시대의 변화와 그에 따른 노인주택의 전개를 담아내려는 목적으로 저술되었다.

이 책의 구성은 다음과 같다. 일본의 노인주거정책과 노인인구 및 시대상의 변화를 통하여 우리나라의 노인주거정책과 노인주택 개발에 주는 시사점을 도출하기 위해 서비스형고령자주택 등을 대상으로 일본의 고령화와 노인주거정책, 우리나라의 고령화와 노인주거정책, 일본 노인주택의 유형과 사례에 대해 고찰하였다.

제1부에서는 일본의 고령화와 노인주거정책에 대해 고찰하였다. 우선 일본의 인구고령화와 노년기 주거에 대해서 일본의 고령화 시대상과 일본 베이비붐세대의 주거와 라이프스타일에 대해 고찰하였는데 특히 노후난민, 노노간병, 생전장, 식품사막, 무연사회, 엔딩노트 등은 물론이고, 노인의 주거 실태와 주택형 주거와 시설형 주거의 차이, 유닛케어와 개인실 등에 대해서도 고찰하였다.

나아가 일본의 노인주거정책 중 후생노동성계 시설과 국토교통성계 주택에 대해 고찰하고, 특별양호노인주택, 노인보건시설, 그룹홈, 유료노인주택, 서비스형고령자주택 등에 대해 고찰하고 그 차이를 밝혔다.

제2부에서는 우리나라의 고령화와 노인주거정책에 대해 고찰하였다. 우선 노후인생설계, 노인의 경제상태(주택연금, 성년후견제 등을 통한 재산관리) 등에 대해 고찰하였다. 우리나라 노인주거정책의 추진체계, 노인주거지원 관련법제, 노인주거시설의 종류, 양로시설과 노인복지주택의 차이 등에 대해 밝히고 있다. 나아가 노인주택을 구분함에 있어서 입지 특성, 주거형태, 건물의 배치형태, 세대규모 및 세대형태, 설립 주체, 계약형태, 개발방식, 건강상태 등 다양한 분류기준을 제시하고 있으며, 국토연구원의 자료에 기초하여 한국형 고령자주택의 유형을 제시하고 있다

제3부에서는 일본 노인주택의 유형과 사례에 대해 고찰하였다. 우선 입주의사, 입주비용, 이용료결정방식, 계약형태(이용권방식, 임대방식, 분양방식) 등에 대해 기술하고 있다. 노인주택사업의 사회적 · 경제적 환경(입주일시금의 가격파괴, 개호형 노인주택 중심, 사회적 입원)과 제도적 · 정책적 변화(사전협의, 총량규제), 의료와 개호의 연대와 시너지효과 제고를 위한 의료법인의 참여에 대해 기술하고 있다. 일본 노인주택의 유형으로는 유료노인주택, 소규모다기능시설, 서비스형고령자주택에 대해 기술하고 있다. 일본에서는 타 업종에서 노인주택사업 참여가 확대되고 있는데 의료법인, 요식업계, 교육산업계, 보험업계, 전기가전판매업계, 부동산업계, 호텔업계 등 다양한 영역으로 넓혀지고 있다. 차별화된 개발사례로는 역전재개발 컨버전, 다세대 교류형 복합개발, 소규모 유휴지활용형, 의료법인의 지원시설, 터미널케어 대응

형, 자립 · 경증노인 입주자형, 저가격형 컨버전, 요금체계 선택형, 연령별 상각형, 종합병원일체형 분양타워아파트 등의 사례를 기술하고 있다.

이러한 일본 노인주택의 외연이 확대되는 것과 개발사례를 통한 시사점으로 노인주택사업을 운영함에 있어서 발생되는 리스크에 대해 고찰하고 있다. 입주인원의 추정, 세금과 운영비용, 입주자 모집 및 시장경쟁 심화, 경영능력, 인건비 절감 및 자금유용 회피, 수입변동성과 운영자의존도 등의 중요성을 확인하고, 일본 노인주택 운영에서 나타나는 이용권방식과 입주일시금, 장기 입주리스크, 종신계약 등의 한계에 대해 기술하고 있다. 또한 노인주택사업과 M&A가 검토되는 사례에 대한 분석을 통하여 원가와 비용의 재검토, 노인주택의 도산, M&A의 성패, M&A와 업계의 재편, 의료법인과의 연대, 주식공개매수 등 다양한 형태의 노인주택사업의 이합집산을 볼 수 있었다.

이러한 내용을 바탕으로 시대적 요구에 부응하고 노인의 주거생활에 기여하는 지침서로서, 노인주택이 더 이상 수용시설이 아닌 노후의 윤택하고 활기 넘치는 삶을 제공하는 새로운 노후주거의 장이 되고, 차별화된 형태의 고령자를 위한 커뮤니티로 자리매김하는 노인주거의 길잡이가 되기를 기대한다.

이상과 같은 내용을 정리하기 위하여 일본의 Senior Business Report를 비롯한 일본과 우리나라의 많은 문헌을 접했으며, 全国有料老人ホーム協会의 灰藤誠 부장, 長谷工総合研究所의 吉村直子 선임연구원, 高齢者住宅財団의 落合明美 연구원 등 일본 내의 노인주택 전문가로부터 조언도 듣고 다양한 사업개발 사례를 조사하였다.

이 책은 아산사회복지재단의 2011년 학술연구(저술)지원사업으로 채택되어 저술되었으며, 수집된 원고를 정리하는 과정에서 일본의 문헌을 함께 읽고 정리해 준 건국대학교 대학원 부동산학과 박사과정의 도주은 원생, 원고를 정서하는 과정에서 시간과 노력을 아끼지 않은 일본CCC의 김주영 간사, 원고를 매끄럽게 윤필해 준 경기대학교 부동산학과 문희명 박사, 오랜 친구인 주님의교회 김태진 · 김유경 집사 등 원고가 출간될 수 있도록 도움을 주신 분들께 감사의 마음을 전한다. 그리고 편집 및 출판과 관련된 작업을 맡아 애써준 집문당 편집부의 모든 분들께도 감사드린다. Soli Deo Gloria!

2014년 여름

건국대학교 화양동 연구실에서 유선종

| 차 례 |

제1부 일본의 고령화와 노인주거정책

제1장 인구고령화와 노년기 주거

제2장 일본의 노인주거정책

제2부 우리나라의 고령화와 노인주거정책

제3장 인구고령화와 노후인생설계

제8장 일본 노인주택의 유형

제9장 일본의 노인주택사업 및 개발사례

| 표 차례 |

| 그림 차례 |

•제 1 부•

일본의 고령화와 노인주거정책

제1장
인구고령화와 노년기 주거

1. 일본의 고령화현상
2. 노인주택과 시설
3. 주거의 교체

제1장 인구고령화와 노년기 주거

1. 일본의 고령화현상

일본은 급속한 고령화를 경험하면서 노인복지시스템의 구축 및 노인복지시설 공급과 관련하여 다양한 시도를 하고 있다. 고령화 속도 및 유교적 가치관 등 유사한 문화적 속성과 개호보험[1] 및 역모기지 등 제도적인 유사성을 갖는 한국의 입장에서 볼 때, 일본의 다양한 경험과 시내적 환경은 우리에게 시사하는 바가 크다.

세계 최장수 국가인 일본의 65세 이상 노인인구는 1950년 총 인구의

1) 개호보험제도는 고령기에 있어서 최대의 불안요인인 요양간호문제에 관해서 사회전체가 상호부조하는 틀을 구축함으로써 요양간호의 불안을 해소시켜 안심하고 생활할 수 있는 사회를 만들고, 가족 등 요양간호자의 부담을 경감시키는 데 그 목적이 있다. 복지와 의료를 분리시킴으로써 입주자 부담의 불균형을 시정하고, 의료비의 비효율적인 사용을 수정함과 동시에 의료보험에서 요양간호 부분을 떼어내어, 치료라는 본래의 목적에 맞도록 의료보험제도를 수정해 가려는 것이다. 개호보험제도는 증가하는 요양간호 고령자에 대해 의료, 보건, 복지서비스가 개별적으로 제공해 오던 것을 종합적으로 제공하고, 요양간호가 필요해지는 경우 지역의 양호한 요양환경을 확보하여 각각 자립한 생활을 보낼 수 있도록 하기 위해 제도화된 것이다. 또한 시설지향적인 요양간호를 주택으로 하거나, 요양간호노인 본인의 의사를 존중하여 익숙한 지역의 주거장소에서 생활할 수 있도록 제도화한 것이다.

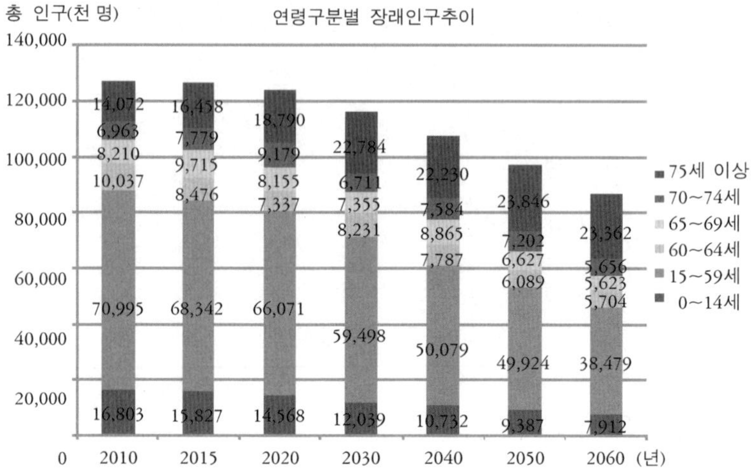

자료: 内閣府政策統括官(共生社會政策担当), 2011年度 高齢化の状況及び高齢社會對策の實施狀況, p. 3

〈그림 1-1〉 연령구분별 장래인구 추이

4.9%(약 416만 명), 1970년 7.1%로 고령화사회가 되었고, 1994년 14.1%로 고령사회가 되었고, 2005년 20.2%로 초고령사회가 되었다. 2015년 25.2%(약 3,197만 명), 나아가 2050년 무려 35.7%(약 3,586만 명)로 늘어날 것으로 보인다.

일본은 2차 세계대전 이후 경제성장과 생활수준의 향상, 의료체제 정비, 의료기술의 발달, 건강 증진 등의 영향에 힘입어 평균수명이 지속적으로 늘고 있다. 일본의 평균수명 추이를 보면 1947년 남성 50.1세, 여성 54.0세에서 2010년 남성 79.6세, 여성 86.4세로 지속적으로 연장되고 있다.

고령화율이 7%(고령화사회)에서 14%(고령사회)에 이르는 데 24년 소요되었으며, 14%에서 20%(초고령사회)에 이르는 데 11년밖에 소요되지 않아 다른 선진국에 비해 심각한 수준의 고령화를 경험하고 있다. 총 인구 감소 현상이 나타나는 가운데 2012년 일본의 베이비붐세대가 65세에 이르면서 고령화는 더욱 가속되고 있다.

특히 75세 이상 후기고령자의 증가, 노인부부 및 노인독거여성가구의 증가, 농촌뿐만 아니라 대도시권의 고령화 심화 등 다양한 사회문제가 나타나고 있다. 전체 인구 중 75세 이상인 후기고령자가 차지하는 비중은 2015년 13.1%에서 2025년 18.2%, 2030년 20%, 2055년 27%가 될 것으로 전망하고 있다.[2)]

오늘날 일본에서는 베이비붐세대의 은퇴에 따라 치안문제, 고독사문제 등이 사회적 이슈로 대두되고 있으며, 개호가 필요한 노인이 2014년 640만 명(총 인구의 약 5.2%)으로 예상되고, 치매환자도 2015년 250만 명(총 인구의 약 2%), 2035년 376만 명(총 인구의 약 3.2%)으로 지속적으로 증가할 것으로 예상되고 있다.[3)]

1) 일본 고령세대의 상황

주택통계조사결과에 의하면 65세 이상 고령자의 80% 이상이 자기소유주택에 거주하고 있고 그 대부분이 고령기에 들어갈 때까지 자가를 보유하고 있다. 예를 들어 1930년대 출생세대는 1980년대에 50세가 되며 1983년 주택통계조사결과에 의하면 이 시점에서 세대주연령은 45~49세층(441만 세대)의 자가보유율이 73%, 50~54세층(409만 세대)의 자가보유율은 77%였다.

주택통계조사(2003)는 주택에 거주하는 세대의 거주 실태를 일정 추출률로 조사하는 것이므로 거기서 세대의 주거현상을 유추할 수 있

2) http://www.hospital.or.jp/pdf/06_20120229_01.pdf p. 4 참조
3) KB금융지주경영연구소(2012.5.7), 일본 주요기관의 고령화 대응 현황, p. 1

다. 2003년 세대주 65~69세층은 395만, 70~74세층은 321만 세대로 그 80%가 자가에 거주하고 있었다. 단순히 세대수 비교에서도 세대주연령 70~74세층은 과거 20년 동안에 큰 생활변동을 경험하고 있는 것을 알 수 있다.[4)]

고령자 무직세대(세대주가 60세 이상의 무직세대)의 2007년 1개월 실수입은 18만 6,235엔, 이 중 사회보장급부는 16만 910엔이다. 세금과 사회보장료 등의 비소비지출은 2007년에는 2만 4,824엔으로 가처분소득은 16만 1,411엔이다. 사회보장급부의 감소, 비소비지출인 사회보장료와 세금의 지출증가 등으로 가처분소득은 감소하는 경향[5)]이다. 고령자부부 무직세대의 경우 수입 22만 3,459엔(중 사회보장급부 20만574엔), 지출 26만 9,681엔이다. 이 결과 고령자 무직세대의 가계는 4만 6,541엔의 적자이다(2006년 4만 3,797엔). 가계수지상 공적연금만으로는 적자일 수밖에 없고 그 적자의 폭은 증가하는 추세이다.[6)]

2) 일본 베이비붐세대의 주거와 라이프스타일

베이비붐세대[7)]가 고령기 연령이 되는 2010년의 일본은 초고령사회가 된다. 사회보장・인구문제연구소의 집계에 따르면 2020년 65세

4) 大阪市立大学大学院生活科学研究科外1人(2009), Aging in Place 超高齢社会の居住デザイン, 学芸出版社, p. 34

5) 소비지출항목을 보면 식료비는 5만 865엔, 주거비는 1만 6,124엔, 수도광열비가 1만 7,048엔, 가구일용품비가 7,700엔, 피복신발비용은 7,166엔, 보건의료비는 1만 2,466엔, 교통통신비는 1만 9,199엔, 교육오락비는 2만 3,544엔, 기타 5만 3,498엔이다.

6) 大阪市立大学大学院生活科学研究科外1人(2009), Aging in Place 超高齢社会の居住デザイン, 学芸出版社, p. 44

7) 일본의 베이비붐세대는 1947~1949년에 출생한 세대로 '坦懐世代(단카이세대)'라고 불린다.

이상 인구는 3,600만 명에 달하고 전 인구의 30%를 차지한다. 일본만 고령화를 겪는 것은 아니지만 일본이 겪는 고령화의 특수성은 베이비부머라 불리는 베이비붐세대층이 총 인구의 1/3 수준으로 매우 두텁다는 것이다.

일본의 사회보장제도는 고령자 의료, 연금급부에 치우친 구조였으나 연금재정을 시작으로 이념과 제도운용 실태의 모순이 커짐에 따라 2004년 연금개혁과 2006년 의료구조개혁 등의 '발본개혁'을 실시하였다. 하지만 이러한 발본개혁도 고령기 생활의 안심을 실현하기에는 부족하다. 의료, 연금제도에 대한 논의가 활발히 이루어지고 있지만 고령기 생활, 그중에서도 사회가 어떻게 지원해야 하는지에 대한 청사진이 보이지 않는 상황에 초고령사회를 목전에 둔 현재, 고령기를 맞이하는 베이비붐세대와 그 다음 세대의 불안은 증폭되고 있다. 고령기를 맞이하는 베이비붐세대는 가령(加齢)에 따라 나타나는 여러 가지 리스크를 예측하고 이에 대응하기 위한 자원을 어떻게 확보할지 생각해야 한다.

편안하고 안락한 주거공간의 확보는 고령자뿐 아니라 누구라도 원하는 것이다. 특히 근력, 시력, 청력 등 신체기능이 저하되는 노년기에는 자택에서 지내는 시간이 길어지므로 주거공간은 삶의 질을 규정하는 중요한 요소가 된다. 쾌적한 주거공간의 조건은 가령에 따라 변화하는데 신체능력의 변화에 따라 주거공간에 기능을 보완하고 설비를 도입하는 것이 요구된다. 단차가 없는 바닥, 손잡이를 설치할 수 있는 벽면, 복도와 출입구 등의 충분한 폭, 외부의 가사도움과 개호서비스를 받기 쉬운 입지조건, 데이서비스 차량에 탑승하기 쉽도록 자택과 차도의 접근 용이성, 필요에 따라서는 요지원고령자와 대인서비스 제공자의 쌍방에 있어 쾌적한 동작환경을 제공할 수 있는 주거공간이 요구된다.

그러나 안정성과 쾌적성을 높이기 위한 개축이나 대규모 주택개조 등의 환경변화에 적응하기 곤란한 고령자도 있다. 또한 근린환경이 크게 바뀌는 주거지 변경은 고령자에게 심리적 부담감이 크지만, 신체기능이 불안하고 자택에서 필요한 개호와 간호를 받을 수 없다면 빨리 거주지를 변경하는 것이 낫다.

정년퇴직과 더불어 근로에서 해방되면서 생기는 노년기의 자유시간을 어떻게 사용할지도 큰 과제이다. 라이프스타일의 변화에 따라 전원으로 이동하여 흙을 만지는 농업 관련 작업을 즐기거나 기후, 자연환경이 좋은 리조트로 이동하거나 자택을 개조하여 작업장이나 점포 등의 공간을 가지는 SOHO형 주택을 실현할 수 있다.[8)]

개호보험제도가 도입되기 전 1996년 6월 고령화의 진전에 대응하기 위해 사람들이 지역사회에 무엇을 요구하는지에 대한 총리부의 여론조사[9)]가 있었다. 이때 주거도우미 파견과 식사 배달 등 고령자가 자택에서 생활하기 쉽도록 하는 서비스의 정비가 필요하다는 응답이 33%로 나타났고, 노인복지시설, 의료기관 등의 정비가 25%를 차지했다.

2003년의 '토지·주택통계조사결과'에 따르면 세대주가 베이비부머에 해당하는 세대는 80%에 가까웠다. 주택을 담보로 생활비를 보완하는 역모기지제도를 이용하거나 큰 집을 임대하고 그 임대료로 작은 임대주택으로 옮기는 방법도 검토할 수 있다.

또한 고령기에는 자녀가 독립하거나 배우자와의 사별, 이별 등에

---

8) 大阪市立大学大学院生活科学研究科外1人(2009), Aging in Place 超高齢社会の居住デザイン, 学芸出版社, pp. 31~32

9) 1995년 9월에 총무성이 실시한 고령개호에 관한 여론조사에서는 개호가 필요하게 되면 시설에 입소하겠다는 응답자가 65%에 달했다.

의해 가족구성이 크게 변화한다. 특히 여성고령자는 남편 사별 후 평균적으로 7~10년 정도 독거하게 되므로 독거생활, 자녀세대와의 동거, 혈족 이외 사람들과의 공동생활 등 여러 가지 라이프스타일을 검토해 볼 수 있다. 2005년도의 '고령자생활과 의식에 관한 국제비교조사(내각부)'에 따르면 신체기능이 저하된 경우에도 거주편리 정도에 따라 현재의 주택에 살고 싶다는 응답이 33.5%이었고, 병원에 입원하고 싶다는 응답이 7.2%, 노인주택에 입주하고 싶다는 응답이 12.5%, 자녀집으로 이사하고 싶다는 응답은 3.6%로 나타났다.

일본의 고령자는 신체기능이 저하된 경우에 자택이 만족스러운 상황이 아니더라도 자녀와의 합가에 대해서는 고려하지 않는 것으로 나타났다. 노인들이 기존의 공간을 유지할지 이사할지에 대해 고려할 때 생활조건의 변화도 고려할 요소이다. 소득의 감소와 의료 및 개호 등의 서비스비용의 부담 증대가 예상된다. 베이비붐세대의 대부분은 익숙한 대도시권에서 고령기 생활설계를 할 것이고 자녀와의 관계성을 유지하는 것이 지금까지보다 용이해질 가능성이 많다.[10] 다소 불편하더라도 익숙해진 자택에서 계속 살고 싶어 하는 사람이 많지만 생애의 마지막을 자택에서 맞이하기 위해서는 신체능력에 맞는 최소의 배려가 있는 주거, 자택에서 간호와 개호를 받을 수 있고 가사지원 등의 서비스, 이를 확보하기 위한 비용부담이 가능한 경제력 등이 만족될 필요가 있다.

10) 大阪市立大学大学院生活科学研究科外1人(2009), Aging in Place 超高齢社会の居住デザイン, 学芸出版社, pp. 32~35

3) 노후난민

일반적으로 확립된 정의는 없으나 고령자가 '의 · 식 · 주' 등 기본적인 생활 인프라에 관한 서비스조차 받을 수 없거나 가족 및 사회로부터 소외됨으로써 고립이 심화되어 일상생활에 커다란 곤란을 겪게 되는 상황을 총칭하여 '노후난민화'라고 부른다.[11] 대체로 65세 이상 인구가 전체 인구의 30% 이상이거나 75세 이상 인구가 20%에 달하는 시기에는 '갈 곳 없는 고령자=노후난민'으로 전락될 가능성이 큰 것으로 분석되었다.[12]

은퇴 이후 사망 시까지 소득 없이 생활하는 기간의 연장, 식품사막[13]지역 확대에 따른 고령층의 건강 악화, 무연사회 도래 등으로 고령층이 가족과 사회로부터 소외됨으로써 다양한 사회갈등과 문제를 초래하는 '노후난민 시대'의 도래 가능성이 제기되었다.

일본의 실정과 비슷한 우리나라도 베이비붐세대의 집단 퇴직, 정년 후 무소득 기간의 연장, 고령층의 사회적 고립 현상 심화 등 고령화 관련문제가 경제 · 사회에 커다란 이슈로 등장하고 있다. 우리나라에서도 6.25전쟁 이후 1955년~1963년에 걸쳐 태어난 713만 명(전체 인구의 14.6%)에 이르는 베이비붐세대가 2010년부터 퇴직하기 시작하여 매년 30~40만 명이 은퇴할 것으로 추정하고 있다. 이에 따라 전문가들은 '고령층 실업 → 고령층 빈곤 악화 및 자살 증가 → 소비 위축 및 사회보장비용 증가 → 재정 악화 → 경제활동 위축'으로 이어지

11) 정후식(2011.7), 일본의 노후난민시대 도래와 정책대응, 한국은행 조사국, p. 3
12) Fidelity投信株式会社(2010.10), 초고령사회를 향한 자조노력(超高齢社会にむけた自助努力), p. 4
13) Food Desert: 대형 소매점의 교외진출 등으로 자가용이나 대중교통 수단을 이용할 수 없는 고령층이 과일을 포함한 녹황색 야채, 생선, 육류 등 신선식품을 구입하는 데 어려움을 겪는 지역.

는 '연쇄 축소의 악순환'의 가능성을 지적하고 있다.[14]

4) 노노간병

80대 부부간의 간병, 70대의 자녀가 90대의 부모를 돌보는 경우 등 이른바 고령자가 고령자를 돌보는 '노노간병(老老看病)'시대가 도래하였다. 노인 수발은 중노동이며 스트레스가 많이 쌓이기 때문에 평소에 구박하던 시어머니, 평생 가족을 돌보지 않던 아버지, 남편에 대한 미움과 원망은 그들이 건강한 동안에는 잠복해 있다가 상대방이 어려운 상황에 처할 때 분출되어 노인 방치 또는 노인 학대로 이어지는 경우가 많다.[15]

일본후생노동성(2011)의 '평성22년 국민생활기초조사의 개황'에서 70~79세 고령자가 간병하는 비율이 20.6%, 80세 이상 고령자가 간병하는 비율이 12.3%로 70세 이상의 간병자가 32.9%를 차지한다. 간병자와 간병받는자의 구성을 보면 동거하고 있는 가족이 64.1%, 별거하고 있는 가족이 9.8%, 기타 사업자가 13.3%로 나타났으며, 동거하고 있는 가족 중 주된 간병자는 배우자가 25.7%로 가장 많고, 자녀 20.9%, 며느리 15.2%, 사업자가 13.3%의 순이다. 한편 간병하는 가족의 스트레스 상황을 보면 60.8%가 있다고 응답하였으며, 내용으로는 '가족의 병과 간호'가 남성 68.7%, 여성 74.5%로 높게 나타났다. 간병 대상 16항목[16] 중 '사업자'는 주로 머리감기기 63.4%,

---

14) 정후식(2011.7), 일본의 노후난민시대 도래와 정책대응, 한국은행 조사국, p. 2
15) 정후식(2011.7), 일본의 노후난민시대 도래와 정책대응, 한국은행 조사국, pp. 32~33
16) 머리감기기, 입욕간병, 몸 닦아주기, 산보, 청소, 양치질, 세수, 배설간병, 식사준비, 옷 갈아입히기, 와상노인 움직여주기, 물건 사오기, 약 먹이기, 밥 먹이기, 세탁, 말상대 등.

입욕간병 63.1%, 몸 닦아주기 45.3% 등을 하는 것으로 나타났고, '가족간병'의 경우에는 머리감기기, 입욕간병, 몸 닦아주기 이외 대부분의 간병을 하는 것으로 나타났다.[17]

5) 생전장

친척 및 지인 등의 감소, 사회적 고립화 심화로 대도시를 중심으로 장례절차의 간소화, 소규모화가 급속하게 진전되는 등 장례문화도 변화되고 있으며 의지할 곳 없는 고령자를 위한 '가족 대행업' 등 새로운 서비스도 등장하고 있다.[18] 아주 가까운 친척이나 지인들이 적으면 4~5명, 많으면 20~30명 정도 참석하는 가족장과 더불어 더욱 간소화된 직장(直葬)이 확대되는 추세이다. 직장(直葬)은 장례식을 거행하지 않고 병원이나 자택에서 화장장으로 시신을 옮겨 가족이 간소한 고별식을 한 후 화장을 한다. 필요한 것은 관, 위패, 시신 운반료, 드라이아이스, 꽃다발 정도로 장례비용이 약 10~20만 엔 정도 소요된다.

장례의 간소화로 인해 최근에는 도쿄에서 직장(直葬)이 약 30%를 차지하고 있고, 이와 더불어 독신자를 위해 생전에 공정증서 등에 의한 계약으로 시신의 인도와 사후의 여러 가지 수속을 가족 대신 해주는 서비스업체와 비영리단체(NPO)가 증가하고 있으며, 생전에 친한 친구나 평소 신세를 졌던 사람들을 초청하여 감사의 마음을 전하는 생전장(生前葬)도 새로운 장례문화로 자리잡아가고 있다.[19]

---

17) 厚生労働省(2011.7.12), 平成22年 国民生活基礎調査の概況, pp. 32~36
18) エコノミスト2010, 葬式と墓, 2010.9.21
19) 정후식(2011.7), 일본의 노후난민시대 도래와 정책대응, 한국은행 조사국, p. 23

6) 식품사막

고령화로 인한 환경변화와 구매패턴 및 소비형태의 변화가 나타나고 있다. 식품사막(Food Desert) 지역이란 대형 소매점들이 중심시가지에서 교외지역으로 이전하면서 중심시가지 공동화문제가 발생하자 자가용이나 대중교통 수단을 이용할 수 없는 고령층이나 저소득층 등의 사회적 약자가 과일을 포함한 녹황색 야채, 생선, 육류 등 신선식품의 구입이 곤란하게 된 지역을 의미하는 용어로 1970년대 후반 영국에서 처음 사용하기 시작하였다.[20)]

일본에서는 2000년 들어 대형 소매점들이 중심시가지에서 교외지역으로 이전하면서 중심시가지 공동화문제가 발생하자 2007년 이후 대형 소매점의 교외 집중을 막기 위한 출점규제를 신설하였다. 이와 함께 경제산업성은 민간기업과 공동으로 '쇼핑난민 지원사업'을 장설하여 새로운 쇼핑기능을 제공하고 있다.[21)]

가고시마에 있는 'AZ아쿠네'는 원거리 고령자, 이동수단이 없는 고령자 등을 위해 저가(100엔)로 쇼핑버스를 운행하고 있으며, 온라인으로 주문을 하면 주문자와 가까운 점포에서 집까지 배달해주는 고령자 등을 위한 '네트 슈퍼'도 급속하게 성장하고 있다.

이와 동시에 지자체는 지역주민과 공동으로 고령자를 위해 야채, 생필품 등을 판매하여 쇼핑난민을 지원하고 있고, 일본 각지에서 지자체를 중심으로 아오조라시장을 개최하고 쇼핑 대행서비스 등도 시행하고 있으며 세븐일레븐, 로손 등 편의점 업체들이 점내 야채판매를 확대하였다. 세븐일레븐은 2012년에 야채 취급점을 7천 점에서 9

---

20) 정후식(2011.7), 일본의 노후난민시대 도래와 정책대응, 한국은행 조사국, p. 11
21) 内閣府(2011.4), 平成23年版 高齢社会白書, p. 60

천 점으로 늘렸고, 패밀리마트는 독신가구를 위해 양파, 당근, 양배추 등을 낱개 또는 1/4 등의 소규모로 포장하여 저렴한 가격에 판매하고 있다.[22)]

7) 무연사회

일본은 저출산과 개인주의, 고령화가 덧붙여져 무연사회(無緣社會)가 하나의 사회현상으로 나타나고 있다. 무연(無緣)이란 아무 인연이나 연고가 없음을 뜻하는 말로, 무연사회란 가족이나 이웃과의 유대 등 인간관계가 약해져 가는 사회를 의미한다. 2030년이 되면 일본 전체 가구의 절반이 1인 가구일 것이라는 분석이 있는데, 혼자 죽음을 맞이하는 무연사망도 증가할 것으로 예측된다.[23)] 즉 혼자 살다 누구에게도 간병받지 못하고 고독사를 하거나 자녀가 결혼이나 직장으로 떠나고 배우자가 사망하여 혼자 노후를 보내다가 죽음을 맞이하는 사례가 나타나게 된 것이다.

이들을 대상으로 유품정리업[24)]이 성장하고 있으며, '천국으로의 이사'라는 광고 카피로 알려진 일본의 유품정리전문회사 'Keepers'의 대표이사 요시다타이치는 고독사의 현장에서 발견되는 공통점으로 '집안에 고장난 채로 방치되어 있는 전자제품'을 꼽는데, 이러한 망가진 가재도구, 고장난 전자제품, 어지럽혀진 공간은 대인관계나 일상생활에 부정적인 심리적인 효과를 미쳤을 것이라는 주장이다.

---

22) 정후식(2011.7), 일본의 노후난민시대 도래와 정책대응, 한국은행 조사국, p. 59
23) 박현정 역(2013), 낭비없는 삶, 중앙북스, p. 38[호사카다카시(2011), 인생의 정리술].
24) 유품정리업은 홀로 사망한 고인의 집을 청소하고 유품을 대신 처리해주는 무연사회가 낳은 신종 사업이다.

8) 엔딩노트

2011년 일본 동북부 후쿠시마에서에서 발생한 리히터 규모 9.0의 강진과 이로 인한 쓰나미로 갑자기 가족과 친척, 친구를 잃는 대규모의 참사가 있었다. 동일본 대지진으로 인해 발생한 사망자와 실종자가 2만여 명, 피난 주민이 33만 명으로 집계되고 있다. 이러한 참사 이후 일본에서는 몇 가지 변화가 나타났다. 미혼으로 스스로의 삶을 즐기던 젊은 층들이 결혼을 서두르게 되었고, 출산이 급증하였다. 또한 스스로의 노후에 대한 불안감을 느낀 중년층은 '엔딩노트'에 가족이나 친지 등 사랑하는 사람들에게 남기고 싶은 말이나 사후 처리방법, 인생에서 남아 있다고 생각되는 시간 동안 하고 싶은 일들, 간호가 필요하게 되었을 때의 희망사항 등을 미리 기록으로 남기려는 경향이 나타났고, 이러한 세대를 반영하여 서점가에는 다양한 형태의 엔딩노트가 놓이게 되었다.

죽음도 삶의 일부라는 인식이 확산되면서 '행복한 죽음'을 의미하는 '웰 다잉(well-dying)'을 준비하는 사람들이 늘고 있다. 특히 중장년층 사이에서는 '유언장 작성하기'가 유행했다고 한다. 한 문구용품 회사에서는 봉투・용지 등 유언장을 작성하기에 필요한 물품이 완비된 '유언장 키트'를 발매했는데, 예상 밖의 인기로 한 달도 지나지 않아 생산 예정 수량이 동이 날 정도였다고 한다.[25] 주목할 점은 구매층이 '중장년층'이라는 사실이다. 이들은 죽음이 반드시 고령자에게만 찾아오는 게 아니라는 사실과 잘 사는 것만큼이나 삶을 잘 마무리하는 것도 중요하다는 사실을 깨닫게 된 것이다.

---

25) 박현정 역(2013), 낭비없는 삶, 중앙북스, p. 229[호사카다카시(2011), 인생의 정리술].

그래서 나온 것이 '엔딩노트'이다. '엔딩노트'란 인생의 끝을 아름답게 마무리하고자 하는 사람들을 위해 도움을 주는 책으로, 유언장과 비슷하지만 분명한 차이가 있다. 유언장은 보통 재산 상속 등의 자산에 관해 작성하는 경우가 많고 법적인 효력도 있지만 엔딩노트는 인생의 마지막을 내가 직접 결정하고 싶다는 의미에서, 자신이 맞이하고 싶은 죽음의 방식을 미리 기록으로 남겨 놓으려는 의도에서 작성하는 문서로, 평화롭고 존엄한 죽음을 맞기 위한 준비 과정이라고 볼 수 있다(부록 참조).

엔딩노트는 '죽음을 의식한 노트'가 아니라 인생의 마지막 시간을 어떻게 보내고 싶은지를 생각함으로써 앞으로의 삶과 자신의 마음 깊은 곳을 찬찬히 들여다볼 수 있도록 도와주는 역할을 한다. 즉, 갑자기 판단 능력이 흐려지거나 의견을 표현할 수 없는 상황에 대비해 스스로 죽음을 준비하면서 생을 뜻깊게 마칠 수 있는 기회를 사전에 확보하자는 것이다. 그러므로 노년보다는 인생의 전환기라고 볼 수 있는 중장년 시기에 엔딩노트를 써보는 것은 삶의 소중함을 깨닫게 되는 계기가 될 수 있다.

2. 노인주택과 시설

1) 노인의 주거 실태

'2011년 노인실태조사[26](보건복지부)'에 따르면, 노인의 약 2/3가

26) 본 조사의 목표는 종단적 조사로서 2008년에 구축된 패널을 대상으로 한 종단조

도시지역에 거주하고 있으며 노인 중 80대 이상이 17.3%를 차지하고 있고 노인의 평균연령은 73.7세로 조사되었다. 즉 평균수명의 증대 등으로 인하여 후기고령자의 비중이 증가하고 있는 것이다.

거주하고 있는 주택이 자가인 경우는 74.2%이며 55.7%가 단독주택에 거주하고 있고, 아파트 26.3%, 다세대 11.5%, 연립주택 3.8%, 상가주택 2.4%순이다. 즉 노인의 약 절반 정도가 단독주택에 거주하고 있어 대표적인 주거환경인 것으로 나타났다. 자가인 경우 집의 시가와 기타 보증금과 월세 등을 살펴보면, 자가 및 소유하고 있는 주택의 시가는 평균 약 2억 1,308.5만 원이며, 전세보증금은 8,911.6만 원, 월세보증금은 868.0만 원으로 나타났다. 거주하는 주택이 노인을 배려한 설비를 갖추고 있는 경우는 2.7%에 불과하며, 노인의 43.3%가 거주하는 주택은 생활하기에 불편한 공간이 있다고 응답하였으며 계단, 문턱과 같이 높낮이가 있는 부분과 화장실을 불편하게 여기고 있는 것으로 나타났다.

또한 노인의 거주형태에 있어 변화가 보였는데, 노인끼리만 생활하고 있는 노인단독가구의 경우 단독으로 생활한 기간이 평균 13년 정도이며 30년 이상 단독거주한 경우도 7.4%에 달하고 있다. 전체 노인 중 노인단독가구에서 생활하는 노인이 68.1%에 달하고 있고, 이러한 노인단독가구 비율은 1994년의 40.4%, 2004년의 55.0%로 크게 증가하고 있는 것으로 나타났다.

나아가 노인이 자녀와의 동거여부를 결정한 이유가 다양화되고 있

사결과의 산출과 횡단조사로서의 지속적으로 산출되어 온 65세 이상에 대한 시계열 통계를 산출하는 것으로, 정책 개발에 필요한 노인생활 실태 및 복지욕구에 대한 신뢰도 높은 자료를 확보하는 것을 목표로 하여 2011년 8월 31일~2011년 11월 30일 기간 중 현장조사(2012년 1월 16일~20일까지 추가조사 실시)가 진행되었다.

다. 단독가구로 거주하는 이유로 '내가 경제적 능력이 있어서', '개인(부부)생활을 향유하기 위해서' 등의 자발적인 이유가 39.7%이며, '자녀의 결혼', '자녀가 타 지역에 거주하고 있어서' 등 상황적 요인에 의한 것이 60.3%이다. 한편, 기혼자녀와 동거하는 노인의 경우 주된 이유로는 '기혼자녀와 동거하는 것은 당연하다'는 규범적 이유가 28.4%, '자녀에게 가사지원 · 손자녀 양육 등의 도움을 주기 위해서'가 21.7%, '경제적 능력이 부족해서'가 20.9%의 순으로 나타났다.

이러한 가족구조의 변화는 가족체계 내에서 감당하던 노인부양과 보호기능이 점차 사회로 전가되고 있음을 시사하며, 노인복지주택 등 수요의 증가에 대한 대책이 시급함을 보여주고 있다.

2) 노인주택의 개념

노인주택을 설명하기 위해서는 노인을 위한 주거환경에 대한 체계적이고 종합적인 이해가 필요하다. 외국의 다양한 노인주거형태가 국내에 소개되는 과정에서 노인보건시설, CCRC, 노인요양시설, 서비스형고령자주택, 노인주택, 그룹홈 등 노인주택을 상징하는 다양한 용어의 개념적인 혼란으로 커뮤니케이션이 원활하지 못했다.

우리나라는 노인주택에 대한 법적 정의는 아직 미비된 상태로, 노인복지법 제31조에서 노인복지시설의 한 유형으로 분류되어 주택이 아닌 시설로 명시되어 있다. 따라서 일반적으로 정의된 노인주택의 개념을 살펴보면 ① 노인의 생활 특성을 배려하여 물리적 거주조건이나 서비스가 제공되는 주택, ② 다수의 노인이 모여서 거주하는 형식의 주택, ③ 노인의 자립생활을 보장하기 위한 건축물 외에 인적 서비스가 지원되는 주택이라고 정의할 수 있다.[27)]

Martin Valins(1991)[28]는 노인주택을 거주자인 고령자의 자립생활과 사생활을 보장하기 위한 서비스 등 여러 가지 보호와 자원을 제공하는 다양한 건물의 전체이며, 아울러 현재 거주하는 주택에서 지속적으로 거주하고 고령자의 생활에 적합하도록 개조한 형태의 주택까지를 노인주택에 포함시켜 포괄적 의미로 정의하였다.

이정헌(2006)[29]은 노인주택을 사회적으로 연령이 높은 사람들에게 필요한 자립생활과 프라이버시를 보장하는 물리적 거주조건(설계 및 설비), 인적 서비스(개호, 사회활동 보조, 가사 보조) 등이 통합된 주택이라고 정의하였다.

이인수(2006)[30]는 노인을 위한 의식주 및 문화시설, 기본 의료시설을 구비한 현대적 개념의 종합 노인주거시설이 집단으로 모여 형성된 지역으로서, 노인들이 자녀로부터 독립하여 공동생활을 하는 광범위한 공간을 의미하며, 규모와 형태가 매우 다양하고, 특히 대규모 실버타운은 단독주택, 아파트, 연립주택, 양로시설, 요양시설 등의 다양한 형태의 시설 등과 상호협력 체제를 유지하며 형성한 공동 주거구역이라고 정의하였다.

유선종(2009)[31]은 노인주택을 노인에게 필요한 시설 및 서비스 기능을 갖춘 복합시설이고 집단적 또는 단독적으로 거주하는 데 필요한 시설로, 심신의 기능이 약해져도 안심하고 생활할 수 있는 서비스가

---

27) 송태경(2004), 고령화사회의 노인주거정책에 관한 연구, 국민대학교 대학원 박사학위논문, p. 46

28) Martin Valins(1991), Housing for the elderly people: A Guide for architecture and clients New York: Butterworth-Heineman Ltd, pp. 1~11

29) 이정헌(2006), 고령화사회에 따른 부산시 노인주거정책 추진방안 연구, 부산발전연구원, p. 5

30) 이인수(2006), 실버산업의 전망과 과제, 대왕사, p. 10

31) 유선종(2009), 미래사회에서 보는 노인주택, 도서출판 청람, pp. 56~57

포함된 주택이라고 말한다.

노인주택에 요구되는 기능은 생활케어 기능, 건강의료케어 기능, 취미 여가 기능, 공동생활 기능으로 구별된다. 생활케어 기능은 식사, 입욕, 배설 등 생활편의서비스가 제공되고, 건강의료케어 기능으로는 노인의 정신안정, 신체적 기능증진, 체력단련시설, 의료시설을 갖춘 메디컬센터, 건강유지관리서비스가 제공되고, 취미 여가 기능으로는 취미, 오락, 레저, 스포츠 및 휴양시설, 문화활동 및 일상생활의 즐거움이 제공되고, 공동생활 기능으로는 가족, 입주자, 직원, 지역과의 교류 등 각종 서비스 기능이 제공된다.[32] 즉, 소프트웨어로서의 기능은 문화·일상생활서비스와 건강관리서비스가 요구되고, 하드웨어로서의 기능은 쾌적한 주거시설, 병원과 연계된 의료시설, 문화·오락·체력서비스를 위한 공용시설이 요구된다.

노인주택과 일반주택의 차이점은 기본적인 서비스 제공에 있다. 노인주거는 노인 특성을 감안한 물리적 요소와 함께 각종 생활편의서비스, 고령화에 따른 불편을 억제할 수 있는 소프트웨어가 수반된다는 점에서 일반주택과 구별된다.

이와 같이 노인주택(senior housing)은 노인의 신체적·정신적 특성에 맞도록 주거공간을 설계하여 단순한 주거시설의 차원을 넘어 입주자의 눈높이에 맞는 각종 서비스를 충족시키도록 설계된 시설로, 노인생활에 필요한 각종 서비스 프로그램을 제공하여 생활의 편의를 제공하는 노인주거공동체로서 Retire Community와 Senior Housing으로 구분할 수 있다. 따라서 노인주택은 입주자에게 노후생활에 필요한 재화나 서비스를 제공하고, 노인들에게 안정감과 평안함 및 신뢰

---

32) 綜合ユニコム, 월간 시니어비지니스마켓(2012.3), p. 20

감 등을 함께 제공하는 등 노인복지적인 의미도 내포하고 있으며, 민간기업이 시장경제의 원리에 입각하여 노인을 대상으로 재화나 서비스를 제공하는 경제활동으로서의 의미를 포함하고 있다. 나아가서, 노인주택의 업무 영역은 공익성이 요구되는 노인복지의 영역과 민간기업의 입장에서도 수익성을 추구하는 영리사업으로, 수익성과 공익성이 공존하는 산업으로 능동적인 참여가 기대되는 분야라고 할 수 있다.33)

3) 재가복지로서의 노인주택

복지의 기본은 가정과 가족이고 지역과 그 장소에 구축된 가치이다. 즉, 복지의 기본은 재가복지, 지역복지가 근간을 이루고 시설복지는 그것을 보완하는 것으로 인식된다. 가족이 하나가 되어 가정에서 서로 돕는 전통적인 생활방식은 가족의식의 변화, 핵가족화, 주택사정, 경제사정 등의 이유로 인해 지속되는 것이 어려워졌고, 가정에서도 안주의 장을 상실하는 고령자가 늘고 있는 것이 현실이다. 사람들은 모두 태어나고 자란 지역에서 가족과 친구에게 둘러싸인 환경에서 서로 도와가면서 그 속에서 생애를 마무리하는 것을 원하고 있다. 가능하다면 타인에게 부담이 되지 않고 건강이 허락되는 한 복지시설 등에는 입소하고 싶어하지 않는 것이 인간의 자연스러운 소망일 것이다.

재가복지는 가족의 끈과 연계를 중시하는 것으로 법률과 제도 또는 관습을 넘어서 서로 보완되어야 한다. 지역과 가정에서의 자립된 생활을 방해하는 정신과 육체상의 장애가 발생하기 시작한 고령자에

---

33) 유선종(2009), 미래사회에서 보는 노인주택, 도서출판 청람, pp. 56~57

대하여 그 장애의 진행을 억제하고 지역과 가정에 있는 것과 같은 환경을 마련하고 정비하여 고령자가 하루라도 더 자립된 생활이 가능토록 하는 것이 재가복지의 지향점이다.

'안전(Safety)'은 공급 측에서 상품으로 제시할 수 있고, 소비자는 그것을 비교하여 비용을 지불하고 구매할 수 있지만, '안심(Comfortable)'은 입주노인마다 추구하는 내용이 다르다. 그렇기 때문에 사람에 의한 서비스가 요구된다. 개호[34] · 의료의 연대는 물론, 인생의 종착역에서 자기실현을 달성할 수 있는 장소가 되도록 노력하는 직원들, 그 '존재와 서비스 수준'이야말로 노인이 요구하는 안락함 · 편안함의 정도일 것이다.[35] 이와 같이 입주하는 노인의 안심 · 안전을 담보하는 설비와 서비스, 그리고 입주자 서로가 융화되는 노인주택이 요구되고 있다.

4) 시설과 주택의 차이

개호 · 의료서비스 제공에 만전을 기하는 것이 시설이라면, 시설에 비해서 상대적으로 자유로운 것이 주택이라고 볼 수 있다. 시설은 개호노인복지시설, 개호노인보건시설 등의 개호가 필요한 노인을 위한

---

34) 개호(介護, nursing, elderly care)는 장애자의 생활지원을 하거나 고령자, 병자 등을 개괄해서 도와주는 것을 총칭한다. 일본에서 개호라는 단어가 법령상에 확인되는 것은 1892년 육군군인 상이질병 은급으로 개호는 은급의 급부 기준으로 쓰이는 개념이었다. 개호라는 단어가 주체적으로 활용되기 시작한 것은 1970년대 후반 장애자의 공적개호보장요구운동에 기인한다. 의료에 QOL이라는 개념이 보급되었고 이는 개호에도 도입되어 개호에 의해 병자, 고령자생활의 질(QOL)을 높이는 것도 개호의 목적이다(http://ja.wikipedia.org). 이 책에서는 개호라는 단어를 사용함에 있어 간병, 간호, 요양간호, 요양보호 등을 포괄하는 의미로 기술하고 있다.

35) 綜合ユニコム, 월간 시니어비지니스마켓(2009.5), p. 51

거주지를 말하는데, 이러한 시설은 시설기준, 인원기준, 운영기준이 정해져 있어 개호 · 의료 · 생활지원의 각 서비스를 제공하고 있다. 이는 24시간 365일 항상 지켜보고 있어 안심하며 거주한다는 장점과 반대로 항상 감시받는다고 느껴 스트레스를 받거나 자유로운 외출이 제한되는 것이 단점으로 인식되기도 한다.

시설과 주택의 차이점은 시설이 고령자의 전용 및 공용공간에 대한 이용권을 고령자에게 인정하거나 시설입주자에 대한 고령자의 개별적인 선호가 반영되지 않음에 비해서, 주택의 경우 분양 방식이라면 고령자의 소유권은 상속이 가능하며, 임차라고 하더라도 동거인을 선택할 수 있는 권리를 가진다는 점에서 입주자 개인의 선호를 반영하는 것이다.36) 예를 들어 시설에 입소한 노인의 경우 자신이 원한다고 해서 자신의 거실에 자식이나 동료를 마음대로 데려와 거주할 수 없지만, 노인주택에 거주하는 노인은 본인이 원할 경우 가족 또는 친지와의 동거가 제한적으로 허용되기도 한다.

시설과 주택의 또 다른 차이는 이용자수의 차이도 있다. 즉, 시설은 일정한 인원수 이상의 노인 거주자를 필요로 하지만, 주택은 1인을 대상으로도 공급할 수 있다는 점에서 개인의 선호에 대응하기가 용이하다. 다만, 일반적으로 주택공급 시 경제적인 효율성과 택지 확보 면에서의 편리성 때문에 집합주택으로 공급되는 경향이 있으므로 숫자상의 차이는 큰 의미가 없을 수도 있다.

---

36) 김유정(2003), 서울시 중년층의 노년기 주거선호에 관한 연구, 단국대학교 석사학위논문, p. 23

5) 주택형 주거와 시설형 주거

덴마크는 노인에 대한 사회정책에 3가지 원칙이 있다. ① 노인의 거주 지속성, ② 노인의 자기결정 존중, ③ 노인의 잔존능력 활용이다. 복지정책의 기본은 거주의 확보에 있는데 이는 개인이 존중되는 사회에서 개인만의 공간은 불가결하기 때문이다.

주거의 조건은 일정한 공간, 기능이 확보되고 사생활이 확보되고 노인 자신이 일정한 책임을 가지고 자기결정을 행사할 수 있으며 장애가 있는 노인에 대해서는 잔존능력을 발휘하여 생활할 수 있도록 하는 것이 중요하다. 주거라 함은 가구가 주택이라는 거주공간을 점유하고 있는 상태를 말하는데 따라서 노인주거란 노인가구가 주택을 점유하고 있는 상태를 의미한다.[37)]

주택은 분양, 임대를 포함한 집합주택 등 본인이 열쇠를 가지고 소유·관리하는 거주지를 의미한다. 출입이 자유롭고 모임과 문화생활 등을 즐길 수 있으나 개호나 의료지원이 필요하게 되었을 때 적응이 어려울 수 있다는 단점이 있다.

〈그림 1-2〉의 개호를 받고 싶은 장소에 대한 조사결과에서 보는 바와 같이 자택에서 계속 거주하고자 하는 욕구가 높은 것을 알 수 있다. 〈그림 1-3〉의 개호보험서비스 수급자수 추이에서 보면 주택서비스는 크게 증가하였음을 알 수 있다. 지역밀착형서비스(개호예방서비스, 지역밀착형개호예방서비스 포함)는 2005년 개호보험제도개정에 따라 창설되었고, 서비스에 대한 수급자도 나타나고 있다.

시설이나 주택을 선택하는 것은 이용자 자신이지만, 독신노인의 증

---

37) 이정헌(2006), 고령화사회에 따른 부산시 노인주거정책 추진방안 연구, 부산발전연구원, pp. 2~3

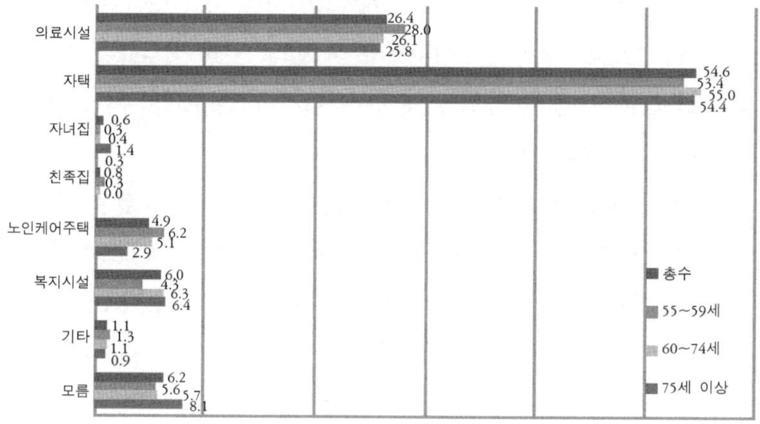

자료: 후생노동성(2010), 사회보장심의회 개호보험부회(제32회) 자료.

〈그림 1-2〉 고령자 자신이 개호받고 싶은 장소

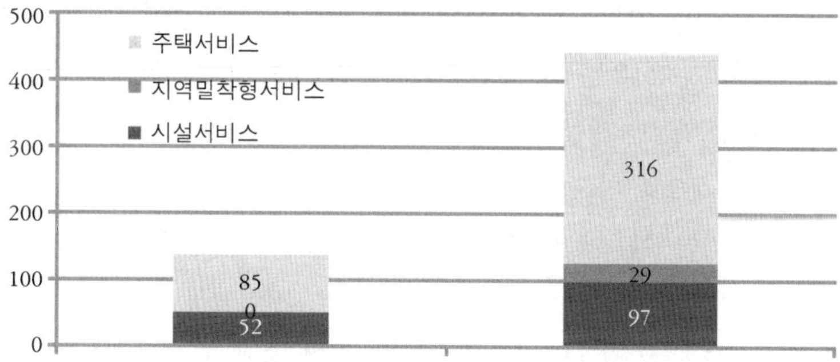

자료: 후생노동성(2011), 사회보장심의회 개호급부비분과회(제71회) 자료.

〈그림 1-3〉 개호보험서비스 수급자수 추이

대로 서비스가 포함된 노인주택과 같은 자택에서 필요한 서비스를 제공받는 새로운 주택 시스템이 등장하고 있다.38)

고령자 주거에 대한 분류로 후생노동성의 기준에 의하면, 시설로

38) 綜合ユニコム, 월간 시니어비지니스마켓(2012.3), p. 22

특별양호노인주택, 노인보건시설, 개호요양시설, 유료노인주택, 경비노인주택, 그룹홈,[39] 양호노인주택 등이 있다. 또한 국토교통성의 기준에 의해 주택으로 분류되는 것 중에서 서비스형고령자주택은 노인주택으로 분류된다.[40]

개호가 필요한 상태에 이른 고령자들이 개호를 받고 싶은 장소에 대한 일본 내각부의 조사[41]에 따르면 '현재의 주거에 그대로 계속 살고 싶다', '현재의 주택을 살기 편하게 개조하여 살고 싶다'는 응답이 가장 많았고, 개호를 받고 싶은 장소에 대한 질문에는 '현재의 자택'에서 주거를 유지하며 개호받기를 원한다는 응답이 많았다.

이러한 조사결과는 고령기에는 변화된 새로운 주변 환경에 젊은 시절처럼 유연하게 대응하기 어렵고, 심신이 연약해지므로 익숙하고 편안한 환경인 자택에서 생활하고 싶기 때문이다. 그중에서도 노인주택에 입주하는 이유는 '자립생활이 어려워졌다', '병이 생겨도 안심된다'와 같이, 개호・생활서비스 등 안심하고 생활할 수 있는 것에 가치를 두는 것으로 나타났다.[42] 이 중 자택에서 생의 마지막까지 요양하고 싶어하는 이유에 대해서는 60% 정도가 익숙한 장소에서 생의 마지막을 맞고 싶기 때문이고, 자택 이외의 시설에서 종말기를 지내고 싶어하는 노인의 80%는 가족들이 간병 등에 갖게 되는 부담이

39) 대규모 수용시설을 중심으로 실시되었던 기존의 장애인 거주 프로그램에 대한 비판으로, 정상화 원리(normalization)에 입각하여 새롭게 형성된 장애인 거주 프로그램이다. 그룹홈은 장애인의 가치 회복과 일탈 방지를 위하여 보다 쉽게 지역사회에 통합될 수 있도록 물리적 환경을 제공하는 프로그램으로, 장소는 지역사회 내에 존재할 것, 일반 가정과 유사한 규모와 형태를 갖출 것, 이용자는 모두 낮 동안에 일정한 직장이나 시설의 프로그램에 소속되어 있을 것, 지역사회에 접근이 용이하도록 교통이 편리할 것 등의 전제조건이 갖추어져 있어야 한다.

40) 유선종(2009), 미래사회에서 보는 노인주택, 도서출판 청람, p. 51

41) 厚生労働省 www.mhlw.go.jp/shingi/2006/12/dl/s1215-13b01.pdf

42) 綜合ユニコム, 월간 시니어비지니스마켓(2009.5), p. 38

크기 때문인 것으로 조사되었다. '생의 마지막은 내집에서'라는 기사[43]에 의하면 병원에서 사망하는 노인은 86만 명으로 약 80% 정도이고, 자택에서 사망하는 노인의 숫자는 약 13만 명으로 전체의 12%에 그치고 있다.

고령자부부세대(54.8%)와 일반세대(53.8%)에서는 과반수가 현재 거주하고 있는 자택에서의 개호를 희망했지만, 1인 거주의 단독세대(45%)에서는 자택보다는 특별양호노인주택, 병원, 유료노인주택을 희망하는 것으로 나타났다. 1인 거주의 단독세대 입장에서는 개호가 필요해지면 익숙한 지역에서 안심할 수 있는 주거환경으로 이주하고 싶어하는 욕구는 커지게 된다. 정부와 지방자치단체는 이러한 고령자의 수요에 부응하지 못하고 있기 때문에, 고령자 주거에 대한 민간업계의 역할 및 참여가 더욱 중요해지고 있다.[44]

〈표 1-1〉 주택형 주거와 시설형 주거의 차이

주택형 주거	시설형 주거
프라이버시 중시	공동생활 중시
자립적·자율적인 생활	협조적인 생활
자유로우나 자기책임	관리적이지만 안심
서비스는 임의	서비스 사업이 일률적으로 제공됨
지역자원을 활용하며 생활	시설 내에서 해결하며 생활
건물임대차계약	이용권계약
계약한 주택에서 계속 살 수 있도록 보장됨	개호도가 높아진 경우, 개호 전용공간으로 이동될 수 있음
상황에 따라 행정의 관여 있음(주택행정)	행정의 조사권 있음(복지행정)

자료: 東京都福祉保健局住宅支援課(2010.9), あんしんなっとく高齢者向け住宅の選び方, p. 9

43) 요미우리신문(読売新聞), 2007년 5월 2일.
44) 유선종(2009), 미래사회에서 보는 노인주택, 도서출판 청람, pp. 20~21

6) 유닛케어와 개인실

(1) 유닛케어

1990년대에는 특별요양노인주택의 개선책으로 스웨덴 '관리형에서 생활형으로'의 개념을 도입한 '유닛케어'로 시설의 주택화를 도모하게 되었다. 1980년대 스웨덴은 특별요양노인주택, 케어하우스의 전성기였으나 케어하우스는 원래 자립생활이 가능한 고령자용으로, 요개호자의 증가와 함께 시설개호의 경향이 강한 특별요양노인주택이 보급되게 되었다.

유닛케어의 원천은 1985년 스웨덴의 '그룹홈'에서 시작된다. 치매고령자 대상 5~10명을 1단위로 설정하여 공동생활주거로 개호하는 형식으로 개호직원은 3교대 24시간 케어이다. 입주자 간 치매 정도가 낮은 고령자가 높은 고령자를 돌보는 등 자립도를 높이려는 생활을 유지하도록 하는 방식이다.[45] 그룹홈은 치매의 진행 억제, 개선, 개인의 존엄을 초래함과 동시에 재택개호와 비교해 개호비용을 감소시킬 수 있어 일본에서도 주목되었다.

유닛케어(Unit Care)는 사적인 전용면적 부분과 입주자의 공유면적 부분을 구분한 개호방법이다. 기본적으로 입주자는 개인실을 가지며 차를 마시거나 TV를 보거나 식사를 하는 부분은 공유공간을 이용한다. 여기서 공간이용의 기준이 되는 것은 일반 가정에서의 생활형태이다.

가족이 각자 자기방을 갖고 있는 상태에서 식사나 TV를 볼 때는 거실에서 생활하는 것과 같은 유형으로, 일반 적인 가정과 같이 생활

45) 이마이카즈오(今井一夫, 2010), 시니어거주의 계보와 그 미래(シニア居住の系譜とその未來), 카시마출판회(鹿島出版會), p. 13

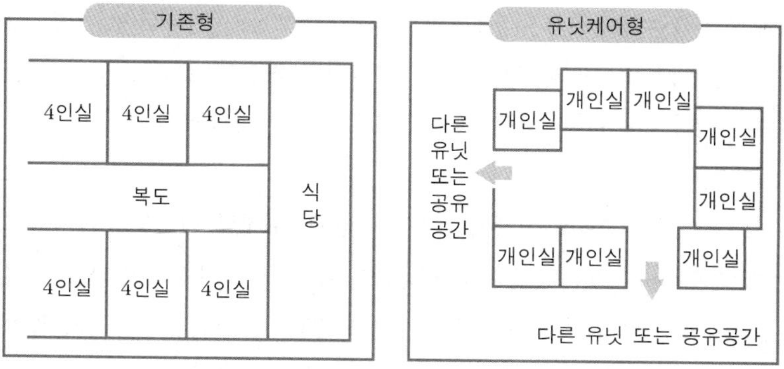

자료: http://www.mhlw.go.jp/topics/kaigo/kentou/15kourei/3b.html

〈그림 1-4〉 유닛케어의 예시

하는 환경조성을 목적으로 고안된 것이 유닛케어이다. 이는 고령자가 노인주택에서 생활해 온 생활리듬을 그대로 유지시키는 구조로 지금까지의 개호형태에서 한층 더 서비스를 세분화한 것이다.

즉, 노인주택 등에서 입주자 한 사람 한 사람의 개성을 존중하기 위해 시설의 개인실을 10인 정도의 그룹으로 나누어 각각을 하나의 유닛(생활단위)으로 하여 유닛별로 식사나 입욕 등의 일상생활을 하며, 적은 인원수가 가정적인 분위기 안에서 함께 생활하면서 개별적으로 케어(개호)하는 것으로 유료노인주택, 서비스형고령자주택 등에서도 유닛케어를 도입하는 시설이 증가하고 있다.

(2) 개인실

노인시설에서 개인실[46]($13m^2$/실)은 개인의 존엄성을 존중하기 때문

46) 개인실(個室)과 1인실은 구분된다. 1인실은 다인실에서 트러블을 일으키는 사람을 격리할 목적으로 독방적인 의미를 가진다. 개인실은 개인의 존엄을 담보하는 공간

에 자기결정이나 한 지역에서의 연속적인 생활이 가능하다. 또한 개인실은 개인용 가구나 개인용품 등 자신의 방을 재현하는 것도 가능하고 개인실에서의 자율적 행동 등으로 입주자의 자립도가 높아질 수 있다.

노인주택에 거주하는 동안 동일한 공간 내에서 타인의 시선이 지속적으로 의식된다면 입주자는 상당한 부담을 느끼게 될수 있다. 입주자에게 혼자의 시간을 누릴 수 있는 공간이 있다는 것은 타인과의 교류를 요구하는 원동력이 되며 생활리듬도 생기게 된다.

예를 들어, 야간에 타인이 화장실에 가는 소리에 의한 수면장애, 반대로 자신이 가해자가 될 경우의 스트레스, 타인이 보는 TV 소리, 동일 공간에서의 물건의 분실과 관련된 문제 등을 개인실에서는 해소할 수 있다. 나아가, 입주자가 시설에 적응하게 되고 친분이 형성되어 친구가 생기면 시설 내에서는 개인실인 자신의 영역에 초대도 가능하게 된다.[47]

7) 노인주택 서비스의 종류

노인복지주택의 서비스 내용은 각각의 시설별로 차이가 있다. 외국의 경우 서비스의 종류에 따라 자신에게 적합한 시설을 선택하는 경우가 많다. 우리나라의 경우 대개 여가와 문화, 의료, 식사, 생활, 시설이용 서비스 등으로 나뉜다. 노인주택이 제공하는 기본적인 서비스는 주거공간의 제공이다. 개호형, 주택형, 건강형 등 유료노인주택의

으로 개인 소유의 가구 등을 가지고 입주할 수도 있으며, 타인의 시선으로부터의 자유, 교류의 장, 질 높은 케어환경, 트러블 해소 등 많은 장점을 가지고 있다.

47) 今井一夫(2010), シニア居住の系譜とその未來, 鹿島出版會, pp. 14~18

유형에 따라 전용면적의 차이는 있지만 15~80m^2 정도의 주거공간이 개인실로 제공되고 있으며 식당, 도서관, 응접실, 게스트룸, 공연장 등의 각종 공용시설이 제공되고 있다.

노인생활을 지원하는 의료 및 개호 서비스는 노인주택에 요구되는 서비스이다. 일반적인 노인주택에서는 식사서비스, 입욕서비스, 건강관리서비스, 개호서비스[48] 등을 제공하는데, 유료노인주택의 각종 서비스에는 일부를 제공하는 것부터 전부를 제공하는 것까지 다양하다. 노인주택은 의료를 행하는 의료기관은 아니지만 의료관리나 긴급 시의 대응조치 등 노인주택에서 제공되는 서비스는 의료와 밀접한 관계가 있다. 따라서 대부분의 유료노인주택은 간호사를 배치하거나 촉탁의나 협력 의료기관을 연계하는 등 의료의 지원을 병행하고 있다.[49]

또한 현재 시점에는 서비스를 제공하지 않으나 향후 서비스의 제공을 약속하는 경우도 유료노인주택의 범수에 포함이 되는데, 입주자의 생활을 서포트하는 생활지원서비스, 프런트서비스[50], 대행서비스[51], 액티비티서비스[52], 버스운행서비스 등이다. 이 외에도 식사, 택배, 청소, 세탁, 장보기, 통원, 외출, 정원손질 등의 다양한 가사 대행서비스도 부각되고 있다.[53] 자택을 방문하여 개호, 방문입욕개호, 방문간호, 방문재활, 재택요양관리지도(의사 등이 방문하여 요양상의 관리와 지도를 함), 개호베드와 휠체어 등을 빌려주는 방문형 서비스가 있다.

---

48) 노인주택이 제공하는 개호서비스는 특정시설입주자 생활개호로서 재가복지서비스의 개호급부와 예방급부에 해당된다.

49) 유선종(2009), 미래사회에서 보는 노인주택, 도서출판 청람, pp. 98~99

50) 외출 시의 열쇠관리, 식사예약 방문객 접수나 택배물 취급 등.

51) 희망에 따라서 세탁이나 일용품의 구매, 관청의 각종 수속 등을 대행.

52) 입주자의 심신의 활성화를 위해서 이벤트의 기획이나 서클활동의 지원 등 여러가지 활동 제공 지원.

53) 綜合ユニコム, 월간 시니어비지니스마켓(2012.3), p. 23

〈표 1-2〉 노인복지주택 서비스의 종류

서비스 종류	서비스 내용
생활편의	생활정보제공 및 생활상담, 심부름 대행, 안내데스크서비스, 재산관리서비스, 가사지원 등
식사관리	각종 식사, 음료 제공, 가족식당 운영, 식료 배달, 연회 지원 등
건강의료	정기검진, 건강관리상담, 재활 및 응급의료지원 등
안전관리	24시간 방범, 방재체제, 출입기록 및 객실안전시스템, 자동생활리듬체크 등
문화레저	취미, 오락, 헬스클럽, 노래방, 게이트볼장 등의 레저공간 시설제공 및 자원봉사, 전시회 개최 등의 사회활동 서비스

자료: 원융희(2003), 우리나라 실버타운 개발방향에 관한 연구, 한국관광산업학회지 제17권, p. 32

또한, 자택에서 일정 시설로 다니며 왕래개호(通所介護) 및 왕래재활(通所リハビリテーション)을 받을 수 있는 왕래형 서비스가 있고, 단기입소생활개호, 단기입소요양개호가 가능한 단기체재형 서비스, 특정시설입주자생활개호54)를 받을 수 있는 거주형 서비스 등으로 분류할 수 있다.

3. 주거의 교체

정경희 외(2011)의 조사에 따르면 노후주택 선택 시 우선시하는 조건은 '주거 및 생활비용'이 17.4%, '식사 등 일상생활 서비스 접근성'

54) 일반형 특정시설입주자 생활개호란 개호보험법으로 정해진 특정시설입주자 생활개호의 하나로, 지정을 받은 유료노인주택이나 케어하우스가 개호·간호직원을 고용해, 노인주택의 직원에 의해 행해지는 입욕, 배설, 식사 등의 개호와 일상생활상의 도움이나 기능훈련, 요양상의 도움을 말한다. 개호 고령자 3명에 대하여 1인 이상의 개호·간호직원, 요지원 고령자 10명에 대하여 1인 이상의 개호·간호직원에 의해서 개호서비스가 제공된다.

이 9.5%, '보건의료시설 접근성'이 21.4%, '문화여가활동 용이성'이 12.8%, '자연환경'이 38.8%로 나타났다. 흔히 노후에 '공기 좋고 물 좋은 곳에 가서 살고 싶다'라고 하는 생각이 조사결과에 반영되었다고 보여진다. 일반특성별 분포를 살펴보면, 성별로 자연환경에 대한 선호는 남성이 더 높으며, 여성의 경우 보건의료시설이나 문화여가활동, 식사 등 일상생활서비스 접근성에 대한 선호가 높은 것으로 나타났다. 연령별로는 노령기에 가까워질수록 자연환경에 대한 선호는 줄어들고, 보건의료시설 접근성과 주거 및 생활비용을 노후주택 선택 시 우선조건으로 제시하는 비율이 높아지고 있다. 노령기로 갈수록 더욱 현실적이고 구체적인 노후준비를 하고 있다고 보여진다. 또한 학력이 높을수록 자연환경보다는 문화여가활동의 용이성이나 일상생활서비스 접근성을 중요하게 여기는 것으로 나타났다.[55]

고령화에 따른 심신기능 저하를 억제하기 위해서는 주거환경을 개선하여 생활의 내용을 유지해야 할 필요가 있다. 심신기능의 변화와 진행에 따라 그때마다 생활 거점을 바꾸는 것은 주거환경에 대한 적응능력이 떨어지는 노인의 경우 심리적 불안과 부적응을 야기하므로 바람직하지 않다.

고령사회가 도래하여도 건강하게 삶의 보람을 느끼며 노후생활을 보낼 수 있는 장수복지사회를 만들기 위해, 비교적 건강한 전기고령자[56]에게는 활동적인 사회활동 참가 기회를 제공하는 방향으로 제도가 정비되고, 환경이 조성되어야 한다.

---

55) 정경희 외(2011.7), 베이비붐세대 실태조사 및 정책현황분석, 보건복지부 한국보건사회연구원, p. 46

56) UN은 65세를 고령자의 기준연령으로 정의하였는데, 65~74세의 고령자를 전기고령자로, 75세 이상의 고령자를 후기고령자로 구분하고 있다.

거동이 불편한 후기고령자에게는 고령자보건·복지 분야에 관한 서비스를 종합적으로 정비하는 동시에 개호·수발에 관한 사회 전반의 이해와 원조기술의 개선 등에 따른 복지문화의 내용을 구축해 나가야 한다.

장기요양 판정을 받은 노인의 대부분은 자택에서 생활하다가 개호도가 진행되는 정도에 따라 노인의료복지시설로 주거를 교체하게 된다. 노인이 주거교체를 고려할 때 주안점이 되는 것은 개호가 필요한 노인이 생활할 수 있는 주거와 서포트시스템이 해당 지역 내에 존재하는가이다. 주거환경을 바꾸지 않고 개호서비스를 받는 것이 바람직하지만, 바꾼다 하더라도 가족과 친구, 오락 등 생활요소가 변화하지 않는 지역의 적절한 범주 내에서 이동하는 것이 요구된다. 개호대상자를 서포트하는 치매대응형 데이서비스와 쇼트스테이(short stay), 그룹홈의 역할이 점차 커지고 있다.[57)]

1) Aging in Place와 종신거주

사회의 성숙과 함께 도시화가 진행된 선진국에서 나타나는 움직임은 옛 도시의 인간적인 활기를 회복하는 'New Urbanism'으로, 고령사회의 시점에서 보면 한 지역에 계속 거주하며 행복한 고령기 생활을 맞이하는 'Aging in Place(AIP)[58)]'의 움직임이기도 하다.

---

57) 유선종(2009), 미래사회에서 보는 노인주택, 도서출판 청람, pp. 19~20

58) Aging in Place는 사람들의 니즈가 가령(加齡)에 따라 변화하게 되는데, 지금 살고 있는 집에 니즈에 걸맞는 지원서비스가 안전하게 확보되어, 지금 살고 있는 집에서 지속적으로 살 수 있게 하는 것을 말한다. Aging in Place를 계획함은 삶의 질과 독립성을 스스로 컨트롤하는 것을 의미하며 스스로의 필요를 해결할 방법과 장소를 파악하여 가족의 부담을 덜어주는 것도 의미한다. 가족이나 사회에

Aging in Place, 즉 익숙해진 지역에서 계속 거주하는 것은 생활의 질을 유지하기 위한 필요조건이라고도 말할 수 있다.[59] AIP는 고령자들의 다양한 요구에 부응하는 서비스를 확보해 스스로 자신의 필요를 해결하고 자녀 등 타인의 부담을 덜어주는 것을 의미한다. 즉, AIP를 실현하기 위해서는 고령자들이 아플 때 치료받을 수 있고, 원하는 곳으로 쉽게 이동할 수 있고, 외부와 다양한 소통이 가능하며, 먹고 마시는 등의 간단한 일상생활에도 도움이 되는 새로운 방법이 고안되어야 한다.

고령자 니즈를 고려한 다양한 제품과 서비스가 나와야 하고, 이를 뒷받침하는 각종 시스템 및 사회 인프라가 갖춰져야 한다. 즉, 노인주택은 단순히 개호만을 받기 위한 장소라는 인식에서 인생의 마지막을 의미 있게 마무리하고 생활을 즐기는 주거장소라는 인식의 전환이 필요하다. 개호가 필요해질 때까지는 자댁에서 생활하고, 재가복지케어가 어려워지게 되면 자신의 생각보다는 주위의 판단에 따라 시설로 입주하는 것이 지금까지의 패턴이었다.

최근에는 고령자 스스로가 건강할 때, 개호가 필요해질 때, 인생 3막을 위한 주거를 능동적으로 선택하는 경향이 늘고 있다. 건강한 사람도, 개호가 필요한 사람도, 인생을 마치기 직전의 사람도 안심하고 쾌적한 노후생활을 보낼 수 있는 주거를 적극적으로 찾게 되었다.

짐이 되지 않고 자신의 삶의 질을 보장하고 존엄하게 인생을 살고자 하는 책임 있는 사람들을 위한 것이 Aging in Place이다. 이것은 단순히 익숙해진 집에 애착을 가지는 것이 아니라 주변 커뮤니티나 가게, 장소, 각종 시설이 있는 것이 큰 이유가 되는 것이다. 오랜 시간 생활하며 쌓아 온 자산으로서의 근린주거는 활기찬 생활로도 연결된다. 반대로 지역에서 떠나면 지금까지의 근린자산을 잃어버리는 것이라 여기는 것이다.

59) 大阪市立大学大学院生活科学研究科外1人(2009), Aging in Place 超高齢社会の居住デザイン, 学芸出版社, p. 17

과거에는 노인주택의 입지가 도심과 떨어져 비교적 한적하고 교통 접근성이 좋지 않은 위치에 세워지는 경우가 많았지만, 오늘날에는 건강한 노인이 입주하는 고령자주택도 많아졌고, 역이나 번화가에서 멀지 않은 권역에 세워지는 등 더 이상 개호만을 받기 위한 시설이 아닌 생활을 즐기는 주거라는 특징이 입지에도 나타나고 있다.[60] 고령자의 다양한 라이프스테이지에 따라서 생활의 질을 유지할 수 있도록 하고 노화의 진행으로 신체기능이 저하되어도 지금까지의 생활공간을 유지할 수 있는 지역거주환경의 재구성이 필요하다.[61]

노인주택에 입주한 뒤에 자기의사결정이나 사망 등의 이유로 인해 퇴거할 때까지 계속 거주가 가능한지의 여부는 매우 중요하다. 고령자주거유형과 시설 중 개호를 받으면서 인생의 마지막까지 계속 거주가 가능한 유형은 유료노인주택, 경비노인주택, 케어하우스, 개호서비스가 있는 특정 시설, 고령자전용임대주택, 특별양호노인주택, 개호형의료시설, 서비스형고령자주택 등이다.

고령자 대상 분양아파트 등 건강한 상태에서 입주하여 생활하다가 개호가 필요해지면 외부 서비스 등을 이용할 수 있지만 종신거주하는 것은 어렵고, 치매나 와병상태 등 개호도가 심화되면 계속 거주가 불가능하게 된다. 따라서 주택을 선택할 때에는 개호도가 높아지는 경우에도 계속 거주가 가능한지, 연계시설이 있는지 등의 내용을 확인할 필요가 있다.[62]

---

60) 유선종(2009), 미래사회에서 보는 노인주택, 도서출판 청람, p. 62
61) 大阪市立大学大学院生活科学研究科外1人(2009), Aging in Place 超高齢社会の居住デザイン, 学芸出版社, p. 18
62) 유선종(2009), 미래사회에서 보는 노인주택, 도서출판 청람, p. 65

2) 의료케어체제 및 시설로의 이주

의료케어체제는 인슐린 주사와 경관영양기 설치, 세정 등 간호사에 의한 전문적인 케어를 받을 수 있는지에 대한 것으로, 의료케어를 24시간 시설 내에서 받을 수 있는 곳은 한정되어 있다. 따라서 의료케어를 24시간 시설 내의 직원을 통해 받을 수 있는지, 만약 받을 수 없다면 어떠한 연계체제로 의료케어를 받을 수 있는가를 검토할 필요가 있다. 의료케어를 시설 내에서 받기 위해서는 의사, 간호사 등 의료직원이 필요하며 이러한 시설을 개호형 의료시설이라고 한다.

자택에 거주하기 힘들어 시설로의 이주가 필요한지 알아보기 위해서는 먼저 개호상태를 생각해볼 필요가 있다. 〈표 1-3〉의 세로축은 개호도 단계를 나타내며 위로 갈수록 중증으로 시설개호와 의료케어의 필요성이 높아진다. 가로축은 서포트니즈로 개호도에 따라 다른 이동, 식사 등의 신체개호, 치매증상, 의료적 니즈를 정리하였다. 자녀에 의한 개호세대, 고령부부세대, 독거세대 등 가족 상황에 따라 이주단계가 달라지는 내용을 굵은 선으로 표시하였다.

무엇보다 자택생활이 곤란해지는 것은 정신적인 측면을 요인으로 하는 개호상태이다. 특히, 치매증상의 경우 신체적으로는 정상적인 상태이므로, 먹으면 안 되는 것을 먹거나 외부로의 배회 등의 위험성이 있어 항상 지켜볼 필요가 있다.

한편 신체적 능력의 노화에 따른 개호상태의 경우 보행능력의 유무가 중요한데, 휠체어가 필요한 상태라면, 개호자의 유무 또는 개호자가 있어도 배리어프리의 상태에 따라 자택생활이 곤란한 상태가 된다. 특히 남성의 경우 청소나 조리 같은 가사 전반이 익숙하지 않은 경우가 많아 보행능력 등의 일상생활 동작의 정체는 가사의 의욕도

〈표 1-3〉 고령자의 신체개호 치매 의료니즈와 재택생활수준

——— 자녀개호 —·—·— 독거여성

········ 부부동거 —··—·· 독거남성

개호도	신체요양간호니즈: 이동	식사	배설	입욕	옷 갈아입기	모습·복장을 단정히 함	치매니즈	의료지원니즈
요개호5	이동에 전면적 도움 필요	전면적 도움 필요	전면적 도움 필요	전면적 도움 필요	전면적 도움 필요	전면적 도움 필요	선망, 망상, 흥분 등의 정신증상, 문제행동이 지속되는 상태	인공호흡기 사용 기관절개 후 케어
요개호4			요의, 변의가 거의 없어짐				배회,실금, 대성,기성을 냄. 성적 이상행위 등	인슐린 외 주사 위루외경관영양 케어 흡입 암말기 통증 관리
요개호3	휠체어 사용 일부 타인의 도움 필요	일부 도움 필요	변기로 이동 도움 필요. 기저귀 사용, 요의 있음		일부 도움 필요	타월로 얼굴을 닦는 등의 일부 도움 필요	배회, 식사, 배변 등에 시간이 걸림	통증 완화 인슐린주사 흡입 위루케어 인공항문케어 욕창케어
요개호2		시간이 걸리나 도움 없이 식사 가능	기저귀 착용 필요한 경우 있음				복약관리 안 됨 전화 대응, 방문자 대응이 안 됨	재택 산소요법 관장
요개호1	보행기 사용 일부 타인의 도움 필요	지켜볼 필요 있음		씻을 때 도움 필요			때때로 길을 잃음. 쇼핑, 금전관리 등이 안 됨	복약관리
요지원2	시간이 걸리나 보행기를 사용해 혼자 이동 가능		거의 자립 요의, 변의 있음 단, 이동에 시간이 걸림	지켜보면, 거의 자립으로 입욕 가능	시간이 걸리나 도움 없이 가능	시간이 걸리나 도움 없이 자유롭게 가능	의사소통의 곤란이 다소 보임. 주의하면 자립하여 생활 가능	
요지원1		자립	자립				일상생활은 가정 내, 사회적으로 자립 가능	
자립	자립			자립	자립		자립	

자료: 大阪市立大學大學院生活科學研究科外1人(2009), Aging in Place 超高齢社會の居住デザイン, 學芸出版社, p. 27

감퇴시킨다. 표를 보면 독거남성의 자택생활 한계선은 독거여성보 다 낮은 것을 알 수 있다. 시설에서는 스케줄에 따라 생활이 이루어지므로 자택에서보다 식사, 수면 시간이 규칙적이고 안정적인 일상생활을 보낼 수 있다. 노인에 따라서는 생활리듬이 안정된 것만으로도 건강이 좋아지는 경우도 있고, 24시간 누군가 있다는 것만으로 안정감을 얻기도 한다.

1대 1 대응의 개별 요구에 대응하기 쉬운 재택개호와 비교해 시설은 공동생활의 장소이므로 개인별 요구에 대응하는 데 한계가 있다. 이를 해결하기 위해 2008년부터 주택형유료노인주택에서 외부재택서비스를 이용하고 24시간 직원을 배치하며 안정감을 확보하는 형태가 도입되었다.63)

3) 도심형 노인주택

일본에서는 고령사회에 대한 대책의 일환으로 1990년 초 골드플랜 등의 국가의 정책을 기반으로 한 노인주택정비가 신행되어 왔다. 하지만 고령화율이 증가하고 있으며 새로운 시니어층은 주거환경에 대한 관심이 높지만 이러한 노인주택의 수요와 공급이 균형을 이루지는 못한다. 예를 들어 기본적으로 익숙한 지역에 계속 살고 싶다는 수요에 따른 적합한 공급이 이루어지지 못하는 것이 현실이다.

노년기 주거와 관련해서 도시 내에서 찾을 수 있는 유형으로는 복합형 시니어거주와 역전재개발형 시니어주택, 자연발생형 시니어타운 등으로 구분할 수 있다. 복합형 시니어거주는 지역 속에 혼재되어 있

---

63) 大阪市立大学大学院生活科学研究科外1人(2009), Aging in Place 超高齢社会の居住デザイン, 学芸出版社, pp. 26~27

는 편이 효율적인 커뮤니티라는 측면에서 이상적이지만 용지 취득의 문제가 있다. 특히 도심부의 중심은 빌딩 전체를 모두 시니어주택으로 하기보다는 일반주택이나 상업, 레저 등 타 요소를 혼재시키는 편이 바람직하다.

시대가 변하여 재개발이 필요한 역전공간이 있는 지방도시에서는 기차역이 가지고 있는 접근성을 살려 역전재개발형 시니어주택개발을 추진할 수 있다. 이러한 지방도시의 경우 역전재개발형 시니어주택은 지방도시가 안고 있는 역전재개발의 니즈와 중심지를 떠나고 싶어 하지 않는 노인세대의 니즈를 충족시킬수 있는 21세기 지방도시 문제의 바람직한 해결방안 중 하나이다.[64)]

64) 今井一夫(2010), シニア居住の系譜とその未來, 鹿島出版會, p. 150, pp. 157~158

제2장

일본의 노인주거정책

제2장 일본의 노인주거정책

1. 일본의 노인주거시설

일본에는 다양한 형태의 노인주택이 있는데 이들 노인주택을 편의상 복지계, 의료계, 주택계의 3가지로 구분하였나. 복지계, 의료계는 주로 후생노동성에 의한 의료보건복지정책에서 제도화된 것이며, 주택계는 국토교통성에 의한 주택정책이 제도화된 것이다.

노인주택은 고령인구의 급증을 배경으로 여러 가지 법률과 제도가 생기며 수정되는 가운데 그 종류가 증가하였다. 오늘날은 다양한 노인주택이 공존하고 있으나 관점을 바꾸어 입주자의 신체상황(자립~개호)과 경제력(저~고)이라는 2개의 축을 사용하여 각각의 위치를 확인해 보면 중복되는 부분이 많다. 즉, 기능적으로는 같거나 유사하면서도 별개의 제도에서 규정되어 공급되는 노인주택이 많다.

1990년대 이후 고령자를 위한 주거환경 정비에 대한 대응책이 본격화되면서 복지정책과 주택정책의 연계가 중요하여 시설적 노인주택과 주택적 노인주택이 서서히 접근하는 경향을 보이고 있다. 복지정책(후생노동성)과 주택정책(국토교통성) 등 주관 부서의 구분에 따라 종류가 많아 입주자가 이해하기 어렵고, 사업자의 진입장벽이나 리스크가 있다면 복잡한 체계를 갖는 노인주택을 본질적으로 수정하여 정리・재편하는 것도 필요하다.

고령자를 위한 주거의 유형은 여러 가지 기준에 의해 나뉜다. 고령자의 주거유형에는 외관과 서비스 내용은 유사하지만 명칭이 다른 것이 많다. 이는 근거가 되는 법률이 개호보험법이거나 노인복지법이라는 차이와 감독관청이 후생노동성이거나 국토교통성이라는 차이에 의한다.[1)]

1) 후생노동성계 시설

고령사회에 대응하기 위해 1990년 시작된 후생노동성의 정책인 '골드플랜(고령자보건복지추진10개년전략)'은 1995년 '신골드플랜', 그리고 2000년 '골드플랜21'로 명칭을 바꿔가며 개호보험과의 시너지효과를 발휘하는 노인복지인프라를 구축해 왔다.[2)]

특별양호노인주택(개호형복지시설), 노인보건시설(개호노인보건시설), 요양형의료시설(개호노인의료시설), 케어하우스, 그룹홈 등에는 15년간에 걸쳐 공적 보조금(보조율 최대 75%)이 급부되었다.

독립행정법인 복지의료기구의 공적 융자가 우대금리로 사업비를 지원해주는 등 고령화의 속도에 맞추기 위해 복지시설의 건설을 추진해왔다. 이러한 시설은 사회복지법인에 의해 개설・운영되는 면이 많았으므로 조달자금의 성격으로 인해 준공공사업으로 인식되고 있다.[3)]

---

1) 유선종(2009), 미래사회에서 보는 노인주택, 도서출판 청람, pp. 81~82
2) 今井一夫(2010), シニア居住の系譜とその未來, 鹿島出版會, p. 2
3) 유선종(2009), 미래사회에서 보는 노인주택, 도서출판 청람, p. 67

사회복지법인[4]은 노인주택의 개설·운영이 가능하다. 저소득층을 대상으로 하는 노인주택은 지자체 이외에 사회복지법인만이 개설 주체가 될 수 있다. 시설에서 행해지는 개호서비스는 특별양호노인주택 등에서 실시되는 것이 많고 운영 주체로는 사회복지법인이 압도적으로 많다. 개호보험의 도입으로 민간사업자의 시장 참여가 인정되어 재가복지서비스 양이 크게 증가하는 등 지원체제가 강화되었지만, 채산성이 맞지 않는 서비스와 인구과소지역 등의 지역에는 재가복지서비스가 제공되지 않는 등 지역 격차가 벌어지는 상황에서, 채산성만이 아니라 지역사회와 개인의 니즈에 대응하는 것이 사회복지법인의 역할 중 하나이다.

일본에서도 유료노인주택, 고령자용우량임대주택과 고령자전용임대주택의 개설 운영 및 고령자용주택의 분양은 사회복지사업에 해당하지 않는다. 이러한 업무는 수익사업이 되므로 본래 업무인 사회복지사업의 규모를 넘지 않아야 하고 개설 및 운영을 위한 자금은 사회복지사업에서 출연할 수 없고 이익에는 법인세가 부과된다.

의료법인은 의료법에 근거한 법인으로 병원, 의사가 상시 근무하는 진료소 또는 노인보건시설을 개설하고 있다. 이들 법인이 개설하는 개호서비스 사업소, 즉 개호노인보건시설, 요양병상 등에 대해 의료법인의 본래 업무로 간주되어 개설과 운영이 가능하다. 케어하우스, 유료노인주택, 그룹홈, 고령자용전용주택(요건을 충족하는) 등은 의료법인의 부대사업으로서 개설과 운영이 인정되고 있다. 특별의료법인 또

---

4) 사회복지법인은 사회복지법에 근거하여 설립된 공익법인으로, 사회복지법의 규정 이외에도 민법의 규정이 준용된다. 사회복지법인은 재정적 기반으로 사회복지사업을 수행하기 위해 필요한 자산을 갖고 있어야 한다. 또한 공익법인이므로 영리를 목적으로 해서는 안 되고 사회복지사업에 한정된다.

는 사회의료법인이 인가를 받으면 수익사업을 하는 것도 가능하고, 일정 수준의 제약은 받지만 부대업무로서의 요건을 갖추지 못한 고령자용전용임대주택의 운영도 가능하다.[5)]

2) 국토교통성계 주택

국토교통성계의 실버하우징과 고령자용우량임대주택도 공적 보조금과 공적 융자(주택금융공고) 등 후생노동성계 시설과 유사한 방식으로 건설이 진행되어 왔으나 후생노동성계의 노인복지시설 정도로 널리 보급되는 상황은 아니었다. 왜냐하면 국가의 예산배분이라는 행정능력의 한계가 있었기 때문이다.

2006년 시행된 고령자전용임대주택은 유료노인주택과 같이 개호보험재정상의 제약이 있어 개호형시니어주택으로 기능하고 있다고 보기 어려웠고, 이러한 고령자전용임대주택제도의 출현은 소비자의 혼란을 가중시켰다. 전통적인 유료노인주택은 공적 보조가 큰 특별요양노인주택, 노인보건시설, 케어하우스와 경쟁하기에는 경영 기반이 약하다. 유료노인주택으로 대표되는 민간계 시설은 공적보조・융자에 의지하지 않고 중산층 이상을 대상으로 한 시니어주거로 시장에 등장했으나 버블상품적인 면이 있어 1990년대 후반에는 기존 건물재 이용의 저렴형 등으로 나타났다. 2006년 이후에는 지방자치단체의 개호보험 재정 악화로 입주개호의 총량규제라는 역풍을 맞았다. 고령자의 절대수가 사회 전체에서 차지하는 비율이 늘어가는 상황에서 주택산업도 고령자 시장에 맞추게 되었다.[6)]

---

5) 유선종(2009), 미래사회에서 보는 노인주택, 도서출판 청람, pp. 68~69
6) 今井一夫(2010), シニア居住の系譜とその未來, 鹿島出版會, pp. 2~3

민간법인의 범위는 영리법인인 주식회사와 유한회사, 비영리법인인 NPO[7]법인 등이 포함된다. 방문개호 등은 NPO법인을 포함한 민간법인이 늘고 있는 추세이다. NPO법인과 영리법인 등은 유료노인주택, 고령자용우량임대주택과 고령자전용임대주택의 개설과 운영이 가능하다. 그룹홈과 케어하우스[8]도 일정한 요건을 충족시키면 지자체의 인가를 받아 개설 운영이 가능하다. 그룹홈과 유료노인주택은 개호보험의 특정시설입주자 생활개호의 지정을 받아 개호수가를 받을 수 있어 수익사업의 영위를 추구한다.[9]

2010년부터 시행된 서비스형고령자주택은 고령자원활입주임대주택, 고령자전용임대주택 등이 폐지되고 서비스형고령자주택으로 일원화된 임대주택으로 등록 기준을 만족시키는 경우, 지방자치단체장에 등록하게 되어 있다.

---

7) NPO(Non-Profit Organization)는 공익사업이나 시민적 활동을 실시하는 민간의 비영리조직・단체로, 이익을 추구하지 않으며 정부나 지방공공단체의 일부가 아닌 조직을 가리킨다. 시민이 스스로의 사회를 스스로의 손으로 구축하여, 유연성 있게 사회를 변혁해 가기 위한 존재로서 그 역할이 기대되고 있으며, 1998년 3월 특정비영리활동촉진법(NPO법) 성립에 의해서 NPO에도 법인격을 취득하는 길이 열렸다.

8) 노인복지법에 규정한 경비노인주택의 일종으로, 60세 이상 또는 배우자 어느 한 쪽이 60세 이상인 사람으로 신체기능의 저하 또는 고령이기 때문에 독립하여 생활하는 것이 불안한 고령자가 자립한 생활을 계속할 수 있도록 구조와 설비 면에서 고안된 시설이다. 프라이버시와 자립한 생활이 유지되는 구조로 되어 있고 각종 상담, 식사, 입욕서비스의 제공 외에 긴급호출 시의 대응 기능도 갖추고 있다. 비교적 자립한 노인(신변의 일을 스스로 할 수 있는 사람)이 거주할 수 있는 시설이다. 개인실로 되어 있고, 식사, 입욕 등의 생활서비스가 있는 경우가 대부분으로 개호도가 중증이 되는 경우에는 퇴거해야 한다. 비용은 입주일시금이 필요한 곳부터 필요하지 않은 곳까지 다양하고, 입주자의 수입에 따라서 다르지만 관리비, 생활비, 사무비의 합계로 월액 7~15만 엔 정도이다.

9) 유선종(2009), 미래사회에서 보는 노인주택, 도서출판 청람, pp. 69~70

〈표 2-1〉 일본 노인주택정책의 변천과정

연도	주택정책에 관한 사항	노인주거시책에 관한 사항
1950년	주택금융기관의 창설	-
1951년	공영주택법의 제정	-
1955년	일본주택공단의 창설 〈전후주택정책 3가지 확립〉	-
1960년	-	유료노인주택
1963년	-	노인복지법
1966년	주택건설계획법의 제정 주택건설5개년 계획의 시작	-
1980년	공영주택법의 개정	고령자, 신체장애자, 생활보호세대의 공영주택에의 단신입주가 가능하게 됨
1986년	제5기 주택건설 5개년 계획	실버하우징 중고령단신세대의 최저 주거 수준 면적 $25m^2$
1987년	-	실버하우징의 공급 시작
1990년	-	골드플랜 노인복지법 개정 시니어주택 추진사업
1991년	-	유료노인주택설치운영지도방침
1992년	복지형공공임대주택	-
1995년	-	신골드플랜 시니어주택인정제도 장수사회대응주택설계지침의 발표
1996년	공영주택법의 발본적 개정	공영주택 입주기준의 검토(대상소득분포 33%→25% 미만, 응능응익 월세제도의 도입)에 따라 고령자세대의 입주가 용이해짐
1998년	-	고령자대상우량임대주택
1999년	-	특정시설
2000년	-	골드플랜21 개호보험법 개호형요양병상
2001년	-	'고령자거주 안정확보에 관한 법률'의 제정 • 노인주거주택의 설계에 관한 지침(주택의 배리어프리) • 노인원활입주임대주택의 등록 · 관람제도 • 노인주거 안정기금에 관한 월세채무보증제도 • 노인대상우량임대주택제도 • 종신건물임대채권 • 노인의주택리폼에 대한 사망 시 일괄상환의 특별융자제도

2002년	-	특별양호주택개실 유닛케어화[10]
2004년	구일본주택공단이 주택・도시정비공단(1981), 도시기반정비공단(1999)을 거쳐, 도시재생기구(2004)로	-
2005년	-	포스트골드플랜 제5차의료법개정
2006년	-	개정개호보험법(제3기개호보험사업계획) 유료노인주택(노인복지법29조개정) 고령자전용임대주택
2006년	주생활기본법의 제정	• 양질의 주택스톡의 형성 및 차세대승계를 목표로 '주택・주환경 유니버설디자인화를 추진' • 주택확보에 특히 배려를 요하는 자의 거주 안정확보를 목표로 '공적임대주택스톡의 유효활용' • '요배려자 대상 민간임대주택의 정보제공', '주택의 배리어프리화', '케어지원'
	주생활기본계획의 책정	• 주택의 배리어프리화 • 노인대상우량임대주택등의 공급 촉진 • 노인임대주택에의 입주 원활화 • 주택시책과 복지시책의 연대
2007년	구주택금융기관이 '주택금융지원기구(2007)'	-
2008년	'노인이 안심하고 생활할 수 있는 주택정책의 방향에 관하여(사회자본정비심의회 주택택지분과회 답신(2009・1)안)'	
2009년	-	제4기개호보험사업계획
2011년	-	서비스형고령자주택

자료: 綜合ユニコム, 월간 시니어비지니스마켓(2009.5), p. 32를 수정 보완하였음.

3) 일본 노인주택의 추이

2020년의 노인인구는 약 3,600만 명에 이르고 이 중 요개호도가 높은 75세 이상의 노인은 1,900만 명에 이를 것으로 예상된다. 노인인구의 급속한 증가는 의료・개호・주택・생활지원 등의 비용 증대를 가져온다. 비용부담이 큰 시설(특별요양노인주택, 노인보건시설, 요양병상)

10) 今井一夫(2010), シニア居住の系譜とその未來, 鹿島出版會, p. 2

의 요양·개호에서 재택서비스로의 전환은 노인수의 급증에 따른 부담을 안고 있는 국토교통성과 후생노동성의 공통 과제이다.

그러나 노인의 주거에 대한 시설의 비율(전체 노인에 대한 개호시설·노인주택 등의 비율)은 덴마크(8.1%), 영국(8.0%), 미국(2.2%) 등과 비교되지 않을 정도로 정리되지 않은 상태(0.9%)였다. 국토교통성은 2010년 '국토교통성 성장전략회의'에서 급증하는 노인을 대상으로 하는 안심되고 자립 가능한 주택의 확보와 2020년까지 노인인구대비 노인주택의 비율을 5%로 정하였다.

또한 '신성장전략'에서 노인대상 생활지원서비스, 의료·복지서비스와 일체화된 주택의 공급을 확대하여 역모기지(reverse mortgage)의 확충·활용촉진 등에 의한 노인의 자산유효이용을 내세웠다. 그리고 '노인단신·부부세대의 지원'을 제안하여 24시간 지역순회·수시방문서비스, 고령자대상주택, 치매 지원의 신형서비스 지원책을 제시했다. 즉, 노인의 신체기능의 저하에 대응한 구조를 가진 임대주택 등을 정비하여 심신의 상황을 확인하고 생활상담 등의 서비스를 제공하였다.

정부가 서비스형고령자주택사업을 추진하게 된 배경은 노인단신·부부세대의 급증과 노인이 안심하고 생활할 수 있는 환경을 정비하는 것이 긴급한 과제였기 때문이다. 의료·개호·주택이 연대하여 안정감 있는 거주공간의 공급을 촉진하기 위하여 예산에 의한 지원조치, 세제에 의한 지원조치, 융자에 의한 지원조치를 마련하였다.[11)]

2000년 개호보험이 시작되기 전을 '1세대 고령자주택'이라고 하는데, 이 시기는 고령자문제에 대해 행정이 '조치'라는 형태로 책임을 지

---

11) 綜合ユニコム, 월간 시니어비지니스마켓(2011.5), p. 24

〈표 2-2〉 고령자주택의 변천

<table>
<tr><th>1세대 고령자주택</th><th rowspan="2">개
호
보
험</th><th>2세대 고령자주택</th><th>3세대 고령자주택</th><th>4세대 고령자주택</th></tr>
<tr><td>특별요양노인주택
노인보건시설
요양병상</td><td>그룹홈
개호형유료노인주택
특정시설</td><td>주택형유료노인주택
서비스형고령자주택</td><td>지역다연대
재택개호</td></tr>
<tr><td>조치제도</td><td></td><td>포괄케어</td><td colspan="2">외부형개호</td></tr>
</table>

는 시대이다. 2000년 개호보험의 시작과 함께 민간사업자 참여도 시작되었고 약 5년간은 포괄개호와 정액제가 실시되었다. 그룹홈, 개호형유료노인주택, 특정시설 등이 '2세대 고령자주택'의 상품이다. 2005년까지는 민간사업자의 참여가 어려웠기 때문에 가능한 정액제로 하여 도입이 용이하도록 한 것이다. 그로부터 5년간 대담한 개혁이 진행되어 총량규제와 외부형개호가 실시되었다. 주택형유료노인주택과 서비스형고령자주택 등 외부형서비스 상품이 '3세대 고령자주택'이다. 앞으로 등장할 '4세대 고령자주택'은 지역다연대의 재택개호의 소규모 다기능 등의 상품으로 이는 시설과 재택을 연계하는 서비스를 제공할 것이다.[12)]

2. 일본 노인주택의 종류

일본의 고령자주거시설은 148.8만 호(65세 이상 고령자의 5.05%)가 공급되어 있다. 그중 노인주택은 5,340개, 호실수는 214,176호이다.

---

12) 清原晃(2011.11), 医療・介護制度改正と動き出すサービス付き高齢者住宅, 財団法人医療関連サービス振興会月刊セミナ 189회(www.ikss.net/enterprise/images/189.pdf), p. 16

고령자주거시설[13]에는 공공에서 공급하는 특별양호노인주택, 노인보건시설 등과 민간에서 공급하는 그룹홈, 유료노인주택, 서비스형고령자주택 등이 있다.[14] 특별요양노인주택 등의 시설 및 개호형노인주택의 공급수는 총량규제의 영향으로 감소하고 있지만, 2011년에 시작된 서비스형고령자주택의 공급은 증가하고 있다.[15]

1) 특별양호노인주택

특별양호노인주택의 근거법은 노인복지법으로, 개호보험법에서는 개호노인복지시설로 지정되어 생활과 개호의 양면을 가진 대규모 시설의 특징을 갖고 있으며 입주자 개호기능이 중요시되고 있다. 또한, 생활의 질적 향상이라는 시점에서 유닛형의 9세대를 넘지 않는 단위로 생활 유닛을 실현하는 시설로 정비되는 추세이다.

개호보험법상의 개호노인복지시설의 지정을 받아 운영되고 있으며, 사업 주체는 사회복지법인과 지방공공단체이고, 65세 이상의 저소득층 고령자로 신체상·정신상 현저한 장애가 있어 개호를 필요로 하는 개호도1 이상인 경우에 입주할 수 있다. 유료노인주택이 개인실 배치를 기본으로 구성하는 데 반해, 특별양호노인주택은 주로 2~4인 1실로 시설 내에서는 식사, 입욕, 배설 등 고령자의 일상생활의 서포

---

13) 일본에서는 노인홈, 특별양호노인홈, 그룹홈 등 노인주택의 여러 유형에 대하여 '홈'이라는 표현을 하고 있지만, 우리나라의 경우 '홈'이라는 용어가 갖는 표현의 한계로 인해 '주택'이라는 표현으로 이 책에서는 기술하고 있다. 다만, 그룹홈은 어감상 그룹홈이라는 표현을 그대로 사용하고 있다.

14) 유선종(2009), 미래사회에서 보는 노인주택, 도서출판 청람, p. 70

15) 清原晃(2011.11), 医療・介護制度改正と動き出すサービス付き高齢者住宅, 財団法人医療関連サービス振興会月刊セミナ 189회(www.ikss.net/enterprise/images/189.pdf), p. 5

트 및 신체 기능이나 건강관리를 실시한다. 2001년에 도입된 신형특별양호노인주택에서는 다인실의 문제점인 사생활 보호를 위해 개인실 배치를 의무화하고 있다.

특별양호노인주택의 설치·운영에는 정부로부터 보조금이 나오기 때문에, 식사를 포함해서 매월 5~10만 엔 정도의 저렴한 비용으로 이용할 수 있다. 2011년 기준으로 약 37만 베드가 정비되어 있으나, 시설공급이 수요를 따라잡지 못하여 입소 대기 기간이 2~3년 정도 소요되며, 입소 대기자가 전국에 약 43만 명 정도 있는 상태로 '개호도4·5로 가족이 없다', '학대를 받고 있다' 등의 긴급성이 높은 고령자를 우선적으로 입주시키고 있다.16)

특별양호노인주택의 입소 대기자는 2011년 12월 후생노동성 집계 '특별양호노인주택의 입소신청자의 상황'을 살펴보면, 전체 42만 1천 명 중 개호 4~5인 자가 17만 9천 명, 그중 절박하게 입소가 필요한 자는 6만 7천 명이었다.17)

2) 노인보건시설

노인복지법에 규정된 노인복지시설의 일종으로, 65세 이상으로 신체상 또는 정신상 현저한 장애가 있어서 상시 개호를 필요로 하며, 집에서는 적절한 개호를 받을 수 없는 경우에 입소시켜 케어하는 것을 목적으로 하는 시설이다.

건강상태가 안정기에 있는 개호자에 대해서는 시설의 서비스 계획에 근거하여 간호와 의학적 관리하에 개호, 재활훈련, 일상생활상의

16) 유선종(2009), 미래사회에서 보는 노인주택, 도서출판 청람, pp. 71~72
17) 綜合ユニコム, 월간 시니어비지니스마켓(2012.3), p. 37

도움을 주고 가정으로의 복귀를 위한 단기·중기의 요양을 실시하는 의료시설로서 지방자치단체의 지정허가를 받는다. 병원과 자택의 중간시설로서 퇴원을 했지만 건강과 케어환경상의 이유로 당장은 자택으로 돌아갈 수 없는 사람을 위한 재활훈련시설이라고도 할 수 있다. 입소 기간은 3개월이 한도이고, 사업 주체는 의료법인, 사회복지법인, 지방공공단체이다. 비용은 개호도에 따라서 다르지만, 평균 월 7만 엔 전후이다.

3) 그룹홈

그룹홈(group home)은 치매상태인 노인이나 장애자가 소인원(5~9인)의 가정적인 분위기 안에서 서로 도우면서 공동생활을 하는 곳이다. 치매노인 그룹홈은 1997년도부터 새롭게 창설된 시설로, 비교적 안정상태에 있는 소인원의 치매노인이 가정적인 환경 속에서 직원과 함께 생활하며, 치매의 진행을 완화시키고 문제행동을 감소시키는 것을 목적으로 하고 있다. 원칙적으로 개인실이고, 정원이 5~9명, 거실·식당 등의 공유 공간을 마련하고, 주간에는 입주자 3명에 대해 직원 1명, 야간은 상시 1명 이상의 직원이 배치되는 것 등이다. 이 기준을 만족시키면 개호보험의 치매대응형공동생활개호의 지정을 받을 수 있다. 입주대상은 65세 이상의 치매상태의 개호자로 소인원에 의한 공동생활에 지장이 없고, 가정에서의 개호가 곤란한 사람이다. 비용은 식비, 관리비, 개호보험료(10%)를 포함해서 월 15~20만 엔 정도이다. 9세대가 하나의 유닛으로 구성되어 공동생활을 하는 유닛케어 형식으로, 하나의 그룹홈에 2개의 유닛까지 개호보험의 지정대상이 될 수 있고, 사업 주체는 주식회사, 유한회사, 사회복지법인, 의료법

인, NPO법인 등이다.[18]

4) 유료노인주택

노인복지법에 근거하고 신고에 의해 사업을 경영하는 시설로, 민간 영리기업의 경영이 중심을 이루는 시설이다. 시장성에 의한 경영으로 여러 가지 유형의 시설이 있으며, 개호서비스를 중심으로 하는 시설, 자립한 생활이 가능한 생활형의 시설로 구분된다.

유료노인주택은 고령자를 입주시켜서 입욕·배설 등의 개호, 식사 제공 등을 실시하는 곳으로서 노인복지시설, 치매고령자그룹홈, 등록된 고령자전용주택 이외의 것을 말한다. 개호서비스의 제공 방법에 따라 개호형(일반형·외부서비스이용형), 주택형, 건강형의 4가지로 나눌 수 있다. 설치에 있어서는 지방자치단체에 설치 예정지·설치자·정관 등을 사전에 신고하는 것이 노인복지법으로 규정되어 있다. 개호보험제도가 시작된 이후 유료노인주택의 수는 10배로 증가하였으며, 신규로 참가하는 사업자도 많아 계약이나 서비스 내용을 둘러싸고 여러 가지 갈등이 나타나고 있다. 개호형 시설은 특정 시설로 지정을 받아 개호보험에서 정한 개호서비스를 제공하며, 입주자는 개호서비스 구입과 노후의 삶의 질을 위해 찾아가는 시설로 사업 주체에는 제한이 없다.

18) 유선종(2009), 미래사회에서 보는 노인주택, 도서출판 청람, pp. 72~74

〈표 2-3〉 노인관계시설의 시설수 및 입소 정원의 추이

구분		2000년	2003년	2004년	2005년	2006년	2007년	2008년	2009년	2010년	2011년
양호 노인 주택	시설수	949	959	962	964	962	958	964	932	909	893
	정원(명)	66,495	66,970	67,181	66,837	66,667	66,375	66,239	64,194	62,307	60,752
	재소자 수(명)	64,026	63,833	63,913	63,287	62,563	62,406	62,075	60,013	58,054	56,381
경비 노인 주택	시설 수	1,444	1,842	1,928	1,966	2,016	2,059	2,095	2,050	1,964	2,001
	정원(명)	61,732	77,374	80,951	82,594	84,325	86,367	88,059	86,049	83,845	85,220
	재소자 수(명)	56,068	71,761	75,679	77,473	79,595	81,218	83,098	80,976	78,176	79,648
유료 노인 주택	시설수	350	694	1,045	1,406	1,968	2,671	3,400	3,565	4,144	4,640
	정원(명)	37,467	56,837	76,128	96,412	123,155	147,981	176,935	183,245	195,972	216,174
	재소자 수(명)	26,616	42,661	55,461	69,867	91,524	114,573	140,798	148,402	161,625	179,505

자료: 후생노동성(2012.10.31), 후생노동통계조사(매년 10월 1일 시점).

〈표 2-4〉 유료노인주택의 주요 사업자

순위	사업자명	운영 동수	호실수	브랜드명: ( )은 시설 개수
1	㈜베넷세스타일케어	240	12,658	아리아(19), 그라니앤그란다(92), 쿠라라(37), 마도카(49), 본세쥬르(36), 고고치(7)
2	㈜멧세지	182	9,644	아뮤(103), 아뮤레지던스(51), S아뮤(25), 웰피아(1), 그린(1)
3	㈜베스트라이프	145	9,305	베스트라이프(145)
4	니치이그룹	106	6,355	니치이키라메키(53), 니치이홈(53)
5	와타미개호㈜	98	7,465	레스토비라(96), 토레쿠오레(1), 레비타(1)
6	㈜키노시타개호	58	3,579	리안레뷔(21), 브렐로브(1), 라이프코뮨(36)
7	우치야마그룹(㈜사와야카구락부)	57	3,830	사와야카(57)
8	그린라이프그룹	56	3,410	그린라이프(7), 하비테(18), 즈마이링홈(23), 케어프렌드(2), 시하츠(6)
9	㈜스파・코트	40	2,751	스파・코트(40)
10	㈜우이즈넷	32	1,422	스코야가(11), 민나노이에(19), 안심하우스스코야가(2)
11	유니마트소요가제	31	1,654	소요가제(31)
12	㈜하레코포레이션	30	1,337	아이라노모리(5), 아뷔라쥬(25)
	㈜시다	30	1,616	라나시카(30)
14	㈜미라이설계	26	1,511	미라이구락부(24), 미라이테(1), 미라이엔(1)
15	㈜츠쿠이	24	1,747	츠쿠이선샤인(24)

자료: 綜合ユニコム, 월간 시니어비지니스마켓(2014.1), p. 85

5) 서비스형고령자주택

노인주택의 유형으로 17종류나 되는 다양한 시설의 입주기준을 명확히 하고 종류도 통합하여 이해하기 쉬운 체제를 만들어야 할 필요성이 대두됨에 따라 서비스형고령자주택(サービス付き高齢者向け住宅)의 등록제도가 창설(2011년)되며 새로운 등록기준과 함께 일원화를 향해 한 걸음 나아갔다. 서비스기준은 ① 안부확인, ② 생활상담서비스의 제공으로 생활상담원(LSA)[19]을 반드시 두어야 한다. LSA는 1987년에 창설된 실버하우징에서 시작되었다.

서비스형고령자주택은 노인을 대상으로 하는 임대주택으로 고령자주택정책을 통괄하는 '고령자거주의 안정확보에 관한 법률(高齢者の居住の安定確保に関する法律)'에서 고령자주택제도를 정리・통합하는 것을 목표로 개정되었다.

일본에서 2011년 10월, 새롭게 등장한 것이 '서비스형고령자주택'이다. 기존의 고령자원활입주임대주택, 고령자전용임대주택, 고령자대상우량임대주택을 폐지하고 서비스형고령자주택으로 일원화하였다. 이것은 노인인구의 증대에 따라 개호자와 단신・부부세대 등 의료・개호・생활지원을 필요로 하는 노인이 증가하였고, 이에 대해 재정부담이 큰 시설개호[20]보다는 재택개호로의 이행을 꾀하려는 정부의 의도에서 비롯되었다.

국토교통성과 후생노동성이 공동 관리하고 저렴한 임대료와 비교적 입퇴거가 자유로운 임대주택을 대량 정비하는 것이 이 제도의 목

---

19) Life Support Advisor, 고령자용 임대주택, 시니어하우징 등의 주택에서 거주하는 고령자에게 필요에 따라 일상의 생활상담, 안부 확인, 긴급 시 연락서비스를 행하는 사람.

20) 개호노인복지시설, 개호노인보건시설, 개호요양형의료시설.

〈표 2-5〉 서비스형고령자주택과 유료노인주택의 비교

구분	서비스형고령자주택	유료노인주택
관할	국토교통성, 후생노동성	후생노동성
법률	고령자거주 안정확보에 관한 법률	노인복지법
방면적	25m²(18m²) 이상/호(거실, 식당이 공용으로 충분한 면적일 때는 18m² 이상	13m² 이상/호
설비기준	방마다 주방, 화장실, 수납설비, 세면설비, 욕실을 설치. 단 일정 기준을 만족하면 일부 공용이용 가능	일시개호실, 간호·개호직원실, 스프링클러 등이 필요
인원기준	생활지원서비스를 실시할 의료법인 직원, 주택헬퍼 자격보유자 등의 주간 상주	제공서비스에 따라 시설장, 사무원, 생활상담원, 개호직원, 간호직원, 영양사, 조리사 등
개호서비스	외부 주택서비스 이용 개호보험의 특정시설 지정을 받은 경우, 내부 직원이 서비스 제공	외부의 주택서비스 이용 개호보험의 특정시설 지정을 받은 경우, 내부 직원이 서비스 제공
생활지원 서비스	안부 확인과 생활상담이 필수	식사, 건강관리 등 적절한 서비스 제공
주택특례 대상	대상 외	대상
의료서비스	외부 왕진, 의료기관의 외래진료	외부 왕진, 의료기관의 외래진료
계약방식	임대차방식	이용권방식
건축기준법	공동주택	아동복지시설 등

자료: ミサワホーム, http://www.misawa.co.jp/sakoujyu/step.html

적이다. 또한 종신임대사업의 절차를 완화하고 생활지원서비스의 장비를 의무화하여 정든 지역에서 마지막까지 거주할 수 있도록 설계한 것이 이 제도의 장점이라 할 수 있다.[21)]

6) 서비스형고령자주택과 유료노인주택의 차이

유료노인주택은 근본법이 후생노동성 관할의 노인복지법이고 서비

21) 綜合ユニコム, 월간 시니어비지니스마켓(2012.3), p. 20

스형고령자주택은 국토교통성과 후생노동성이 공동으로 관할하는 고령자주택법이다. 또한 ① 신청 및 등록, ② 이용권방식 및 임차권방식, ③ 서비스가 시설 내에서 제공되는 포괄형인가, 외부에서 제공되는 외부형인가 등의 차이가 있다.22)

개호형노인주택의 입주자가 장래에 치매가 될 확률은 60% 수준으로 치매케어를 주된 대상으로 하는 그룹홈과 크게 다르지 않다. 그렇다면 그룹홈도 서비스형고령자주택의 범주에 넣을 필요가 있어, 보다 등록기준을 넓힐 필요가 있다.

정부에서는 서비스형고령자주택이 부족하다고 하지만 실제로 부족한 것은 포괄케어시설(주거계)이다. 2001년 개호형노인주택은 약 4천 호 개설되었고 2006년에는 약 2만 3천 호로 급증하였다. 그러나 2006년에 시작된 총량규제의 영향으로 2009년에는 9천 호까지 줄었다. 포괄케어를 실시하고 있는 시설(주거계)가 1/3까지 벌어진 현실이다. 포괄케어와 비포괄케어의 차이는 비용에 있다. 비포괄케어는 개호도3을 경계로 급부한도액을 넘는 케어플랜이 되어 이용자부담이 증가한다. 포괄케어를 실시하는 특정시설을 늘리는 것이 이용자의 니즈를 해소하고 개호보험제도를 보다 충실히 할 수 있는 방법이다.23)

22) 綜合ユニコム, 월간 시니어비지니스마켓(2011.7), p. 26
23) 綜合ユニコム, 월간 시니어비지니스마켓(2011.3), p. 34

〈표 2-6〉 일본 노인주택의 유형

	유형	시설수	특징	설치 주체
복지계	개호형 노인주택	2,864	노인을 입주시켜 식사·배설·입욕을 제공, 세탁·청소 등의 가사, 건강관리를 제공하는 것을 목적으로 하는 시설. 지정기준을 만족한 시설을 '특정시설입주자생활개호'라고 한다. 특정시설은 시설의 직원이 개호보험서비스를 제공하는 '일반형'과 시설 외부에서 제공하는 '외부서비스이용형'이 있다.	민간기업, 의료법인, 사회복지법인
	주택형 노인주택	3,524	노인을 입주시켜 식사·입욕 등 일상생활의 지원, 건강관리를 제공하는 것을 목적으로 하는 시설. 요개호가 된 경우, 입주자 본인이 외부의 개호서비스사업자와 계약하여 개호보험서비스 등의 제공을 받을 수 있다. 개호형노인주택과의 절충형(개호형+주택형, 2011년 2월 4일 현재 43시설)도 개설되고 있다.	민간기업, 의료법인, 사회복지법인
	건강형 노인주택	19	노인을 입주시켜 식사·입욕의 제공. 일상생활의 지원, 건강관리를 제공하는 것을 목적으로하는 시설. 요개호가 된 경우는 입주계약을 해약하고 퇴거해야 한다.	민간기업, 의료법인, 사회복지법인
	서비스형 고령자 주택	241	2011년 10월에 등록제도가 시작된 국토교통성과 후생노동성의 공동관리 제도사업이다. 기존의 고령자원활입주임대주택, 고령자전용임대주택, 고령자대상우량임대주택을 폐지하고 통합한 것이다. 연면적 $25m^2$ 이상, 주방, 수세식화장실, 수납설비, 욕실의 설치를 원칙으로 한다. 서비스는 안부 확인, 생활상담이 기본요건이다. 기존노인주택도 등록전환이 가능하고, 예산, 세제, 융자의 지원제도가 있어 등록수가 급속히 확대되고 있다.	민간기업, 의료법인, 사회복지법인, 주택공급공사, 도시재생기구, 지방자치단체
	시니어대상 분양 아파트[24]	56	자립노인을 대상으로 한 소유권이 있는 집합주택으로, 상속·임대·매각이 가능. 노인주택과 다르게, 신고의무와 법적기준이 없으나 시니어층 대상의 배리어프리의 전용주택, 가령대상의 설비·구조, 각종 공용시설, 식사나 일상생활 지원, 개호서비스의 제공이 수반된다.	민간기업, 생활협동조합
	치매고령자 그룹홈	11,527	치매노인이 소규모(1단위 5~9인)로 거주하고, 식사·입욕·배설 등의 지원, 청소·세탁 등을 직원과 공동으로 하여 가정적이고 안정된 생활을 하는 것이 목적이다. 대상은 요지원2, 요개호1 이상이다.	민간기업, 의료법인, 사회복지법인, NPO법인, 지방자치단체
	소규모 다기능형 주택개호	3,337	2006년 4월 개호보험제도개정으로 창설된 지역밀착형 서비스의 하나. 자택에서 거주하는 노인이나 중증의 요개호자가 익숙한 지역에서 생활 가능하도록 '내왕·숙박·방문'서비스를 24시간 제공한다. 식당·기능훈련실·주방겸용의 거실·야간케어 가능한 독실·요양실, 상담실, 사무실을 설치한다.	민간기업, 의료법인, 사회복지법인, NPO법인, 지방자치단체

24) 시니어대상분양아파트는 이용권 방식의 노인주택이나 차가권방식의 서비스형고령자주택과 다르게 자기의 소유자산이므로 상속, 매각, 임대가 가능하다.

	경비노인 주택 A·B형	246	비교적 낮은 요금설정으로 가정환경, 주택사정 등의 이유로 생활이 곤란한 노인을 입주시켜, 일상생활상 필요한 편의를 제공한다. 식사제공, 일상생활상 필요한 편의를 공급하는 'A형'과 자취를 원칙으로 하는 'B형'이 있다.	사회복지법인, 지방자치단체
	케어하우스	1,718	경비노인주택의 종류에 포함되는 케어하우스는 생활상담, 식사·입욕서비스을 제공하고 휠체어로 이동 가능한 배리어프리 구조를 가진다. 긴급 시에 대응하는 복지기능도 갖고 있다.	민간기업, 의료법인, 사회복지법인, NPO법인, 지방자치단체
	양호노인 주택	909	65세 이상된 자로 환경상의 이유 및 경제적 이유로 재택생활이 곤란한 자를 입주시켜, 사회 복귀의 촉진과 자립된 생활이 가능하도록 필요한 개호와 훈련을 하는 시설.	사회복지법인, 지방자치단체
	개호노인 복지시설	6,388	노인복지법으로 규정된 시설(정원 30인 이상). 대상은 65세 이상 요개호자(요개호도1 이상)로 신체상·정신상 명백한 장애가 있어 상시의 개호가 필요하나, 자택에서 상시의 개호를 받기 곤란한 노인을 대상으로 입주서비스를 제공한다.	사회복지법인, 지방자치단체
의료계	개호노인 보건시설	3,822	요개호자 대상으로 자택 복귀를 목표로, 간호, 의학적 관리하의 개호, 기능훈련 등의 필요한 의료, 일상생활상의 보살핌을 해주는 시설. 2008년에는 개호요양병동 전환책의 하나로 개호요양형노인보건시설이 창설되었다.	의료법인, 사회복지법인, 지방자치단체
	개호요양형 의료시설	1,912	요양병동 등을 가진 병원, 진찰소의 개호보험적용 부분에 입원하는 요개호자를 대상으로 요양상의 관리, 간호, 의학적 관리하의 개호, 기타 보살핌, 기능훈련, 필요한 의료를 행하는 시설. 대상은 요개호자(요개호1 이상). 2017년도 말까지 개호요양형의료시설은 폐지될 방침으로 요양형노인보건시설로 전환된다.	의료법인, 사회복지법인, 공익법인, 지방자치단체
주택계	실버하우징	-	지방공공단체에 의한 임대주택으로 고령자의 신체 특성을 배려한 배리어프리 구조의 주택. 생활상담원(LSA)의 상담, 안부확인, 긴급 시 대응서비스.	지방공공단체
	고령자용 우량 임대주택	-	고령자의 신체 특성을 배려한 구조. 긴급통보서비스 등이 가능한 고령자용 임대주택. 생활상담원의 생활지원서비스(상담, 안부확인 등)를 받을 수 있다.	민간사업자, 사회복지법인, 지방주택공사, 도시재생기구
	고령자원활 입주임대 주택	-	고령을 이유로 입주를 거부하지 않는 임대주택으로 등록이 된 것.	민간사업자, 사회복지법인
	시니어주택	-	고령자의 생활 특성을 배려한 구조·설비의 채용. 고령자의 안심을 확보하는 서비스의 제공. 고령자를 배려한 임대료 등의 지불방식 도입.	민간사업자, 사회복지법인, 지방주택공사, 도시재생기구
	고령자용 분양아파트	-	입주 시 자립한 고령자를 대상으로 하는 배리어프리 구조의 분양아파트. 개호가 필요한 경우는 개호보험의 방문개호서비스 등 외부의 재가복지서비스를 이용.	(재)고령자 주택재단
합 계		36,581건		

자료: 후생노동성(2012.3), WAMNET(http://www.wam.go.jp), 綜合ユニコム, 월간 시니어비지니스마켓(2012.12), p. 21을 참조하여 재구성.

•제 2 부•

우리나라의 고령화와 노인주거정책

제3장
인구고령화와 노후인생설계

1. 고령화와 노후생활
2. 노후인생설계
3. 재산관리

제3장 인구고령화와 노후인생설계

1. 고령화와 노후생활

20세기 중반 이후 의료와 과학기술의 발달로 인간의 평균수명은 연장되고 사망률이 저하됨에 따라 인구의 고령화는 전 세계적으로 빠르게 진행되고 있다. UN은 '1982년 고령자문제 세계대회'에서 국가의 총 인구 중 65세 이상의 인구비율이 7% 이상인 경우를 '고령화사회(Aging Society)', 14% 이상인 경우를 '고령사회(Aged Society)', 20% 이상인 경우를 '초고령사회(Super Aged Society)'라고 정의하였다. 우리나라는 2000년에 고령화사회에 진입하였으며, 2018년에는 고령사회에, 2026년에는 초고령사회에 도달할 것으로 전망되고 있다.[1)]

우리나라는 외국과 비교해 볼 때 인구의 고령화가 유례없이 빠르게 진행되고 있다. 고령화사회에서 고령사회로 이전되기까지 프랑스 115년, 미국 71년, 독일 40년, 일본 24년이 소요된 데 비해 우리나라는 18년밖에 소요되지 않고, 고령사회에서 초고령사회로 진입하는

1) 보건복지부(2011), 고령자통계.

〈표 3-1〉 주요국의 인구고령화 속도

구분	도달 연도			소요 연수	
	고령화사회 (7%)	고령사회 (14%)	초고령사회 (20%)	7% → 14% 도달	14% → 20% 도달
한국	2000	2018	2026	18	8
일본	1970	1994	2005	24	11
독일	1932	1972	2012	40	40
미국	1942	2013	2028	71	15
프랑스	1864	1979	2020	115	41

자료: 통계청(2011.12), 장래인구추계 2010-2060, ( )는 총 인구 중 65세 이상 인구비율.

〈표 3-2〉 주요국 고령화율의 장래 추이 (단위: %)

	한국	일본	영국	프랑스	미국	이탈리아	호주	멕시코	OECD 평균
2000	7.2	17.4	15.8	16.1	12.4	18.3	12.4	4.7	13.0
2010	11.0	23.1	16.5	16.7	13.0	20.5	14.3	5.9	14.8
2030	24.3	31.8	21.9	23.4	19.3	27.3	22.2	11.8	21.5
2050	38.2	39.6	24.1	26.2	20.2	33.6	25.7	21.2	25.8

자료: OECD(2010), 'OECD Factbook 2010'.

기간도 프랑스 41년, 미국 15년, 독일 40년, 일본 11년이 소요되었지만, 우리나라는 8년으로 전망되어 고령인구의 증가속도가 매우 빠를 것으로 예상된다. 이는 오랜 기간에 걸쳐 고령사회에 대한 준비를 해온 서구의 선진국과 달리 우리나라는 단기간에 진입하는 고령사회에 대한 준비가 시급함을 의미한다.

고령화 비율의 장래 추이에 대한 국제적인 비교에 있어서도 일본 2030년 31.8%, 이탈리아 27.3%에 이어 우리나라가 24.3%로 전망되고, 2050년에는 일본 39.6%에 이어 우리나라는 38.2%로 세계 2위로 예상[2)]되는데 이는 OECD평균 25.8%를 크게 상회하는 수치이다. 이는 인구고령화의 급속한 진행속도와 고령인구가 차지하는 비율이

2) 정후식(2011.7), 일본의 노후난민시대 도래와 정책대응, 한국은행 조사국, p. 5

외국에 비하여 상대적으로 높은 수준임을 나타내고 있다.

1) 우리나라의 장래인구

2013년 기준 우리나라의 출산율은 OECD 회원 국가 중 가장 낮은 1.18명(OECD 평균 1.74명) 수준이고, 우리나라 인구의 기대수명은 81.2세로, 남자가 77.6세, 여자가 84.5세(2012년 기준)이다. 이와 같은 출산율 감소와 기대수명 연장은 고령인구의 증가를 의미한다.

우리나라 총 인구는 2010년 기준 4,941만 명에서 2030년 5,216만 명까지 성장하지만, 이후 감소하여 2060년 4,396만 명(1992년 수준)에 이를 전망[3])이다. 고령인구는 2020년까지 연평균 약 4%대로 성장하고, 베이비붐세대가 고령층에 접어드는 2020~2028년 사이에 연평균 5%대로 급증한 후 둔화될 것으로 추정된다. 65세 이상의 고령인구를 연령계층별로(65~74세, 75~84세, 85세 이상) 구분해 보면 65~74세 인구는 2010년 62.4%에서 2060년 37.7%로 감소하고, 75~84세 인구비중은 2010년 30.8%에서 2060년 36.9%로 증가하고, 85세 이상 초고령인구 비중은 2010년 6.8%에서 2060년 25.4%로 3.7배 이상 증가할 것으로 보인다.

40세 이상 인구가 우리나라 총 인구의 50%를 넘어서고 있으며(2014년 기준), 65세 이상 인구비율은 2012년 11.8%에서 2060년 40.1%(1,762만 명)까지 지속적으로 증가할 것으로 추정된다. 이 중 전기고령자로 분류되는 65세~74세의 비율은 2010년 6.9%에서 2040년 15.8%(806만 명)까지 증가할 것으로 추정되고, 후기고령자로 분류되

---

3) 통계청(2011.12), 장래인구추계: 2010~2060, 총인구와 인구성장률에 대한 인구성장 중위가정.

〈표 3-3〉 총 인구 및 고령인구 구성비(1960~2060)

(단위: 천 명, %)

중위가정	1960년	1970년	1980년	1990년	2000년	2010년	2020년	2030년	2040년	2050년	2060년
총 인구	25,012	32,241	38,124	42,869	47,008	49,410	51,435	52,160	51,091	48,121	43,959
구성비	100.0	100.0	100.0	100.0	100.0	100.0	100.0	100.0	100.0	100.0	100.0
65세+	726	991	1,456	2,195	3,395	5,452	8,084	12,691	16,501	17,991	17,622
	2.9	3.1	3.8	5.1	7.2	11.0	15.7	24.3	32.3	37.4	40.1
65~74세	556	741	1,050	1,500	2,303	3,405	4,653	7,616	8,063	7,345	6,636
	2.2	2.3	2.8	3.5	4.9	6.9	9.1	14.6	15.8	15.3	15.1
75~84세	-	-	-	-	918	1,677	2,621	3,759	6,359	6,947	6,505
	-	-	-	-	2.0	3.4	5.1	7.2	12.5	14.4	14.8
85세+ (75세+)	(170)	(251)	(406)	(695)	173	370	810	1,316	2,079	3,700	4,480
	(0.7)	(0.8)	(1.1)	(1.6)	0.4	0.7	1.6	2.5	4.1	7.7	10.2

자료: 통계청(2011.12), 장래인구추계: 2010~2060, p. 13을 재구성.

는 75세 이상은 2010년 4.4%에서 2060년에는 25%까지 증가할 것으로 전망된다.

여기에서 후기고령자는 정년퇴직 이후 경제활동을 하지 못하는 상황에서 건강의 상실 등으로 사회복지와 의료복지 수혜의 주된 대상이 된다. 특히, 85세 이상 인구는 2010년 37만 명(0.7%)에서 2060년 448만 명(10.2%)으로 10배 이상 큰 폭으로 증가할 것으로 전망되어 고령층의 부양에 따른 사회적 비용이 급증할 것으로 전망된다.

2) 노년부양비 및 노령화지수

2012년 기준 65세 이상 고령자의 성비(여자인구 100명당 남자의 수)는 70.1이지만, 의료기술의 발달 및 건강에 대한 관심 고조 등으로 인해 남자 고령자의 사망률이 점차 낮아져 2030년에는 남성 비율이 81.1로 높아질 것으로 전망된다.[4)]

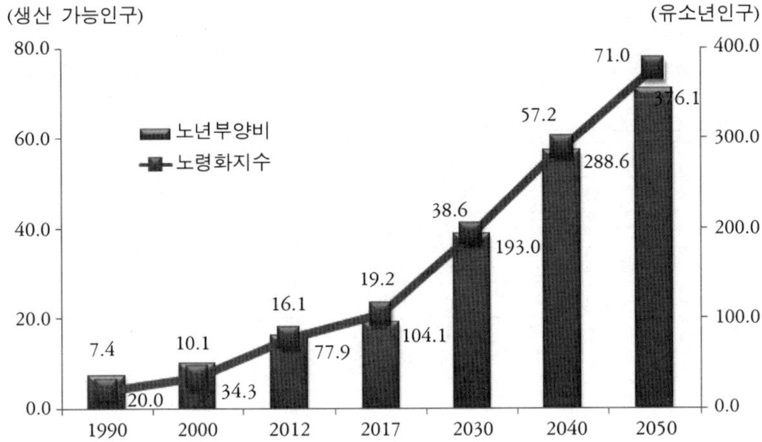

자료: 통계청(2011.12), 장래인구추계: 2010~2060, p. 9

〈그림 3-1〉 노년부양비 및 노령화지수

2012년 노년부양비[5]는 16.1로서 생산가능인구 6.2명이 노인 1명을 부양하고 있다. 오늘날의 저출산 성향이 지속될 경우 2017년에는 생산가능인구 약 5명이 1명, 2050년에는 약 1.4명이 1명을 부양해야 할 것으로 전망된다. 2012년 기준 노령화지수[6]는 77.9로 유소년인구(0~14세) 100명당 65세 이상 고령자가 78명이며, 2017년에 이르면 노령화지수가 104.1로 고령인구가 유소년인구를 초과할 것으로 전망된다.

---

4) 통계청(2011.12), 장래인구추계: 2010~2060, p. 14

5) 노년부양비=(65세 이상 인구 / 15~64세 인구)×100

6) 노령화지수=(65세 이상 인구 / 0~14세 인구)×100

〈표 3-4〉 노인가구 추이 (단위: 천 가구, %)

	총 가구	노인가구[1](구성비)	독거노인가구[2](구성비)
2000	14,507	1,734(11.9)	544(3.7)
2005	15,971	2,432(15.2)	777(4.9)
2010	17,359	3,087(17.8)	1,056(6.1)
2012	17,951	3,388(18.9)	1,187(6.6)
2020	19,878	4,772(24.0)	1,745(8.8)
2030	21,717	7,690(35.4)	2,820(13.0)
2035	22,261	9,025(40.5)	3,430(15.4)

주 1) 가구주의 연령이 65세 이상인 가구.
2) 가구주의 연령이 65세 이상이면서 혼자 사는 가구.
자료: 통계청(2012), 장래가구추계.

3) 노인가구

고령자가 세대주인 노인가구의 비중은 18.9%(2012년)로 매년 증가하는 추세로, 이 중에서 65세 이상 고령자가 홀로 사는 독거노인 가구는 총 가구 구성비의 6.6%(2012년)를 차지하고 있으나, 2035년에는 15.4%로 증가할 것으로 예상된다. 2012년 기준으로 노인가구의 비중이 높은 지역은 전남(34.4%), 전북(27.8%), 경북(26.7%) 등의 순으로 나타난 반면, 낮은 지역은 울산(12.0%), 경기(14.1%), 대전(14.1%) 등의 순이다.

4) 수명 100세 시대

저출산과 기대수명의 연장으로 인한 고령화는 100세 시대의 도래를 목전에 두고 있다. 2011년 현재 1954년생 남자의 39.6%, 여자의 46.2%가 98세까지 생존할 것으로 전망된다(박유성, 2011). 즉 이는 국민의 대다수가 장수를 희망하지 않더라도 장수할 가능성이 높아

지고 있음을 의미한다.[7)]

UN은 평균수명 증가로 100세 이상의 인구가 급증하는 '호모헌드레드(Homo-Hundred)'[8)] 시대가 도래함으로써 각국의 고령화문제가 심각해질 것으로 전망하고 있다. 세계보건기구(WHO)가 발표한 '2013 세계보건통계'에 따르면 2011년 출생아를 기준으로 한 한국인의 기대수명은 평균 81세(남자 79세, 여자 84세)로 추산됐다.[9)] 한국인의 평균 기대수명(81세)은 오스트리아, 키프로스, 핀란드, 독일, 그리스, 아일랜드, 네덜란드, 뉴질랜드, 노르웨이 등 고소득 국가군의 평균 기대수명인 80세를 상회하는 것으로 나타났다. 세계보건기구(WHO) 194개 회원국 가운데 일본과 스위스, 산마리노가 평균 기대수명 83세로 나란히 '최고 장수국가'에 올랐고, 한국은 17위를 차지했다. 2020년에는 31개국으로 급증할 것이며 100세 이상의 고령인구도 크게 늘어나는 '호모헌드레드' 시대가 도래할 것으로 예상하고 있다.[10)]

OECD도 회원국들의 평균수명이 2006년 81.7세(남성은 76.0세)로 반세기 전인 1960년보다 약 11세 늘어났으며 향후에도 소득증가와 의료기술의 발달로 평균수명은 더욱 연장되어 고령화문제는 세계적인 현안이 될 것이라고 지적하였다.[11)] 장수국가인 일본은 2007년부터 베이비붐세대가 퇴직을 시작함에 따라 2020년경에는 65세 이상 인구가 전체 인구의 1/3을 차지하는 '노인대국'으로 발전할 전망이다.[12)]

---

7) 100세 시대 대비 저출산·고령사회 포럼(2011), 인생 100세 시대 대응 전략, 보건복지부, p. 3
8) 인류의 조상을 호모사피엔스(Homo-sapiens: 생각하는 인간)으로 부른 것에 비유하여 100세 장수가 보편적이 되는 시대의 인간상을 '호모헌드레드'라고 부른다.
9) 연합뉴스, 한국인 기대수명 81세로 17위… 세계평균 70세, 2013.5.16.
10) UN(2010), World Population Ageing 2009 및 UNCTAD, Demographic indicators.
11) OECD(2009), Pensions at a Glance: Retirement-Income System in OECD Countries.

100세 시대를 단순히 노인이 급증하는 위기의 시대로 해석하기보다는 인간의 전 생애에 걸쳐 사회문화 · 경제 · 정치적 변혁이 필요한 기회의 시대로 이해하고, 기존의 80세 시대라는 패러다임에서 100세 시대 패러다임[13]으로 전환되어야 함을 노년학자들은 제기하고 있다.[14]

TIP

10만 시간의 자유

노후준비에는 다양한 분야가 있다. 노인주택 등의 주거, 건강장수를 위한 준비, 노인대학 등의 교육, 가족과 친지와의 관계, 노후의 삶을 위한 경제적 준비, 노후 여가문화의 개발, 은퇴 이후의 30~40년에 이르는 삶의 질적 향상을 위한 노력 등을 꼽을 수 있겠다.

일반적으로 노후준비에 대해 질문하면 경제적인 노후준비에 대해 대답하는 경우가 많다. 또한 은퇴 이후의 삶에 대한 질문에는 은퇴할 때까지는 최선을 다해서 열심히 일하고 은퇴 이후에는 편히 쉬면서 지내고 싶다는 대답이 대부분이다.

오늘날의 숨막히는 경쟁 속에서 생존을 위해 몸부림치며 치열하게 살아가는 현대 사회의 구조를 보면 당연한 것으로 이해된다. 한평생을 앞만 보고 달려가는 모습이 우리가 살아가는 오늘날의 평범한 삶인 까닭에 은퇴 이후에는 지친 몸과 마음을 쉬게 하고 싶기 때문이다.

40~50대의 가정을 보면 내집 마련과 자녀교육, 대출금 등으로 인

---

12) 정후식(2011.7), 일본의 노후난민시대 도래와 정책대응, 한국은행 조사국, p. 1

13) 현재 우리사회가 성장, 경쟁, 노동생산성에 중점 가치를 부여하고 있지만, 건강수명이 증가하고 생애주기가 길어지는 100세 시대에는 생애 전 단계에 걸친 삶의 질, 행복, 웰빙, 삶의 목적과 의미, 관용과 배려, 세대 간 화합이 사회적 화두로 등장할 것으로 전망하고 있다.

14) 100세 시대 대비 저출산 · 고령사회 포럼(2011), 인생 100세 시대 대응 전략, 보건복지부, p. 4

해 내핍과 절제를 강요당하다가 은퇴 시점에는 생활자금이 부족해진다. 은퇴 이후에는 일자리 없이 지내야 하는 부담과 평균수명이 길어지면서 불안감은 가중된다.

대부분의 사람들은 은퇴 이후의 삶에 대해 구체적인 계획이 없이 쉬고 싶어 하는데, 여기서는 많은 사람들이 쉬고 싶어 하는 은퇴 이후의 시간이 얼마나 되는지 추계해 보기로 하자.

우리의 인생을 나이를 기준으로 인생 3모작으로 구분해보자. 태어나서 대학을 졸업하는 약 25세까지를 청년기로 하고, 학교 졸업하고 취직하여 정년퇴직하는 약 65세까지를 장년기로 하고, 정년퇴직 이후 약 85세를 전후하여 하늘나라에 갈 때까지를 노년기로 가정하자. 이는 청년기 25년, 장년기 40년, 노년기 20년으로 구분된다. 청년기는 약 25년간 학교 다니면서 열심히 공부하여 사회 구성원으로 활동하기 위해 준비하는 시기이다.

장년기 40년간 우리가 활동하는 시간을 계산해보자. 추계의 전제로는 주일 이외에 휴무일(토요일과 국경일 등)은 전혀 없다고 가정하고, 1주일에 월요일부터 토요일까지 6일 동안 매일 8시간씩 기계적으로 일한다고 가정하면 6일×8시간×52주×40년=99,840시간이 된다.15)

이 시기는 26~65세로 취직과 결혼, 자녀의 출산과 양육, 가족과 친인척의 사별, 자신의 건강문제 등 생로병사를 경험하고, 직장에서의 승진과 좌절, 사업의 성공과 실패, 내집 마련, 삶의 비전을 구체화하는 등 희로애락을 경험하는 시기이다. 이러한 장년기에는 자신의 성공과 미래에 대한 준비를 위해 부단히 노력하는 시기로, 대부분의 경우 앞만 보고 달려가는 시기이다.

이 시기에는 치열한 경쟁사회에서 최대한의 노력을 경주하여 삶의

15) 紀平正幸(2006), 10万時間の自由, 幻冬舎.

열매를 구체화하며 장년기를 지내게 된다. 그러다 보니 대부분의 사람들은 인생의 장년기에 많은 에너지를 쏟게 되고 누구보다도 치열하게 장년기를 지내기에 그 시기를 지나는 노년기에는 쉬고 싶어지는 것 같다. 이제 노년기에 주어지는 시간을 계산해보자. 노년기는 정년퇴직한 뒤 하늘이 부를 때까지가 실제적인 노년기가 되지만, 추계를 위해 장년기의 절반인 20년의 기간으로 가정해보자. 즉 정년퇴직 이후의 20년간인 66~85세로, 이 시기의 모든 시간은 스스로가 마음대로 사용할 수 있는 자유시간이라고 가정하고, 하루 중 10시간은 수면, 식사 등 생리적인 욕구를 위한 시간이라 할 때, 나머지 14시간은 하루에 마음대로 사용할 수 있는 자유시간(free time)이 된다. 이를 계산하면 365일×14시간×20년=102,200시간이 된다. 계산의 편의를 위해 65세를 은퇴 시점으로 하고 85세를 생을 마감하는 시점으로 하였지만, 오늘날 사오정, 오륙도 등과 같이 정년퇴직의 연령은 앞당겨지고, 과학과 의술의 발달로 평균수명은 오히려 크게 늘어나는 상황을 감안한다면 노년기의 시간은 더욱 늘어난다.

노년기는 퇴직 등으로 인해 경제력은 연금 등에 의존하게 되고, 체력과 기력이 쇠약해지고 기억력이 감퇴하며 노인성 질환 등 건강상의 이유로 인해 병원과 친해지는 시기이다. 또한 가까운 지인과의 사별 등 정신적인 아픔도 체험하게 되는 시기이다.

다시 말하면 학교를 졸업하여 취직하고 결혼하는 20대 후반부터 정년퇴직하는 65세까지 약 40년간 자신을 위해 노력하고 앞만 보며 전력질주 하는 시간이 10만 시간에 못 미치는 데 반해, 65세부터 85세까지 약 20년간 은퇴 이후에 쉬면서 지내려는 시간이 10만 시간을 상회한다는 것이다. 이는 젊음과 건강, 꿈과 미래가 있고, 패기와 야망이 있어 삶의 비전을 이루어가는 40년 동안 일하며 지내는 시간보다, 돈

없고 힘 없고 늙어 몸이 쇠약해지는 노년기 20년간의 시기에 실질적으로 감당해야 하는 자유시간이 훨씬 더 많다는 것을 방증하고 있다.

은퇴 이후의 준비, 이제는 더 미룰 수 없는 과제이다. 40년간의 일하는 시간보다 20년간의 쉬어야 하는 시간이 물리적으로 더 길다는 사실을 간과하지 말아야 한다. 그냥 쉬면서 남은 시간을 지내기에는 10만 시간은 감당하지 못할 만큼 길기 때문이다.

청년기에 열심히 준비하고 노력하여 장년기 40년간을 살아가는 우리의 모습처럼, 적어도 40대, 늦어도 50대에는 퇴직 후의 20년간을 위해 보다 구체적으로 준비해야 한다. 은퇴 이후에 대한 구체적인 계획을 더 이상 미루면 안 된다. 준비하지 않은 상태에서 맞게 되는 10만 시간은 평안한 쉼이 아니라 재앙이 될 수 있기 때문이다. 다가오는 10만 시간을 준비하기에는 지금도 늦지 않았다.

5) 노인의 기준

서구에서는 은퇴를 또 다른 삶의 시작이자 해방으로 보고 은퇴 뒤의 인생을 기대하면서 행복한 은퇴를 그리며 인생의 후반전을 준비하는 '행복한 은퇴'라는 사고방식이 있다. 반면 동양에서는 은퇴를 인생의 종착역이자 사회로부터의 고립으로 여기는 경향이 있다.

에도 시대에는 일본인들도 노후를 기대하면 살았다고 한다. 개인보다 가업을 소중히 여겼던 당시에는 장남이 태어나면 가업을 잇는 것이 당연한 일이었고, 그로 인해 차남이나 삼남은 후계자가 없는 집안의 양자로 가야 했다. 전통을 이어 나가는 걸 큰 명예와 보람으로 여긴 당시에 주어진 일에 최선을 다하다가 자신의 일을 계승할 상속자가 나타나면 비로소 평소에 꿈꿔 왔던 삶을 누릴 수 있었다. 현역 시절에는 가업에 전념하는 것이 숙명이었고, 인생 후반에 상속자에게 가업을 넘기고 나면 비로소 자신이 좋아하는 것을 할 수 있었던 것이다.[16] 즉 노후란 본래 자신이 하고 싶어 하던 일을 할 수 있는 느긋하고 여유로운 시간을 의미하는 것이었다.

노인의 연령을 몇 살부터라고 규정할 것인가 하는 사회적 인식은 시대가 변하고 기대수명이 연장됨에 따라 달라지고 있다. 우리나라는 고령자 또는 노인의 기준을 각 개별 법률의 입법목적과 취지에 따라 각각 다르게 정의하고 있다. 대부분의 사회정책들이 65세 이상을 노인으로 규정하고 있지만, 적용기준의 일관성 부족으로 인해 고령자고용촉진법은 55세 이상을 고령자로 정하고 있고, 국민연금법은 노령연금 급여대상자로서의 노인을 62세 이상으로 정하고 있으며, 노인복지법 및 국민기초생활보장법은 65세 이상을 노인으로 정하고 있다.

한국리서치(2011)의 국민인식조사에서는 '노인이 시작되는 시점이라고 생각되는 나이'에 대한 조사결과 66.7세[17]로 나타났고, 1994년 조사에서는 응답자의 41.6%가 65세 이상을 노인이라고 생각한 반면, 2008년에는 68.3%가 70세 이상을 노인으로 생각하고 있는 것으로 나타났다.[18]

UN은 총 인구대비 65세 이상 인구의 비율을 기준으로 고령화사회, 고령사회, 초고령사회로 구분하고 있는데, 이 기준은 인구 관련 각종 통계에도 사용되고 있어 노인 또는 고령의 기준을 65세로 볼

---

16) 박현정 역(2013), 낭비없는 삶, 중앙북스, p. 15[호사카다카시(2011), 인생의 정리술].
17) 한국리서치(2011), 2011년 저출산·고령화에 대한 국민인식조사결과보고서, p. 102
18) 100세 시대 대비 저출산·고령사회 포럼(2011), 인생 100세 시대 대응 전략, 보건복지부, p. 21

수 있을 것이다.

우리나라는 2011년 경제활동인구조사 부가조사결과 평균 은퇴연령은 만 53세로 나타났는데, 2013년 국회에서 정년연장에 관한 법률[19]이 통과되어 60세로 연장되게 되었다. 주요 내용은 2016년부터 300명 이상 사업장과 공공기관 등의 정년을 60세 이상으로 의무화하고, 2017년부터 300명 미만 사업장과 지방자치단체의 정년을 60세 이상으로 의무화하는 등 정년을 연장하려는 사업장의 임금피크제를 허용하였다.[20]

영국, 독일 프랑스, 캐나다, 스위스 등과 같은 서유럽 사회와 일본 등의 국가에서는 노인의 기준을을 65세로 정하고 있고, UN에서도 생산연령 인구를 15~65세로 정하고 있다. 또한 국제적인 통계학 등의 학문 분야에서는 65세 이후를 노인인구로 규정하고 있다.[21]

일본에서 65세 이상의 고령사를 노인이라고 구분한 것은 1950년대이다. 1955년에 일본인 평균수명은 남성 65.6세 여성 67.7세였기 때문에 노인을 65세 이상으로 한정지어도 위화감이 없었다. 그때로부터 반세기가 지난 지금 일본인의 평균수명은 남성 80.22세 여성 87.08세(2012년 기준)로 지속적으로 연장되고 있다. 이러한 평균수명의 연장으로 노인이 증가함에 따라 사회보장급부비의 급증이 사회문제화되어, 2011년도는 약 108조 엔이던 비용이 2025년에는 약 151조 엔으로 확대될 것으로 예상된다.

---

19) 고용상 연령차별금지 및 고령자고용촉진에 관한 법률 일부개정법률안(환경노동위원장 대체입법안, 2013.4.30).

20) 이상우(2013.5), 정년연장에 따른 사적연금시장 수요전망과 정책과제, Kiri Weekly 2013.5.6, 보험연구원, pp. 16~18

21) 이영숙(2013), 노인복지주택 특성요인이 사업의사결정과 입주가격에 미치는 영향, 단국대학교 박사학위논문, p. 7

65세 이상의 노인 중에는 치매노인, 의료니즈가 높은 노인도 증가하고 있지만, 현역으로 왕성하게 활동하는 65세 이상 인구의 존재감도 매년 높아지고 있으며 65세 이상도 자신이 건강하다고 생각하는 비율이 65.4%나 되는 것으로 나타났다.

현대 사회에서는 65세 이상도 사회의 중요한 역할자로서 활약하고 있는 사람도 다수 있기 때문에 연령에 따라 65세 이상이라고 하여 일률적으로 노인이라고 규정하는 것은 활동하고 있는 사람 또는 활동하고 싶어하는 사람에 대한 실례라는 국민적인 의식전환이 시작되었다.

다가오는 초고령사회에서는 현재의 어린 세대나 젊은 청년 세대들도 장래에 노인이 되었을 때 지속 가능(sustainable)하면서도 안심(safety)할 수 있는 사회를 만드는 것을 목표로 해야 한다. 따라서 의욕과 능력이 있는 65세 이상의 사람은 사회의 버팀목으로 활약할 수 있다는 의식개혁도 필요하며 노인을 65세 이상이라고 정하는 기준도 재고될 필요가 있다.[22)]

일본은 '고령자 고용안정법'에 의해 민간기업 근로자를 대상으로 2006년에 65세까지 취업이 가능하도록 기업에 대해 정년연장 · 정년제폐지 · 재고용 중에서 선택하도록 유도하였고, 민간기업에 이어 공무원도 60세 정년퇴직 후 희망자에 한해 65세까지 재고용을 의무화하였다.[23)]

---

22) 종합유니컴(綜合ユニコム), 월간 시니어비지니스마켓(2012.4), p. 6
23) 차학봉, 조선일보, 2012.3.23.

2. 노후인생설계

초고령사회로 불리는 수명 100세 시대에는 수명 80세 시대와는 차별화된 인생설계(life planning)가 필요하다. 수명 100세 시대에는 생애주기가 기존의 '30년–30년–20년'에서 '30년–30년–40년'으로 바뀔 것으로 예상된다. 태어나서 30년 동안 교육을 받고 나서 30년 동안 직장생활을 한 뒤 40년간 은퇴생활을 하는 개념으로 생애주기가 바뀌게 되어, 과거보다 노후기간이 2배나 증가할 것으로 전망되고 있다.[24)]

국민의 43.3%가 '장수는 더 이상 축복이 아니다'라고 생각한다는 조사결과(오영희 외 , 2011)는 우리나라 국민들이 오래 사는 것을 '절망적'으로 생각하며, '노후는 기다려지는 것이 아닌 맞이하고 싶지 않은 미래'라고 느끼고 있음을 보여준다.

현재의 퇴직연령인 50~60세 사람들이 수명 100세 시대에 60세로 퇴직한다고 가정할 경우 40여 년의 여생을 향유할 장년층으로 간주될 것이므로, 수명 100세 시대를 대비한 노후설계는 젊었을 때부터 시작하는 것이 효과적이다. 준비된 장수는 축복이 될 수 있으나, 준비되지 않은 장수는 재앙이 될 수밖에 없다는 냉혹한 현실을 우리는 직시해야 한다. 향후 도래할 100세 시대를 활기차고 행복하게 살 수 있도록 준비하기 위해 유아 시절부터 시작하여 청년기, 중년기, 장년기에 걸쳐 개별적인 니즈가 충족될 수 있는 방향으로 노후설계는 진화되어야 할 것이다.[25)]

---

24) 전홍택·박명호·윤석명 외(2011), 100세 시대, 어떻게 행복하게 살것인가?, 경제·인문사회연구회, p. 124

25) 윤석명 외(2011), 노후준비실태를 반영한 노후소득보장체계 구축방안–노후소득보

과거에 비해 급속하게 증가하고 있는 평균수명 증가 추이를 고려할 때 노동시장에서 경쟁력을 확보한 소수의 고령근로자들의 경우에는 정신적·육체적 능력이 유지되는 한 고령근로가 가능하여 75세 이후까지도 노동시장에 잔류할 것으로 전망되나, 적지 않은 근로자들에게는 오히려 직장생활 기간이 단축될 가능성도 높다.

특히 경제성장이 지식기반(Knowledge-based) 또는 정보산업(IT)에 기반하여 소수의 경쟁력 있는 집단에게 고용 및 부의 창출 기회가 집중되면서 근로기간뿐 아니라 노후생활 기간 동안에도 소득의 양극화가 심화될 것으로 예상되고 있다. 이에 따라 평균수명이 급속하게 증가하는 상황에서 직장에서 조기 은퇴한 사람들은 노후생활 기간이 40년 이상으로 늘어나게 될 수도 있다.

이러한 상황의 도래를 방지 또는 곤란을 최소화하기 위해서는 젊은 시절부터 개인이 노후를 스스로 준비해 나갈 수 있도록 생애주기 관점에서 노후설계가 이루어지는 방향으로 사회 분위기를 바꾸어 나갈 필요가 있다.

1) 노인의 가치관 변화

현대 노인들의 삶의 태도는 적극적이다. 자택에서 거주하면서 자녀와 독립된 삶을 원하거나 노인복지주택에서 살고자 한다. 또한 자기발전을 위해 새로운 지식과 정보를 습득하고 새로운 관계망을 형성해간다. 이러한 현상은 높아진 경제력 때문이기도 하지만, 노인의 가치관과 욕구가 다양해지고 복지에 대한 욕구의 고도화 때문이기도 하

장제도와 관련 복지제도간 연관성을 중심으로, 한국보건사회연구원, pp. 143~146

〈표 3-5〉 노인 가치관의 변화

항목	기존의 노인층	신세대 노인층
심신상태	병약, 어둡고, 고집셈	건강, 밝고, 유연함
생활의식	보수, 비관적인 인생관	합리, 미래지향적 인생관
노년기의 인식	인생의 종말기	자기실현의 기회, 제3의 인생
삶의 태도	검약, 소박, 무 취미	여유, 즐김, 여러 취미
독립성	자녀 등에 의지, 독립성이 약함	배우자와 사회시스템에 의지, 독립적
노후설계	자녀 세대에 의존	계획적인 노후설계, 독립세대 유지
가치관	노인은 노인답게	나이와 젊음은 별개
레저관	일하는 재미, 여가는 수단	여가 자체의 가치, 목적화
자산처분권	자손에게 상속	자기를 위한 처분
여행형태	친목단체 등 단체여행	여유 있는 부부여행
취미생활	게이트볼 등 노인끼리의 교류	취미의 다양화, 다른 세대와의 교류
생활스타일	순일본식 선호, 애견가가 다수	다문화 교류적 생활, 금연가가 다수
유행감각	둔함, 후기 추종자 내지 외면	예민, 초기 채용자
가족	부양가족세대	독립세대
소비수준	저소비	고소비

자료: 야마우치히사시 『뉴거대시장 실버산업』, 경영정보출판, 1991; 김혜정 외, 2010, p. 13 재인용.

다.[26] 미래의 노인세대는 은퇴와 함께 증가한 여유시간을 취미생활, 국내외 여행, 학문 또는 관심영역 연구 등에 집중하며, 일과 자녀로부터 해방되어 새로운 생활문화의 창조자로서 활기차게 노후를 즐기게 될 것이다. 가족, 친구, 학연, 지연, 혈연 등을 중시하고 그에 따라 노인들이 모여 사는 주택 등도 형성될 것으로 전망되고 있어, 노인복지주택 등 유료노인복지설의 수요는 증가할 전망이다.[27]

26) 신명혜(2009), 유료 노인주거복지시설의 이용의사 결정요인, 대구한의대학교박사학위논문, p. 12

27) 이영숙(2013), 노인복지주택 특성요인이 사업의사결정과 입주가격에 미치는 영향, 단국대학교 박사학위논문, p. 9

2) 노인의 경제상태

노인의 경제상태는 소비, 소득, 자산 및 부채를 통하여 살펴볼 수 있다. 2011년 노인실태조사[28](보건복지부, 2012)에 따르면, 노인이 생활하고 있는 가구의 월평균 소비지출은 141.3만 원으로 노인이 가장 부담스러워하는 것으로 주거 관련비 지출(43.0%)이며, 다음이 보건의료비(24.7%), 식비(12.0%)의 순서로 나타났다.

노인의 평균 가구소득은 2,161.8만 원으로 월 180.2만 원이었으며, 소득구성 특징을 보면 사적 이전소득이 26.5%로 가장 많고, 공적 이전소득 25.2%, 근로소득 23.5%, 사업소득 14.4% 등으로 구성되어 있다. 한편, 노인의 개인소득원을 살펴보면 대부분의 노인이 사적 이전소득을 갖고 있지만 개인소득에서 차지하는 비중은 39.8%에 불과하다. 즉, 근로소득이 있는 노인이 13.6%, 사업소득 16.8%, 재산소득 27.5%, 사적 이전소득 95.3%, 공적 이전소득인 공적 연금 25.3%, 기타 급여 8.9%, 기초노령연금 63.9%, 기초보장 6.1% 등이다.[29]

또한 노인이 이상적으로 생각하는 노후생활비 마련 방법을 살펴보면 본인 스스로가 가장 높은 55.0%이며, 국가적 차원이 30.6%, 자녀 14.2%, 기타 0.3%으로 나타났다. 노인들의 생활비 주된 부담자는 자녀 및 배우자(이하 자녀)가 39.5%로 가장 많고, 본인 스스로(이하

---

28) 본 조사의 목표는 종단적 조사로서 2008년에 구축된 패널을 대상으로 한 종단조사결과의 산출과 횡단조사로서의 지속적으로 산출되어 온 65세 이상에 대한 시계열 통계를 산출하는 것으로, 정책 개발에 필요한 노인생활 실태 및 복지욕구에 대한 신뢰도 높은 자료를 확보하는 것을 목표로 하여 2011년 8월 31일~2011년 11월 30일 기간 중 현장조사(2012년 1월 16~20일까지 추가조사 실시)가 진행되었다.

29) 정경희 외(2012), 2011년 노인실태조사, 보건복지부.

〈표 3-6〉 노인소득의 구성 (단위: 만 원, %)

근로소득	사업소득	재산소득	사적 이전소득	공적 이전소득	기타 수입	기타 소득	총 수입
86.5	154	131.4	207.4	252.9	3.7	13.6	849.6
10.2%	18.1%	15.5%	24.4%	29.8%	0.4%	1.6%	100.0%

자료: 정경희 외(2012), 2011년 노인실태조사, 보건복지부.

〈표 3-7〉 이상적으로 생각하는 노후생활비 마련 방법

본인 스스로	자녀	국가적 차원	기타
55.0%	14.2%	30.6%	0.3%

본인) 34.7%, 배우자 17.5%, 정부 및 사회단체 7.7%(이하 정부)이다. 또한 용돈의 경우 또한 자녀 34.2%, 본인 스스로 31.6%, 정부 27.6%, 배우자 6.2%순으로 나타났다. 노인 개인소득은 연간 849.6만 원으로 사적 이전소득 39.8%, 공적 이전소득 32.5%, 사업소득 9.5%, 재산소득 9.0%, 근로소득 7.4%, 기타 소득 1.4%, 기타 수입 0.3%으로 구성되어 있다. 공적 연금의 경우 1994년의 2.9%, 2004년의 14.4%에 비하여 그 비율이 매우 높아진 것이다. 한편 노인의 20.0%가 부채를 갖고 있으며 평균 부채의 규모는 1,148.5만 원이다. 주관적인 생활수준은 높다고 응답한 비율이 6.0%에 불과하며 46.6%는 낮은 것으로 평가하고 있다.

(1) 노인세대의 소득

통계청 사회조사(2011년)에 따르면 고령자들이 겪고 있는 어려운 점은 경제문제(40.2%)와 건강문제(39.8%)로 나타났으며, 남자 고령자는 경제문제(41.0%), 여자 고령자는 건강문제(42.7%)에 대해 상대적으

로 더 어려움을 느끼는 것으로 나타났다.

이러한 노인가구의 경제적인 어려움은 소득 감소에 기인하는 것으로 〈표 3-8〉의 총 소득의 구성비를 보면 근로소득이 전체 소득의 23.5%로 나타났다. 2010년 기준 노인부부가구의 연간 총 소득은 2,161만 원으로 사적 이전소득 및 공적 이전소득이 전체 소득의 50% 이상을 차지하고 있다. 독거노인 가구의 경우 사적 이전소득과 공적 이전소득 비중이 노인부부가구의 경우보다 더 높아 전체 소득 중 이전소득의 비중이 80%에 달하고 있어 고령자 소득의 상당 부분이 자녀에 의한 부양 또는 국가의 연금 등에 의지하고 있음을 보여준다.

국민연금의 경우 고령화가 심화됨에 따른 재정악화문제를 해결하기 위해 수급연령을 점진적으로 65세로 늦추는 등 보장금액을 지속적으로 축소시키고 있으며, 자녀로부터의 부양도 핵가족화의 심화로 고령자의 충분한 소득을 보장하기 어려울 것으로 예상되고 있다.

노후안전망인 국민연금은 만 60세부터 받을 수 있었으나 2013년부터는 수급연령이 5년마다 1년씩 늦춰져 1969년 이후에 출생한 국민연금 가입자는 만 65세가 되어야 연금을 받을 수 있어 소득 공백

〈표 3-8〉 고령자 가구 총 소득 및 구성 비율 (단위: 만 원, %)

항목	총 소득금액				구성비			
	전체	독거노인	노인부부	자녀동거	전체	독거노인	노인부부	자녀동거
근로소득	774.3	83.1	228.7	2,253.0	23.5	7.5	11.7	56.0
사업소득	390.2	64.2	360.1	687.8	14.4	6.3	17.2	15.5
재산소득	215.9	87.5	274.4	206.5	8.7	6.8	11.5	4.9
사적 이전소득	339.6	347.2	386.3	238.4	26.5	45.0	28.7	9.7
공적 이전소득	409.9	237.2	510.9	346.1	25.2	32.7	28.8	11.8
기타 소득	31.8	21.5	37.3	30.9	1.7	1.7	2.1	2.1
총 연수입	2,161.7	840.7	1,797.7	3,762.7	100	100	100	100

자료: 보건복지부, 2011년도 노인실태조사.

기간이 더욱 장기화되었다. '현대판 보릿고개'[30]는 이미 지난해 시작된 베이비붐세대들의 은퇴와 함께 나타나고 있으며 이후 세대들도 정년이 현재대로 유지된다면 심각한 보릿고개의 위기에 직면할 가능성이 크다.[31]

(2) 노후대비자금

향후 도래할 100세 시대에는 노후준비라는 차원에서 개인의 은퇴와 관련된 재무설계 및 재산관리가 매우 중요해진다. 한국리서치(2011)의 '2011년 저출산·고령화에 대한 국민인식조사'에서 노후에 대해 '준비하고 있다'는 응답은 35.6%로 나타났다. 그리고 노후준비를 하고 있다는 응답자 중 구체적인 노후준비에 대해서는 '노후에 필요한 생활자금 준비'라는 응답이 85.0%로 가장 높고, '건강관리(65.4%)', '정서적 안정 및 가족관계 형성(29.3%)', '취미·여가·자원봉사활동(21.6%)'의 순서로 나타났다.[32]

또한 안정적인 노후생활을 위해 필요한 비용에 대해 일반적으로 국민 10명 중 4명 이상은 노후에 필요한 한달 평균소득을 100~199만 원 정도[33]로 생각하고 있는 것으로 나타났다. 그리고 이와 같은 노후

30) 보릿고개는 지난해 가을에 수확한 양식이 바닥나고 올해 농사 지은 보리는 미처 여물지 않은 5~6월의 식량 사정이 매우 어려운 시기를 가리키며, '현대판 보릿고개'는 정년퇴직 후 국민연금을 받을 때까지 소득공백으로 인해 생활이 어려워지는 시기를 지칭한다.

31) 정후식(2011.7), 일본의 노후난민시대 도래와 정책대응, 한국은행 조사국, p. 48

32) 한국리서치(2011), 2011년 저출산·고령화에 대한 국민인식조사결과보고서, p. 119

33) 노후에 필요로 하는 한달 평균소득에 대해 '100~199만 원'이라는 응답이 45.2%로 가장 높고, '200~299만 원(39.3%)', '300~399만 원(6.8%)', '400만 원 이상(1.4%)'의 순서로 응답되었다.

의 필요자금 확보 가능 여부에 대해 물어본 결과 '확보할 수 있을 것'이라는 응답이 59.8%로 나타났다. 노후대비자금을 준비하기 위해서 어떠한 준비를 하고 있는지 물어본 결과 국민연금과 예금·저축·펀드·주식·부동산 등의 비중이 높은 것으로 나타났다. 또한 '노후대비자금을 위해 현재 준비하고 있는 것이 없다'도 20.6%로 노후에 대한 준비를 못하는 사람들이 적지 않은 것으로 나타났다. 추가로 노후준비 교육 및 상담에 대한 참여 의향에 대해서는 참여하고 싶다는 응답이 36.1%이고, 노후준비교육 및 상담 시 다룰 내용은 '건강관리', '노후에 필요한 생활자금준비', '정서적안정 및 가족관계', '취미·여가·자원봉사활동', '전직 및 재취업교육'으로 나타났다.[34)]

3) 주택연금

우리나라 노인계층의 자산보유 실태를 고려하여 공적 연금 중심의 노후소득보장체계 보완을 위해 주택을 담보로 하는 역모기지(reverse mortgage)제도를 도입하였다. 역모기지는 생활비로 사용할 현금은 부족하지만 주택자산을 보유하고 있는 노인계층을 대상으로 보유주택을 유동화하여 노후생활비로 사용할 수 있게 하는 제도이다.[35)] 주택연금은 공적 보증 역모기지로 노인가구가 소유한 주택을 담보로 제공하고 금융기관으로부터 노후생활자금을 매달 연금방식으로 지급받는 대출제도이다.

---

34) 한국리서치(2011), 2011년 저출산·고령화에 대한 국민인식조사결과보고서, p. 140

35) 유선종·이석희(2013), 주택연금 계약 특성이 월지급금에 미치는 영향, 국토연구, 제77권, 국토연구원, p. 177

〈표 3-9〉 주택연금의 가입 및 이용의 조건

구 분		내 용
연 령		본인과 배우자 모두 만 60세 이상
대상주택		시가 9억 원 이하의 주택 및 지방자치단체에 신고된 노인복지주택
주택보유수		부부 기준 1주택
보증기간[36]		소유자 및 배우자 사망 시까지
월지급금 지급방식		• 종신지급방식: 수시인출한도 설정 없이 월지급금을 지급받는 방식 • 종신혼합방식: 수시인출한도 설정 후 나머지 부분을 월지급금으로 지급받는 방식
	월지급금 지급 유형[37]	• 정액형: 월지급금을 평생 동안 일정한 금액으로 고정하는 방식 (정률)증가형: 처음에 적게 받다가 12개월마다 3%씩 증가하는 방식 (정률)감소형: 처음에 많이 받다가 12개월마다 3%씩 감소하는 방식 전후후박형: 초기 10년간은 정액형보다 많이 받다가 11년째부터는 초기 월지급금의 70% 수준으로 받는 방식
	수시인출 한도 설정 비율	• 선순위채권 상환용도: 저당권 담보부 대출금, 대여금 등 전세권 설정한 전세보증금, 임대차계약을 체결한 임대보증금의 지출용도로 대출한도의 50% 이내(최대 2억 5천만 원) • 일반용도: 의료비, 교육비, 주택유지수선비, 관혼상제비 등 일반적인 노후생활자금의 지출용도로 대출한도의 50% 이내(최대 2억 5천만 원)
보증료		• 가입비(초기보증료)[38]: 주택가격의 2%를 최초 연금지급일에 납부 • 연보증료[39]: 보증잔액의 연 0.5%를 매월 납부
대출금리[40](연이율)		3개월 CD금리+1.1%
대출원리금 상환[41]		부부 모두 사망 후 주택을 처분하여 정산
담보의 제공		1순위 근저당권 제공
세제지원		• 등록세, 지방교육세, 농어촌특별세, 국민주택채권매입의무 면제 • 재산세 25% 감면(단, 5억 원 초과주택은 5억 원에 해당하는 만큼 감면) • 주택연금 이자비용 연금소득공제(200만 원 한도)

자료: 한국주택금융공사 홈페이지(http://www.hf.go.kr/hindex.html) 자료 재구성.

36) 보증종료사유: ① 본인 사망(배우자가 6개월 이내에 소유권 이전등기 및 채무인수를 마치면 지급정지 해제), ② 담보주택 소유권 상실(화재로 인한 주택소실, 재건축·재개발 등으로 인한 주택 소유권 상실 등 포함), ③ 1년 이상 담보주택에서의 미거주 등.

37) 이용기간 중 지급방식(종신지급, 종신혼합) 간의 변경은 가능하지만 월지급금 지급유형(정액형, 증가형, 감소형, 전후후박형) 간 변경은 불가능.

주택연금은 개인이 보유하고 있는 자산을 기본 재원으로 한다는 점에서 정부의 재정지출 부담이 없이 생활비가 부족한 노인계층에 주거 안정과 생활 안정을 동시에 보장할 수 있는 이점을 갖는다. 따라서 주택연금은 공적 연금의 보완적인 역할을 수행할 수 있을 것이라는 기대에서 2007년 7월부터 시행되었다.[42]

주택연금의 가입조건은 주택소유자와 배우자 모두가 신청일 현재 만 60세 이상이어야 한다. 제도 시행 당시에는 가입자의 연령조건이 65세이었으나 대상자의 확대를 위하여 2009년 4월부터 60세로 하향 조정하였다. 또한 본인과 배우자를 기준으로 신청일 현재 주택을 1채만 소유하여[43] 실제로 거주하고 있어야 하며, 가격이 9억 원 이하인 주택으로 제한된다. 가입자와 배우자는 주택을 담보로 제공하고 공적 지급보증에 의하여 평생거주와 종신연금지급을 보장받는다.

주택연금의 연금지급방식은 수시인출한도의 설정 없이 월지급금을 종신으로 지급받는 종신지급방식과 수시인출한도를 설정하고 나머지 부분을 월지급금으로 지급받는 종신혼합방식으로 구분된다. 수시인출한도는 대출한도의 최대 50%까지 설정할 수 있다. 또한 개인의 상황에 따라 월지급금 금액에 대해서 옵션을 선택할 수 있다.[44]

---

38) 초기 보증료환급허용: ① 가입 후 1회만 주택연금을 받고 철회할 경우에는 초기 보증료 전액 환급, ② 천재지변 · 화재로 가입주택이 멸실될 경우는 일부 환급.

39) 보증료는 취급 금융기관이 가입자 부담으로 공사에 납부하고 대출 잔액에 가산됨.

40) 이자는 매월 대출 잔액에 가산되고 있어, 가입자가 직접 현금으로 납부할 필요가 없음.

41) 가입종료 시점에 연금수령액이 집값을 초과하면 상속인에게 청구하지 않으며, 집값이 남으면 상속인에게 귀속됨.

42) 정경희 외(2011.7), 베이비붐세대 실태조사 및 정책현황분석, 보건복지부 한국보건사회연구원, p. 171

43) 동거 자녀가 별도의 주택을 소유하는 것은 상관이 없으며, 주택연금 이용 중 추가로 주택을 소유하는 경우에도 주택연금을 계속 이용할 수 있다.

정액형을 선택하는 경우에 월지급금의 액수는 고정되며, 감소형을 선택하는 경우 초기에 지급금이 많고 매년 3%씩 월지급금이 감소한다. 반면에 증가형을 선택하는 경우 월지급금이 매년 3%씩 증가한다. 월지급금 옵션은 지급방식과 관계 없이 종신지급 방식과 종신혼합 방식 모두에서 선택이 가능하다.[45]

주택연금을 시행하는 한국주택금융공사는 노인복지주택이 준주택으로 간주됨에 따라 주택연금의 대상으로 확대하였다(2011.5.19). 요건은 노인복지법상 분양형 노인복지주택으로서 해당 지자체에 신고된 주택이어야 한다. 주택 가격은 9억 원 이하이어야 하고 저당권, 전세권, 임대차 계약이 없어야 한다. 이러한 융자제도의 배경은 60세 이상 노인인구가 급증할 것으로 예상되고, 핵가족화의 진전, 1인가구 노인의 증가, 국민연금 실시로 인한 연금수혜 노인이 증가함에 따라 저소득층 노인 중심 사업에서 탈피하여 중산층 이상의 노인을 위한 시설을 확보할 수 있는 계기를 정부에서도 마련할 필요가 있었기 때문이다. 2013년 2월부터는 가입자가 지급받는 월지급금이 기존 대비 평균 2.8% 낮아졌고, 11월부터는 확정기간형(20년) 상품이 출시되었다.

〈표 3-10〉 주택연금 및 농지연금 가입실적 (단위: 건)

구분	2007년	2008년	2009년	2010년	2011년	2012년	2013년	합 계
주택연금	515	695	1,124	2,016	2,936	5,013	5,296	17,595
농지연금	-	-	-	-	911	1,291	624	2,826

자료: 주택금융월보(2014.1), 한국주택금융공사, p. 110; 한국농어촌공사(www.ekr.or.kr).

44) 정경희 외(2011.7), 베이비붐세대 실태조사 및 정책현황분석, 보건복지부 한국보건사회연구원, p. 171

45) 유선종 · 노민지(2013), 주택연금 계약해지의 결정요인에 관한 연구, 부동산학연구, 제9집 제2호, 한국부동산분석학회, p. 59

주택연금의 신청 현황을 살펴보면 2007년 515건, 2008년 695건, 2009년 1,124건, 2010년 2,016건, 2011년 2,936건, 2012년 5,013건, 2013년 5,296건이 가입하는 등 꾸준한 증가세를 보이고 있다. 이는 베이비붐세대들의 은퇴 시점이 다가와 향후 그들의 노후생활에 대한 대책으로 주택연금시장이 점점 활성화되고 있음을 알 수 있다. 주택연금의 2013년 말 기준[46] 가입자수(누적)는 16,127명이고, 보증공급액(누적)은 22조 278억 원으로 크게 증가하였다.

주택연금은 가입자에 의한 역선택이 가능한 상황에 놓여 있다. 주택 매각이 안 되는 경우 주택연금을 선택하면 종신거주를 보장받으면서 연금을 받게 되고, 나아가 주택가격의 하락이나 이자율의 상승에 관계 없이 처음에 계약하여 확정된 금액을 종신토록 수령할 수 있게 된다. 제도시행 이후 서브프라임 등 경제위기로 인하여 주택가격이 지속적으로 하락하면서 2013년 2월에는 주택연금의 지급모형을 재설정하여 월지급금액을 소폭 하향 조정하였다.[47]

이러한 주택연금은 고령자가 사망할 때까지 지급받는 종신형 연금으로 기대여명에 근거하여 지급금액을 정하는 등 상품이 설계되었다. 평균수명이 80에서 100세로 연장될 것이라는 전망이 설득력을 갖게 되는 오늘날, 처음 상품 가입 시 추정한 기대여명보다 더 오래 살 경우 주택연금의 원리금 합계금액이 담보주택의 처분가치를 초과하게 된다. 이러한 경우에 주택연금을 도입하는 금융기관은 장수위험에 노출되므로 정부는 공적 보증 방식의 개입을 선택하여 장수위험 등 주택연금의 리스크에 대한 금융기관의 우려를 보완하였다.[48]

---

46) 주택금융월보(2014.1), 한국주택금융공사, p. 111

47) 유선종 · 이석희(2013), 주택연금 계약특성의 월지급금에 미치는 영향, 국토연구, 제77권, 국토연구원, p. 176

고령자가 예상 사망연령을 초과하여 장수할 경우 보증보험료가 소진되어 초과된 연령 이후부터 사망 전까지는 정부의 공적 보증에 따른 지원을 하는 형태로, 보증은 한국주택금융공사가 담당하며 주택연금 가입자의 대출원리금이 담보가액을 넘어 손실이 발생할 경우 주택금융공사는 금융기관의 대출채권을 매입한 후 대신 월지급금을 금융기관에 지급한다.

외형상으로는 민간 금융상품이지만 내적으로는 정부가 공적 보증을 하고 있는 주택연금은 평균수명의 연장에 따른 장기위험을 고스란히 정부가 부담하게 되므로, 평균수명의 연장에 대비한 정부의 책임부담액에 대한 재산정과 이에 따른 재정부담의 해결방안에 대한 검토가 필요하다.[49)]

4) 농지연금

주택연금은 주택을 담보로 한 역모기지제도인데 비해, 농지연금은 농지를 담보로 한 역모기지제도이나. 즉 농지연금은 농업소득 외에 별도의 소득이 없는 고령농업인의 안정적인 노후생활을 보장하기 위하여 도입된 농지 담보형 역모기지제도로, 한국농어촌공사 및 농지기금관리법에 근거[50)]를 두고 있다.[51)]

---

48) 유선종 · 김문영(2014), 주택연금의 보증료 특성에 관한 연구, 도시행정학보, 제27집 제1호, 한국도시행정학회, p. 167

49) 100세 시대 대비 저출산 · 고령사회 포럼(2011), 인생 100세 시대 대응 전략, 보건복지부, p. 74

50) 한국농어촌공사 및 농지기금관리법 제10조 및 제24조의5 참조

51) 최인호(2013), '농지연금제도에 대한 연구', 토지공법연구 제61집, 한국토지공법학회, p. 64

〈표 3-11〉 주택연금과 농지연금 비교

구분	주택연금	농지연금
근거법률	한국주택금융공사법	한국농어촌공사 및 농지기금관리법
도입시기	2007년 7월	2011년 1월
가입연령	주택소유자 만 60세 이상	농지소유자 만 65세 이상
가입조건	1세대 1주택 소유	영농경력 5년 이상 농업인 총 소유농지 3만m^2 이하
담보물	9억 원 이하 주택 및 노인복지주택	농지법상의 농지 중 공부상 지목이 전·답·과수원으로서 실제 영농에 이용되고 있는 농지
담보물평가	인터넷시세, 주택공시가격, 한국감정원의 감정평가	개별공시지가 및 감정평가
비소구권 적용	채무는 주택가치로 제한 잔여 지분은 상속인에게 지급	채무는 농지가치로 제한 잔여 지분은 상속인에게 지급
연금지급방식	종신형, 종신혼합형	종신형, 기간형(5년, 10년, 15년형)
보증기관	한국주택금융공사	한국농어촌공사 농지은행
대출기관	민간 금융기관	한국농어촌공사 농지은행
대출금리	CD+1.1%	연 3%(고정금리)
보증료	초기 보증료: 주택가격의 2% 연보증료: 대출잔액의 연 0.5%	가입비:폐지(2014. 1). 위험부담금: 농지연금채권액의 연 0.5%

자료: 류근옥·마승렬(2012). '주택연금과 농지연금의 총대출비용률(TLCR) 평가 연구', 주택연구 제20권 제3호, 한국주택학회, p. 80; 농지연금포탈 홈페이지 자료 재작성.

농지연금의 가입요건은 신청 연도 말일을 기준으로 농지소유자 만 65세 이상으로 영농경력이 5년 이상이며, 총 소유농지가 3만m^2 이하여야 한다. 농지연금 가입자는 담보농지를 직접 경작하거나 임대할 수 있다. 가입연령 70세, 농지가격 2억 원(종신형)의 농지를 담보로 연금 가입 시에 지급받는 금액은 776천 원(월) 수준이다.

농지연금은 주택연금과 마찬가지로 종신지급이 보장되며, 연금채무 상환 시 담보물 처분으로 상환하고 총 채무액이 담보가치를 초과하더라도 채무는 담보가치 범위 이내로 제한된다. 금융기관에서 대출을 실행하는 주택연금과 달리 농지연금은 농지관리기금을 관리하는 한

국농어촌공사에서 직접 보증 및 대출을 진행한다는 점에서 차이점이 있다.[52)]

2013년 8월 말 기준 농지연금 가입건수는 2,826건으로 65세 이상의 농업종사자(약 100만 명)의 약 0.3% 수준으로 아직까지 가입률이 높지 않은 상태이다. 이에 농림축산식품부와 기획재정부는 농지연금대상 농지가격에 대한 평가방식, 초기 가입비 부담 등 농촌현실과 맞지 않다는 지적을 감안하여 농지연금제도에 대한 개선안을 마련하고 2014년 1월 1일부터 시행하였다. 그 내용은 담보농지의 평가방법을 공시지가에서 감정평가로 변경, 가입비(2%) 폐지, 이자율 인하(4%→3%)이다.[53)]

3. 재산관리

우리사회는 핵가속적인 삶의 형태가 일반화되고 있으며, 이러한 가족구조하에서 노인들은 더 이상 자식에 의존하는 노후생활을 원치 않고 있다. 또한, 고령화사회의 진전에 따른 기대수명 연장과 문화적 욕구의 증대, 삶의 질에 대한 욕구 증대로 고령자가 '인간다운 삶'을 누리는 데 필요한 비용은 예전보다 증가하고 있다. 이와 같은 변화는 노인들의 재산관리에 대한 인식에도 변화를 초래하였고 고령자의 재산관리는 고령자의 '삶의 질'을 보장하는 데 있어서 중요한 문제가 되고 있다. 특히, 치매나 노화의 진행에 따른 건강상의 이유로 판단

52) 농지연금포탈 홈페이지 참조

53) 한국농어촌공사 홈페이지 2013년 9월 17일자 보도자료 참조

능력이 저하된 고령자의 경우 그 재산관리는 신상감호 내용까지도 결정지을 수 있다는 점에서 더욱 문제가 된다.[54)]

고령화사회로의 진행에 있어서 기존에는 고령자를 '경제적 · 신체적 약자'로 보아 국가나 자치단체가 주체가 되는 공법적 영역에서의 해결에만 집중이 되어 있었다. 즉, 정신 능력이 다소 불완전한 고령자의 보호에 있어서 주로 사회복지라는 차원에서의 접근만이 이루어지고 사법적 차원에서는 무능력자 제도를 통해 소극적으로 처리해 옴으로써 민사상 여러 가지 문제를 야기하게 되었다. 따라서 고령의 노인에 대한 재산관리나 보전, 자산의 활용과 승계에 관한 다양하고 복잡한 문제가 제기되었다.

첫째, 자산가인 고령자의 자산의 관리 및 보전에 대한 문제로, 거동이 불편하여 타인의 도움을 필요로 하는 고령자 중에는 고가의 주택이나 빌딩을 보유하거나 주식 · 예금을 보유하는 경우가 드물지 않다. 즉, 고령자는 경제적으로는 강자이지만 육체적으로는 약자일 수 있는데, 이 경우 고령자의 자산을 관리하고 보호하는 것이 문제가 된다.[55)]

둘째, 자산가인 고령자의 자산 활용 문제로, 부동산과 같은 실물자산은 많지만 유동자산이 적은 고령자가 의료서비스 이용 및 문화생활 향유 등 보다 풍족한 생활을 할 수 있으려면 현금흐름을 원활하게 할 필요가 있는데, 이를 위해 고령자 자산의 활용과 운영방법이 고려되어야 할 것이다.

---

54) 박천익(2004), 시니어웰빙과 노후보장을 위한 재산관리방안에 대한 시론적 고찰, 사회복지연구 제27권, 대구대학교 사회복지연구소, p. 32

55) 고혜진(2013), 성년후견과 신학을 이용한 고령자 재산관리에 관한 연구, 건국대학교 부동산대학원 석사학위 논문, p. 110

셋째, 고령자의 재산 승계에 관한 문제로, 노인들은 자신의 사후에 재산분배에 대해 자신의 의사가 반영되어 재산의 상속이나 증여·유증이 이루어지기를 원한다. 즉, 특정의 목적에 자신의 재산이 사용되기를 원할 수도 있고 자신의 가족에 대한 승계에 있어서도 고령자 본인의 의사에 따라 승계의 방법과 범위를 정하고 싶어 할 수도 있다. 노인 자신의 자산임에도 불구하고 고령과 신체능력 저하를 이유로 노인의 의사가 배제되지 않도록 자산의 관리와 운영처분 등의 소통이 요구된다.[56]

이와 같이 기존의 노인에 대한 무능력자 제도는 재산관리에 한계가 있어 고령자 재산관리에 관한 새로운 대안을 필요로 하게 되었다. 이에 우리나라는 이러한 문제들에 대응하고자 민법을 개정하여 2013년 7월부터 성년후견제도를 도입하였다.

1) 성년후견제도의 개요

성년후견제는 후견인의 도움을 받아 본인의 사무를 스스로 결정하고 일상생활을 할 수 있도록 지원하는 새로운 개념의 성인을 위한 후견제도이다. 기존 민법의 행위무능력제도를 대신하는 성년후견제도는 장애인, 노인 등의 복지 및 권익 신장에 기여함을 목적으로 하고 있다.[57]

성년후견제도는 노령, 질병, 장애, 그 밖의 사유로 인한 정신적 제약 또는 정신능력의 부족함으로 인해 스스로 일상 사무를 처리할 능력이 부족하거나 결여된 성년자에 대하여 가정법원이 후견인을 선임

56) 하윤수(1999), 고령자 재산관리제도를 둘러싼 제 문제, 경성법학 제8권, 경성대학교 법학연구소, p. 188

57) 사단법인 한국성년후견지원본부(http://www.kscg.net).

하여 신상보호와 재산관리를 수행하도록 하는 제도이다.

개정민법[58]으로 시행(2013년 7월 1일)된 성년후견제도는 기존의 한정치산과 금치산선고제도가 요보호자의 행위능력을 획일적이고 과도하게 제한하는 등의 문제를 해소하고 본인의 의사와 잔존 능력을 최대한 존중할 수 있는 탄력적 후견제도를 운영하게 되었다.[59]

2) 성년후견의 종류

'성년후견'은 질병, 장애, 노령 그 밖의 사유로 인한 정신적 제약으로 사무를 처리할 능력이 지속적으로 결여된 사람에 대하여, '한정후견'은 같은 사유로 사무를 처리할 능력이 부족한 사람에 대하여, '특정후견'은 같은 사유로 일시적 후원 또는 특정한 사무에 관한 후원이 필요한 사람에 대하여 일정한 사람의 청구에 의하여 가정법원의 심판으로 개시된다. '임의후견'은 장차 후견이 필요한 상황에 대비하여

58) 개정민법에서는 요보호자의 판단능력과 신체기능에 따라 여러 가지 후견 내용 중 알맞은 것을 제공하는 형태의 다원론을 채택하고 있다. 이에 따라 후견의 유형은 ① 질병, 노령 기타의 사유로 인한 정신적 제약으로 사무를 처리할 능력이 지속적으로 결여된 경우에 적용되는 성년후견, ② 사무를 처리할 능력이 부족한 자에 대해 적용되는 한정후견, ③ 일시적 또는 특정한 사무에 관해 적용되는 특정후견으로 구분된다. 그 외에도 후견인을 복수로 지정하거나 법인이 후견인이 될 수 있도록 후견인의 자격 범위를 확대하고, 노인이 요보호 상태에 이르기 전에 후견인과 직접 계약을 통해 장래의 요보호 상태에 관한 대비를 할 수 있도록 하는 후견계약제도가 도입되었다. 또한 후견인의 직무 범위에 재산관리뿐만 아니라 신상보호 의무를 명시적으로 포함시키는 한편 후견감독인제를 도입함으로써 피후견인의 보호를 강화하였다. 한편, 개정민법에서는 후견계약 제도를 신설하여 장래의 정신능력 악화에 대비하여 본인이 직접 후견인과 후견의 내용을 정할 수 있도록 함으로써 고령자의 노후 대비 방안을 새롭게 마련하였다.

59) 최윤영(2011), 성년후견제 도입 의미와 과제, 제1차 장애인 정책토론회 자료집, 한국장애인개발원, p. 23

자신의 재산관리 및 신상보호에 관한 사무의 전부 또는 일부를 타인에게 위탁하고 이를 위한 대리권 수여를 내용으로 하는 공정증서에 의해 체결되는 계약에 의한 후견이다.[60]

(1) 법정후견

성년후견인은 피성년후견인의 재산을 관리하고 그 재산에 관하여 피성년후견인을 대리하는 법정대리인이지만 가정법원은 성년후견인의 대리권의 범위를 정할 수 있고, 일정한 자의 청구에 의하여 대리권의 범위를 변경할 수 있다(민법 제938조). 피성년후견인은 자신의 신상에 관하여 그의 상태가 허락하는 범위에서 단독으로 결정한다. 피성년후견인이 스스로 신상에 관한 결정을 할 수 없는 상태에 있는 경우에는 성년후견인이 피성년후견인의 신상에 관하여 결정할 수 있도록 하되, 가정법원이 그 권한에 관한 범위를 정하거나 변경할 수 있다.

기존의 행위무능력자제도 또는 사기에 의한 법률행위의 취소제도는 피보호자의 재산 일실(逸失)을 방시하고 피보호자의 부당한 거래를 부정하는 수단으로 중요하며 피보호자의 이익에 도움이 되지만 이러

60) 민법[시행 2013.7.1.][법률 제10429호, 2011.3.7, 본조신설].
제959조의20(후견계약과 성년후견 · 한정후견 · 특정후견의 관계)
① 후견계약이 등기되어 있는 경우에는 가정법원은 본인의 이익을 위하여 특별히 필요할 때에만 임의후견인 또는 임의후견감독인의 청구에 의하여 성년후견, 한정후견 또는 특정후견의 심판을 할 수 있다. 이 경우 후견계약은 본인이 성년후견 또는 한정후견 개시의 심판을 받은 때 종료된다.
② 본인이 피성년후견인, 피한정후견인 또는 피특정후견인인 경우에 가정법원은 임의후견감독인을 선임함에 있어서 종전의 성년후견, 한정후견 또는 특정후견의 종료 심판을 하여야 한다. 다만, 성년후견 또는 한정후견 조치의 계속이 본인의 이익을 위하여 특별히 필요하다고 인정하면 가정법원은 임의후견감독인을 선임하지 아니한다.

한 제도는 모두 방어적인 보호제도에 불과하다.

그러나 노인이라는 피보호자의 보호에 있어서 가장 중요한 것은 가능한 자기결정권을 존중하고, 자신의 의사에 따라 일상생활을 할 수 있도록 사회적으로 지원·보호하는 것이다. 이 점에 있어서 성년후견제도를 통한 재산관리는 보다 적극적이고 능동적이라 할 수 있다.

구체적으로 살펴보면, 우선 성년후견제도하에서는 잔존능력의 범위 내에서는 스스로 자기 재산을 관리·통제할 수 있다. 기존 무능력자 제도에서는 잔존능력의 정도를 불문하고 획일적으로 행위능력이 제한되었으나, 성년후견제도에서는 적어도 일상생활에 관한 법률행위는 피후견인이 단독으로 할 수 있으며, 판단 능력의 정도에 따라 후견의 내용을 달리 정할 수 있으므로 일정 부분 고령자 스스로 재산관리에 직접 관여할 수 있게 되었다.

성년후견제도는 피후견인의 재산관리를 담당하는 주체를 선정하는 데에도 피후견인의 의사가 반영된다. 즉, 후견인을 일률적으로 법률로 정한 것이 아니라 법원이 피후견인의 의사와 제반사정을 고려하여 직권으로 선임하기 때문에 피후견인은 자신의 뜻과 맞지 않는 가족구성원을 후견인에서 배제하도록 요청함으로써 자신의 재산을 간접적으로 보호할 수 있다.

후견인 선임에 있어서는 복수후견인을 선임하되 재산관리와 신상감호로 각각 후견 범위를 달리하는 것도 생각해 볼 수 있다. 예컨대, 재산관리는 변호사나 세무사를 후견인으로 선임하고, 신상감호는 사회복지전문가를 후견인으로 선임한다면, 재산관리와 신상감호에 있어서 보다 전문적인 지원과 보호를 받을 수 있을 것이다. 법인도 후견인이 될 수 있으므로 각각의 전문가가 속한 법인을 후견인으로 정하는 것도 가능하다. 법인이 후견인이 되는 경우는 후견인의 개인적인 사정으로 사임하는 경우 발생할 수 있는 공백에 보다 능동적으로 대처할 수 있다는 장점이 있다.

(2) 한정후견

피한정후견인은 원칙적으로 유효한 법률행위를 할 수 있는 행위능력을 보유한다. 그러나 가정법원은 일정한 법률행위를 할 때에는 한정후견인의 동의를 받도록 정할 수 있으며(동의유보), 그러한 경우 한정후견인의 동의가 없는 피한정후견인의 법률행위는 취소할 수 있다(민법 제13조). 가정법원은 후견인에게 대리권를 부여하는 심판을 할 수 있고 변경할 수 있다(민법 제959조의4). 피한정후견인의 신상에 대한 결정은 피한정후견인의 상태가 이를 허락하는 범위에서 피한정후견인이 단독으로 결정하지만, 피한정후견인이 결정할 수 없는 경우에 대비하여 가정법원은 한정후견인이 피한정후견인의 신상에 관하여 결정할 수 있는 권한의 범위를 정할 수 있고, 변경할 수 있다(민법 제959조의6).

(3) 특정후견

특정후견의 심판에 의하여 가정법원은 피특정후견인의 재산 또는 신상과 관련된 특정한 법률문제의 해결을 위하여 관계인에게 특정 행위를 명하거나 부작위를 명하는 등의 방법으로 사무처리에 필요한 처분을 할 수 있다. 또 특정명령으로 피특정후견인에 조력하는 특정후견인을 선임할 수 있으며, 피특정후견인의 필요에 따라 특정후견인에게 특정 사안에 대한 법정대리권을 부여할 수 있다(민법 제959조의8,

제959조의9, 제959조의11). 특정후견인이 피특정후견인의 행위를 목적으로 하는 채무를 부담하는 법률행위를 대리하는 때에는 피특정후견인의 동의를 얻어야 한다(민법 제959조의12, 제920조).

(4) 임의후견

임의후견의 내용은 당사자들의 계약에서 정한 바에 따른다. 임의후견 계약은 가정법원이 임의후견감독인을 선임하여야만 효력이 발생한다(민법 제959조의14). 임의후견제도는 앞으로 자신의 판단능력이 저하되었을 때 재산관리나 시설입소계약 등을 대신해주는 후견인을 본인의 판단능력이 충분할 때 계약에 의해 정해두는 제도이다.

임의후견제도는 피후견인이 판단능력이 저하되기 전에 미리 공정증서에 의한 계약을 통해 그 내용이 정해지므로 피후견인이 후견인 선임은 물론, 재산관리에 관하여 보다 적극적으로 자신의 의사를 반영할 수 있다. 계약 후 장래에 판단능력이 저하되어 지원이 필요한 상태가 되면 임의후견 수임자가 가정재판소에 신청하고 임의후견감독인(후견인이 제대로 역할을 수행하는지 감독함)이 선임된다.

예를 들어, 피후견인의 재산 중 매월 정기적으로 지급되는 연금은 기본적인 생활비에 소요하도록 하고, 특정 부동산에서 발생하는 수익으로 의료비, 기타 공과금 납부에 충당하도록 하는 등 재산의 구체적인 사용처까지도 후견계약의 내용으로 지정할 수 있다. 임의후견의 경우에도 법정후견의 경우와 마찬가지로 복수후견인·법인후견인이 허용되므로 법정후견에서와 같은 보호가 가능하다.

3) 성년후견 감독 및 공시

후견사무의 감독을 위하여 가정법원은 필요하다고 인정하는 경우 성년후견감독인, 임의후견감독인, 특정후견감독인을 선임할 수 있다(민법 제940조의4, 제959조의5, 제959조의10). 임의후견감독인은 가정법원이 후견계약이 등기되어 있고 본인이 사무를 처리할 능력이 부족한 상황에 있다고 인정할 때 선임한다(민법 제959조의15). 후견감독인이 있더라도 가정법원의 감독 권한은 여전히 존속하므로 관계인은 가정법원에 직권에 의한 감독을 촉구함으로써 성년후견인을 견제할 수 있다(민법 제954조). 성년후견과 관련하여 거래의 안전을 보호하고, 피성년후견인과 거래하는 상대방인 제3자를 보호하기 위하여 후견계약 등을 등기하여 공시하도록 하고 있다.[61]

4) 후견인 서포트 기구

일본 후생노동성에 따르면 치매고령자는 2010년에는 약 208만 명(일상생활자립도 2 이상)이었고, 2020년에는 289만 명, 2030년에는 353만 명에 달할 것으로 추계하고 있다. 그리고 정신장애자, 지적장애자 등을 더하면 성년후견인이 필요한 사람은 500만 명(2012년 기준)에 달하는 것으로 보인다. 그러나 2000년 제도화된 성년후견인제도의 이용 실적은 저조한 편으로 후견인이 부족한 실상이다.

일본에서는 무보수의 친족후견인이 약 70%, 후견인으로 등록된 전문가(변호사, 사회복지사 등)가 30%으로 약 12만 명 정도가 활동하고 있다. 치매고령자 등의 증가 속도를 성년후견인의 육성이 쫓아가지 못

61) 개정민법 제959조의 15, 제959조의19, 제959조의20.

하고 있는 상태가 계속되고 있다. 하지만 전문직 육성에 따르는 비용으로 인해 시민후견인의 육성과 친족후견인의 지원은 제한적이다. 2012년 4월 개정된 개호보험법에서도 치매대책의 일환으로 지방자치단체의 시민후견인 활용과 육성을 촉구하였다.

동경대학 시민후견연구 실증프로젝트 등은 2012년 7월 4일 성년후견인 지원조직 '일반사회법인 후견인서포트기구'를 동경대학에 설립하여 2012년 9월부터 운영을 시작하였다.[62] 후견인의 동의·취소권은 민법상 규정되어 있다. 후견인의 종류에는 2가지가 있는데 본인에게 충분한 판단능력이 있을 때 본인이 후견인을 선임해두는 임의후견인, 본인의 판단능력 정도에 따라 보조인·보좌인·후견인을 선임해주는 법정후견인이다.[63]

'후견인서포트기구'의 설립 목적은 치매 등으로 판단력이 저하된 자의 신변상 케어와 재산관리 등을 행하는 성년후견인 지원, 어드바이스, 후견업무를 행하는 NPO법인의 설립 지원, 후견인의 육성 등이다. 운영기금은 기업과 여러 법인에서 모집하였고, 경제산업성에서 사업비 보조를 하는 등 국가적으로도 간접적 서포트를 하고 있다.

---

62) 동경대학 시민후견연구소의 실증프로젝트에서는 시민후견인 육성 강좌를 실시하고 있다. 특히 후견인의 판단으로 사고가 났을 경우를 대비하여 ㈜손해보험재팬이 후견배상책임보험을 판매하고 있다. 명예훼손 등의 인권침해, 대인대물배상, 업무과오 등을 대상으로 하고 있다. 2030년에는 피후견인은 100만을 넘어 2011년의 5배 이상, 관리재산총액은 29조 엔을 돌파할 것으로 예상한다. 그중 개인형 시민후견 수임건수는 약 8만 건, 법인형 시민후견 수임건수는 약 33만 건으로 약 41만 명이 이용할 것으로 예상되어 후견인의 육성이 필요함을 알 수 있다.

63) 綜合ユニコム, 월간 시니어비지니스마켓(2012.9), p. 6

5) 신탁제도

성년후견제도와 신탁제도[64]는 각자 스스로의 제도적 목적이 존재하지만, 이들 제도를 결합하여 활용하면 더욱 다양한 효과가 있다[65]. 특히 임의후견계약의 경우 그 내용을 자유롭게 구성할 수 있으므로 신상감호는 물론 재산관리에 있어서도 고령자 본인의 의사에 보다 부합하는 보호조치를 취할 수 있게 된다.

성년후견제도는 근본적으로 정신적 판단능력의 보완에 중점을 두고 있기 때문에 판단능력이 온전한 고령자의 경우에는 그 법적 요건상 이 제도를 이용하는 데에 한계가 있지만, 신탁제도는 판단 능력이 온전한 때에 신탁을 설정할 수 있고 그 이후에 본인의 정신능력이 감퇴하여도 신탁계약에 따른 재산관리가 가능하기 때문에 성년후견제도의 사각지대를 해소할 수 있는 대안이 될 수 있다.

성년후견제도의 측면에서는 후견인의 선임 및 후견의 내용, 후견인의 권한 범위 설정 등을 통해 고령자는 직·간접적으로 재산을 관리할 수 있다. 신탁의 경우에는 고령자는 계약의 내용으로써 수탁자를 통해 자신의 의사대로 재산을 관리할 수 있다. 관리신탁이나 유언대용신탁, 유언신탁, 수익자 연속신탁, 부양신탁 등을 이용하여 고령자 생전의 재산관리는 물론 사후의 재산 분배까지도 자신의 의사를 반영할 수 있다.

---

64) 신탁제도는 일단 신탁이 설정된 이후에 있어서는 본인의 판단능력 상실이나 심지어 사망에도 불구하고 신탁계약에서 정한 본인의 의사에 따른 재산관리가 가능하다는 점에서 자기결정권의 존중이 극대화된 제도라고 할 수 있다. 신탁할 수 있는 재산의 범위도 특정 재산권에 한정하는 것이 아니라 종합재산신탁으로 확대됨에 따라 고령자의 재산관리에 있어서 활용폭이 매우 넓다.

65) 송호영(2012), 가족관계의 변화에 따른 고령자의 재산보호를 위한 제도에 관한 연구, 법과 정책연구 제12집 제1호, 한국법정책학회, p. 230

그리고 성년후견제도와 신탁제도는 상호결합이 가능하여 다양한 방법으로 활용이 가능하다. 예컨대, 신탁을 설정해 두고 성년후견인이 수익자의 대리인으로 수익급부를 수령하여 고령자를 위한 의료서비스 비용을 지불한다거나, 고령자의 의사에 따라 수탁자가 후견인을 겸하여 재산관리와 신상감호를 함께 맡아 수행하도록 정하는 것도 가능하다.[66)]

우리나라에서는 종래 유언장의 작성 및 보관, 집행을 대행해 주는 정도의 금융상품이 소수의 자산가들을 대상으로 이용되고 있었으나, 2012년 7월 신탁법이 개정되면서 유언대용신탁에 관한 상품이 나타나고 있다. 예를 들면, 하나은행의 '리빙트러스트', 대한생명의 '하나로 유언대용신탁', 우리투자증권의 '100세 시대 대대손손신탁'은 유언대용신탁으로 수익자연속지정이 가능하며, 신탁재산의 범위도 금전에 한정하지 않고 유가증권은 물론 부동산까지도 신탁이 가능하다[67)].

그러나 일본의 경우와 마찬가지로 신탁제도는 아직까지도 일반에게는 많이 알려지지 않고 있고, 재산의 소유권이 이전된다는 것에 대한 저항감이 있는 것이 사실이다. 또한 위와 같은 신탁 상품을 이용하려면 재산이 일정 규모 이상이 되어야 한다는 점에서 다수의 국민이 일반적으로 이용하는 데에는 한계가 있다. 이 점에 있어서 보험과 신탁을 연계함으로써 고액의 자산을 보유하고 있지 않다 하더라도 보험금 정도의 경제력으로도 신탁제도를 이용할 수 있도록 하는 보험신탁은 신탁에 대한 접근성을 높일 수 있는 방안으로 의의가

---

66) 고혜진(2013), 성년후견과 신탁을 이용한 고령자 재산관리에 관한 연구, 건국대학교 부동산대학원 석사학위논문, p. 112

67) 유윤정(2012), 자식간 상속분쟁 걱정되신다면… '유언' 대신 '신탁' 남겨보세요, 조선비즈, 9월 27일자.

있다고 하겠다.

증가하는 고령자의 인구와 더불어 노후 생활에 대한 그들의 욕구 또한 다양하게 나타날 것이다. 성년후견제도와 신탁제도는 개개인의 상황을 고려할 수 있은 유연성과 탄력성을 가졌을 뿐만 아니라 개개인의 의사를 최대한 반영할 수 있다. 향후 고령사회의 사회적 필요의 크기나 다양성 측면에서 이들의 지원을 위한 선택지는 다양할수록 좋을 것이며, 신탁제도는 그 선택지 중 하나로 이용될 수 있을 것이다.[68]

(1) 유언대용신탁

유언대용신탁이란 위탁자가 수탁자에게 재산을 신탁하고 자기 생존 중에는 위탁자 자신을 수익자로 지정하고 자기의 자녀, 배우자 등을 본인 사망 후 수익자로 지정하여 자기의 사망 후의 재산분배를 신탁에 의해서 달성하려고 하는 신탁이다[69].

유언대용신탁은 위탁자의 사망시점에 사후 수익자가 수익권을 취득하는 취지의 정함이 있는 경우(신탁법 제59조 제1호)와 위탁자 사망 후 수익채권이 발생하는 경우(신탁법 제59조 제2호)로 구분된다. 전자의 경우에는 위탁자가 생존하고 있는 동안에 수익자가 지정되어 있고 이와 별도로 사후수익자를 정하여 위탁자가 사망하는 경우에 사후수익자로 지정된 자가 비로소 수익자가 된다. 후자의 경우에는 사후수익자가 유일한 수익자이지만 급부청구권의 행사가 가능한 시점을 위탁

68) 고혜진(2013), 성년후견과 신탁을 이용한 고령자 재산관리에 관한 연구, 건국대학교 부동산대학원 석사학위논문, pp. 115~117

69) 민경백(2012), 신탁회사의 현황 및 신탁법 개정에 따른 새로운 신탁사업 모색, 은행법연구 제5권 제1호, 은행법학회, p. 162

자 사망 시 또는 그 이후의 일정 시점으로 정할 수 있다[70].

유언대용신탁은 위탁자가 생전 처분으로 신탁을 설정하여 위탁자의 사망에 의해 수익자가 수익권을 취득하게 되므로 효과 면에서 유증과 동일하지만, 유증이나 사인증여에 비하여 절차나 요건 등이 탄력적이라는 점에서 위탁자의 의사를 보다 적극적으로 반영한 재산 승계 내지 관리가 가능하다[71]. 예컨대, 70대 재력가로 노후 생활에 대한 자력은 충분하지만, 아들의 심각한 낭비벽으로 본인 사후에 자산의 일실이 염려되고 직접 손자의 학비 등을 지원해주고 싶지만 미성년자에게 한꺼번에 많은 돈을 주는 것은 손자의 인생을 그르치는 일이 될 것 같아 고민스러운 경우, 유언대용신탁을 이용하면 위탁자 사망 시 손자를 수익자로 하여 정기적으로 학비 등을 정액으로 지급받도록 하는 것이 가능하다. 즉 위탁자가 신탁 설정해 둔 재산에 관하여 위탁자 사망 시에 손자가 수익자가 되어 수탁자에게 급부의 지급을 청구할 수 있게 됨으로써, 위탁자는 해당 재산을 상속재산으로부터 격리시켜 손자의 학비 재원으로 활용할 수 있게 되는 것이다. 또한 위의 경우 위탁자가 생존 중의 수익자를 위탁자 본인으로 정한 때에는 생존 중에 일상적으로 발생하는 의료비 기타 생활비를 신탁 수익 급부를 통해 지급받을 수 있다.

---

70) 김판기(2012), 고령화사회에 있어서 재산관리와 승계수단으로서의 신탁: 유언신탁과 유언대용 신탁을 부가하여, 동아법학 제55호, 동아대학교 법학연구소, pp. 217~218

71) 김재승(2011), 신탁과 관련된 상속세·증여세문제와 Estate Planning 도구로서 신탁의 이용가능성, 조세법연구 제17권 제3호, 한국세법학회, p. 59

(2) 유언신탁

신탁은 계약뿐만 아니라 유언에 의해서도 설정할 수 있다(신탁법 제3조). 유언신탁은 유언의 방식에 의하여 이루어지므로 유언에 관한 일반 법리에 따라 형식 면에 있어서도 적법 요건을 모두 갖추어야 한다.[72] 계약에 의한 신탁이 당사자의 의사합치에 의해 성립하고 효력이 발생하는 것과 달리, 유언신탁의 경우에는 유언의 효력발생과 집행, 수탁자의 신탁인수라는 절차가 필요하다[73].

유언신탁은 재산을 상속시키고자 하는 자녀가 어린 경우 자신의 사후에 자녀가 성장할 때까지의 사이에 유언으로 재산의 관리를 제3자에게 위탁하는 경우, 또는 장래의 자녀를 신탁수익자로 지정하여 신탁을 설정하는 것이 가능하다. 장래의 자녀에 대해서는 유언을 할 수 없고, 마찬가지로 유증 또한 불가하다[74]는 점에서 신탁의 활용가치가 있다. 또한 유언에 의해 공익신탁을 설정하는 것도 가능하다[75].

72) 최수정(2006), 상속수단으로서의 신탁, 민사법학 제34권, 한국민사법학회, p. 570
73) 최수정(2010), 신탁제도를 통한 고령자의 보호와 지원, 집문당, p. 149
74) 유언자 사망 전에 수유자가 먼저 사망하거나 양자가 동시에 사망하면 유증은 무효가 된다. 수유자는 유언자 사망 시 존재하고 있어야 한다.
75) 이에 관하여, 최수정(2010)은 목적 신탁이 인정되는 경우 고령자는 유언신탁으로써 고령자의 사후에 묘지를 돌보거나, 반려동물을 사육하는 것을 목적으로 하는 신탁을 설정할 수 있으므로 고령자의 재산관리 제도로서 유용하게 활용될 수 있다는 견해를 제시한다.

제4장
우리나라의 노인주거정책

1. 노인주거정책
2. 노인주거시설의 종류
3. 노인주거복지시설의 입소
4. 노인복지주택

제4장 우리나라의 노인주거정책

1. 노인주거정책

1) 우리나라 노인주거정책의 연혁

우리나라는 고령화의 빠른 진전에도 불구하고 노인주거정책에 대한 관심은 상대적으로 낮았다. 1970년대까지의 노인주거시설은 부양가족이 없는 저소득층 노인을 입주시켜 보호하는 형태였고 모두 정부의 지원에 의존하는 무료시설이었다. 1980년대에 들어서면서 노인복지법에 의한 노인주거시설로서 무료양로시설은 주로 정부주도의 공급으로 저소득층 노인에게 한정되어 있었고, 일반 노인은 유료노인시설(양로시설)을 이용하게 되었다.

1981년 노인복지법 제정 당시는 노인주거시설로서의 요양시설은 무료 및 유료의 2가지 형태였으나 1989년 노인복지법이 개정되면서 실비시설이 추가되어 무료, 실비 및 유료의 3가지 형태가 되었다.

1993년 노인복지법 개정을 통해 실비 및 유료노인복지주택이라는 용어가 포함되어 우리나라에도 시설과 다른 주택으로 노인주택공급이 규정되었지만, 이는 유료시설은 분양이 가능하다는 것과 명칭에 노인주택이라는 용어가 사용된 것으로 기존의 양로시설과 별다른 차이가 없었다.

건설교통부가 2004년 3월에 발표한 주택종합계획(2003~2012)에는 국민주거복지 수준의 향상을 위한 일환으로 고령사회, 가구구성 변화에 대응한 주택공급이 포함되었다. 즉, 노인을 배려한 설계를 바탕으로 복지·의료시설과 연계한 노인주택을 건설·공급하도록 하는 노인주택 정책방향을 설정하고 종합적인 주거복지 차원에서 접근하며, 노인주택 설계기준을 정비하고, 무장애(barrier free) 공공주택의 공급 확대를 위한 지원을 강화하였다. 또한 노인거주 편의를 위한 개보수 비용 지원방안으로서 국민주택기금의 주택개량자금 지원 대상에 노인가구도 포함되었다.

아울러 주거환경개선지구내 주택을 개량하거나 20년 이상 노후불량주택에 대해 주거환경개선자금으로 개보수 비용을 지원하고 있으나, 노인주택에 대해서는 노후불량주택이 아니더라도 노인거주에 맞게 수선하거나 불량주택을 개량할 경우 지자체의 추천을 거쳐서 국민주택기금을 지원받을 수 있도록 하였다.[1)]

2) 노인주거정책의 추진체계

우리나라의 노인주거와 관련된 전용시설 혹은 주택에 대해서는 노인복지법에서 규정하고 있다. 노인복지법 제8조에서는 노인주거전용시설에 대해 "국가 또는 지방자치단체는 노인의 주거에 적합한 기능 및 설비를 갖춘 주거용 시설의 공급을 조장하여야 하며, 그 주거용

1) 이정헌(2006), 고령화사회에 따른 부산시 노인주거정책 추진방안 연구, 부산발전연구원, pp. 20~21

시설의 공급자에 대해 적절한 지원을 할 수 있다"고 규정하고 있다.

우리나라의 노인주거시설 공급은 보건복지부 소관의 노인복지법에 따른 노인주거복지시설의 공급과 국토교통부에 의한 고령자전용 국민임대주택의 공급으로 요약할 수 있다.2) 국토교통부는 주택정책, 보건복지부는 복지정책을 다룸으로써 양쪽에 걸쳐 있는 노인주거정책이 종합적으로 다루어지지 못하는 한계가 있다. 왜냐하면, 국토교통부의 주택정책에서 노인주거문제를 비중 있게 다루고 있으나 종합적이지 못하고, 관할 부서의 이원화 및 연계 부족으로 노인주거정책의 실효성이 미약하다. 예를 들면 노인복지주택은 주택법의 적용을 받는 일반주택과 같은 지원(택지, 기금, 재정 등)을 받지 못하게 되어 있어 공급이 활발하지 못한 원인이 되고 있다.

한편 보건복지부에서도 노인 관련 문제를 전체적으로 다루고 있으나 생활복지 및 의료복지에 중점을 두어 주거복지의 비중은 크지 않은 상황이다. 노인주거관련 시설은 대부분 생활보호대상자 및 저소득 노인 일부만을 수용하는 시설로 제한되어 있으며, 차상위 계층 및 중산층 노인들을 수용하는 시설로서 저렴한 비용으로 분양 또는 임대하는 노인복지주택은 부족한 실정이다. 최저소득계층의 경우에는 영구임대주택이나 기초생계비 지원의 대상이 되어 주거비지원을 받고 있고 의료시설도 저렴하게 이용할 수 있으나, 차상위 계층이나 중산층의 경우 저렴하게 이용할 수 있는 노인주거시설은 없다. 아울러 유료노인복지주택은 상위층 노인만이 이용할 수 있기 때문에 다양한 계층의 수요가 충족되지 못하고 있다.3)

---

2) 김혜승・강미나(2008.12), 주거수요분석에 기초한 노인주거지원 정책과제 연구, 국토연구원, p. 81

3) 이정현(2006), 고령화사회에 따른 부산시 노인주거정책 추진방안 연구, 부산발전연구원, p. 23

3) 노인주거지원 관련 법제

노인주거와 관련한 법제 및 기존 노인가구 주거지원 정책으로는 노인복지법, 저출산고령사회기본법, 노인장기요양보험법, 장애인고령자 등 주거약자 지원 법률 등이 있다. 그중에 노인주거지원은 크게 3가지 방법으로 이루어지는데 분양주택공급, 임대주택공급, 국민주택기금지원과 더불어 공공주택 공급 시 65세 이상 노인에 대해 편의시설은 무료로 설치하는 등의 보완책으로 운영된다. 기존의 노인주택정책은 노인부양가구에 대한 주택우선공급 등 노인부양가구를 지원하는 정책 중심이었으나 1인 노인가구가 증가하는 추세를 감안할 때 노인부양가구에 대한 지원과 노인가구주에 대한 지원을 구분하여 정책을 수행할 필요가 있다.

(1) 분양주택 공급

분양주택 공급은 일차적으로 노부모를 부양하는 가구에 대해 가점 등의 인센티브를 부여하는 구조로 되어 있다. 예를 들어, 분양주택 공급 시 65세 이상 노부모를 부양하고 있는 가정의 경우 '노부모 부양 시 가점'을 부여받는다(주택공급규칙 11조의2, 12조). 국민주택 노부모부양가구 특별공급(주택공급규칙 제19조 13항)에 따라 노부모부양 우선공급 자격은 3년 이상 노부모를 부양하고 있는 무주택 세대주에게 주어진다. 공급규칙 제18조 제5항에 따라 1층 주택은 거동이 불편한 노인·장애인에게 우선 배정하고 있다.[4]

---

4) 천현숙·강미나(2012), 저소득층 독거노인가구의 주거지원방안, 국토연구원, pp. 17~20

〈표 4-1〉 국민주택 노부모부양가구 특별공급대상

① 입주자 모집공고일 현재 만 65세 이상의 직계존속(배우자의 직계존속 포함)을 3년 이상 계속하여 부양(같은 세대별 주민등록표상에 등재되어 있는 경우에 한함)하고 있는 무주택세대주 ② 청약저축(주택청약종합저축 포함) 1순위자(청약저축에 가입하여 2년이 경과한 자로서 매월 약정납입일에 월 납입금을 24회 이상 납입한 자) ③ 피부양 직계존속을 포함한 세대원 전원이 무주택이어야 함(피부양자 직계존속의 배우자가 있을 경우 그 배우자도 무주택이어야 하며, 신청 시 피부양자 직계존속의 배우자도 반드시 기재하여야 하고 피부양자의 배우자가 주택을 소유하고 있었던 기간은 무주택기간에서 제외함)

자료: 천현숙 · 강미나(2012), 저소득층 독거노인가구의 주거지원방안, 국토연구원, p. 20

(2) 임대주택 공급 및 전세자금 지원

장기임대주택 신규 공급 시 주거약자용 주택을 의무공급하는데, 30년 이상 장기공공건설임대주택의 경우 수도권은 5%, 기타 지역은 3% 이상 주거약자용 주택을 의무적으로 건설하도록 하고 있다. 여기에 해당하는 주거약자는 장애인복지법상 장애인, 국가유공자, 보훈대상자 중 도시근로자 월평균 소득 100% 이하에 해당되는 사람이나 가구이다. 국민임대주택에서는 공급규칙에 따라 노부모부양가구에게 우선공급하고, 고령자우선공급을 실시하고 있다.

영구임대주택 입주자를 선정할 때에도 공급규칙에 따라 65세 이상 직계존속을 부양하는 자로서 수급자 선정기준 소득인정액 이하인 경우 영구임대 입주자격을 부여하는 특례를 적용한다. 근로자서민전세자금을 지원받을 때 신혼부부, 다자녀가구 등에 대해서는 연소득기준 완화, 금리우대, 대출기준 완화 등의 혜택을 부여하고 있는데, 특히 고령자 및 노부모 부양 시에는 전세자금에만 우대조건(우대금리 0.5%로 전세자금 3.5% 적용)을 적용한다.[5)]

5) 천현숙 · 강미나(2012), 저소득층 독거노인가구의 주거지원방안, 국토연구원, pp.

(3) 노인주거지원정책의 성과

노인주거지원정책은 노인가구를 위한 정책과 노인을 부양하는 가구를 대상으로 하는 정책으로 구분할 수 있다. 자녀와 동거하는 노인가구보다 독립적으로 거주하는 노인가구, 자녀와 동거하더라도 노인이 가구주인 가구비율이 더 높음에도 불구하고 관련 지원정책은 노인과 동거를 장려하는 방향[6]의 정책 비중이 더 크다.

최근 주거약자에 대한 지원을 노인가구주 가구를 대상으로 할지, 가구원에 노인이 포함된 가구를 대상으로 할지 미정인 상태이다. 노인이 포함된 가구, 노인가구주 가구, 독거노인 가구 등 노인가구 유형별로 주거 실태 및 정책 수요도 다른 점을 감안하여 정책을 세분화할 필요가 있다. 신혼부부나 다자녀 가구 지원이 저출산문제 해소를 위해 필요한 것처럼 고령화에 대응하여 저소득 노인가구에 대한 금융지원도 필요할 것으로 판단된다. 또한 노인과 장애인의 특성이 구분되어야 함에도 불구하고 현재 법률은 두 집단을 주거약자에 포함시켜 동일하게 다루고 있으나 고령사회를 대비하는 노인주거지원정책에서는 노인의 특성이 고려된 지원이 이루어져야 하겠다.[7]

20～21

6) 예를 들어, 전세자금 지원에서 노인부양가구에 대한 금리우대는 있지만 노인가구에 대한 금리우대는 정책에 포함되어 있지 않다. 또한 부모와 동거 시 소득세 감면, 양도세 면제, 주택구입자금 및 증개축 자금 우대정책 등을 시행하고 있다.

7) 천현숙 · 강미나(2012), 저소득층 독거노인가구의 주거지원방안, 국토연구원, p. 31

〈표 4-2〉 노인주거지원정책의 내용

노인주거 지원정책		근거법(시행시기)	내용	적용 대상	
				노인 가구주	노부모 부양 가구
분양주택 공급		주택공급에 관한 규칙 별표 1 가점제 적용기준(2009)	• 부양가족수에 따라 가점 적용(적용 내용 없음)	–	○
		주택공급에 관한 규칙 제19조, 주택업무편람	• 노부모부양가구 특별공급 – 국민주택 등: 5%, 민영주택: 3%	–	○
		주택공급에 관한 규칙 제10조 2항, 제18조 5항(2007)	• 노인, 장애인 1층 우선배정	○	○
임대주택공급	임대주택 입주 우선 배정	주택공급에 관한 규칙	• 우선공급 입주자 – 만 65세 이상 고령자 – 만 65세 이상 직계존속 부양하는 자 ※ 국민임대주택은 입주자 선정에 대해 일정 부분 자율권 부여(2011년 8월, 주택공급규칙 개정), 중앙정부는 소득 등 최소한의 가이드라인만 제시하고, 동일순위 경쟁 시 가점제, 우선공급 대상·물량 등을 지자체가 결정	–	○
	가점제 적용	주택공급에 관한 규칙 제32조	• 다자녀 특별공급의 경우 노부모 부양 시 가점제 적용 – 65세 이상의 직계존속(배우자의 직계존속을 포함한다)을 1년 이상 부양하고 있는 경우: 3점	○	–
	국민임대 주택의 고령자 우선공급	보금자리 주택 건설 등에 관한 특별법(2012), 보금자리주택업무처리지침 별표 7 고령자용 보금자리주택 설계기준(2011)	• 주택 및 입주대상: 장기공공임대주택(국민·영구임대) 거주 65세 이상 고령자 • 공급비율: 장기공공임대주택 총 세대수의 5% 이상(지방 3%) – 고령자의 주거 안정 및 주거복지 실현을 위하여 저소득 고령자가 저렴한 비용으로 입주 가능하고, 노인 편의시설 구비 및 무장애(Barrier-Free) 설계로 건설되는 고령자용 임대주택 공급	○	–
	주거약자용 주택의 의무건설	장애인·고령자 등 주거약자 지원	• 모든 임대주택에 적용 • 공급비율 – 수도권: 5%, 수도권 외: 3% • 주거약자 대상(제2조) – 65세 이상인 사람, 장애인복지법 제2조 제2항에 해당하는 장애인, 그 밖에 대통령령으로 정하는 사람	○	–
주택기금지원	주택 전세자금 지원	주택법 제60조(2009), 주택업무편람(2011)	• 국민주택기금 중 근로자서민전세자금 지원 시 고령자 가구, 노부모 부양가구 우대	○	○
	주택 구입자금 지원	주택법 제60조(2009), 주택업무편람(2011)	• 적용 내용 없음	–	–
편의시설 설치		수도권: 보금자리주택 건설 등에 관한 특례법(2012), 보금자리 주택 설계기준(2011) 수도권 외: 장애인·고령자 등 주거약자 지원에 관한 법률 제9조(2012)	• 공공분양, 국민임대, 공공임대 시 최초 계약자 본인 또는 만 65세 이상 노인이 있는 경우 계약 시 신청자에 한하여 편의 시설 무료 설치 – 현관: 마루굽틀 경사로 설치 – 공용욕실: 바닥단차 제거, 개폐방향 변경, 좌식샤워시설(욕조제거), 좌변기 안전손잡이(L자형 1개소), 수건걸이 높이 조정(H1.2M), 높낮이 조절 세면기 – 주방: 가스밸브 높이 조정, 좌식 씽크대(개수대 하부장 변경) – 거실: 비디오폰 높이 조정, 시각경보기(세대 내 1개소), 야간센서 등(공용욕실 출입구 벽체 하부에 설치)	○	○

자료: 천현숙·강미나(2012), 저소득층 독거노인가구의 주거지원방안, 국토연구원, pp. 22~23

(4) 노인복지주택의 사업승인 기준

노인복지주택은 '국토의 계획 및 이용에 관한 법률 시행령'에 따라 모든 도시지역(주거지역, 상업지역, 공업지역, 녹지지역)에 건축이 가능하다. 건축물의 용도가 사회복지시설로 분류되어 건축인허가 조건상 부지 확보가 용이하다는 장점이 있으나 별도의 정부 지원은 없다. 사업의 시행은 '주택법'에 따른 사업계획승인을 받으며, 주요 관계법령은 '노인복지법', '주택법', '주택건설기준 등에 관한 법률', '주택공급에 관한 규칙' 등이 있다.

노인복지주택은 지가가 상대적으로 저렴한 녹지지역 등에 건축이 가능한 것이 특징이다. 비도시지역(농림, 관리, 자연환경보전지역)의 농림지역 및 자연환경지역을 제외한 관리지역에도 건축이 가능하다.

노인복지주택은 '노인복지법'상 노인복지시설로서 사회복지시설이며, 건축물의 용도는 노유자시설로 규정한다('노인복지법' 제55조 2항). 그러나 타 사회복지시설과는 달리 노인복지주택의 설치, 관리 및 공급 등에 관하여 '노인복지법'에서 규정된 사항을 제외하고는 주택법의 관련 규정을 준용한다('노인복지법' 제32조 3항). 사업승인 절차는 '노인복지법'상 노인복지시설의 설치 공급·관리에 관한 지침에 따른다.

노인복지주택은 '주택건설기준 등에 관한 규정(이하 '주택건설규정'이라 함)'에 따른 부대시설인 관리사무소, 가스공급시설, 어린이놀이터, 유치원, 주민운동시설 및 경로당 등을 설치하지 않아도 된다('주택건설규정' 제7조 제8항). 또한 세대당 0.3대 이상의 주차 대수를 확보하도록 주차장 설치 기준이 완화되어 있다('주택건설규정' 제27조 제4항). 다만, 노인복지주택은 일정 면적 이상의 침실, 프로그램실, 체력단련실, 의료 및 간호사실, 경보장치, 보행을 위한 경사로 설치와, 사회복지사 및 관리인 배치가 필요하다('노인복지법 시행규칙' 별표2의 '노인주거복지시설의 시설기준 및 직원배치기준').

임대형 노인복지주택을 설치하는 경우에는 입소자의 보증금 반환

〈표 4-3〉 노인복지시설의 종류

종류	시설	설치 목적	특징
노인 주거 복지 시설	양로 시설	노인을 입소시켜 급식과 그 밖에 일상생활에 필요한 편의 제공	• 입소대상: 유료입소자, 60세 이상(60세 미만 배우자 포함) • 정원 및 규모: 입소정원 10인 이상. 입소정원 1인당 15.9m² 이상의 공간 확보 의무. 입소자 1명당 침실면적은 5.0m² 이상, 합숙용 침실 1실의 정원은 4명 이하
	노인 공동 생활 가정	노인들에게 가정과 같은 주거 여건과 급식, 그 밖의 일상생활에 필요한 편의 제공	• 입소대상: 유료입소자: 60세 이상(60세 미만 배우자 포함) • 정원 및 규모: 입소정원 5~9명, 입소정원 1명당 연면적 15.9m² 이상의 공간 확보 의무
	노인 복지 주택	노인에게 주거시설을 분양 또는 임대하여 주거의 편의·생활지도·상담 및 안전관리 등 일상생활에 필요한 편의 제공	• 입소대상: 60세 이상(60세 미만 배우자 포함) • 정원 및 규모: 입소정원 30세대 이상. 침실면적 20m² 이상. 취사 설비, 목욕실, 화장실, 채광·조명 및 방습설비, 경보장치, 경사로를 갖추어야 함. 부대시설로는 프로그램실, 체력단련실, 의료 및 간호사실을 구비해야 함.
노인 의료 복지 시설	노인 요양 시설	치매·중풍 등 노인성 질환으로 심신에 상당한 장애가 발생하여 도움을 필요로 하는 노인을 입소시켜 급식·요양과 그 밖에 일상생활에 필요한 편의 제공	• 입소대상 – 장기요양급여수급자 중 시설급여대상자로서 장기요양 1, 2등급자이거나 장기요양 3등급자 중 불가피한 사유로 시설급여대상자로 판정받은 자 – 노인보호전문기관이 학대피해노인으로서 입소를 의뢰한 노인 – 기초수급자나 긴급조치대상자로 거주지가 없어져 가정에서 생활이 불가능하거나 부양의무자가 부양을 거부하거나 실종 등의 사유로 수발들 사람이 없는 경우 – 위에 해당하지 않는 자 중 본인이 비용을 전액 부담하는 경우는 국가나 지방자치단체로부터 시설운영비나 기능보강비를 지원받지 않는 시설에 입소
	노인 요양 공동 생활 가정	치매·중풍 등 노인성 질환으로 심신에 상당한 장애가 발생하여 도움을 필요로 하는 노인에게 가정과 같은 주거 여건과 급식·요양, 그 밖의 일상생활에 필요한 편의 제공	

자료: 노인복지법 제32조.

〈표 4-4〉 노인주거복지시설 배치기준

<table>
<tr><th colspan="2">구분</th><th>침실</th><th>사무실</th><th>요양보호사
·
자원봉사자실</th><th>의료
·
간호사실</th><th>체력단련실
·
프로그램실</th><th>식당
·
조리실</th><th>비상재해대비시설</th><th>화장실</th><th>세면장
·
샤워실</th><th>세탁장
·
세탁물건조장</th></tr>
<tr><td rowspan="2">양로시설</td><td>입소자 30명 이상</td><td>○</td><td>○</td><td>○</td><td>○</td><td>○</td><td>○</td><td>○</td><td>○</td><td>○</td><td>○</td></tr>
<tr><td>입소자 30명 미만 10명 이상</td><td>○</td><td colspan="2">○</td><td>○</td><td>○</td><td>○</td><td>○</td><td>○</td><td colspan="2">○</td></tr>
<tr><td colspan="2">노인공동생활가정</td><td>○</td><td colspan="3">○</td><td>-</td><td>○</td><td>○</td><td>○</td><td colspan="2">○</td></tr>
<tr><td colspan="2">노인복지주택</td><td colspan="10">침실 1, 관리실 1(사무실, 숙직실 포함), 식당 및 조리실 1, 체력단련실 및 프로그램실 1, 경보장치 1, 의료 및 간호사실 1, 식료품점 또는 매점 1, 비상재해대비시설 1</td></tr>
</table>

* 세탁물을 전량 위탁 처리하는 경우에는 세탁장 및 세탁물 건조장을 두지 않을 수 있다.
자료: 보건복지부, '노인복지법 시행규칙' 제17조 1항 〈별표 2〉 내용 참조 재구성.

채무 이행을 보장해야 한다. 이를 위해 입소계약 체결 후 보증금 수납일부터 10일 이내에 인허가보증보험에 가입해야 한다. 보험가입 요건은 보증내용, 입소보증금 반환채무 이행보증, 보증 가입금액(입소보증금 합계의 100분의 50 이상), 보증 가입기간(보증금 납입일부터 퇴소 시까지), 보증가입관계(피보험자: 시장·군수·구청장), 보험금 수령방법(시장·군수·구청장의 확인하에 입소자가 보험금을 직접 수령) 등의 조건을 갖추어야 한다. 단, 전세권 또는 근저당권 설정 등의 조치를 한 경우에는 인허가보증보험에 가입하지 않을 수 있다.

또한 시설 설치자는 시설을 설치할 토지, 건물의 소유권 또는 사용권을 확보하여야 하며, 설치 목적 외의 목적에 의한 저당권을 설정할 수 없다. 시설의 설치 목적에 의한 저당권을 설정하는 경우에도 저당권의 피담보 채권액과 입소보증금의 합이 건설원가의 80% 이하여야 한다. 입주자 모집시기는 건축공정이 '노인복지법 시행규칙'에 정한 기준공정에 도달한 때이다. 공개모집해야 하며 관련 서류를 갖추어 시장 등의 승인을 얻고, 대한주택보증주식회사로부터 분양보증을 받아야 한다.

2. 노인주거시설의 종류

1) 노인복지법상 노인복지주택

노인복지주택은 일반주택과 다른 특수한 형태의 주거시설로서 노인의 신체적, 심리적 특성을 배려하며, 노인의 자립생활과 프라이버시(privacy)를 보장하는 설계와 설비를 갖춘 주거공간이라 할 수 있다. 주거와 복지의 개념이 혼합된 것이 특징이며 공익적 측면과 사익적 측면이 공존한다.[8)]

노인복지법 제31조에 의하면 노인복지시설은 노인주거복지시설, 노인의료복지시설, 노인여가복지시설, 재가노인복지시설, 노인보호전문기관의 5종류로 구분한다. 입소시설로는 노인주거복지시설과 노인의료복지시설이고, 이용시설로는 노인여가복지시설과 재가노인복지시설이다. 노인복지주택은 노인복지법상 노인주거복지시설에 속하며 노인주거복지시설에는 노인양로시설, 노인공동생활가정, 노인복지주택의 3종류가 있다.

노인복지법에 의하면 노인복지주택이란 "노인에게 주거시설을 분

8) 이영숙(2013), 노인복지주택 특성요인이 사업의사결정과 입주가격에 미치는 영향, 단국대학교 박사학위논문, p. 2

양 또는 임대하여 주거의 편의 · 생활지도 · 상담 및 안전관리 등 일상생활에 필요한 편의를 제공함을 목적으로 하는 시설"로 입소대상자는 "단독취사 등 독립된 주거생활을 하는데 지장이 없는 60세 이상"으로 정의[9]하고 있다. 따라서 노인복지주택은 주택이라기보다는 노인복지시설인 소유자 시설로 간주되며, 이러한 노인주택을 이해하기 위해서는 노인복지법상의 노인복지시설을 이해할 필요가 있다.

이러한 노인복지주택은 노인복지법 시행규칙에서 정한 시설기준 및 직원배치기준의 적용을 받는 특수한 형태의 주거시설로 자립적 거주가 가능한 경제력 있는 노인층을 대상으로 하며, 노인복지센터가 병설되는 경우도 있어, 필요에 따라 가사 도움이나 식사서비스, 교통편의 등을 제공받을 수 있다. 간호사나 사회복지사 같은 전문적인 관리인이 상주하여 긴급사태에 대응할 수 있으며 병원과 직접 연계하여 개인적인 간호나 의료서비스까지 제공될 수 있다.

노인복지주택은 노인들을 위해 특별히 계획된 노인주택으로 경제력 있는 노인의 욕구를 반영하기 위해 주거시설 외에 부대시설과 서비스가 함께 제공되는 특성을 지닌다. 유료노인복지시설로서 분양 또는 임대를 통해 운영되며, 시설운영의 수준은 이용자가 부담하는 비용에 따라 다양해질 수 있다. 따라서 입주가격이라 할 수 있는 분양금액 또는 임대보증금은 노인복지주택의 공급과 운영관리의 핵심요소라 할 수 있다. 공급자에겐 초기 자금 회수와 운영자금 조달 측면에서 중요하며, 수요자인 입주자에겐 노인복지주택에 입주 시 목돈으로 지불해야 하는 비용부담 측면에서 중요한 부분을 차지한다.[10]

9) 노인복지법 32조, 시행규칙 14조 1항.
10) 이영숙(2013), 노인복지주택 특성요인이 사업의사결정과 입주가격에 미치는 영향, 단국대학교 박사학위논문, p. 2

〈표 4-5〉 노인복지시설의 종류

형태	시설 종류	
입소시설	노인주거복지시설	양로시설
		노인공동생활가정
		노인복지주택
	노인의료복지시설	노인요양시설
		노인요양공동생활가정
이용시설	재가노인복지시설	방문요양서비스
		주야간보호서비스
		단기보호서비스
		방문목욕서비스
		재가노인지원서비스
	노인여가복지시설	노인복지관
		경로당
		노인교실
	노인보호전문기관	

노인복지주택이 일반 아파트보다 건축 조건이 까다롭지 않은 점을 이용해 민간건설업체들이 경쟁적으로 노인복지주택을 과다하게 건설한 반면, 입수관리는 허술해 입소자격자(만 60세 이상)가 아닌 사람들이 분양받는 사례가 나타났다

노인복지주택을 '노인복지시설'로 지정해 놓고도 '분양한다'는 노인복지법 제32조 제1항의3[11])이 모순을 일으키고 있다. 건축물대장의 용도란에 '노유자시설'로 기재되면서도 아파트와 같이 개별 소유권을 인정하는 '분양'을 허용한다는 것이다.

노인복지주택은 일반주택과는 달리 분양 대상을 60세 이상에 한정하고 있어 분양이 급한 건설사로서는 분양을 해야 이익을 남길 수 있

11) 노인복지주택: 노인에게 주거시설을 분양 또는 임대하여 주거의 편의 · 생활지도 · 상담 및 안전관리 등 일상생활에 필요한 편의를 제공함을 목적으로 하는 시설

다. 시설에는 운영 주체가 있어야 함에도 입주자에게 분양하면서 시설 주체가 모호해지게 된다. 시설운영 주체인 건설회사가 노인복지주택을 건축하고 입주자에 분양한 뒤 개발이익만을 취하고는 운영에서 손을 빼는 경우가 나타나고 있기 때문이다.

노인복지주택은 일반 아파트와 내용면에서는 큰 차이가 없지만 노인복지시설로 분류되면서, 아파트 등 다른 공동주택과는 달리 감사나 관리감독에 대한 규정이 전혀 없다. 예를 들어 공동주택은 관리비 사용내역을 입주민이 요구할 경우 공개해야 하나 노인복지주택은 관련 법적 규정이 없다. 관리비 사용은 운영회사의 양심에 맡기는 수밖에 없다. 공동주택은 입주민 2/3의 동의로 운영회사를 교체할 수 있으나 노인복지주택은 그렇지 않다.

예전에는 노인복지주택이 '사회복지시설'로 분류됐기 때문에 아파트를 건설할 수 없는 자연녹지 지역에도 노인복지주택 건설이 가능했다. 그런데 최근에는 고령화로 수요가 늘어나고 있음에도 오히려 건설회사가 노인복지주택의 신축을 꺼리는 것으로 보인다. 규제가 큰 만큼 이익이 되지 않는다는 게 그 이유다.

'도시·군계획시설의 결정·구조 및 설치기준에 관한 규칙' 제107조가 2010년 개정되면서 분양과 임대를 목적으로 지어지는 노인복지주택은 사회복지시설에서 제외되었고, 건설사들이 노인복지주택을 지으면서 누렸던 다양한 혜택도 함께 사라졌다. 노인복지주택에 대한 전기세 감면, 취득세 면제 등의 혜택도 폐지됐다.

2010년 이후 신규로 노인복지주택을 짓겠다고 건축허가를 신청하는 건설사가 한 곳도 없었다. 이제 노인복지주택은 60세 이상의 노인들에게만 분양 및 임대가 가능하다는 제한을 받으면서도 아무런 혜택도 받지 못하는 애물단지로 전락한 것이다.

2) 주택법상 준주택

노인복지주택은 1989년, 1993년 노인복지법의 개정으로 등장한 유료의 노인복지시설이다. 노인복지주택은 노인들을 위해 특별히 계획된 주택으로 건축 설계뿐만 아니라 서비스가 함께 제공[12]되는 주택이며, 시설운영에 필요한 비용은 시설 이용자가 부담하므로 시설운영의 수준은 이용자가 내는 비용에 따라 달라지며, 2010년의 주택법 개정에 의해 노인복지주택은 주택법상 준주택으로 분류되었다.

준주택이란 주택 외의 건축물과 그 부속 토지로서 주거시설로 이용 가능한 시설 등을 말하고, 준주택의 종류에는 고시원, 노인복지주택, 오피스텔 등이 포함된다.[13] 노인복지주택은 주택법상 준주택[14]으로 분류됨에 따라 국민주택기금과 주택연금의 수혜 대상이 되는 등 부분적으로 주택의 성격을 갖게 되며, 이러한 분류는 국민주택기금지원[15] 등을 통한 준주택 등의 공급 활성화를 위한 지원이라 할 수 있다.

오늘날 노인복지주택에 대한 혼란의 원인은 노인복지시설에 주택법을 준용[16]한다는 노인복지법 제32조 제3항 '주택법 준용'의 모호

12) 박준영 외(2010), 노인주거복지시설의 관리과 운영실태, 한국주거학회 학술대회 논문집, 한국주거학회, p. 310

13) 주택법시행령 제2조의2(준주택의 범위와 종류) 준주택의 범위와 종류는 기숙사, 고시원, 노인복지주택, 오피스텔이다.

14) 노인복지주택은 주택법의 개정으로 주택법상 준주택으로 분류되면서 국민주택기금과 주택연금의 수혜 대상이 되었다.

15) 국토해양부는 2010년 2월 8일 소형 임대주택 공급 활성화를 위한 국민주택기금 지원으로 2011년 말까지 한시적인 건설자금 특별지원을 시행한 바 있다.

융자 대상자	분양 또는 임대를 목적으로 건축법 제11조에 따라 건축허가를 받아 준주택(노인복지주택은 30세대 이상)을 집단으로 건설(증축 또는 리모델링 제외)하는 자
융자대상	노인복지주택: 전용면적 60m^2 이하
대출한도	노인복지주택: 호당 3,000만 원 이하
대출조건	연 5.0%, 3년 내 일시 상환(미준공 시 1년 범위 내에서 1회 연장 가능)

함이 있다. 사회복지시설은 '사회복지시설'로 허가하고 분양(또는 임대)하고 관리해야 하는데, '시설'과는 그 성격이 너무나 다른 '주택법'을 '준용'하게 되어 시설(노인복지시설)에 대한 연속성과 일관성을 상실하게 되었다. 당초의 의도는 노인복지시설이기에 노인에 한하여 임대하거나 분양하는 것이었으나 주택법을 준용하면서부터 기준이 모호해진 것이다.

국토교통부에서는 2010년에 주택법 개정으로 준주택으로 정하고 있다. 이를 달리 표현하면 준주택은 '건축허가'를 받아야 하는 대상으로 아파트와 같은 공동주택이 아니라는 말이 될 수 있다. 노인복지주택에 대해 준주택으로 정의하려면 '주택법 준용'의 범위를 법과 시행령, 시행규칙으로 정할 필요가 있다.

3) 유료노인복지시설

우리나라의 유료노인복지시설은 1993년 12월 27일 노인복지법 개정(1994.6.28 시행) 시 유료시설의 개념이 도입되면서 등장하였으며 흔히 말하는 실버타운이 이에 해당된다. 유료노인복지시설이란 서구사회에서 성업을 이루고 있는 시니어비즈니스의 하나[17]로 사회복지서비스 정책에 시장원리를 도입하는 산업이라 할 수 있다.

공급 주체가 민간 부문이고, 상품과 서비스가 시장경제 원리에 의하여 공급된다는 점에서 사회적 약자에 대한 재정적 원조나 서비스를

16) 노인복지주택의 설치·관리 및 공급 등에 관하여 이 법에서 규정된 사항을 제외하고는 '주택법'의 관련규정을 준용한다.

17) 안혜원(2010), 유료노인복지시설 종사자의 직무스트레스가 서비스 질에 미치는 영향에 대한 연구, 백석대학교 석사학위논문, p. 5

〈표 4-6〉 유료양로시설과 유료노인복지주택의 법적 차이

구분		유료양로시설	노인복지주택(유료)
법규		노인복지법	노인복지법(원칙), 주택법(준용)
적용법규(건설)		건축법(건축허가)	주택법(사업계획승인)
건축물 용도		교육연구 및 복지시설(노인복지시설)	노유자시설
설치조건		토지사용권으로 설치 가능	토지소유권으로만 건립 가능
규모		5인 이상	30세대 이상
직원배치		시설장 이하 최소 12명	시설장 이하 최소 5명
운영기준		• 입소자의 신체적, 정신적 기능 감퇴를 방지하기 위한 훈련, 레크리에이션 실시	• 부대・복리시설 설치 및 운영 • 상담지도원 상주(일상생활 원조, 긴급 시 대응, 의료기관 연락 등) • 필요시 가정봉사원 파견시설과 주간보호 시설 연계도모
운영방식		임대	분양 및 임대
시설기준	차이점	화장실, 세면장・목욕탕, 세탁장・세탁물건조장, 취사실 설치(유료노인복지주택에는 규정하지 않은 공용시설임)	식료품점, 매점 설치
	공통점	거실, 사무실, 의무실, 체력단련실, 식당・조리실, 비상재해 대비시설	거실, 사무실, 의무실, 체력단련실, 식당・조리실, 비상재해 대비시설
설비기준	차이점	독신, 동거, 합숙용 거실 규정	독신, 동거형 거실만 규정
		자취형 거실의 경우에만 취사설비	취사설비를 반드시 갖추어야 함
	공통점	• 개인거실에 목욕실, 화장실 규정 없음 • 공동세면장・목욕실 규정에 미끄럽지 않은 바닥, 손잡이・욕조높이, 급탕온도 조절장치 규정 있음	개인거실에 목욕실, 화장실을 두도록 되어 있으나 양로시설에 규정된 세부지침 규정은 없음

자료: 유병선・홍형옥(2005), 노인공동생활주택 법률정립 방향에 관한 연구, 주택연구 제47권, p. 150 인용 후 수정 및 재구성.

제공하는 좁은 의미의 사회복지와 구별되고 있으나, 노령층을 지원하고 있다는 측면에서 넓은 의미의 사회복지라고도 할 수 있다. 수익자 부담의 영리 원칙을 추구하고 있다는 점에서 비영리를 기반으로 하는 사회복지사업과는 기본적으로 구분되지만, 경제력 있는 노인층을 대

상으로 노후생활의 안전과 안락함을 제공한다는 점에서 노인복지의 영역이라고 볼 수 있다.[18)]

유료노인복지시설에 대한 광의의 개념은 노인복지법상 노인주거복지시설과 노인의료복지시설 중에서 유료시설인 유료노인양로시설, 노인복지주택, 유료노인요양시설을 의미하며, 협의의 개념은 노인주거복지시설 중 유료양로시설, 유료노인복지주택을 의미한다. 일반적인 개념으로는 유료노인복지주택을 의미한다. 오늘날 운영 중인 대규모의 유료노인복지시설(실버타운)은 유료노인복지주택과 유료노인요양시설이 복합적으로 관리·운영되고 있는 것으로 볼 수 있다.[19)]

유료노인복지주택의 특징[20)]으로는 ① 노인이 모여 사는 주택이다. 입주 대상은 법률적으로 만 60세 이상이며, 부부의 경우 한 사람이 60세 이상이면 입주가 가능하다. ② 노인의 특성을 배려한 건축 방식을 적용하여 무장애 시설이 필수적으로 갖추어져 있다. ③ 노인의 생활의 질을 높일 수 있도록 체력단련실, 식당, 조리실, 의무실 등 각종 부대시설과 생활 편의시설을 갖추고 있다. 의료, 여가, 안전관리 서비스가 부가적으로 운영되며 이는 노인복지주택의 질적 제고에 매우 중요한 요소가 된다. ④ 시설운영에 드는 일체의 비용을 입소 노인의 부담으로 운영하는 유료노인복지시설이므로 정부 지원은 없다. 다만, 건축물의 용도가 사회복지시설로 분류되어 부지 확보가 용이하다는 이점이 있다. 주요 운영관계법령은 노인복지법, 주택법, 주택건설기준 등에 관한 법률, 주택공급에 관한 규칙 등이 적용된다.

---

18) 문헌상 외(1996), 실버산업의 현황과 정책과제, 한국보건사회연구원, p. 26
19) 유선종 외(2010), 유료노인복지시설의 가격결정요인에 관한 연구, 부동산학연구 제16집 제3호, p. 23
20) 박재간(2002), 노인전용주거시설의 개발전략, 아시아미디어리서치, pp. 31~32

3. 노인주거복지시설의 입소

노인복지법에 의한 노인주거복지시설은 일상생활에 지장이 없는 노인에게 공급되는 주거시설로 양로시설, 노인공동생활가정, 노인복지주택으로 구분되고 있다. 양로시설은 노인을 입소시켜 급식과 그 밖의 일상생활에 필요한 편의를 제공함을 목적으로 하는 시설이고, 노인공동생활가정은 노인들에게 가정과 같은 주거 여건과 급식, 그 밖에 일상생활에 필요한 편의를 제공함을 목적으로 하는 시설이다. 노인복지주택은 노인에게 주거시설을 분양 또는 임대하여 주거의 편의·생활지도·상담 및 안전관리 등 일상생활에 필요한 편의를 제공함을 목적으로 하는 시설이다.[21]

1) 입소대상

노인주거복지시설의 입소대상은 양로시설·노인공동생활가정의 경우 일상생활에 지장이 없는 자로서 ① 국민기초생활보장법에서 정한 기초수급권자 중 65세 이상(입소비용은 국가 및 지방자치단체가 전액 부담), ② 부양의무자로부터 적절한 부양을 받지 못하는 65세 이상(입소비용은 국가 및 지방자치단체가 전액 부담), ③ 65세 이상의 실비보호대상자[22](입소비용은 국가 및 지방자치단체가 일부 부담), ④ 입소자로부터 입소비용

21) 노인복지법 제32조
22) 본인 및 본인과 생계를 같이 하고 있는 부양의무자의 월 소득을 합산한 금액을 가구원수로 나누어 얻은 1인당 월평균 소득액이 통계청장이 '통계법' 제17조 제3항에 따라 고시하는 전년도(본인 등에 대한 소득조사일이 속하는 해의 전년도를 말한다)의 도시근로자가구 월평균 소득을 전년도의 평균 가구원수로 나누어 얻은 1인당 월평균 소득액 이하인 자로서 65세 이상된 자를 말한다.

〈표 4-7〉 연도별 노인복지시설 공급 현황

(단위: 개소, 명)

종류	시설	2007		2008		2009		2010		2011	
		시설수	입소정원	시설수	입소정원	시설수	입소정원	시설수	입소정원	시설수	입소정원
노인주거복지시설	소계	398	16,579	347	17,342	360	14,353	397	17,270	4,493	17,450
	양로시설	384	13,014	306	11,520	285	11,561	300	11,906	303	12,509
	노인공동생활가정	-	-	21	177	56	438	75	618	87	710
	노인복지주택	14	3,565	20	5,645	19	2,354	22	4,746	24	4,231
노인의료복지시설	소계	1,186	61,406	1,832	81,262	2,712	99,350	3,852	131,074	4,079	125,305
	노인요양시설	1,114	51,310	1,332	66,715	1,642	82,271	2,429	107,506	2,489	111,457
	노인요양공동생활가정	-	-	422	3,500	1,009	8,504	1,346	11,361	1,590	13,848
	노인전문병원	72	10,096	78	11,047	61	8,575	77	12,207	-	-

자료: 보건복지부(2012), 노인복지시설현황 재구성.

의 전부를 수납하여 운영하는 양로시설 또는 노인공공생활가정의 경우는 60세 이상 중 하나에 해당하는 자이다.

노인복지주택의 입소대상은 단독취사 등 독립된 주거생활에 지장이 없는 60세 이상이다. 그리고 입소대상자의 배우자는 65세 미만(노인복지주택의 경우에는 60세 미만)인 경우에도 함께 입소할 수 있다.

2) 입소절차

65세 이상의 기초생활수급권자 및 부양의무자로부터 적절한 부양을 받지 못하는 65세 이상된 자가 양로시설 또는 노인공동생활가정에 입소하려는 경우에는 입소신청 시 입소신청사유서 및 관련 증빙자료를 첨부하여 주소지를 관할하는 특별자치도지사·시장·군수·구청장에게 제출한다. 신청을 받은 특별자치도지사·시장·군수·구청장은 신청일로부터 10일 이내에 입소대상자의 건강상태와 부양의무자의 부양능력 등을 심사하여 입소 여부와 입소시설을 결정한 후 이를 신청인 및 당해 시설의 장에게 통지해야 한다. 특히 특별자치도지사·시장·군수·구청장은 양로시설 입소자 중 부양의무자로부터 적절한 부양을 받지 못하는 65세 이상 된 자에 대해서는 1년마다 부양의무자의 부양능력 등을 심사하여 입소 여부를 재결정해야 한다. 그리고 실비보호대상자(65세 이상) 및 입소비용 전부를 지불하는 60세 이상 된 자가 양로시설 또는 노인공동생활가정에 입소하려는 경우에는 당사자 간의 계약(분양계약은 제외)에 의한다.

노인복지주택의 입소는 임대 또는 분양계약에 의하며, 신청자가 당해 시설의 정원을 초과하는 때에는 부양의무자가 없는 자, 주민등록법상 연령이 많은 자, 배우자와 함께 입소하는 자의 순으로 입소시킨다.

3) 입소시설 및 직원의 자격기준

시설의 구조 및 설비는 일조, 채광, 환기 등 입소자의 보건위생, 재해방지 등을 충분히 고려하여 설치해야 한다. 복도, 화장실, 침실 등 입소자가 통상 이용하는 설비는 휠체어 등의 이동이 가능한 공간을

〈표 4-8〉 노인주거복지시설 직원의 자격기준

자격 직종구분	자격기준
시설의 장	사회복지사업법에 따른 사회복지사 자격증 소지자 또는 의료법 제2조에 따른 의료인
사회복지사	사회복지사업법에 따른 사회복지사 자격증 소지자
요양보호사	법에 따른 요양보호사 자격증 소지자

확보하여야 하며 단차 제거, 손잡이시설 부착, 바닥미끄럼방지 등 노인의 활동에 안전하고 편리한 구조를 갖추어야 한다. 입소자의 건강을 위해 설치한 문화·체육 부대시설은 지역사회와 시설 간의 유대감 증진을 위하여 입소자 이용에 지장을 주지 않는 범위에서 외부에 개방하여 운영할 수 있다.

시설에는 사회복지사업법에 따른 사회복지사와 법에 따른 노인요양보호사가 배치되어야 한다. 시설의 장은 사회복지사업법에 따른 사회복지사 자격증 소지자 또는 의료법 제2조에 따른 의료인으로 사회복지사업법에서 정하는 자격기준을 갖추어야 한다.[23)]

4) 공간구성

노인주거복지시설의 공간구성은 입주자의 사적인 거주 부분, 일상생활을 위한 공용 부분, 건강유지 및 치료, 회복을 위한 의료간호 및 건강관리 부분, 총괄적인 시설관리를 위한 관리 부분, 기타 통로 부분이 있다. 이는 각 부분별로 다시 세분화되며, 또한 공유 시설별로 각종 서비스를 제공한다. 각종 부대시설이나 서비스 기능은 경우에 따라 분리하거나 도시의 기반시설을 이용함으로써 시설의 최소화와

23) 노인복지법 시행규칙 제17조 제1항.

〈표 4-9〉 노인주거복지시설의 공간구성 요소

구분		공간구성 요소
거주 부분		침실, 욕실 및 화장실, 주방, 거실
공용 부분	생활서비스	식당, 대욕탕, 세탁실, 매점, 이미용실, 우편함
	커뮤니케이션	집회실, 오락실, 도서실, 취미실, 휴게실, 강당, 다목적실, 노래방
	체육	체육실, 탁구장, 당구장, 게이트볼장, 배드민턴장, 수영장
의료간호 및 건강관리 부분		진료실, 기능회복실, 물리치료실, 데이케어실, 약국
관리 부분	사무관리	시설장실, 사무실, 응접실, 회의실, 안내실, 직원휴게실, 탈의실, 숙직실
	시설관리	중앙감시실, 기계실, 전기실, 발전기실, 창고
기타 부분	통로 부분	현관, 복도, 계단, 엘리베이터, 로비, 램프웨이

이용자 부담의 최소화를 도모할 수 있다.[24]

4. 노인복지주택

노인복지주택은 국토의 계획 및 이용에 관한 법률상 도시계획기반시설(사회복지시설)[25]로 인정하여 일반주택 건설 불가능한 지역 지구에도 건설이 가능하다. 노인복지주택의 설계기준 및 각종 시설 설치기준 등 입주노인들이 시설에서 생활하기 편리하도록 건설 관련 규정과 공급규정 등이 정해져 있다. 노인주택을 필요로 하는 노인 계층 중

24) 설치기준은 노인복지법 시행규칙 제12조 별표1과 동규칙 제16조 별표3에 명시되어 있다.

25) 도시 · 군계획시설의 결정 · 구조 및 설치기준에 관한 규칙 제107조가 2010년 개정되면서 분양과 임대를 목적으로 하는 노인복지주택은 사회복지시설에서 제외됨.

입주비용을 스스로 감당할 수 있는 중산층 이상의 노인들이 수요자와 공급자 간의 시장경제원리에 따른 계약에 따라 입주할 수 있다. 소유권 이전이 가능한 등기분양과 임대분양 등 입주노인의 선호에 따라 선택할 수 있도록 계약 당사자 간의 자유의사에 따라 계약할 수 있다. 노인복지주택 입주 후 시설운영관리와 제공되는 각종 서비스에 대한 기준이 정해져 있고, 노인복지주택 건설원가를 절감하기 위한 세제 지원(취득세 감면) 등이 있다.[26]

1) 양로시설과 노인복지주택의 차이

양로시설은 일상생활에 지장이 없는 자가 거주할 수 있는 공간이며, 노인복지주택은 단독취사 등 독립된 주거생활을 할 수 있는 노인이 거주할 수 있도록 규정하여 단독취사 여부에 따라 구분되고 있다. 그러나, 입주조건에 있는 일상생활 가능자와 단독취사 가능자에 대한 정확한 기준이 없으며, 주택과 시설에 대한 설비조항도 명확하지 않아 제도상 시설과 주택이라는 단어의 차이만 있다. 양로시설은 임대만 가능하고, 노인복지주택은 분양과 임대가 가능하다.

양로시설의 규모는 입소정원 10인 이상이며, 입소정원 1인당 15.9m^2 이상의 공간을 확보해야 한다. 입소자 1명당 침실면적은 5.0m^2 이상이어야 하고, 합숙용 침실 1실의 정원은 4명 이하여야 한다. 노인공동생활가정의 규모는 입소정원 5명 이상 9명 이하이고, 입소정원 1명당 연면적 15.9m^2 이상의 공간을 확보하여야 한다.

노인복지주택의 규모는 30세대 이상이다. 침실의 면적은 20m^2 이

26) 홍미령 외 6인(2009), 노인복지주택 개선방안 및 발전모형 개발연구, 재단법인 한국노인복지진흥재단, pp. 121~124

〈표 4-10〉 양로시설과 노인복지주택의 법적 차이

구분	양로시설	노인복지주택
정의	노인을 입소시켜 급식 기타 일상생활에 필요한 편의를 제공하고 이에 소요되는 일체의 비용을 입소한 자로부터 수납하여 운영	노인에게 유료로 분양 또는 임대 등을 통하여 주거의 편의 · 생활지도 · 상담 및 안전관리 등 일상생활에 필요한 편의를 제공
입주조건	일상생활에 지장이 없는 자	단독 취사 등 독립생활 가능자
법규	노인복지법	노인복지법 / 주택법(준용)
건설적용 법규	양로시설 → 건축법(건축허가)	노인복지주택 → 주택법(사업계획승인)
건축물 용도	교육연구 및 복지시설(노인복지시설)	노유자시설
설치조건	토지사용권 가능	토지소유권만 인정
규모	5인 이상	30세대 이상
운영기준	• 입소자의 신체적 · 정신적 기능 감퇴를 방지하기 위한 훈련 • 레크리에이션 실시	• 부대 · 복리시설 설치 운영 • 상담지도원 기거(일상생활 원조, 긴급 시 대응, 의료기관 연락 등) • 필요 시 가정봉사원 파견시설과 주간보호시설 활용하도록 연계 도모
시설기준	• 공통 기준 거실, 사무실, 의무실, 체력단련실, 식당 · 조리실, 비상재해대비시설 • 노인복지주택과 다른 기준 화장실, 세면장 · 목욕탕, 세탁장 · 세탁물건조장, 취사실 설치(노인복지주택에는 규정하지 않은 것으로 공용시설임)	• 양로시설과 공통 기준 거실, 사무실, 의무실, 체력단련실, 식당 · 조리실, 비상재해대비시설 • 양로시설과 다른 기준 식료품점, 매점
각 실별 설비기준	독신, 동거 · 합숙용 거실 있음	독신, 동거형만 규정
	• (개인)거실에 목욕실 · 화장실 규정 없음 • 공동세면장 · 목욕장 규정에 미끄럽지 않은 바닥, 손잡이, 욕조높이, 급탕온도 조절장치 규정 있음	• 개인거실에 목욕실, 화장실을 두도록 되어 있으나, 양로시설에 규정된 세부지침은 규정 없음
	자취형 거실일 경우에 취사설비 규정	취사설비를 반드시 갖추어야 함

상이며, 반드시 취사 설비를 갖추어야 한다. 또한 목욕실, 화장실 등 입소자의 생활편의를 위한 설비를 갖추어야 하고, 채광 · 조명 및 방습설비, 경보장치와 경사로를 갖추어야 한다. 부대시설로는 프로그램

실, 체력단련실, 의료 및 간호사실이 있어야 한다.

2) 노인주택 양도에 관한 특례

노인주거시설은 1993년 노인복지법 개정으로 사회복지법인뿐만 아니라, 민간기업, 개인도 유료노인주거시설 사업에 참여하게 되었다. 노인복지주택은 60세 이상 노인이 분양을 받거나 임대하는 주거시설로 통상적으로 표현되는 실버타운이 여기에 해당된다. 노인전용 주거시설인 노인복지주택이 건축부지 취득에 관한 조세를 감면받고 일반 공동주택에 비하여 완화된 시설 설치기준을 적용받는 등 각종 보조와 혜택이 주어지게 되었다.

사업시행 초기 민간건설업체는 이러한 정책적 혜택을 이용하기 위하여 경쟁적으로 노인복지주택을 건설하고 입소적격자가 아닌 자에게 분양하였고, 노인복지주택이 일반 공동주택과 같이 거래되면서 당초 노인복지주택의 제도적 취지가 훼손되고 사회적인문제가 발생하였다. 노인복지법에서는 이러한 왜곡을 방지하기 위하여 노인복지주택의 분양 · 양도 · 임대의 대상을 입소자격 기준인 60세 이상으로 명확히 하였다.

노인복지주택에 입소[27]할 수 있는 자는 60세 이상의 노인으로 하고, 60세 미만인 자에게 노인복지주택을 분양 · 임대하는 것 등을 금지하며 이를 위반한 경우 벌칙을 부과하도록 하는 등 제도의 운영상 나타난 미비점을 보완한 바 있다.

그러나 개정법률의 시행일인 2008년 8월 4일 전에 건축법에 따라

---

27) 노인복지법 부칙 〈법률 제8608호, 2007.8.3 개정, 2008.8.4 시행〉.

허가받거나 주택법에 따라 사업계획이 승인된 노인복지주택을 분양받거나 양수한 사람들은 재산권 행사의 제한을 받고 있었으므로 이러한 소유자 등을 구제하기 위하여 특례규정[28]을 마련하였다. 이로써 유승앙브와즈[29] 등 노인복지주택을 2008년 8월 4일 이전에 분양받았던 무자격입주자에 대해 매매나 증여 그 밖의 소유권 변동이 가능해졌고 60세 미만인 자도 거주할 수 있게 되었다. 다만, 이는 특례규정으로 2008년 8월 4일 이후에 건축법에 따라 허가받거나 주택법에 따라 사업계획이 승인된 노인복지주택을 분양·양도·임대받는 경우에는 60세 이상이어야 한다.

3) 세제지원

노인복지법 제32조(노인주거복지시설)에 규정된 사항을 제외하고는 주택법의 관련 규정에 따라 국세청에서는 노인복지주택을 주택으로 규정하여 1세대 1주택에 포함하여 양도세를 부과하고, 노인복지주택이 시설임에도 불구하고 허가관청에서는 주택으로 보지 않아 취득에 따른

28) 노인복지법 부칙 제4조의2, 제4조의3(법률 제10509호, 2011.3.30 일부 개정 및 시행)
- 제4조의2(노인복지주택의 양도 등에 관한 특례) 2008년 8월 4일 전에 건축법에 따라 허가받거나 주택법에 따라 사업계획이 승인된 노인복지주택은 제33조의2제 3항 및 제4항 단서의 개정규정에도 불구하고 입소자격자가 아닌 자에게도 양도(매매·증여나 그 밖의 소유권 변동을 수반하는 일체의 행위를 포함한다) 또는 임대할 수 있다.
- 제4조의3(노인복지주택의 입소자격에 관한 특례) 2008년 8월 4일 전에 건축법에 따라 허가받거나 주택법에 따라 사업계획이 승인된 노인복지주택에는 제33조의2 제1항의 개정규정에도 불구하고 60세 미만인 입소자격자가 아닌 자도 입소할 수 있다.

29) 파주시 통일동산에 소재하는 유승앙브와즈는 노인복지주택으로 2004년 완공되어 1천 80세대가 거주하고 있으나 60세 미만은 거주하거나 소유할 수 없어 입주민들이 재산권 행사에 어려움을 겪었다.

감면혜택이 없다. 또한 노인복지법 제55조(건축법에 의한 특례) 조항에 따라 노인복지주택이 노유자시설로 규정되어 공동주택으로 간주되면 관리비용에 대한 감면혜택을 받을 수 있으나 주택이 아닌 것으로 간주되어 세제혜택을 받지 못하는 등, 법 해석과 적용에 따라 건축법 적용과 주택법 적용을 동시에 받아 행정상 혼선을 빚고 있다.[30)]

지방세특례제한법 제20조에 의하면 노인복지법 제31조에 따른 노인복지시설을 설치·운영하기 위하여 취득하는 부동산에 대하여는 2014년 12월 31일까지 지방세를 감면한다. 즉, 무료노인복지시설로 사용하기 위하여 취득하는 부동산에 대하여는 취득세를 면제하고, 과세기준일 현재 노인복지시설[31)]에 직접 사용하는 부동산에 대하여는 재산세의 100분의 50을 경감[32)]한다. 다만, 노인의 여가선용을 위하여 과세기준일 현재 경로당으로 사용하는 건축물(부대시설을 포함)에 대하여는 재산세(지방세법 제112조에 따른 부과액을 포함) 및 같은 법 제146조 제2항에 따른 지역자원시설세를 각각 면제한다.

4) 지역별 분포 현황

노인복지주택은 입소인원과 종사자수에서 지역별로 큰 차이를 나타낸다. 2011년 기준으로 전국 총 24개소의 정원 4,231세대가 공급되었으며 총 3,340세대가 입주하여 약 79% 정도가 입소하였다. 서

---

30) 홍미령 외 6인(2009), 노인복지주택 개선방안 및 발전모형 개발연구, 재단법인 한국노인복지진흥재단, p. 122

31) 유료노인복지시설에 사용하기 위하여 취득하는 부동산에 대하여는 취득세의 100분의 50을 경감하고, 과세기준일 현재 노인복지시설에 직접 사용하는 부동산에 대하여는 재산세의 100분의 50을 경감한다.

32) 지방세특례제한법(2011년부터 시행).

〈표 4-11〉 노인복지주택의 지역별 분포 현황

지역	65세 이상 노인인구(A)(명)	노인복지주택				지역별 노인인구 대비 정원비율 B/A(%)
		입소인원(세대)		시설수 (개소)	종사자 (명)	
		정원(B)	현원			
전국	5,700,972	4,231	3,340	24	704	0.07
서울	1,044,750	1,820	1,542	11	386	0.17
경기	1,072,462	1,496	1,036	6	270	0.14
인천	250,528	216	132	1	3	0.09
부산	418,043	272	269	2	25	0.07
강원	233,219	30	30	1	1	0.01
전북	291,919	297	260	2	7	0.10
경북	424,386	100	100	1	12	0.24

자료: 보건복지부(2011. 12. 31), 노인복지시설현황 재구성.

울・경기지역의 경우, 총 정원 3,3,16세대가 공급되었으며, 입주는 2,579세대가 입주하여, 약 78%의 입주율을 나타냈다. 전국의 노인복지주택 종사자수는 704명이며, 전국 노인인구대비 총 공급률은 약 0.07% 정도이다.

5) 다양한 노인주거기준

우리나라는 고령자의 안전한 주거생활유지를 위해 관련 규정을 다양하게 운영하고 있다. 주거와 관련된 기준으로는 지식경제부에서 운영하는 고령자 배려주거시설 설계치수원칙 및 기준(KS P1509), 노인가구 주택개조 매뉴얼, 고령자 공동주택신축기준, 고령자용 국민임대주택 시설기준 등이 있다. 이 기준들 중 고령자 배려주거시설 설계치수원칙 및 기준(KS P1509)만 60세 이상을 대상으로 하고 있고 나머지 기준은 65세 이상을 대상으로 하고 있다. 또한 이러한 기준은 권장사항과 의무사항으로 구별되는데 노인주택개조 매뉴얼은 권장사항

〈표 4-12〉 노인주거 관련 기준의 특징과 항목

종 류	출 처	특 징	항 목
고령자를 위한 공동주택 신축기준	건설교통부 주거환경팀 (2006.12)	• 구체적 기준보다는 계획방향 제시 • 상세치수 등은 편의증진법과 KS P1509규정 적용 • '주택건설기준 등에 관한 규정'과 주택법 제16조 규정에 의한 '주택의 설계도서 작성기준' 준용	• 단지계획, 주동 및 단위세대계획, 부대·복리시설계획, 설비계획, 무장애 공간설계
고령자용 보금자리 주택 설계기준	국토해양부 공공주택건설과 (2010.6)	• 적용대상을 보금자리주택으로 확대(국민임대, 영구임대 포함) • 단지 내 장기공공임대 5%를 고령자용으로 공급	• 단지계획, 주동 및 주택계획, 설비계획
고령자 배려 주거시설 설계치수 원칙 및 기준 (KS P1509)	지식경제부 기술표준원 (2006.8(개정 2008.9))	• 실내공간에서 단위공간별, 요소별, 고려할 요인별 제시 • 구체적 세부지침 마련 • 독립성, 지역성, 범용성, 가변성 중점	• 단위공간－현관, 계단, 통로, 거실, 침실, 주방 및 식당, 화장실 및 욕실, 발코니, 다용도실
노인가구 주택개조 기준	국토해양부(2006.12)	• 노인주택개조를 위한 단위공간별 항목 제시 • 구체적 세부지침 마련	
노인가구 주택개조 매뉴얼	국토해양부(2007.8)	• 노인주택개조를 위한 단위공간별 항목 제시 • 구체적 세부지침 마련 • 전문가용과 노인용으로 구분 • 면적 기준 추가	

자료: 정경희 외(2011.7), 베이비붐세대 실태조사 및 정책현황분석, 보건복지부 한국보건사회연구원, pp. 340~341

〈표 4-13〉 노인가구 주택개조기준의 주요 내용

기본 원칙	노인의 안전사고를 방지하고 자립생활을 증진하기 위하여 노인의 신체적 능력과 주택의 유형 등을 고려하여 무장애(barrier-free) 공간으로 개조
주요 항목	노인주거생활의 안정성을 고려한 기초기준(21개)과 자립성을 고려한 유도기준(17개) 등 총 38개 항목으로 구성(권장기준)
기초기준 (21개)	단차(문턱)제거, 보조발판, 미끄럼방지시설, 비상연락장치, 화재경보기, 목욕용의자, 욕조 및 세면대 주변 안전손잡이 설치 등
유도기준 (17개)	문 잠금장치, 문 손잡이, 인터폰, 침대, 입식용 소파, 양변기 설치, 샤워기 걸이, 세면대 설치, 욕실문 확장 등

자료: 건설교통부 보도자료(2007.8.17), 노인가구주택개조매뉴얼.

임을 명확하게 제시하고 있다.[33)]

노인가구 주택개조기준에서는 기초기준, 유도기준, 최적기준으로 구분하고 각 기준별 개조항목을 제시하고 있다. 기초기준은 기본적으로 개조를 해야하는 사항으로 21항목을 제시하고 있다. 안전성 확보를 우선으로 하는 항목을 포함하고 있으며 중요도에 따라 1단계, 2단계로 구분하여 해당 공간별로 개조기준을 제시하고 있다.

33) 정경희 외(2011.7), 베이비붐세대 실태조사 및 정책현황분석, 보건복지부 한국보건사회연구원, pp. 339~340

제5장
노인주택의 분류

1. 노인주택의 분류
2. 한국형 고령자주택

제5장 노인주택의 분류

1. 노인주택의 분류

노인주택은 부동산의 물리적 특성, 소유형태 및 사업방식, 노인의 특성과 개호보험 적용에 따라 구분할 수 있다. 부동산의 물리적 특성에 의한 구분으로는 입지적 분류(도시형, 도시근교형, 전원휴양형), 주거형태(단독주거형과 공동주거형), 건물배치(분산형, 단일형), 세대규모(1인실, 2인실, 다인실) 등으로 구분할 수 있다. 또한 부동산의 소유형태와 사업방식에 의한 구분으로는 설립 주체(지방공공단체와 민간비영리단체), 계약형태(종신형, 임대형, 분양형, 회원권형, 헌납형), 개발방식(서브리스방식, 펀드방식, 소유방식, 일부 소유방식, 연대방식) 등으로 구분할수 있다. 노인의 특성과 개호보험 적용에 의한 구분으로는 건강상태(완전자립형, 중간보호형, 완전의존형), 개호보험 적용(일반형과 외부서비스 이용형) 등으로 구분할 수 있다.

1) 부동산의 물리적 특성에 의한 구분

(1) 입지특성별 분류

노인주택의 입지특성별 분류는 거주자의 활동성, 경제력 등에 따라 도시형, 도시근교형, 전원휴양형으로 분류하고 있다. 선진국에서는 노인의 라이프스타일, 경제력 등에 따라 노인의 욕구에 부응하는 다양한 유형의 개발로 소비자 선택의 폭을 넓히고 있다.[1)]

도시형은 일상생활에 필요한 공공시설, 상업시설, 의료시설 등 각종 생활 편의시설의 활용, 가족·친지와의 교류 등에서 유리하고 수요가 확실한 반면, 높은 지가로 인한 부지 확보의 곤란, 사업비 상승

〈표 5-1〉 입지특성별 분류

구분	도시형	도시근교형	전원휴양지형
입지 특성 및 장점	• 대도시에 입지하여 대중교통수단으로 기존의 공공·상업·의료시설 등과 일정한 관계를 유지할 수 있는 지역, 기존생활권의 연장 – 가족과의 교류 용이 – 생활 편의시설의 활용 – 도시기능의 활용 – 확실한 수요 – 운영상 유리한 조건	• 도시형과 전원휴양지형의 중간형 • 전제조건 – 도시와 교통이 정비되어 있음(도로 철도의 연계가 좋은 곳) – 지역 주민과의 교류가 양호 – 토지가격 비교적 안정 – 넓은 면적 확보 가능 – 건축계획의 폭넓음 – 양호한 주거환경	• 자연환경과 관광자원이 풍부 • 휴양과 농원, 화단가꾸기 등 건강을 위한 지역이나 중소도시와 연계가 좋은 곳 • 온천·명승지 등 관광적 요소를 갖춘 곳에 입지 • Second House의 역할 • 종합적 노인 커뮤니티를 고려(모든 것은 자체 내에서 해결해야 함)
단점	• 높은 지가로 부지 확보 어려움 • 건물의 고층화 등 사업비 상승 • 자연조건 상대적 불량	• 그린벨트 등 건축제한 지역이 많음 • 도시기능의 확산으로 지가 상승폭이 높음	• 도시기능 기대 어려움 • 고립감 느낄 수 있음 • 토지가격 낮지만 개발비용 높음(생활필수시설 모두 단지 내 설치) • 운영상 부담 높음

자료: 한국토지개발공사, 1995: 66; 대한건설협회, 1995: 39; 서울비즈니스컨설팅, 1996: 3.

---

1) 이진혁(2003), 도시형 유료노인주거복지시설의 동향과 건축적 제안에 관한 연구, 성균관대학교 대학원 박사학위논문, p. 61

등의 단점이 있다.[2] 도시근교형은 도시형과 전원휴양형의 장단점을 상호 보완할 수 있는 반면 건축 제한지역이 많다. 전원휴양지형은 전원에서의 휴양이 가능하고, 지가가 저렴하여 넓은 면적 확보가 용이한 반면 부대시설 설치 등에 대한 개발비용이 높아 운영 부담이 높다는 단점이 있다.

(2) 주거형태별 분류

주거형태에 따라 단독주거형, 공동주거형으로 분류할 수 있다. 단독주거형은 가족 이용이나 자연과의 조화 측면에서 유리하고, 넓은 주거공간의 설계가 가능하나 선호층 폭이 좁고 시설투자비, 커뮤니티 기능 약화, 운영관리비 부담 등의 단점이 있다. 공동주거형(아파트, 연립주택, 다세대주택)은 경비 절감, 커뮤니티 활성화, 운영관리비 저렴, 서비스 평준화 등의 장점이 있으나, 운영관리비 징수 시 마찰 우려와 주거형태의 획일화 등의 단점이 있다.[3] 도심의 경우, 높은 지가와 이에 따른 효율적 토지이용을 고려하면 노인주거는 공동주거가 선호될 것으로 전망된다.

(3) 건물의 배치형태별 분류

건물의 배치형태는 크게 넓은 대지에 산재시키는 분산형, 건물 1동에 모든 기능을 통합시킨 단일형으로 분류할 수 있다.[4] 분산형은 일

2) 하정순(2007), 실버타운 개발을 위한 선호속성 및 선택의도에 관한 연구, 건국대학교 대학원 박사학위논문, pp. 43~47

3) 전영진(2009), 실버타운입주의향자의 입주선택요인에 관한 연구, 건국대학교 박사학위논문 pp. 107~108

〈표 5-2〉 주거형태별 분류

구분	단독주거형	공동주거형
형태	• 1세대 독립주택	• 다세대주택 • 타운하우스(연립주택) • 고층 아파트
장점	• 가족 이용, 자연과의 조화 측면 유리 • 고급적이거나 폐쇄적 시설 선호층을 대상 • 별장형, 정적 주거공간, 대화형 가능 • 운영관리비에 대한 불만이 적음	• 표적시장의 폭 확대 가능 • 경비절감 가능 • 커뮤니티 활성화 가능 • 노인 여가시설 중 노인휴양소 사업화 용이 • 보안유지 용이, 긴급대응 용이 • 운영관리비용의 저렴, 서비스의 평준화 가능 • 운영주체의 발언권 강화
단점	• 선호층의 폭 좁음 • Prestige 강조로 시설투자비 과다 • 커뮤니티기능 약화 • 특정 계층 이용시설로 판단될 소지가 높음 • 별장으로 인정될 가능성 • 보안유지 곤란, 긴급대응 어려움 • 운영관리비 고가화 • 운영관리 곤란, 서비스평준화 곤란 • 공용면적의 별도 개발용 부담 • 운영주체의 발언권 약화	• Prestige Status의 평준화 • 운영관리비 징수 시 마찰 예상

반적으로 생활 편의시설과 레크리에이션 같은 다목적의 공용공간을 중앙에 하나의 건물로 두고, 저층의 주거동을 그 주위에 분산 배치시킨 것으로 넓은 대지를 필요로 한다. 또한 정원의 외부환경을 자유로이 조성할 수 있으며 거주공간이 자연과 가깝게 위치하여 여유롭고 풍요로운 삶을 누리기에 적합하다. 하지만 입주자보호나 시설관리 면에서 불편이 있으며, 대지 이용에 있어서 경제적이지 못하다.

단일형은 주거공간과 모든 기능의 시설을 한 건물에 배치하므로 토지이용의 효율성을 높일 수 있다. 고령의 시설 입주자들은 불필요한 동

4) 이민경 외(2004), 중년기의 실버타운 선호도 및 관련 변인에 관한 연구, 한국가족관계학회지, 제9권 제1호, pp. 1~22

〈표 5-3〉 건물의 배치형태별 분류

구분	형 태	장 점	단 점	비 고
분산형	저층 거주동을 넓은 대지에 산재시키고 보통 중앙에 고유 여가공간을 배치한 타입	• 거주자의 프라이버시 보호 양호 • 여가공간으로부터 발생하는 소음문제에 유리 • 정원의 외부환경을 자유로이 조성할 수 있음 • 흙과 자연을 즐기며 풍요로운 삶을 누리기에 적합	• 넓은 부지 필요 • 주거동과 여가동의 분리로 인해 거주자의 여가활동 감소 우려 • 보호, 관리 면에서 불편 • 경제적인 적합성이 부족	거주자의 여가시설 활용을 유도하기 위해 연결통로 설치
단일형	분산형을 집합시켜서 1동에 통합한 타입	• 도심지처럼 대지 확보가 어려운 곳에 유리 • 토지이용의 효율성을 높임 • 불필요한 동선을 최소화 함 • 입주자 보호 • 시설관리 용이	• 생활에 답답함을 쉽게 느낄 수 있음 • 옥외 활동의 기회가 적어짐 • 일반적으로 저층부에 여가공간을 설치함으로써 최상층 주거에서는 여가공간까지의 긴 동선으로 인한 심리적 부담	주거공간을 중심으로 저층부와 고층부에 여가공간 배치

자료: 강병근(1999), 고령화사회 대응한 노인주거유형, 대한건축학회 논문집 제15권 제10호, p. 12

선을 없애고 건물 내에서 모든 서비스를 받기 때문에 편리하며, 보호나 시설관리 면에서도 용이하다. 또한 주거공간을 중심으로 옥외와 인접한 저층과 최상층부, 지하층에 여가공간과 관리공간, 서비스공간을 둠으로써 주거의 프라이버시를 확보하도록 계획되는 것이 일반적이라 할 수 있다.[5] 그러나 자연과 접하는 기회가 적기 때문에 아파트와 같은 시설이용에 어려움을 느끼는 입주자들에게는 답답함을 안겨줄 수 있으며, 자연스런 옥외 여가활동의 기회가 줄어들 수 있다는 단점이 있다.

5) 원융희(2003), 우리나라 실버타운의 개발방향에 관한 연구, 한국관광산업학회지 제17권, pp. 17~22

(4) 세대규모 및 세대형태별 분류

가) 세대규모

영국에서는 관리인이 거주자를 손쉽게 돌볼 수 있고, 수용시설의 삭막한 분위기를 방지하기 위해 노인보호주거(Sheltered Housing)를 12~30세대 정도의 거주단위로 집합시키고 있다. 또한 덴마크에서는 노인의 공동주택으로 규모가 3층을 넘지 않는 분산된 공동주택(Scattered Flats)을 권장하고 있으며, 호주에서는 6~32세대 정도의 소규모 거주 단위이며, 일본의 경우도 30~50세대의 소규모 시설군과 100~150 세대 규모의 시설이 주를 이루고 있다.6)

나) 층수

노인복지주택의 규모를 단층, 2층, 고층으로 구분할 때, 단층시설의 장점은 모든 주거 유닛들이 대지에 접해 있다는 점이다. 입주자가 정원에 손쉽게 출입할 수 있으며 이동의 제약이 거의 없다. 하지만 상당히 큰 부지가 필요하며 수평 동선의 길이가 길어진다. 사생활 확보와 방범을 위해서는 단층보다는 2층 이상의 주거를 선호하는 경향이 있다.

2층 시설의 경우 주거 유닛의 1/3 정도는 1층에, 나머지는 2층에 두게 된다. 심리학적으로 2층에서는 비교적 접지성이 좋게 나타나며, 규모에서 오는 느낌도 가정적이라 할 수 있다. 일반 건물과 마찬가지로 계단 사용이 바람직하지만, 입주자의 특성을 고려하면 경사로나 승강기가 필요하다.

고층의 경우 승강기가 설치되면 층수에 대한 부담이 덜어지고 이

6) 대한주택건설산업협회(1996), 실버산업현황과 전망, p. 37

동이 쉬워지며, 층수가 늘어날수록 수평 동선의 길이는 짧아지게 된다. 또한 일정 규모까지는 유닛의 건축비를 절감할 수 있게 된다. 그러나 3층 또는 그 이상이 되면 가정적인 분위기는 감소하며 기관이나 시설처럼 보일 수 있다. 3층 이상에 거주하는 노인은 승강기가 고장일 경우 짧은 기간이더라도 그 심각성이 크게 대두된다. 그리고 고층이 될수록 화재 등 재난사고 시 안전대피의 문제가 나타날 수 있다.[7)]

다) 단위세대

노인복지주택의 세대형태는 1인실, 2인실, 다인실로 공급되며, 단위 세대 내 평면구성 요소로는 화장실, 거실, 침실, 부엌, 수납공간, 발코니로 구성하게 된다. 하지만 최근의 경향은 외국이나 국내를 막론하고 다인실의 세대계획은 줄어들고 있으며, 1인실과 2인실의 공급이 주를 이룬다. 이것은 노인집합주거의 기능이 수용시설로서의 기능에서 개인주거 기능으로 전환되고 있음을 나타낸다.

〈표 5-4〉 주요 선진국의 일반적인 세대 크기

국명	규모	
	독신용(단위: m^2)	부부용(단위: m^2)
영국	32.6~33	47.5~48.5
덴마크	33~38(1실+주방)	42~50(2실+주방)
네덜란드	24~29	35
벨기에	33.5~44	47~62
프랑스	16~20	46.5
미국	35.3	46.5
호주	-	51.69
일본	경비A형: 29.2~29.5/인	경비B형: 29.2~32.9/인

자료: 원융희(2003), 우리나라 실버타운 개발방향에 관한 연구, 한국관광산업학회지, 제17권, p. 21

7) 대한건설협회(1995), 실버산업분류, pp. 38~39

일본의 국토교통성이 정한 주생활기본계획(2006)에서는 노인주거의 최저 한도가 25m^2(7.57평) 이상, 욕실·화장실·주방이 붙어 있는 것으로 정하고 있다.8) 서구국가의 주거 단위규모에 대한 일반적인 세대의 크기는 1인실의 경우 28m^2(8.47평)에서 45m^2(13.61평), 부부용의 경우 42m^2(12.70평)에서 65m^2(19.66평)의 범위를 갖고 있다.

2) 부동산의 소유형태와 사업방식에 의한 구분

(1) 설립 주체별 분류

노인주택은 지방공공단체와 민간비영리단체에 의해 설립되어 왔지만, 1993년 노인복지법의 개정으로 영리단체인 일반 기업도 노인복지시설의 설립 주체로 참여할 수 있게 되었다. 이에 따라 과거에는 대부분 개인이나 종교단체의 사회복지법인이 운영하였지만, 오늘날에는 대기업과 같은 민간영리단체나 병원 등이 참여하고 있다.

유럽 각국의 노인주거시설은 사회보장제도 아래서 국가 또는 지방자치단체가 직접 관여하고 있는 데 반해 미국은 시장원리에 의해 운영되는 체계를 갖추고 있다. 대다수의 기관들은 민간에서 운영하는 시설로 연방정부 등에서 보조 및 규제, 감독하고 있다. 미국의 노인주거시설의 종류는 의료서비스의 제공 정도, 비용의 부담형식, 시설의 형태에 따라 구분할 수 있으며 종류도 다양하다.9)

---

8) 綜合ユニコム, 월간 시니어비지니스마켓(2011.3), p. 61

9) 이진혁(2003), 도시형 유료노인주거복지시설의 동향과 건축적 제안에 관한 연구, 성균관대학교 대학원 박사학위논문, p. 65

〈표 5-5〉 설립 주체별 유료노인시설 개발 유형

설립(사업) 주체	개발 유형	국가명	사업 내용
민간 비영리단체	Congregate Housing	미국	10~100세대 정도, 개인주거단위에서 자립생활을 하지만 공동 서비스시설이 있음
지방공공단체 민간 비영리단체	The second type Sheltered Housing	영국	30~50세대 정도, 지방자치단체의 재택서비스망을 이용
지방자치단체	Service House	스웨덴	20~200세대 정도, 지역사회에 개방, 거주 부분의 독립성이 높은 것이 특징
지방공공단체	고령자주택	독일	30~150세대 정도, 긴급 경보장치는 설치되어 있지 않음
민간법인/개인	노인복지주택	한국	30세대 이상, 경제력 있는 자립노인 대상 생활서비스제공

(2) 계약형태별 분류

계약형태별 유형은 비용부담에 따라 종신형(이용권형, 예탁금형), 임대형, 분양형, 회원권형, 헌납형으로 구분할 수 있다. 종신형은 입주자가 입주금을 일시에 지급하여 사망 시까지 시설 이용 권리를 취득하는 형태이다. 소유권은 없으나 일정 기간 내에 사망 혹은 퇴거할 경우 입주기간의 사용료를 제외한 입주금을 반환받을 수 있는 종신이용권형과 입주금을 예탁하거나 보험에서 나오는 연금, 배당, 보험금으로 충당하는 예탁금형이 있다. 입주자는 입주 후 추가적인 비용부담을 하지 않아도 된다. 사업자는 준공 시점에서 초기 투자비 회수가 가능하다는 장점이 있으나, 경기 불황 시 관리운영에 필요한 추가비용을 연금, 배당금, 보험금으로 충당할 수 있을지가 불확실하며, 입주자들도 해약이 쉽지 않다는 단점이 있다.[10)]

10) 하정순(2007), 실버타운 개발을 위한 선호속성 및 선택의도에 관한 연구, 건국대학교 대학원 박사학위논문, p. 19

임대형은 입주 시 정액의 보증금을 지급하고 임대형태로 계약하여 입주하는 것으로, 생활서비스에 대한 경비는 매월 별도로 지급하는 형태이다. 장점은 계약 해지가 자유롭고, 입주 초기의 비용부담이 적다. 단점으로는 입주자의 소득 감소 시 지속적인 입주생활이 어렵고, 임대료 상승 시 입주자의 부담 증가 및 퇴거의 우려가 있다.[11)]

분양형은 주거 부분에 한하여 소유권을 가지며 60세 이상의 노인계층에게만 매매할 수 있는 것으로, 공용 부분의 소유권을 갖지 않기 때문에 각종 서비스에 대해서 별도의 계약을 맺는 방식이다. 장점으로는 입주자가 부동산이라는 재산가치를 보유할 수 있으나, 단점으로는 일반 부동산보다 유동성이 떨어지고, 상속과 양도의 제한이 있고, 건물의 개・보수 및 증축에 있어서 소유자의 동의를 얻어야 하는 등의 문제가 있다.[12)]

회원권형은 기본적으로 종신이용권과 같은 것으로 주거 부분과 공용 부분을 이용할 수 있으며, 골프회원권과 마찬가지로 매매할 수 있으나 노인계층에 한정되는 것이 특징이다.[13)]

헌납형의 경우는 대부분이 종교시설에서 많이 볼 수 있는 방식으로 입주보증금을 사후에 헌납하는 방식이다. 이는 입주 시에 모든 것이 결정되므로 상속이나 유산의 개념이 없어 사후에 마찰의 소지가 적다.[14)]

---

11) 원융희(2003), 우리나라 실버타운의 개발방향에 관한 연구, 한국관광산업학회지 제17권, p. 108

12) 하정순(2007), 실버타운 개발을 위한 선호속성 및 선택의도에 관한 연구, 건국대학교 대학원 박사학위논문, p. 19

13) 전영진(2009), 실버타운입주의향자의 입주선택요인에 관한 연구, 건국대학교 박사학위논문, p. 19

14) 이진혁(2003), 도시형 유료노인주거복지시설의 동향과 건축적 제안에 관한 연구, 성균관대학교 대학원 박사학위논문, p. 67

〈표 5-6〉 **계약형태별 분류**

구분		내용	장점	단점
종신형	종신 이용형	• 입주금 일시 지불 • 종신이용권 획득 • 타인에 대한 양도 및 상속 불가	• 소유권 이전 불필요 • 준공시점에서 초기 투자 전액 회수가 가능	• 입주자의 거주권에 대한 법적 보장 미흡 • 관리비 징수에 대한 마찰 우려
	예탁금형	• 보증금 또는 종신연금 형태로 입주금 예탁 • 보험에서 나오는 연금, 배당, 보험금으로 충당	• 입주 후 추가 부담 없음 • 투자액 조기회수 가능 • 보험, 연금 등에서 비용부담	• 장기 인플레 시 예탁금 변동의 어려움 • 입주자에게 추가비용의 징수가 불가능
임대형		• 입주 시 보증금 지불, 임대형태로 계약 후 입주 • 생활비 매월 별도 지급 • 사업주는 관리 및 운영 전반 책임	• 계약 해지가 자유로움 • 입주 초기에 많은 비용부담이 없음	• 투자비 회수기간이 김 • 매년 물가상승에 따른 관리비 상승 우려 • 임대료 상승에 따른 입주자 퇴거 우려
분양형		• 건물의 소유권 획득 • 추가서비스는 별도 계약	• 부동산 소유권 취득 • 입주자의 재산가치 인정	• 건물의 개·보수 및 증축 시 문제·세금부담 • 상속 및 양도 시 제한
회원권형		• 초기 투자비를 회원권 판매가격으로 충당 • 가격설정은 종신이용권과 동일 • 회원권 가격의 10% 명의 변경료로 징수(90%는 퇴거 시 반환)	• 소유권 이전 없이 약관으로 조정 가능(이전 시 비용 절감) • 운영관리 측면에서 유리 • 관리비 징수가 용이	• 가격 상승분의 보장이 필요 • 운영회사의 사회적 신용도가 높아야 가능함
헌납형		• 임대방식으로 입주보증금을 사후 헌납하며 생활비가 무료	• 운영관리에 유리 • 징수의 마찰 없음	• 임종의 시기적문제 • 계약해지문제

자료: 한국토지개발공사(1995), 실버타운 개발계획에 관한 연구, p. 68

3) 개발방식별 분류

노인주택의 개발에는 서브리스방식, 펀드방식, 소유방식, 일부소유방식, 연대방식 등이 있다. 서브리스방식(sublease)은 토지 소유자가 건물을 짓고 임차하는 형태로, 운영자 입장에서는 토지비용과 건축비용이 소요되지 않아 초기 투자비용을 억제할 수 있다. 펀드방식은 펀드의 기대수익률을 만족시킨다는 전제하에 조성된 펀드 등으로 건물을 짓고 임차하는 형태로, 펀드 조성을 통해 규모 있는 투자가 가능하며, 개발자 입장에서 볼때 자신의 초기 투자비용을 억제하면서도 대규모 사업전개가 가능하다는 장점이 있다. 소유방식은 본인이 토지와 건물을 매입하는 것으로, 토지를 소유하고 건축비에 대한 투자도 스스로 조달한다. 토지취득・건축비용에 대해 자금을 금융기관에서 빌려야 하는 경우에는 레버리지 효과와 리스크도 상존한다. 일부소유방식은 토지는 소유자에게 임대하고 건물을 소유하는 형태로, 자기소유방식과 비교하여 초기 비용을 줄일 수 있다. 연대방식은 임대주택의 관리・경영과 개호 등의 서비스를 분리하고, 연대하여 사업을 전개하는 형태로, 임차하는 부분은 개호사업 부분뿐이므로 비용을 절약할 수 있으며 입주자를 서비스의 대상고객으로 볼 수 있어 효율경영이 가능하다. 주택 부분과 개호 부분의 연대가 약하면 입주자에게 불이익이 되어 입주자모집에 영향을 미치며, 입주 후에도 불안요소가 될 수 있다.

노인주택의 개발방식에 있어서 중심이 되는 것은 서브리스방식이다. 토지취득비용과 건축비용이 불필요하고 초기 투자비용을 절감할 수 있는 장점이 있다. 토지・건물 소유자의 입장에서 노인주택사업의 장점은 입주 타깃인 노인인구가 확대됨에 따라 안정적인 입주와 임대수익이 기대되므로 성장성과 안전성이 높은 사업이라는 점이다. 물론 정확한 시장조사를 기초로 사업에 임해야 하고 노인시장의 확대가 절정에 이른 후의 대응책도 필요하다. 노인주택에 대한 국가의 보조제도도 투자수익을 증대시켜 주는 요소이다. 단, 신청과 등록 등의 수속에 시간이 걸리는 것을 감안하여 공적 자금의 활용계획을 세우는 것이 필요하고, 시설의 경우 시설을 잘 관리해 줄 운영자가 필요하다.[15]

15) 綜合ユニコム, 월간 시니어비지니스마켓(2012.3), p. 31

〈표 5-7〉 노인주택의 개발방식

명칭	개요	사업자의 장점	사업자의 단점
서브리스 방식	토지 소유자가 건물을 짓고 임차함	토지비용, 건축비용이 필요 없고 초기 비용을 억제할 수 있음	필요한 위치에 원하는 대로 진행되기 어려우므로 사업화하는 데 시간이 걸림
펀드방식	펀드 등으로 건물을 짓고 임차함	펀드 조성으로 큰 투자가 가능해짐. 자신의 초기 비용을 억제하고 대규모 사업전개가 가능함	토지취득비용, 건물건축비용에 대한 펀드의 기대수익율에 대응될 수 있는 임차료가 필요함
소유방식	본인이 토지와 건물을 매입함	토지를 이미 소유하므로 투자는 건축비용정도로 줄일 수 있고 고수익의 사업전개가 가능함	토지취득·건축비용에 대해 자금을 금융기관에서 빌려야 하는 리스크가 발생함
일부소유 방식	토지는 소유자에게 임대하고 건물을 소유함	자기소유방식과 비교하여 초기 비용을 줄일 수 있음	서브리스방식과 같이 필요한 위치에 원하는 대로 진행되기 어려워 사업화하는데 시간이 필요함. 또한 토지소유자에게 있어서는 토지의 유동성이 떨어지는 단점이 있어 이를 보완할 수 있는 지대 설정이 요구됨
연대방식	임대주택의 관리·경영과 개호 등의 서비스를 분리하고, 연대하여 사업을 전개함	임차하는 부분은 개호사업 부분뿐이므로 비용을 절약할 수 있으며 입주자를 서비스의 대상고객으로 볼 수 있어 효율경영이 가능함	주택 부분과 개호 부분의 연대가 약하면 입주자에게 불이익이 되어 입주자 모집에 영향을 미치며, 입주 후에도 불안요소가 됨

자료: 綜合ユニコム, '學研ココファン이 밝히는 고령자전용임대주택 사업화노하우, 월간 시니어비지니스마켓(2012.3), p. 27

4) 노인의 특성과 개호보험 적용에 의한 구분

(1) 건강상태별 분류

선진국의 경우 노인에 대한 주택정책은 그들이 현재 살고 있는 주택에 가능한 한 오래 머물게 하는 데 중점을 두고 있다. 건강한 노인들이 거주하는 주택은 일반주택, 공공아파트, 집합주거, 노인복지주택

〈표 5-8〉 건강상태별 분류

국가	자립형	중간보호형	완전의존형
한국	공공임대아파트, 노인복지주택	유료양로시설	유・무료양로시설, 노인요양시설
일본	공공아파트	노인주택, 유료노인주택, 경비노인주택	양호노인주택, 특별양호노인주택
스웨덴	일반주택	연금수급주택, 서비스하우스, 거주용 호텔	거주용홈, 간호홈
영국	일반주택(보호인 비상주 노인주택)	보호주택(보호인 상주 노인주택)	거주용홈, 간호홈
덴마크	일반주택, 연금수급자주택, 집합주거	보호주택, 서비스 flat	간호홈
미국	공용주택, 액세서리주택 에코(echo)주택	은퇴주거단지, 노인집합주택, CCRC, 통합형장기보호주택	간호홈

자료: 이진혁(2003), 도시형 유료노인주거복지시설의 동향과 건축계획적 제안에 관한 연구, 성균관대학교 박사학위논문, p. 67 인용 후 재구성.

등으로 현재 거주하고 있는 곳에서 지속적인 거주가 가능하도록 독려하는데 이를 'Aging in Place(AIP)'라고 하며, 고령자 개개인이 지금 살고 있는 집에서 독립적으로, 삶의 질을 관리하면서 살 수 있게 하는 것이다.

중간보호주택은 건강한 노인이 보호가 필요하게 되어 거주지를 옮길 때 사용하게 된다. 중간보호주택으로는 유료양로시설, 경비노인주택, 유료노인주택, 보호주택, CCRC(Continuing Care Retirement Communities), 노인집합주택 등이 있다. 이러한 보호주택은 완전의존주택으로의 입소기간을 최대한 연장시켜주는 데 그 목적이 있다.16) 완전의존형으로는 노인요양시설, 특별양호노인주택, 간호주택, 호스피스와 터미널케

16) 이진혁(2003), 도시형 유료노인주거복지시설의 동향과 건축적 제안에 관한 연구, 성균관대학교 대학원 박사학위논문, p. 67

어 등을 목적으로 하는 그룹홈 등으로 입소노인의 요양니즈가 매우 높은 시설 등이 해당된다.

(2) 개호보험 적용 여부에 따른 분류

일본에서는 시설과 주택에 따라 개호보험의 적용형태가 달라지므로 시설과 주택에서 수급받을 수 있는 서비스의 내용을 확인하고 이해하는 것이 중요하다. '특정시설 입주자 생활개호'[17]는 지자체의 지정을 받은 노인주택, 케어하우스, 고령자전용임대주택 등의 시설에 입주하여 이용할 수 있는 개호서비스이다. 특정시설 입주자 생활개호는 크게 2가지 서비스로 나뉜다. 시설 내의 직원이 개호서비스를 제공하는 일반형과 시설이 외부사업자와 계약하여 개호서비스를 제공하는 외부서비스이용형이다.

가) 일반형

노인주택 개호서비스의 주류를 이루는 것으로, 시설의 케어매니저(요양보호사)가 개호도에 따라 본인과 가족의 요구에 부합한 개호서비스 계획을 세우고, 시설 내의 직원에 의해 개호서비스가 제공된다.

---

17) 특정시설입주자 생활개호란 개호보험의 주택서비스의 하나로 유료노인주택, 케어하우스에서 개호・요지원인 입주자에 대하여 행해지는 입욕・배설・식사 등의 개호 등 일상생활상의 도움이나 기능훈련, 요양상의 도움 등의 서비스를 말한다. 유료노인주택에서 개호형이라고 표시하려면 특정시설입주자 생활개호의 지정이 필요하고, 특정시설로서 개호보험의 급부대상이 되기 위해서는 인원・설비・운영에 관한 기준을 만족시켜 지방자치단체장으로부터 사업자 지정을 받는 것이 필요하다. 지정을 받은 유료노인주택 등의 개호・간호직원이 서비스를 제공하는 일반형, 유료노인주택과 계약한 외부 서비스 사업소가 서비스 제공을 하는 외부서비스이용형으로 나누어져 있다.

기본적인 서비스 내용은 식사 · 입욕 · 배설 등에 대한 도움과 생활상의 도움, 레크리에이션, 기능훈련 등이다. 특정시설의 간호, 개호직원의 인원배치 기준은 개호보험시설과 같은 개호노인 3인당 1명이다. 일반형에는 개호보험 시설서비스와 같이 개호도에 따라 1일당 정해진 금액으로 설계되어 있다.[18)]

나) 외부서비스이용형

외부서비스이용형 특정시설은 2006년 4월 개호보험의 개정에 의해 시작되었다. 그 이전에는 시설 내 직원에 의한 개호서비스가 제공되는 일반형밖에 없었다. 전체입주자 중 개호노인 비율이 낮은 경우 특정시설의 인원기준에 따라 직원을 배치하는 것은 인건비 비중이 높아져 비효율적이기 때문에, 개설한 지 얼마 되지 않아 개호대상 노인이 적은 경우를 위해 외부서비스이용형이 만들어지게 되었다. 구체적인 내용으로 생활상담과 개호서비스 계획의 책정, 안부 확인은 특정시설의 직원이 담당하고, 개호서비스 제공은 특정시설이 외부서비스 제공사업자와 계약하는 형태로, 입주자의 상태에 맞는 유연성 있는 서비스 제공이 가능하게 되었다.

개호직원은 개호노인 10인당 1명(요지원의 경우는 30인당 1명)이다. 개호수가의 구조는 일반형과 크게 달라 기본 부분과 매출실적 부분으로 나뉜다. 기본 부분은 특정시설 직원에 의한 서비스계획의 작성과 입주자의 안부 확인 등에 해당하는 수가로 1일 정액제이다. 매출실적 부분은 이용한 재가복지서비스 양에 따라 변동한다. 기본 부분과 매출실적 부분의 합계액에 대해서는 한도액이 설정되어 있다. 또한 개

---

18) 유선종(2009), 미래사회에서 보는 노인주택, 도서출판 청람, pp. 63~64

〈표 5-9〉 복합형서비스 개호비용

항목		
복합형서비스비(월)	요개호1	13,255단위
	요개호2	18,150단위
	요개호3	25,111단위
	요개호4	28,347단위
	요개호5	31,934단위
초기 가산	1일당 30단위 가산	
치매 가산	치매가산1	월 800단위 가산
	치매가산2	월 500단위 가산
퇴원 시 공동지도 가산	1회당 600단위 가산	
사업개시지원 가산	월 500단위 가산	
긴급방문간호 가산	월 540단위 가산	
특별관리 가산	특별관리가산1	월 500단위 가산
	특별관리가산2	월 250단위 가산
터미널케어 가산	월 2,000단위 가산	
서비스 제공체제 강화 가산	서비스 제공체제 강화 가산1	월 500단위 가산
	서비스 제공체제 강화 가산2	월 350단위 가산
	서비스 제공체제 강화 가산3	월 350단위 가산
개호직원 대우개선 가산	개호직원대우개선 가산1	월 '소정단위'×42/1000
	개호직원대우개선 가산2	월 (1)의 90/100
	개호직원대우개선 가산3	월 (1)의 80/100

주: 1단위는 약 10엔, 예를 들어 개호 5로 야간간호체제 가산 10단위를 가산하는 경우, 1개월의 수가는 (818+10)×30일×10엔=248,400엔, 입주자부담은 이 중 10%인 24,840엔이 된다. 또한 터미널케어가산은 사망일 및 사망일 전 14일 이내에 2일 이상 터미널케어를 받은 경우에 해당한다(2012년 4월 개정된 부분임).

자료: http://www.mhlw.go.jp/stf/shingi/2r9852000002113p-att/2r985200000212g9.pdf

호보험 부담 외에 임대료, 식비, 관리비 등과 추가개호 비용은 일반형과 같은 구조이다.

2. 한국형 고령자주택

우리나라는 급격한 고령화에 대응하기 위한 노력으로 가족과의 동거를 장려하는 정책과 시설공급 위주의 정책에서 벗어나 다양한 고령자주택의 공급을 시도하고 있다. 고령자를 위한 주거 관련사항은 보건복지부의 노인복지법에서 규정하고 있다. 보건복지부에서는 고령자주택 및 시설과 관련된 정책을 담당하면서, 고령자주택 및 노인여가 노인문화 등에 관한 것을 주된 업무로 하고 있다. 국토교통부에서는 고령자주거 안정과 주택개조, 노인전용임대주택보급에 초점을 두고 있다. 이 책에서는 지은영 외(2009, 한국형 고령자주택유형개발에 관한 연구, 국토연구원)에서 제시하는 한국형 고령자주택에서 발췌한 내용에 기초하여 한국형 고령자주택을 기술하고자 한다.

1) 노인복지주택 개발

고령자는 과거의 고령자와는 달리 적극적인 생활을 하고자 하는 의욕이 넘치고 주거를 선택할 때에도 고객으로서 자신이 원하는 서비스와 상품을 선택・소비하고자 한다. 특히 삶의 질에 대한 요구가 증가하여 여가, 레저, 관광 등에 대한 관심이 확대되고 있음을 감안할 때, 고령자의 여가활동, 건강유지활동, 휴양이나 휴식에 관련된 활동을 증진시킬 수 있는 고령자주택에 대한 수요는 더욱 높아질 것이다.

우리나라에서도 노인복지주택이 성공적으로 정착하기 위해서는 수요자의 요구에 부응하도록 특화하여 개발할 필요가 있는데, 고령자의 특성과 요구를 고려할 때 제공되는 서비스 및 프로그램에 초점을 맞추고 여가 중심형, 의료서비스 중심형으로 특화될 수 있을 것이다.[19]

첫째, 여가 중심형 고령자주택은 신체적으로 건강하고 경제적으로는 중·상류층에 해당하는 사람을 대상으로 여가생활 중심의 라이프스타일을 갖고 있는 부부가 함께 입주하도록 한다. 이들의 입주 동기에 부응하기 위해서는 각종 편의시설과 수영장, 골프장, 클럽하우스 등 스포츠 시설을 적극적으로 도입하여 입주자가 좀 더 안전한 환경에서 활발한 여가생활을 즐길 수 있도록 배려해야 한다. 여가 중심형 고령자주택은 장기적으로 거주자의 건강 변화에 대응하는 데 부족한 면이 있지만 건강관리와 여가생활에 더 큰 비중을 두고 계획한다면 활동적인 고령자에게는 매력적인 요소가 될 수 있을 것이다.

둘째, 의료서비스 중심형 고령자주택에서는 신체적 변화에 대응할 수 있는 접근성(accessibility)을 고려한 안전한 개별주택이 주로 공동주택의 형태로 있고 각종 의료적 서비스와 직접적인 간호가 제공되는 형태이다. 건강상의 이유로 반의존·의존생활을 하는 노인들을 대상으로 하는 것으로 일반 주거기능보다는 의료 간호서비스 간병서비스 비중이 높게 제공된다. 의료서비스 중심형 고령자주택은 의료서비스를 특화시키면서 규모를 다양화시켜 개발할 수 있다. 즉 소규모 의료서비스 중심형 고령자주택의 경우는 입주자의 건강상태에 대응하는 의료서비스만을 제공하도록 하며, 대규모 의료서비스 중심형 고령자주택은 입주 후 사망에 이를 때까지 주거서비스, 개인적 서비스, 요양서비스 등의 제공을 보장하는 평생보호(life care)를 지원하는 형태로 개발할 수 있다.

결국 노인복지주택이 수요자 요구에 부응하기 위해서는 식사와 기본적인 건강서비스는 제공되면서 고령자 자신의 건강상태에 필요한

---

19) 지은영 외(2009), 한국형 고령자주택유형개발에 관한 연구, 국토연구원, pp. 153~167

서비스, 주거요구(housing need)에 따라 선택할 수 있는 다양한 형태로 개발되어야 한다. 이를 위해서는 각각의 고령자주택에서 제공되는 서비스가 달라지고 이를 지원하기 위한 공간의 종류도 차이가 있는 노인복지주택이 개발되어야 한다.

2) 노인공동생활가정의 활성화

노인공동생활가정은 시설보다는 가정에 가깝도록 그 성격을 부여하고 있는데, 입소인원의 수도 적고 필요 공간 및 시설에 대한 기준도 다른 유형의 노인주거복지시설과는 다르게 규정되어 있다. 하지만 재정적인 지원에 있어서 유료로 운영되는 노인공동생활가정의 경우 수익구조 측면에서 근본적으로 재정적인 어려움이 발생할 수밖에 없는 구조이기 때문에 공급의 확대를 기대하기란 쉽지 않아 보인다.

이러한 한계를 해결하기 위해서는 첫째, 영국과 같이 민간시장에 대한 일부 지원방안이 모색되어야 한다. 민간 주도의 유료시설이라 할지라도 건설 시장의 관심을 끌기 위해서는 관련법에서 의무화하고 있는 부분, 예를 들어 요양보호사의 의무배치, 고령자에게 적합한 시설·설비의 설치 및 관리 등에 대해서는 정부의 재정적 뒷받침이 필요한 부분이라 할 수 있다.

둘째, 노인공동생활가정의 경우 그 규모가 작아서 자체적으로 의료서비스나 복지프로그램 서비스 등을 제공하기 어려운 실정이다. 각 시설별로 그 역량에 따라 인근 시설과의 협력과 지원에 차이가 발생할 수 있는데, 의료서비스의 경우 금전적인 이익이나 인센티브가 주어지지 않는 한 고령자를 대상으로 한 번거로운 서비스를 제공하는데 선뜻 나서지는 않을 것이다. 따라서 인근 병원과 의원을 조성하고,

최소한의 인원이라도 요양보호사를 둘 수 있도록 하는 제도적인 뒷받침이 검토되어야 할 것이다.

3) 커뮤니티 지향적 복합노인복지단지 사업 추진

복합노인복지단지는 고령자를 위하여 주거, 건강 증진, 여가, 문화 등을 지원하는 노인복지시설을 종합적으로 설치·운영하여 단지 내 입주자들과 인근 지역 고령자들이 근거리에서 편리하게 서비스를 제공받을 수 있도록 계획되었다.

복합노인복지단지는 농촌 복지사업의 일환으로 정부와 지방자치단체의 주도로 추진되었다. 서천 어메니티 복지마을과 김제노인복합단지는 그 시범사업단지이다. 그러나 이와 같은 복합노인복지단지는 지역개발사업과 복지서비스를 연계한 모델로서 고령자가 주거뿐만 아니라 통합적 서비스를 제공받을 수 있는 주거복지 효과는 있으나, 지역적으로 도심에서 떨어져 개발되고 거주세대도 고령자만으로 구성되기 때문에 세대 간의 교류에 한계점을 가진다. 따라서 다양한 세대가 교류할 수 있도록 커뮤니티에 대한 개선방안이 필요하다.

일본의 재개발 사업에서 젊은 세대가 거주하는 단독주택 중년을 겨냥한 저층 집합주택, 고령인구를 위한 맨션, 저소득층을 배려한 임대아파트, 의료·복지서비스 기관인 고령자 요양·주거 전문시설을 하나의 유기체처럼 연결시킨 것은 시사하는 바가 크다.

우리나라의 노인복지단지가 활성화되기 위해서는 커뮤니티에 대한 부분이 보완되어 세대교류가 이루어질 수 있는 단지가 되어야 할 것이다. 이를 위해서는 교통이 편리한 곳에 복합노인복지시설이 입지하도록 한다. 교통의 물리적 인프라 구축을 통해 지역과 인근 주민의 접근성을 높일 수 있도록 한다. 또한 프로그램이나 서비스의 개선을 통해서도 달성될 수 있다. 나아가 복합노인복지단지에는 노인복지시설을 종합적으로 배치하도록 한 규정을 보완하여 사회복지관, 유치원, 운동시설 등이 입지할 수 있도록 하는 방안이 고려될 수 있다. 아울러 복합노인복지단지에 고령자의 특성, 건강상태, 선호에 따라 선택할 수 있는 다양한 고령자전용 주거시설을 포함해야 한다.

•제 3 부•

일본 노인주택의 유형과 사례

제6장
노인주택의 입주

1. 입주의사
2. 입주비용
3. 이용료 결정방식
4. 계약형태
5. 입주일시금

제6장 노인주택의 입주

1. 입주의사

일본 내각부의 '2010년도 고령자의 주택과 생활환경에 관한 의식조사'를 살펴보면 개호, 케어를 받을 수 있는 요양시설이나 주택에 입주하고 싶어 하는 노인은 38.4%로 2005년의 23.9%, 2001년의 14.6%에 비해 점차 증가하고 있다. 노인주택에 입주하는 패턴은 크게 2가지로 구분되는데, 첫째는 현재 개호가 필요해져 입주를 결정한 경우이고, 둘째는 장래 개호가 필요하게 되었을 때도 현재의 거주지에서 계속 살 수 있도록 건강할 때 미리 입주하려고 하는 경우이다. 두 경우 모두 현재 익숙한 곳에서 장래의 생활을 유지하고 싶어하는 것이 주된 이유라고 볼 수 있다.

노인주택에는 여러 유형의 노인이 입주한다. 자립하여 생활이 가능한 건강한 노인, 청소와 쇼핑 등 가벼운 생활지원과 개호가 필요한 노인, 식사와 입욕 서비스 등 중간 정도의 개호가 필요한 노인, 와병상태로 높은 수준의 개호가 필요한 노인, 치매노인 등 필요한 지원과 개호수준도 각양각색이다.[1)]

〈표 6-1〉 입주의사 결정 시 체크리스트

항목	체크 내용
경제적 조건	• 입주일시금은 어느 정도 부담할 수 있습니까? • 매월 비용은 어느 정도 부담할 수 있습니까?
경영 주체	• 지방자치단체에 신고되어 있는 주체가 운영하고 있습니까? • 신뢰할 수 있는 업체가 운영하고 있습니까?
입지조건	• 생활하기 편한 환경은 정비되어 있습니까? • 대중교통까지의 거리는 가깝습니까?
시설정비	• 거실, 욕실, 오락스페이스, 매점 등은 만족할 만합니까? • 손잡이는 있습니까? • 단차는 적고, 계단은 완만합니까? • 문의 손잡이는 조작이 편합니까? • 긴급호출버튼은 있습니까?
방화체제	• 실내 소화전 등이 정비되어 있습니까? • 피난훈련은 실시되고 있습니까? • 피난로는 있습니까?
치매, 기타 개호체제	• 입주한 노인주택에서 개호를 받을 수 있습니까? • 개호에 드는 비용부담은 별도로 소요됩니까? • 개호가 필요하다는 이유로 퇴거를 강요당하는 경우는 있습니까?
식사	• 만족할 만한 내용의 식사가 제공되고 있습니까? • 병상 등에 대응한 적절한 식사가 제공되고 있습니까?
의료	• 협력병원이 정해져 있고 진료과목은 충분합니까? • 협력병원에서 충분한 치료를 받을 수 있습니까?
운영간담회	• 정기적인 건강진단을 실시하고 있습니까?
건강관리	• 입주자와 노인주택 측은 정기적인 대화의 장을 가지고 있습니까?
계약서	• 노인주택의 유형은 적혀 있습니까? • 비용부담의 방법은 정확히 적혀 있습니까? • 퇴거 시의 반환금에 대해 구체적으로 적혀 있습니까? • 서비스의 종류 및 내용은 적혀 있습니까? • 일반 개인실 이외로 이동될 경우에는 그 조건이 명확하게 적혀 있습니까? • 고충처리체제는 명확하게 되어 있습니까?

일본의 고령자주택재단에 따르면 노인주택의 입주자는 80세 이상이 65%로 가장 많았고 90세 이상도 17%로 점차 증가하는 추세였고, 평균연령은 77.5세로 조사되었다. 또 노인주택을 퇴거하는 이유

1) 유선종(2009), 미래사회에서 보는 노인주택, 도서출판 청람, p. 128

로는 사망이 22.8%로 가장 많았고 의료의 필요성이 15.7%, 가족과의 동거가 14.3%로 조사되었다.2)

1) 입주요건

입주가 가능한 연령과 건강상태 등 노인주택마다 입주 시의 조건이 설정되어 있다. 입주시의 연령은 60세 이상을 요건으로 하고 있는 노인주택이 대부분이지만 노인주택에 따라서 차이가 있고, 부부가 입주하는 경우에는 한쪽이 60세 이상이 되면 입주가 가능하다.

유료노인주택 입주자의 성별은 남성이 20~30%, 여성이 70~80% 정도이고, 평균적인 연령은 남자가 77~80세, 여자가 80~84세이다. 개호형 유료노인주택의 경우에는 85세 이상의 입주자가 1/3 정도 차지하고 있다.

입주를 고려할 때 입주자의 건강상태에 따라 노인주택의 선택에 차이가 나타난다. 입주 시 자립, 입주 시 자립·요지원자, 입주 시 자립·요지원·개호노인, 입주 시 요지원·개호노인, 입주 시 개호노인 등으로 구분된다. 건강형 노인주택은 '자립'상태인 사람만 입주할 수 있고, 생활하던 중에 개호가 필요하게 되면 원칙적으로 계약은 해지되고 퇴거하여 주거를 옮겨야 한다. 주택형 노인주택도 입주시는 '자립'을 조건으로 하는 곳도 많지만, 개호보험 개호인정기준인 '개호 이상'을 입주요건으로 하는 주택형 노인주택도 많아지고 있다. 개호형 노인주택은 '자립'이나 '요지원'상태의 노인은 입주할 수 없다. 최근에는 '요지원, 개호'의 노인만 입주할 수 있는 노인주택도 출현하

2) 綜合ユニコム, 월간 시니어비지니스마켓(2012.3), pp. 19~24

고 있으며, '자립·요지원·개호'의 노인도 입주 가능한 노인주택도 있다.[3]

2) 입주의사결정

노인을 대상으로 한 후생노동성 '2005년 사회복지시설 등 조사결과 상황'에서는 노인주택을 선택하는 데 있어서 중요한 기준이 입지조건이었다. 그리고 경영자와 운영자의 신뢰성, 개인실과 공용 부분의 설비, 의료·개호·식사 등의 서비스 충실도가 중요한 요소로 선정되었고, 비용적인 부분도 중요한 입주선택 요인으로 나타난다.

소비자가 노인주택을 적절하게 선택할 수 있도록 노인주택사업자는 정보제공을 하는데 여기에는 규제 및 가이드라인이 설정되어 있다. 또한, 입주자가 볼 때 계약내용과 다르다고 판단되는 경우는 각 노인주택의 고충대응창구나 노인주택협회,[4] 지방자치단체의 담당부서와 소비자생활센터 등에 고충을 진정할 수 있다.

노인주택은 어떤 서비스를 제공하는지에 따라 입주자 모집에 차이가 나기도 한다. 개호서비스를 시설 내에서 제공하는 것이 아니라 병설하는 형태로 개호서비스 사업소를 개설하는 것도 고려할 수 있고, 다른 노인주택이나 의료관계 시설과 병설하는 것도 가능하고, 경우에 따라서는 제휴의 형태로 필요한 서비스를 제공할 수 있다.[5]

---

3) 유선종(2009), 미래사회에서 보는 노인주택, 도서출판 청람, pp. 125~126
4) 사단법인 전국유료노인주택협회는 노인복지법 제30조의 규정에 근거하여, 시설의 질의 향상과 입주자보호 등의 활동을 목적으로 설치되어 있는 단체이다. 협회의 업무는 회원에 대한 지도·권고, 입주자의 보호, 입주자의 고충 해결, 직원의 연수 등으로 되어 있으며, 법적으로 가입이 의무화되어 있지는 않다.
5) 綜合ユニコム, 월간 시니어비지니스마켓(2012.3), p. 26

2. 입주비용

노인복지주택 입주 시 입주자가 부담하게 되는 비용은 노인복지주택의 시설과 규모, 운영체계에 따라 다르지만 대체로 입주 시에 일시에 지불하는 입주일시금과 입주 후 매월 지불하게 되는 월 사용료로 구분할 수 있다. 입주와 동시에 일시불로 지불해야 하는 비용으로는 분양(매매)금액 또는 입주보증금과 선납금 등이 있으며, 입주 후 지불하게 되는 비용으로는 관리비·식비 등의 월 생활비가 있다.

입주가격은 입주일시금 중 분양형의 분양금과 임대형의 입주보증금을 의미하며, 이는 노인복지주택을 분양받은 자 또는 임차 노인이 실제로 지불하는 금액을 의미한다. 분양금은 소유권에 대한 지불이며, 입주보증금은 사용권에 대한 전세금 형태의 지불로 퇴거 시 환불되는 구조이다. 일본의 경우 유료노인주택의 입주보증금은 월세보증금 성격으로서 약 6개월 정도의 월세금액 정도의 규모로 되어 있다.

그러나 현재 입주보증금은 전세보증금의 성격으로 금액이 분양금액과 거의 차이가 없는 것이 특징이다. 이러한 전세보증금 방식은 우리나라에서만 적용되는 독특한 제도라고 할 수 있다. 이와 같이 전세보증금과 분양금액의 차이가 거의 없는 이유는 노인복지주택의 특성상 기대되는 가격상승으로 인한 자본 이득이 없거나 미미하다고 보기 때문이라 할 수 있다. 일반주택의 전세가와 매매가의 차이는 가격 상승에 따른 자본이득에 대한 권리의 유무에 기인한다. 따라서 자본이득이 없거나 낮을 것이라고 예상되는 노인복지주택은 분양금과 입주보증금의 차이가 없거나 작게 된다.[6] 이처럼 가격상승 기대가 작은

6) 유주연·이준용·한지원·손재영(2010), 주택연금 확대적용을 위한 유료노인복지

이유는 일반주택에 비해 적은 토지지분과 전용면적, 높은 관리비, 60세 이상 노인만이 입주해야 하는 거래의 제약, 노인의 특성상 미래가치보다는 현재 사용편익을 중시하여 임차를 선호하는 성향 때문 등으로 볼 수 있다.[7)]

입주일시금에는 분양(매입)금 또는 입주보증금 외에 시설운영보조금 등의 선납금이 있다. 분양금액은 분양형의 경우 지불 시 소유권을 취득하게 되며, 입주보증금은 임대형의 경우 지불에 대해서 사용권을 취득하게 된다. 통상적으로 분양금액과 입주보증금 현황은 대체로 금액이 같거나 차이가 크지 않다. 선납금은 시설운영보조금 등에 대한 선납금의 성격이다. 운영업체의 운영방식에 따라 다소 차이가 있지만, 대체로 계약기간 동안 균등 상각하여 운영경비로 처리하며, 상각 후 잔액은 퇴거 시 반환한다. 선납금을 상각하지 않고 퇴거 시 전액을 반환하는 경우도 있다.

상각방식은 계약기간 동안 매년 정액 또는 정률상각방식, 또는 입주 초기에 일정 금액 상각 후 나머지 금액을 균등상각하는 방식 등 다양한 방식이 있다. 선납금상각의 방식과 규모에 따라 입주가격이나 월 사용료를 조정할 수도 있다. 선납금이 없을 경우 월 사용료는 상대적으로 높게 적용된다. 선납금을 지불하게 되면 입주가격이나 월 사용료를 낮게 책정받는 장점이 있지만, 입주자는 목돈을 임대인에게 맡기는 것이고, 대체로 장기간 거주하게 되므로 운영사의 재정이나 신용 등을 평가 후 지불해야 한다.

월 사용료에는 관리비, 식비, 개별서비스료 등이 있다. 관리비는

주택의 실태조사 연구, 부동산연구, 20(2), p. 224

7) 이영숙(2013), 노인복지주택 특성요인이 사업의사결정과 입주가격에 미치는 영향, 단국대학교 박사학위논문, pp. 33~34

〈표 6-2〉 노인복지주택의 입주비용 체계

입주일시금	입주가격	분양금액(분양형), 입주보증금(임대형)
	선납금	시설 운영 경비 또는 시설사용 선납금(계약기간 동안 상각하고 퇴거 시 잔액 반환 또는 상각 없이 전액 반환)
월사용료	식비	식사비 등
	관리비	화재보험료, 시설유지관리비, 직원인건비 등 기본관리비와 전기, 수도광열비, 공과금 등 일반관리비
	개별서비스료	세탁비, 청소비 등 개별계약에 따른 사용 요금

시설유지비, 직원인건비 등의 기본관리비를 포함한다. 기본관리비 외의 수도광열비·시청료 등은 사용량에 따라 별도로 지불해야 한다. 또한 식비는 식사 유무에 따라 실비지급하는 곳도 있지만, 식사 유무와 관계없이 1인 2식 또는 3식을 의무식으로 정하여 일정액을 부과하기도 한다. 관리비, 식비가 없는 곳은 선납금으로 운영하기 때문인 경우도 있지만, 노인복지주택을 일반 아파트처럼 운영하기 때문인 경우도 있나. 식비는 식사비, 관리비는 화재보험료, 시설유지관리비, 직원인건비 등의 기본 관리비 외에 사용량에 따라 부과되는 전기, 수도광열비, 공과금 등의 일반관리비가 있으며, 세탁비, 청소비 등과 같이 개별계약에 따라 지불하는 개별서비스료 등이 있다.

일본에서는 노인주택에 입주할 때 발생하는 비용으로 노인주택의 시설과 규모, 운영체계에 따라 다르지만 대체로 입주금(입주일시금), 월이용료 등의 호텔코스트,[8)] 개호보험자기부담금, 추가개호비용, 개별

8) 주거에 관한 거주비, 수도광열비, 식비 등을 호텔코스트(Hotel cost)라 한다. 동일한 등급의 장애를 갖는 고령자라도 특별양호노인주택 등 시설계 서포트를 받는 고령자와, 방문개호 등 방문계 서포트를 받으면서 자기 집에서 생활하는 고령자 사이에는 보험급부 비용부담에 큰 차이가 있다. 이러한 요인으로 시설서포트를 받고 있는 고령자는 거주비와 식비도 보험급부대상이 되고 있는 데 반해, 재가복지고령자는 임대료, 주택대출상환, 수도광열비, 식비 등은 자기부담이 되고 있다. 따라서 양자 사이에 불공평이 발생하고 있어, 시설입주자의 증대를 불러일으키는

계약서비스료, 추가서비스료 등이 있다.

요금체계는 노인주택이 갖고 있는 서비스체계에 따라 커다란 차이가 있다. 입주금과 월 이용료의 금액이 높으면 높을수록 질적으로 높은 서비스와 개호를 제공하게 되는 것이 일반적이지만, 노인주택에 따라서는 부담하는 금액과 서비스의 질이 비례하지 않는 경우도 있다.[9]

1) 입주금

입주 시에 지불하는 금액 중 입주금은 상각이라는 절차를 통해 월 임대료와 추가개호비용으로 충당된다. 건강형과 주택형 노인주택은 자립의 고령자를 대상으로 개호보다는 노후의 생활을 즐기려는 관점에서 설계되었다. 개인실 면적도 개호형 면적보다 넓고, 노인주택에 따라서 고급호텔처럼 화려한 인테리어를 갖추고 수영장과 레스토랑, 스포츠센터, 온천 등 호화로운 부대시설을 갖고 있는 곳도 적지 않다. 이렇게 공용면적에 대한 화려한 시설과 설비에 소요된 비용이 입주금에 전가되어 높은 금액이 설정된다.

개호형 노인주택의 경우 개호가 주 목적이므로 건강형과 주택형 노인주택과 같이 화려한 부대시설을 갖춘 노인주택은 많지 않다. 개호형은 개인실 면적도 $20m^2$ 전후를 중심으로 개호서비스를 제공하기 쉬운 설계로 되어 있고, 입주일시금도 비교적 낮게 책정된다. 최근에는 입주일시금(보증금)이 수십만 엔 정도의 저렴한 노인주택도 늘어나고 있어 특별양호노인주택의 입소를 고려하던 노인들이 노인주

배경이 되고 있다. 2005년부터 개호보험법에서는 시설입주자의 이러한 호텔코스트를 보험급부 대상에서 제외시키고 원칙적으로 자기부담화했다.

9) 유선종(2009), 미래사회에서 보는 노인주택, 도서출판 청람, p. 110

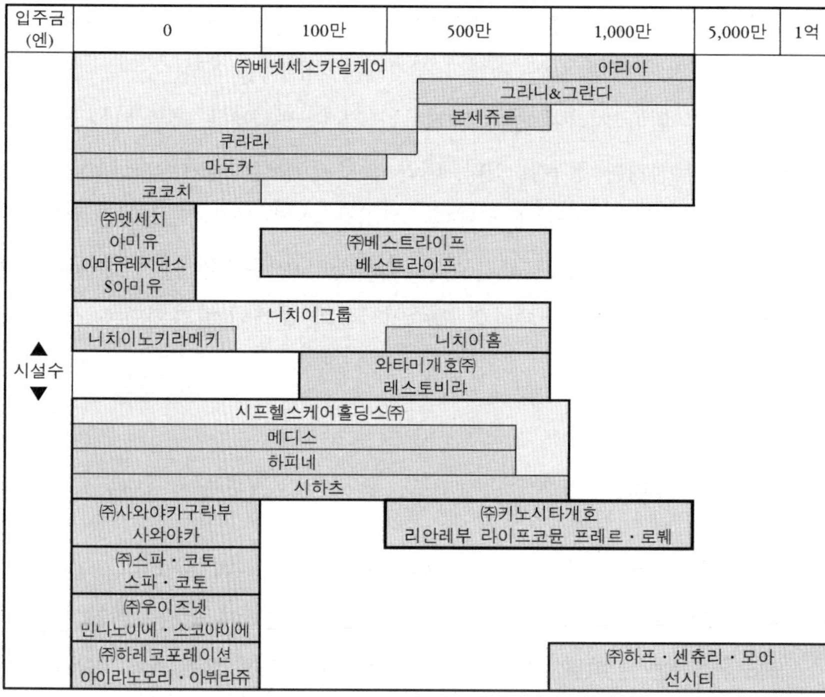

자료: 綜合ユニコム, 월간 시니어비지니스마켓(2013.11), p. 41

〈그림 6-1〉 입주금의 회사별 가격대

택을 선택하기도 한다. 그러나 입주일시금이 '0'엔인 노인주택은 월 이용료가 상대적으로 높게 책정되어 있어 입주 후에도 지속적으로 월 이용료를 지불할 수 있는지 검토해야 한다.

지불된 입주금은 통상 20~30% 정도가 입주 시에 초기 상각되고, 잔여 부분이 임대료와 추가 개호비용으로 충당되며 상각[10] 기간은 5~7년 정도로 설정된다. 전액이 상각되기 전에 퇴거하는 경우 입주연수에

10) 입주 시의 초기 상각비율은 대체로 10~30% 범위 내에서 노인주택에 따라 차별적으로 적용하고, 상각 기간은 개호형이 대체로 5~7년, 주택형과 건강형은 10~15년 전후로 정률로 상각하는 것이 일반적이다.

따라 상각되지 않은 잔여금액은 반환된다. 그러나 노인주택에 따라서 입주한 시점에 반액, 또는 전액이 상각되는 시스템을 취하는 곳도 있다.

입주 후 얼마 지나지 않아 퇴거하는 경우, 생각보다 적은 반환금으로 분쟁이 생기는 경우도 있다. 따라서 초기 상각비율이 어느 정도인지 반드시 사전에 확인해야 한다. 이러한 초기 상각에 의한 분쟁을 방지하기 위해 2006년 4월 이후 개설한 노인주택은 계약일로부터 90일 이내에 계약을 해제하면 입주일시금의 전액이 반환되도록 규범화하였다.[11]

2) 월 이용료

월 이용료의 내역은 대부분 임대료 상당액, 식비, 관리비(운영비), 개호보험이용료의 자기부담금 등 4가지로 구성되어 있다. 개인실의 수도광열비는 실비로 징수하거나 일정액의 수도광열비를 월 이용료에 포함시켜 징수하기도 한다. 관리비는 공공시설의 유지관리비, 사무비, 직원인건비 등에 충당한다. 개호보험비용은 등급별로 비용이 발생하는데 그중에 10%는 자기부담이므로 그 비용을 포함하여 월 이용료로 납부한다.

월 이용료의 총액은 고령자 세대의 매월 연금수급액을 고려하여 결정하는데, 입주 시에 일시금으로 임대료 상당액을 선지불하는 경우 월 이용료가 적고 그렇지 않은 경우는 고액이 된다. 그리고 공용시설이 호화로운 노인주택은 유지비가 많이 들게 되고 그만큼 관리비가 높아지기 때문에 공용시설이 자신에게 있어서 필요한 서비스인지를

---

11) 유선종(2009), 미래사회에서 보는 노인주택, 도서출판 청람, pp. 110~112

검토해야 한다. 월 이용료 외에도 개호용품비용, 복지기기 렌탈비, 일용품비, 레크리에이션 활동재료비, 이미용비, 왕진 등 방문진료비, 전화비 등은 개별적인 이용 내역에 따라 실비로 추가 징수된다.

3) 추가개호비용

특정시설입주자 생활개호의 지정을 받은 노인주택의 직원수는 입주자 3인당 간호・개호직원 1명이 최저기준[12]으로 규정되어 있다. 그러나 최저기준만으로는 제대로 된 개호가 어렵기 때문에 대부분의 노인주택에서는 입주자 1.5~2.5인당 1명 등 최저기준을 상회하는 직원체제[13]를 두고 추가개호서비스를 제공하고 있다.

추가개호비는 개호보험에서 정해 놓은 기준을 상회하는 인적 서비스를 제공하는 경우의 직원인건비를 감당하는 비용으로, 2.5 대 1 이상의 인원 배치부터 징수할 수 있지만, 요금설정은 노인주택에 따라 크게 다르다. 개호도에 따라 요양비를 설정하고 있는 곳도 있고, 개호도와 상관없이 1인당 얼마라는 식의 정액으로 설정하는 곳도 있다.

자립에서 개호까지 다양한 건강상태의 고령자를 받고 있는 혼합형 노인주택에서 개호보험을 사용할 수 없는 자립의 입주자의 경우 자립

12) 우리나라는 2.5인당 1명의 비율이다.

13) 개호에 관계된 직원의 체제비율은 ① 3 : 1 이상=현재 및 장래에 걸쳐 개호자 3인에 대하여, 직원 1인 이상의 비율로 직원체계를 둔다. ② 2.5 : 1 이상=현재 및 장래에 걸쳐 개호자 5인에 대하여, 직원 2인 이상의 비율로 직원체계를 둔다. ③ 2 : 1 이상=현재 및 장래에 걸쳐 개호자 2인에 대하여, 직원 1인 이상의 비율로 직원체계를 둔다. ④ 1.5 : 1 이상=현재 및 장래에 걸쳐 개호자 3인에 대하여, 직원 2인 이상의 비율로 직원체계를 둔다. 개호 노인주택에서 개호보험의 부담과는 별도로 이용자가 부담하는 비용에는 개호에 관계된 직원 체제가 2.5 : 1 이상인 경우, 이용자 본인이 개별적으로 서비스를 희망한 경우라고 정해져 있다.

서포트비, 생활지원서비스비라는 명목으로 요금을 징수하는 곳도 있다. 예를 들면 야간순회, 긴급응대, 체온, 혈압체크 등 입주자 전원에게 제공하고 있는 기본서비스 비용을 개호보험 대상이 아닌 입주자에게는 개인별로 청구한다.

4) 개별계약서비스료

개호보험에서 제공할 수 없는 서비스는 개별계약으로 제공할 수 있다. 예를 들어 외식 동행, 쇼핑 동행, 레크리에이션 활동 제공 등의 서비스이다. 1회당 얼마, 또는 1시간당 얼마라는 형식으로 설정되어 있고 이용한 횟수와 시간에 따라 후불로 청구된다. 별도 비용으로는 주 3회의 입욕을 매일하거나 월 2회의 통원 동행을 4회로 하는 등 노인주택에서 미리 정해둔 내용을 상회하는 서비스의 경우 별도요금이 부과된다.

3. 이용료 결정방식

입주일시금이나 월 이용료 등이 비교적 저렴한 노인주택이 증가하였는데, 이들 시설의 대부분은 사회경제의 악화로 기숙사와 사원주택을 매각하는 기업이 증가함에 따라, 그러한 건축물을 저렴하게 취득, 개보수하여 노인주택으로 전환시키는 Conversion방식에 의한 것이다.

민간에서 공급하는 노인주택은 시설의 개설에 있어서 보조금 등 공적 지원이 거의 없어 시설정비에 소요되는 일체의 비용이 입주자

부담으로 전가되므로 시설정비 비용이 높아질수록 입주자에게 전가되는 부담도 높아지게 된다.

이용료의 지불은 일시금방식, 월 지불방식, 일시금과 월 지불을 혼합한 선택방식이 있다. 일시금방식은 매월의 이용료가 적지만, 예상보다 빨리 퇴거하는 경우는 지불된 일시금의 일부가 입주 시에 초기상각되어 반환금이 적어지는 단점이 있다. 월 지불방식은 임대료처럼 매월 지불하므로 중도에 퇴거하기 쉽지만, 일시금방식보다 가격이 약간 높게 설정되어 있다. 각각의 지불방식에 장·단점이 있기 때문에 일시금의 근거와 구성내용, 상각구조에 대해 신중히 검토하고, 예산규모와 입주 후의 생활을 감안해서 선택하여야 한다.[14]

1) 일시금방식

입주 시에 입주금의 명목으로 임대료 상당액의 전부 또는 일부를 지불하고, 거주권을 얻게 되는 시스템으로, 개인실을 구입(소유권)하거나 빌리는(임차권) 것이 아니라, 개인실과 공용 부분, 설비 등을 이용할 권리를 구입하는 방식이다. 즉, 일괄 수령하는 경우와 정해진 일정 기간(수년~20년 정도)의 임대료를 일괄 수령하는 방식을 말한다. 단, 기간을 초과하여 입주하는 경우에도 사용임대차계약에 의해서 사망 시까지 무상으로 이용이 가능하다.

입주금은 입주 후 임대료에 충당하는 것이 일반적이지만, 개호보험이 커버하지 못하는 추가개호비용도 포함해서 받는 노인주택도 있다. 또한 입주금과 동시에 지불하는 시설협력금, 입주보증금 등 명목의

14) 유선종(2009), 미래사회에서 보는 노인주택, 도서출판 청람, pp. 112~114

일시금은 중도에 퇴거해도 반환되지 않는 경우가 대부분이다.

일시금방식의 장점은 입주 후 매월의 임대료와 추가개호비용이 면제 또는 감액되기 때문에 매월의 지불액이 적다는 점이다. 일시금의 지불에 따른 면제 감액기간은 종신, 또는 3년, 5년 등 일정 기간이거나, 양자를 혼합한 형태를 취하는 등 노인주택에 따라 각각 달라진다.

2) 월 지불방식

입주 시에 일시금을 지불하지 않고 매월 임대료를 지불하는 방식이다. 입주 시에 목돈을 지불하고 싶지 않은 경우, 또는 가까운 장래에 주거교체를 고려하는 경우는 이 방식을 선택하는 것이 좋다. 단, 일시금방식보다 매월 이용료[15)]가 상대적으로 높게 책정되고 지불하는 총액도 높아지는 경우가 많다.

임대료상당액이라는 것은 시설공급에 필요한 비용, 수선비, 관리사무비, 지대에 상당하는 금액을 기초로 하고, 시장임대료를 고려하여 산정하되, 인근 일반주택의 임대료 수준에 비추어 월 이용료가 비슷한 수준으로 설정되도록 하는 것이 일반적이다.

3) 혼합방식

혼합방식은 매월 지불하는 월 지불 방식과 일시금의 병용방식으로

---

15) 월 비용으로써는 관리비와 식비 등이 있다. 관리비에는 수도광열비 등이 포함된 경우와 비용항목으로서 별도로 설정된 경우가 있다. 개호보험 대상서비스 이외의 개호비용에는 상호부조로 운영되는 노인주택과 개호가 필요할 때 추가비용이 필요한 노인주택이 있다.

임대료상당액의 월 보증금을 조합한 방식이다. 보증금액은 임대료상당액의 6개월분을 초과하지 않는 정도로 책정되며, 보증금은 퇴거 시에 원상회복비용을 제하고 전액 반환한다.

4. 계약형태

1) 이용권방식

노인주택의 계약형태는 이용권방식과 임대방식, 분양방식의 3가지 유형으로 구분된다.[16] 이용권방식은 입주일시금 지불에 의해 전용 부분과 공용 부분의 이용권을 취득하는 것이다. 이용권은 입주하고 있는 당사자에 한정된 권리로 양도와 매각・상속이 불가능하며, 노인주택의 개인실에 대한 배타적 권리와, 그곳에서 개호를 받거나 생활지원을 받고, 노인주택 내의 공용시설을 이용할 수 있는 권리를 말한다.

이용료 납입방법은 크게 세 가지로, ① 월정액 타입으로 1개월마다 입주자가 서비스를 위한 필요경비에 토지, 건물 평균건축비에 상당하는 비용을 입주자 1인당 금액으로 나눈 비용을 매월 지불하는 방식, ② 토지, 건물에 소요되는 비용을 한도로 입주 시에 일시금을 지불하고 1개월마다 입주자 서비스를 위한 필요경비를 매월 지불하는 방식, ③ 입주 시에 일시금을 지불하고 매월이용료는 지불할 필요 없이 종신을 보장하는 방식이다.

이용권방식은 종신거주를 보장하는 방식이 대부분인데, 이러한 종

16) 유선종(2009), 미래사회에서 보는 노인주택, 도서출판 청람, pp. 103~104

신이용권방식은 종신거주[17]의 권리를 얻는 계약형태를 말하고 주거부분과 개호, 생활지원 등의 서비스계약이 함께 되어 있는 것으로, 계약 시에 입주일시금으로 일정액을 지불한다.

유료노인주택의 개발에 대해서는 원칙적으로 보조금이 없기 때문에 토지의 준비, 설계 · 건축공사비, 운영에 필요한 인건비 등 다양한 초기 투자비용이 필요하다. 사업 초기 단계에서 투자된 자본을 회수할 수 있는 이용권방식은 입주일시금과 월정이용료로 인해 경영자 입장에서 보면 토지와 건물에 투하된 자본이 초기에 회수될 수 있다는 점에서 사업자가 선호하는 계약형태이다.

종신이용권방식을 입주자 측에서 보면 거액의 입주일시금[18]이 요구되고, 입주금에 대한 중도상환의 보증이 없고, 입주금의 구성내역이 쉽게 납득하기 어렵고, 상환기간과 입주기간이 일치하지 않고, 중도 퇴거 시에는 반환금이 적다는 단점이 있다.

경영자 측에서 보면 상환기간과 자금 필요시의 자금수지를 예측하기 어렵고, 입주기간이 정해지지 않아 자금계획이 불안정하며, 상각기간 후에도 시설이용을 보증해야 하고, 사업기간이 정해지지 않아 사업의 종결이 어렵고, 금융기관의 사업에 대한 이해가 확립되어 있지 않다.

한편, 입주자 측의 장점으로는 입주일시금을 지불하는 것으로 생활기반이 보장되고, 평생거주라는 안정감을 얻는다는 매력이 있고, 사업자 측은 거액의 자금조달이 가능해지고, 금리 부담 없이 보증금(입

---

17) 실제로는 퇴거를 요구받는 경우가 나타나게 되었는데, 건물임대차계약처럼 건물에 계속 거주하는 권리를 보증하는 것이 아니었기 때문이다.

18) 입주자가 거액의 입주일시금을 지불함에도 불구하고 소유권이 이전되지 않고 있다는 점을 의문시하게 되어 최근에는 종신이용권방식에 대한 논란이 일고 있다.

주일시금)을 받아 활용하게 되는 장점이 있다.[19] 하지만 시장이 확대되고 고객층이 커짐에 따라 입주일시금의 산정근거, 퇴거 시의 상각에 관한 문제, 사업자가 도산했을 경우의 보전조치 등 이용권방식의 사업운영 시스템이 안고 있는 과제에 대한 설명과 이해가 필요하다.[20]

2) 임대방식

노인주택의 대부분은 아파트와 같이 주거공간을 구입하는 것이 아니라 거주권을 구입하는 계약이다. 이는 부동산의 매매계약처럼 노인주택의 소유권을 취득하는 경우 입주자 사망 후에 가족에게 상속되는데, 상속자가 60세 미만인 경우 노인주택에 입주할 수 없고, 고령자인 임차인을 구하지 못하면 상속받은 노인주택은 공실인 채로 두어야 하며, 이러한 상황은 노인주택을 운영하는 운영 주체의 입장에서도 지속적인 노인주택운영을 저해하게 된다. 따라서 고안된 계약방식이 임대방식이다.

임대방식은 보증금(입주일시금)을 예탁하고 매월 비용에 상당하는 월 이용료를 지불하는 방식을 말한다. 보증금(입주일시금)은 임대료의 3~6개월분 정도로 임대료체납이 있는 경우의 보전과 퇴거 시의 원상회복을 위한 것이다. 월 이용료에는 임대료와 서비스운영 비용과 공용부분의 수도광열비, 청소비 등에 상당하는 관리비가 포함된다.

이 방식은 거주하고 있는 동안 임대료를 포함한 월 이용료를 매월 지불하는 것으로 입주자가 예상보다 오래 사는 경우에도 사업자에게는 경영리스크가 없다. 사업의 안정성이라는 면에서 임대방식이 사업

---

19) 유선종(2009), 미래사회에서 보는 노인주택, 도서출판 청람, p. 105
20) 綜合ユニコム, 월간 시니어비지니스마켓(2009.5), p. 41

자에게 유리하다. 입주자로서도 입주 기간에 따라 입주일시금 반환액이 감소하는 것이 아니기 때문에 퇴거에 대한 부담도 없다. 단지 월 이용료가 입주일시금방식과 비교할 때 비싸지기 때문에 유동자산이 적은 고령자는 금액의 크기에 따라서는 입주를 결정하기 어렵다. 일반적으로 월 이용료는 후생연금 등 공적 연금의 수급액을 기준으로 결정하는 경우가 대부분이다.

임대방식은 개인의 거주권을 임대하는 형태이며 계약상의 갈등이 가장 적고, 보증금형식의 일정한 금액을 설정하는 경우도 있다. 매월의 비용과 개호보험 대상서비스 이외의 개호비용은 종신이용권방식과 동일하다.

3) 분양방식

노인주택시장에서 소수를 차지하는 분양형 노인주택은 일반적인 분양아파트와 같이 주거의 형태를 소유권으로 보장하고 있으며, 일상생활의 설비·서비스는 일반 유형의 노인주택과 유사하다. 소유권으로 부동산을 가지고 있으므로 재산으로서의 가치는 있지만, 상속이나 양도되는 경우에는 반드시 노인용으로 제공되어야 하는 제한이 있고 장래의 대규모 수선과 재건축 등의 문제가 예상된다.

생활지원이나 개호서비스 등을 받고자 하는 경우는 개호서비스 회사와 별도로 추가 계약을 체결할 필요가 있다. 또한 구분소유건물이므로 건물의 유지관리, 청소 등의 서비스도 관리조합을 통해서 별도의 계약이 필요하다.

법률적으로는 소유권이 견고한 계약이지만 소유자가 사망한 경우에 상속인이나 양수인이 고령자(60세 이상)여야 한다는 제한이 있고,

상속인이나 양수인이 입주를 희망하지 않는 경우도 있다. 전매가 어려운 경우나 상속인이 일반 아파트에 비교해서 비싼 관리비를 부담하지 못하는 경우도 발생하여 공실이 계속될 수 있는 위험부담이 있다. 장기적으로 일상생활에 지장을 초래하는 경우 발생하는 추가적인 서비스료는 수익자 부담으로 소유자가 별도로 부담해야 하는 특징이 있다.

1971년에 분양형노인주택이 관동권인 아타미에서 공급되었다. 분양아파트 개발회사인 나까긴아파트(현재 中銀ライフケア)는 건강한 노인을 대상으로 하여 12개의 시설을 개발했다. 한때는 부동산 자산으로 상속도 가능해 전매(유통)가 가능한 시스템으로 주목받았으나, 법적으로 상속은 가능해도 전매시장의 형성이 쉽지 않다는 시장 부재로 인해 공실이 현저하게 늘었고, 결과적으로 분양형 노인주택은 더 이상 보급되지 않았다.[21)]

사업자의 입장에서도 분양방식을 선호하지 않는 이유로는 ① 건물의 유지관리 주체가 입주자 측으로 옮겨져 건물 개보수, 개조 등을 쉽게 할 수 없게 되어 운영상의 어려움이 수반되고, ② 운영실무상 운영계약이 소유권자와 이루어지게 되는데, 고령자인 소유권자와의 개별계약에 어려움이 발생하고, ③ 전매 시에 매수자가 고령자로 한정되어 있어 전매시장이 성숙되기 어려운 점 등 여러 가지 문제가 있기 때문이다.

일반적인 분양아파트의 경우 소유권이 법적으로 등기되므로 자산가치가 하락하더라도 어느 정도의 매각대금을 얻게 되지만, 노인주택은 매수자가 60세 이상의 고령자여야 하는 제약으로 인해 시장성이라는 측면에서 입주자에게 불리한 조건이 된다. 또한 공동주택은 주

21) 유선종(2009), 미래사회에서 보는 노인주택, 도서출판 청람, pp. 106~109

기적으로 시설을 유지보수, 수선충당을 하게 되는데 분양된 노인주택의 경우에는 공용면적 부분에 대한 시설의 유지보수와 10년 이상의 장기수선이 요구될 때 소유권자와의 합치된 의사를 도출하기 어려운 현실적인 한계에 직면하게 된다. 이러한 까닭에 일부 부동산업자가 분양방식의 노인주택의 사업화를 시도했지만 그 숫자는 이용권방식에 비해 현저하게 적은 상황이다.

5. 입주일시금

노인주택의 입주일시금방식은 노인주택의 입지, 규모, 입주자격 등에 따라 운영형태의 차이가 있어 이해하는 데 상당한 노력이 요구된다. 입주일시금[22)]방식은 일정 규모의 금액을 입주 시에 예탁하고 여기에 가산해서 월 이용료를 지불하는 방식이다. 입주일시금이라는 가격설정방법에는 이해하기 어려운 모호함이 있지만, 이용권을 일시금으로 지불하는 가격설정은 현금소득이 적은 고령자에게 부합하며, 사업자 입장에서는 목돈을 입주 시에 받는다는 점에서 경영수지를 초기에 안정시킬 수 있는 장점이 있다.

입주일시금은 퇴거 시에 전액 반환하는 유형과, 일정 기간 동안 상각하여 수입으로 계상하는 유형으로 구분된다. 상각하는 경우의 월 이용료는 매월 비용에서 입주일시금 상각분을 차감하는 것으로 임대

22) 입주일시금은 금액을 임대료의 몇 개월분이라고 설정하는 경우부터 수억 엔을 징수하는 경우도 있는데, 통상적으로 입주일시금은 노인주택 사업자가 초기 투자한 자금의 상당 부분을 회수하는 역할을 하고 있다.

방식의 월 이용료보다 적다.[23)]

1) 입주일시금의 유래

노인주택의 보급 초기에 사회복지법인이 운영하는 특별양호노인주택에 입주하려 해도 엄격한 소득기준의 적용으로 인해 입주할 수 없는, 경제적인 여유가 있는 고령자를 위해 수익자부담의 원칙에 입각한 형태로 노인주택이 개발되었다.

이처럼 초기에는 사회복지법인의 시설에 추가로 병설되는 형태로 개발되었기 때문에 토지는 사회복지법인의 소유가 대부분이었다. 토지소유자인 사회복지법인은 공익법인이기 때문에 토지를 매각하는 분양방식으로는 노인주택을 운영할 수 없어 분양방식이 아닌 임대방식으로 할 수밖에 없었다

이러한 배경으로 건축자금을 조기에 회수할 필요가 있는 사업자 측과, 일정한 정도의 비용을 노인주택에 지불하더라도 노후의 개호가 가능한 노인주택에 여생을 맡기려는 경제적으로 여유 있는 고령자의 이해가 맞물리면서 종신이용권인 입주일시금 형태의 납입방식이 자생적으로 만들어지게 되었다.

입주일시금은 개호보험제도 시행 이전부터 입주일시금의 반환을 둘러싸고 소비자보호의 관점에서 문제가 제기되어, 최근에는 일시금이 없는 노인주택이 등장하고 고액의 일시금이 필요 없는 노인주택이 보급되고 있다.[24)]

---

23) 유선종(2009), 미래사회에서 보는 노인주택, 도서출판 청람, pp. 115~116
24) 綜合ユニコム, 월간 시니어비지니스마켓(2011.7), p. 19

2) 입주일시금의 내용

입주일시금이란 보증금, 권리금, 계약금, 건설협력금, 시설협력금, 시설정비협력금, 입주협력금, 출자금, 퇴거수선금, 퇴거보증예치금 등 많은 항목을 포괄하는 명칭이다. 유형도 입주개월 수에 따라 상각하는 유형과 1년씩 일시금을 징수하는 유형 등 여러 가지가 있다.

입주일시금의 설정에 일정한 원칙이 존재하는 것은 아니지만 객관적 기준의 설정은 필요하다. 사업자가 설정하는 기준은 초기 투자비를 포함해서 사업을 계속 영위하기 위한 현금유입과 현금유출에 적절한 이익을 포함한 금액이 입주일시금 설정의 기본이 되는 것이다.

입주일시금은 일정 기간을 정해 매년(또는 매월) 상각하고, 상각기간, 상각률, 반환금의 계산방법 등을 미리 정해 두고 있으며 이는 사업자에 따라 차이가 있다. 상각한 금액은 1년마다 매출로 계상하여 운영비 등에 충당한다. 매월의 운영비는 매출로 계상된 입주일시금의 상각액과 입주자로부터 징수하는 개인실 임대료, 관리비, 각종 서비스비, 개호보험서비스 등 수입항목과 비용항목의 적절한 관리를 통해 수지가 맞도록 해야 한다.[25)]

유료노인주택의 최대 특징은 개인실과 공용 부분을 이용하는 이용권과 그 이용권료를 입주 시 일시금으로 구입하는 가격설정 방법이다. 입주일시금은 종신이용이 가능한 권리(종신이용권)와 상각기간의 선불금의 두 가지 의미를 가지고 있는 것이 일반적이다. 상각기간이 7년이고 5년째 퇴거하게 되면 5년분의 이용권료가 선불금으로 지불되어 있는 것으로 입주일시금의 일부가 환불된다. 역으로 7년 넘게 입주하여도 종신이용 권리를 얻었으므로 추가비용이 필요하지 않다.[26)]

---

25) 유선종(2009), 미래사회에서 보는 노인주택, 도서출판 청람, pp. 116~117

유료노인주택의 입주를 고려하는 고령자는 저축 등의 금융자산이 있어도 매월 수입은 연금이 중심이다. 매월 수입으로 입주일시금 지불이 가능하면 매월 지출을 유지할 수 있어 안심이다. 사업자에게 있어서도 입주일시금을 설정하면 개설 당초의 현금흐름이 호전되어 초기에 경영을 안정화할 수 있다.

하지만 장점만 있는 것은 아니다. 최대 경영 악화 요인으로 대두되는 것이 장기입주리스크이다. 입주일시금의 종신이용권은 입주자 측에서는 총 지불액이 큰 만큼 보험의 역할도 담당하고 있으나 사업자 측에서 보면 상각기간을 넘긴 경우 이용권료(집세 상당)를 감액, 면제하고 있는 것이 된다. 설정한 상각기간을 넘겨 장기 입주하는 고령자가 증가하면 이용료 수입이 없어지므로 그 부담이 사업자에게 돌아가게 된다.

3) 입주일시금의 추이

노인주택의 입주일시금은 70~80년대에는 3,000~5,000만 엔대가 주류였으나 개호보험과 더불어 개설수가 증대되면서 저가격화가 진행되어 최근의 입주일시금은 200~500만 엔대가 주류를 이루고 있고, 입주일시금 형태의 비용이 '0'인 시설도 늘고 있다.

후쿠오카(福岡)의 사와야카클럽(さわやかクラブ)은 2013년 기준으로 41동, 3,150실의 노인주택을 개설하고 있지만 입주일시금은 받지 않고 있다.[27] ㈜멧세지(メッセージ)가 2005년 선점한 입주일시금 '0'의 흐름이 정착하면서 저가격대의 흐름도 선명해졌다. 2011년 6월에는

26) 濱田 孝一(2010), 有料老人ホーム 大倒産時代を回避せよ, 花伝社, pp. 30~31
27) 유선종(2009), 미래사회에서 보는 노인주택, 도서출판 청람, p. 223

에누비라보(エヌビーラボ)가 주택형노인주택 '에르스리 돗토리(エルスリー鳥取)'의 입주신청금 12만 3,000엔(월세3개월분), 월 이용료 8만 4,900엔(월세, 식비, 관리비) 이라는 저가격 타입의 노인주택을 개설하여 주목을 받았다.

'주요 유료노인주택 사업자 총 시설수 순위'에서 4위였던 니치이그룹(ニチイグループ)은 2010년 5월 개호형노인주택 '니치이홈(ニチイホーム)' 5개 시설의 입주일시금은 735~945만 엔이었던 것을 300~330만 엔대로, 월 이용료는 20만 엔 이하로 설정하였다. 보다 이용하기 쉬운 요금체계를 도입하는 것이 중요하기 때문이었다. 와타미개호㈜(ワタミの介護)도 입주일시금을 200만 엔 정도 낮추었고 ㈜츠쿠이(ツクイ)도 '츠쿠이·선샤인(ツクイ・サンシャイン)'의 월 이용료를 22만 4,000엔에서 17만 4,000엔으로 낮추었다. 이러한 가격 동향을 볼 때 기존 노인주택이 저가격화를 지향하는 것은 확실하다. 이는 기존의 가격체계로는 입주자를 끌 수 없게 되었기 때문이다.[28)]

자금력에 여유가 없는 기업이 저가격 노인주택에 참여하는 전략으로는 지가가 싼 지방에 신축이 아닌 기존 물건을 용도 변경하여 개업하는 방법이 있다. 초기 투자비용을 낮추기 위하여 수도권에서 회사의 사택·독신자 기숙사 철거지를 활용해 노인주택의 운영에 나서는 철도회사도 있다. 한편, 도심부 주택지에 사는 고령자는 가족이나 지인과 멀어지고 교외로 옮겨 사는 데 저항이 있어, 이러한 층의 수요에 부응하는 도심 내의 고급주택지를 중심으로 새로운 유형의 개호형 노인주택을 고가격대로 공급하는 고령자 개호서비스 회사도 있다. 예를 들면 베넷세(ベネッセ)가 스기나미구(杉並区)에 간호사가 24시간 상

---

28) 綜合ユニコム, 월간 시니어비지니스마켓(2011.9), pp. 22~24

(단위: 만 엔)

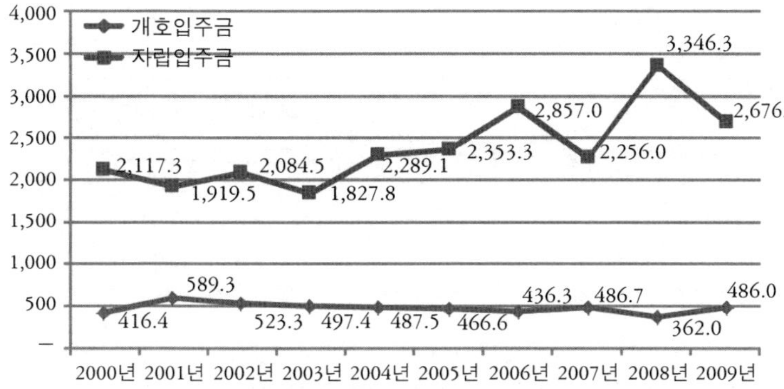

〈그림 6-2〉 연도별 입주금 추이(입주일시금방식 주택 평균)

주하는 아리아(アリア)를 개설하여, 입주일시금도 2,500~5,000만 엔으로 수도권에 있는 다른 유사한 시설의 입주일시금 500~800만 엔보다 상대적으로 비싸게 공급하는 경우가 그것이다.[29]

〈그림 6-2〉는 개설연도별 입주금의 평균치와 추이, 입주일시금방식 주택의 입주금 평균치와 추이이다. 요개호자 대상은 2007년 231만 엔, 2008년 181만 엔에서 2009년 295만 엔으로 다시 증가했으니 입주일시금 '0'의 영향으로 대체로 하락하는 경향이나. 자립형은 버블기에는 1억엔을 넘어서는 초고가의 노인주택이었으나 오늘날에는 평균 2,200~2,400만 엔대이다.

앞으로 쾌적성을 추구하는 수요자의 니즈에 대응하여 공용공간이나 방 면적을 넓혀 설비투자가 증가함에 따라 입주금이 증가되는 경우도 있지만 저가격화의 영향으로 입주금은 더욱 하락할 것으로 사료된다.[30]

---

29) 유선종(2009), 미래사회에서 보는 노인주택, 도서출판 청람, p. 223
30) 綜合ユニコム, 월간 시니어비지니스마켓(2009.12), pp. 23~24

(단위: 천 엔)

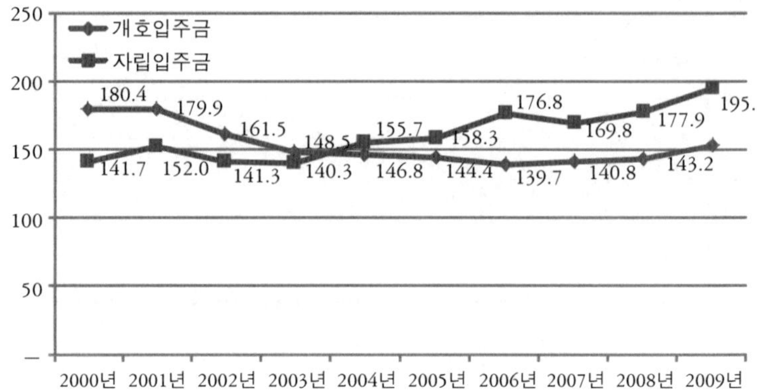

〈그림 6-3〉 연도별 월 비용 추이

〈그림 6-3〉은 연도별 월 비용(최다액)의 추이를 나타낸 것이다. 월 비용은 월세, 수도광열비, 식비 등으로 구성되어 있다. 오카야마현(岡山県)의 멧세지(メッセージ)는 건축공법을 연구하여 비용을 낮추는 것 이외에도, 식사를 전문 급식업자에게 아웃소싱하여 비용을 20~30% 삭감시키고 있다. 기본적인 요양보호사의 인원으로 충분한 개호를 할 수 있는 경우에는 외부의 추가개호도 없애고, 입주일시금도 받지 않으며, 월 15만 엔 전후의 부담만으로 입주할 수 있도록 했다.

4) 입주일시금의 상각

입주일시금은 퇴거 시에 전액 반환하는 유형과 일정 기간 동안 상각하여 수입으로 계상하는 유형[31]으로 구분된다. 노인주택에서 입주일시금의 상각기간은 입주자의 입주 시 평균연령을 약 80세 정도로

31) 상각하는 경우의 월 이용료는 매월 비용에서 입주일시금 상각분을 차감하는 것으로 임대방식의 월 이용료보다 적어지게 된다.

가정하고 15년(180개월)으로 설정하는 사례가 많다. 입주 시 평균연령을 높게(86세 정도) 설정하는 경우에는 상각기간을 10년 이하로 설정하기도 한다. 또한 연령에 따라서 예상되는 입주기간이 달라지므로 입주 시의 연령에 연동하여 일시금의 금액과 상각기간을 변동시키는 경우도 있다.[32)]

2011년 4월 '고령자거주 안정확보에 관한 법률'[33)] 개정으로 입주일시금과 초기 상각률의 상한이 명확해졌다. 초기 상각은 장수리스크를 담보하는 보험적인 요소로서 인정된다. 단 초기 상각률의 상한은 30% 정도이고, 초기 상각의 명목은 '월세상당분'으로, 입주일시금은 적정한 시장임대료와 평균 여명기간과의 조합으로 설정되어야 한다. 상각기간의 설정은 5년, 10년, 15년 다양하지만 상각기간을 넘겨서 거주하는 입주자에게서의 상각수입은 제로가 된다. 이러한 경우 상각기간 초과자는 퇴거시키고 신규 입주자를 받는 것이 경영수지를 호전시키게 하지만, 입주자의 사정을 고려할 때 이는 불가능하다.[34)]

입주일시금의 법적 성격을 둘러싼 논쟁은 예전부터 있어 왔다. 예를 들어, 입주일시금의 성격을 권리금 유형으로 생각하여 해당 노인주택을 이용할 수 있는 자격을 취득하기 위한 대가라는 입장이 있다. 그러나 일반적으로 임대료의 일부 선불금의 성질을 가진 것이라는 의견이 지배적이다. 후생노동성이 제시하는 가이드라인에서는 일시금방식을 종신에 걸쳐 수령할 월세상당액의 전부 또는 일부를 선불금으로

32) 유선종(2009), 미래사회에서 보는 노인주택, 도서출판 청람, p. 121

33) '고령자거주 안정확보에 관한 법률(2001년 4월 6일 공포 법률 제26호, 법률 제26호, 이하 고령자주거법)'은 2011년 4월 개정되었다. 고령자주거법의 목적은 고령자 주거의 안정을 확보하고 복지 증진에 기여하기 위한 것이다. 개정으로 인해 '고령자전용임대주택', '고령자원활입주임대주택', '고령자대상우량임대주택'의 개념이 폐지되었다.

34) 綜合ユニコム, 월간 시니어비지니스마켓(2011.7), p. 28

서 일괄하여 수령하는 방식이라고 정하고 있고, 입주일시금을 수령하는 경우에는 일정 기간 내에 사망 또는 퇴거할 시 입주개월수에 대응하는 반환금의 산정방식을 명확히 해두는 것과 함께 입주일시금의 반환대상이 되지 않는 부분의 비율을 적절히 할 것이라고 정하고 있다.

입주일시금을 임대료 선불금의 성질로서 징수해도 된다면, 입주일시금의 적당한 금액이 문제가 되어 그 산정근거의 타당성이 논쟁대상이 될 수 있다. 첫째는 입주일시금의 초기 상각의 합리성 유무이고, 둘째는 평균여명을 무시한 일률적인 상각률의 합리성 유무이다.

초기 상각의 문제에 있어서는 건물 사용이나 서비스의 제공을 받지 않았음에도 불구하고 임대료 또는 서비스의 대가를 지불해야 하는 것이 입주자에게 정당치 못하므로 인정할 수 없다는 의견이 있다. 하지만 초기에 필요한 사무 수수료나 입주 준비비용, 장래 계약만료 시 발생할 비용 등을 고려하면 그 합리성은 고려될 필요가 있다.

일률적 상각률에 대한 문제는 평균여명을 감안하여 상각연수를 결정하는 것이 이상적이지만 그것은 사업자에게 있어 복잡한 작업일 수 있다. 또 평균여명보다 오래 살게되는 입주자를 고려하여 그 가능성까지 포함하여 일시금을 상대적으로 높게 설정하는 것도 고려될 수 있다. 그렇다면 합리적인 범위 안에서라면 일률적인 상각률은 인정될 수 있지만 일률적 상각률로 일시금을 징수한다 해도 상각률이 합리적이라는 것을 입주자에게 반드시 설명해야 한다.

5) 입주일시금의 설정

입주일시금방식은 일정 금액을 입주 시에 예탁하고 여기에 가산해서 월 이용료를 지불하는 방식이다. 종신이용형 노인주택은 입주일시

〈표 6-3〉 입주일시금 산정기준

입주일시금 = {(초기 투자에 필요로 하는 원가비용 + 유지에 필요로 하는 원가비용) ÷ 총 연면적}× (해당 개인실면적+해당 입주자부담 공용 부분면적) • 초기 투자에 필요로 하는 원가비용: 토지취득비용/건축자금/설계감리비/특수부대설비공사비/특수공사비/설비비품 구입비/차량운반도구/개발 제경비 등 • 유지에 필요로 하는 원가비용: 교체비용/수선비용/조세/보험

금의 상각기간이 경과한 뒤에는 입주금의 추가 지불이 없는 시설이 대부분이다. 따라서 입주자는 입주일시금을 지불하면 추가적인 금전적 걱정 없이도 계속적으로 거주한다는 안정감을 얻을 수 있다. 이는 상각기간을 경과한 입주자의 비용 일부는 다른 입주자가 부담한다는 상호부조의 원리와 운영자의 안정적 경영을 전제로 하고 있고 입주자의 장수(長壽)리스크를 사업자가 일방적으로 담당하는 것이 된다.

경영 안정을 위해서는 입주율이 일정 수준 이상으로 유지되고 입주일시금과 상각기간 설정이 잘 맞아야 한다.[35)] 월 지불방식의 경우, 임대료상당액[36)]에 관한 보증금을 수령하는 경우에는 그 금액은 6개월분을 넘지 않아야 하고, 퇴거 시에 개인실의 원상회복비용[37)]을 제외한 전액을 반환해야 한다.

일시금방식에 의해 수령하는 경우에는 일정 기간 내에 사망 또는 퇴거했을 때의 입주개월수에 상응한 반환금의 산정방식을 명확히 하고, 일시금의 반환채무를 확실히 이행해야 한다. 또한 일시금 중 반

35) 유선종(2009), 미래사회에서 보는 노인주택, 도서출판 청람, pp. 118~119

36) 임대료상당액은 해당 노인주택의 정비에 필요한 비용, 수선비, 관리사무비, 지가에 상당하는 금액 등을 기초로 합리적으로 산정한 것으로 인근의 유사한 주택의 임대료를 기초로 산정되는 금액을 크게 상회하지 않아야 한다.

37) 원상회복의 비용부담에는 원상회복을 둘러싼 분쟁에 대비하여 가이드라인을 규정하고 있다.

환대상이 되지 않는 부분의 비율이 적절해야 하는데, 입주 후 단기간의 해약에 대해서는 체재 일수에 상응하는 비용 및 개인실의 원상회복을 위한 비용 등을 제외하고 일시금을 전액 반환하는 것이 바람직하다.

노인주택사업의 초기 투자는 주로 토지대금, 건축자금, 설비자금, 기기부품대금 등과 판매경비, 정상가동까지의 운영보전자금 등이 있다. 사업시작 후에는 시설유지경비와 정기적인 개보수비, 재산세가 지출되고 운영경비는 입주자로부터 월정액으로 식비, 관리비를 받아 보전한다. 이러한 명목으로 수납하게 되는 입주일시금이 고액으로 설정되는 이유는 다음과 같다.

첫째, 종신이용권이라고 하는 입주기간의 종료 기한이 정해지지 않은 계약을 입주 시에 체결하는 것에 있다. 일반적으로는 연령대에 따라 평균여명을 기준으로 설정하지만 사업자 측은 입주자가 평균여명보다 길게 생존하는 경우의 리스크를 감수해야 하므로 그 리스크를 회피하기 위해서는 고액으로 설정하게 된다.

둘째, 노인주택의 개설에 필요한 비용은 전부 또는 일부를 입주자에게 공평하게 부담시키는 사업구조로 되어있고, 유료노인주택 설치운영 표준지도지침에서도 입주일시금을 '설치에 필요한 비용을 토대로 합리적으로 산정한 것'이라고 규정하고 있다. 이것은 중도에 경영이 파탄하여 고령자가 쫓겨나게 되는 사태를 피하려는 소비자 보호의 관점도 있다. 지도지침에는 30년간에 걸쳐 사업수지 분석을 하여 3년마다 입주일시금을 수정하도록 지도하고 있다. 즉, 사업의 골격과 사업수지가 확실하게 짜여 있으면 지방자치단체도 고액의 입주일시금을 인정할 수밖에 없는 구조라고 할 수 있다. 이 때문에 대규모화와 호화로운 노인주택이 만들어졌고 고액의 입주일시금도 나타나게 되었다.

셋째, 입주 시에는 건강했지만 나이가 들면서 개호가 필요해지기 때문에 기한을 알 수 없는 개호비용이 더해진다. 그 비용은 어디까지나 예상하는 비용이므로 불투명한 양상을 띠게 된다. 이에 2000년을 기점으로 입주자가 일시금으로 예치한 개호비용 중 실제로 사용된 비용을 제외하고 정산하여 반환하도록 개호보험의 도입시에 행정지도가 내려졌다. 이로 인해 노인주택에 따라서는 혼란이 발생하여 입주자와 노인주택 사이에 분쟁이 발생하기도 하였으나 오늘날은 개호수가라고 하는 투명한 방식으로 정화되었다.[38]

입주일시금에는 반환제도가 있어 입주일시금을 전액 반환하는 방식, 정률법・정액법에 의한 입주금을 상각하고 상각분을 차감한 잔액을 반환하는 방식으로 구분된다. 행정당국은 유료노인주택 설치운영지도지침과 서비스형고령자주택 등록기준에서 평균여명을 밑도는 기간으로 설정해서는 안 된다는 형태의 행정지도를 하고 있다.[39]

(1) 상각방식의 변화

노인주택의 계약형태 중 특징적인 것으로 상각방식이 있는데, 이는 입주 시에 어느 정도 목돈을 입주일시금(보증금)으로 운영자에게 예탁하고 그 예탁금을 매월 상각[40]하는 방식이다. 대상 고령자층에 따라 수년에서부터 20년 정도까지 상각기간에 상당한 폭이 있다. 또한 보증금에 대하여 입주 초기에 일정 금액을 상각하거나, 상각하지 않는 보증금으로 취급하는 운영사업자도 있으므로 입주 시에 중요사항설

38) 유선종(2009), 미래사회에서 보는 노인주택, 도서출판 청람, pp. 120～121
39) 綜合ユニコム, 월간 시니어비지니스마켓(2011.7), p. 37
40) 사업자는 이를 수입으로 계상한다.

명서 등을 숙독하게 하여 충분히 이해시킬 필요가 있다.

입주금의 상각기간은 간이생명표[41]를 기준으로 입주자 연령 중 기대여명의 50%를 더하는 선에서 설정한다. 입주자별로 기대여명에 연동시켜 월 이용료를 설정하는 이유는 입주금 산정 시 충분히 여유를 두고 설정하여 입주자와 사업자의 리스크 분담을 공평하게 하기 위함이다.[42]

상각기간의 설정은 매년 발표되는 평균여명을 기초로 합리적으로 결정되어야 한다. 남녀 차이, 입주자의 평균연령, ADL[43]의 상황 등 예측이 되지 않는 것은 과거의 실적을 기준으로 산정하여 생명보험회사의 보험금 시스템과 같은 계산을 한다.

일본의 개정된 노인복지법의 경과조치가 종료되는 2015년 4월부터 이러한 상각방식에 큰 변화가 예상된다. 노인복지법의 개정법령이 전면 시행되면서 2015년부터는 모든 유료노인주택의 설치자는 월세, 보증금, 개호 및 기타 생활비용 이외의 목적으로 금품을 수령하여, 입주 시에 전액 상각하는 것이 불가능하게 되었다. 유료노인주택에서

---

41) 어느 시기에 있어서 사망상황(연령별 사망률)이 향후 일정불변인 경우 연령 계층마다 평균하여 앞으로 몇 년 더 살 수 있는지를 사망률, 생존율, 평균여명 등으로 표현한 것이다. 남성은 거의 대부분의 연령에서 이론생존율을 상회하는 결과를 보이며, 특히 85세 이상에서 현저한 차이를 보이고 있다. 여성은 80~84세층의 노인주택입주자의 생존율이 높아지고 있다.

42) 유선종(2009), 미래사회에서 보는 노인주택, 도서출판 청람, p. 119

43) ADL(Ability of Daily Life)은 보행, 섭식, 의복의 탈착, 입욕, 배설 등 일상생활 동작능력을 말한다. 고령자가 자립된 생활을 하기 위해 필요한 활동능력을 측정하는 척도이다. ADL Scale에는 여러 가지가 있는데 후생노동성이 정하고 있는 장애노인 일상생활자립도(8단계), 치매성노인 일상생활자립도(5단계)가 있다. 신체적 능력의 ADL과 식사의 준비, 쇼핑, 전화, 금전관리 등이 가능한지 여부인 수단적 일상생활능력(IADL)을 구별한다. IADL은 조리, 세탁, 쇼핑 등의 가사나 통신(전화 ·FAX·전자메일 등)에 관한 수단적 일상생활동작을 말하는데, 금전관리, 취미활동, 자동차의 운전이나 교통기관의 이용 등도 포함한다. 과거의 재활치료 등 리허빌리테이션에서는 일상생활 동작의 자립을 목표로 하고 있었으나, 최근에는 일상생활 관련 동작의 향상도 중요시되고 있다.

〈표 6-4〉 유료노인주택 설치자의 입주일시금 보전의무

설치신고시기	~2006년 3월 31일	2006년 4월 1일 ~2012년 3월 31일	2012년 4월 1일
보전조치의무	없음(노력의무)	있음	있음
단기간 해제 시의 반환규칙의 명시	2012년 4월 1일부터의 입주자에 관계되는 선불금부터 적용		
권리금 등의 수령 금지 (입주 시의 전액 상각 금지)	2015년 4월 1일부터 적용		적용 중

는 임대료 등의 선불금보전조치, 단기간 계약해제 시의 반환규칙이 이미 적용되고 있는 것에 덧붙여, 2015년 4월부터 입주일시금의 입주 시 전액 상각을 할 수 없게 하였다.[44)]

(2) 연령별 설정

입주일시금을 일률적으로 적용하면 80세와 70세의 사람이 같은 금액을 부담하게 되고, 연령이 적은 입주자가 많아질수록 사업자로서는 리스크가 높아지게 된다. 한편 입주자 입장에서도 연령이 적은 사람과 많은 사람이 같은 금액을 지불하는 것은 불합리하게 느껴진다. 따라서 이러한 이해관계의 상충을 해결하기 위해 기대여명을 적용시켜 연령이 높아질수록 입주일시금을 낮게 설정하고 있다.

같은 연령층에서도 입주일시금을 많이 예탁하면 월 이용료는 낮아지고, 입주일시금을 적게 예탁하면 월 이용료는 높아지게 된다. 이렇듯 입주일시금은 단일가격이 아닌 다양하게 선택의 폭을 넓히는 것이 입주자 모집에는 유리하다.[45)]

---

44) 綜合ユニコム, 월간 시니어비지니스마켓(2013.11), p. 62
45) 유선종(2009), 미래사회에서 보는 노인주택, 도서출판 청람, pp. 119~120

제7장
노인주택사업의 환경과 입주자보호

1. 노인주택사업의 환경
2. 의료법인과 노인주택사업
3. 노인주택의 입주자보호

제7장 노인주택사업의 환경과 입주자보호

1. 노인주택사업의 환경

1) 사회적 · 경제적 환경

현대의 노인들은 적극적이고 개방적인 가치관을 가지고 있다. 자식들로부터 독립된 편안한 노후생활을 원하며, 도시에서 다양한 편의시설과 문화, 여가, 교육프로그램의 혜택을 누리면서 동료 노인들과 시간 보내기를 원한다. 경제력 있는 노인들은 일정한 비용을 지불하더라도 편안하고 안정된 생활을 누리기를 원하며, 유료의 노인주택 등에 대해 많은 관심을 보인다. 이러한 현대 노인들의 정서와 욕구에 맞도록 설계된 곳이 노인복지주택 또는 실버타운[1]이다. 이는 노인들의 특성을 배려하여 기본적인 의식주, 의료 및 건강, 여가생활이 한 곳에서 이루어질 수 있도록 설계된 곳으로 이에 대한 관심은 점점 증

1) 실버타운에 대한 개념에는 다소 혼란이 있다. 한국토지개발공사(1995)은 실버타운을 '노인촌', '노인촌락'이라고 말하며, 유료양로원 및 요양원보다 큰 규모로서 주거시설, 휴양시설, 노인용 병원, 노인 커뮤니티시설 등 각종 서비스 기능을 갖추고 있는 '노인전용의 복합시설단지'라고 정의하고 있다. 이 책에서는 실버타운을 노인복지주택과 유사한 개념으로 규정하고자 한다.

가하고 있다.

사회와 경제의 변화는 사회보장과 고령자의 생활환경에 큰 영향을 미친다. 저출산과 핵가족화, 실업률의 악화 등에 대해 중장기적으로 파악·대처해야 한다. 개호고령자를 대상으로 한 노인주택사업은 개호나 의료서비스를 파는 것이 아니라 고령자의 일상생활을 장기적으로 서포트하는 것이다.[2)]

고령사회로 이행되면서 사회보장시스템은 큰 변화를 겪게 된다. 연금의 개정으로 인한 급부액의 저하는 피할 수 없는 상황이고, 개호보험이 장래에는 고령자 의료제도와 일원화될 가능성도 함께 검토해야 할 것이다. 이것은 서비스 사업자에게 큰 영향을 미침과 동시에 고령자의 생활에도 크게 영향을 준다.

(1) 과도기적 사업환경

노인주택시장은 개호보험과 함께 대폭적인 성장을 하였다. 그러나 개호서비스 시장을 크게 성장시킨 개호보험은 지방자치단체의 재정을 압박하는 요인이 되었고, 지방자치단체와 보험자의 부담을 낮추기 위해 개호수가를 낮추고 특정시설 인가의 총량을 제한하게 되었다.

또한, 노인보건시설이나 요양형 병상이 특별양호노인주택의 대기소로서 사회적 입원의 수단으로 이용되고 있어, 개호가 필요한 고령자의 수준(요재활훈련도, 요의료도)이나 희망에 맞춘 개호노인주택의 선택에는 현실적인 어려움이 있다.

노인주택시장은 본격적인 경쟁체제가 되기 때문에 계층마다 서비

---

2) 유선종(2009), 미래사회에서 보는 노인주택, 도서출판 청람, p. 77

스의 차이가 선명해지고 중산층 이상의 개호노인주택의 건설・경영은 민간 주도로 진행되고 있다. 케어하우스나 신형특별양호노인주택은 재정난을 이유로 지방자치단체로부터 선호되지 않아, 노인주택의 중심이 되는 것은 민간기업의 고령자 아파트나 개호상태의 고령자를 대상으로 하는 유료노인주택, 서비스형고령자주택이 될 전망이다.3)

(2) 입주일시금의 가격파괴

버블기에는 자립형으로 개설되던 노인주택이 공용 목욕탕과 댄스홀, 레스토랑 등 호화롭고 고급스러운 공용공간을 갖고 개인실 면적도 평균적으로 $60m^2$를 넘어서고 있었다.4) 개호형 노인주택은 자립형과 같은 급격한 가격변화는 없었지만 개인실 면적이 넓은 유형이 나오기 시작하면서 입주일시금도 최고와 최저의 폭이 넓어지고 선택의 폭도 늘어나게 되었다. 상품 선택의 폭이 넓어져 입주자에게 맞추는 상품이 개발된 시기로 평균 입주일시금은 2,500만 엔 수준이었다.

버블붕괴 후 자립형노인주택은 급격한 가격파괴에 휩싸였고 버블기 이전보다도 저렴한 1천만 엔대로 하락했다. 그 원인으로는 사원주택이나 기숙사를 개보수해서 노인주택으로 용도를 전환하는 컨버전(Conversion) 타입의 보급을 꼽을 수 있다. 기존의 노인주택은 호화로움과 고급스러움을 강점으로 경쟁해 왔지만, 사회경제 상황의 악화로 고액상품은 관심에서 사라지고 입주자도 급감했다. 초기 투자비용을 낮춘 개보수형은 자립자와 개호노인 모두를 입주대상으로 하는 노인

3) 유선종(2009), 미래사회에서 보는 노인주택, 도서출판 청람, pp. 234~236
4) 대체로 50~150세대 규모로 노인주택이 개설되었고, 입주일시금은 대체로 5천만 엔 수준이었다.

주택으로 상품 콘셉트를 설정하였고, 그 영향으로 노인주택의 입주금액이 하락하게 되었다.

개호보험 시작 이후에는 개호노인을 입주대상으로 하는 노인주택이 대부분을 차지하였고, 개보수형을 중심으로 노인주택이 공급되었다. 개인실 면적의 평균은 자립형이 30m^2 정도, 개호형이 15m^2 정도로 거주공간은 좁아졌다. 면적의 변화에 따라 입주일시금도 자립형이 1~2천만 엔 정도, 개호형은 5백~1천만 엔 정도가 되어, 노인주택의 입주자층이 부유층에서 중산층으로 수요의 폭을 넓히게 되었다. 이는 개호보험이 초래한 큰 효과라 하겠다.

개호보험제도 시행 이전에는 노인주택의 입주일시금이 고액이었지만, 개호보험이 도입으로 노인주택이 저변화되면서 입주일시금 1,000만 엔 미만, 월 비용도 20만 엔 이하인 노인주택이 증가했다. 이는 개호보험의 도입으로 입주대상자가 건강한 고령자에서 개호노인으로 바뀌고 건물의 넓이나 설비・서비스 내용이 변화하였으며, 개호보험으로부터의 수입이 확보되었기 때문이다.

(3) 개호형 노인주택 중심

노인주택은 자립자를 대상으로 하던 유형에서 개호보험에 의해 개호노인을 대상으로 하는 노인주택으로 변모하게 되었다. 개호보험 전의 노인주택업계는 보조금이나 공적 융자 없이 사업자가 자력으로 개설해서 운영해 왔다. 노인주택의 입주자도 공적 조치의 대상이 아니고 서비스 영역이 다르기 때문에 모든 비용을 자기부담으로 감당하고 있었지만 개호보험에 의해 제도의존형 산업으로 변화하고 있다.

노인주택이 개호형을 중심으로 진행된 이유는 다음과 같다.[5] ① 개호보험의 특정시설입주자 생활개호의 지정을 받아 운영하면 개호 수가의 금액이 결정되어 있다는 점에서 경영계획을 세우기 쉽고 안정적이며 시장의 신뢰를 받기 쉽다. ② 가족이 개호하기 곤란한 고령자가 개호에 숙련된 사람에게 개호를 받을 수 있다는 점이 입주 동기가 되어, 입주자를 모집하기 쉬운 환경이 갖추어진다. ③ 기업의 독신자 기숙사나 사원주택을 개조한 노인주택인 경우 대단한 투자를 필요로 하지 않기 때문에 신규 참가기업이 늘어나고 있다. ④ 입주일시금을 수령하여 초기 투자비용을 회수하는 사업시스템이기 때문에 자금조달이 쉽다. ⑤ 교통이 편리한 입지가 아니어도 입주자를 모집할 수 있다.

(4) 사회적 입원

고령자가 의료의 필요성이 낮음에도 불구하고 입원을 계속하는 '사회적 입원'이 늘고 있는 것은 고령자의 부담을 무료로 하기 시작한 1970년 이후부터였다. 당시 병원에서는 식비와 주거비도 무료로 하여 장기입원하는 환자가 늘어났다.

1993년에는 장기요양하는 환자를 위해 요양형 병상군이 만들어졌다. 이는 2000년의 개호보험제도 발족 후 요양병상으로 이름을 바꾸어 의료의 필요성이 높은 환자를 위한 의료보험형 요양병상과 개호를 중시하는 개호보험형 요양병상으로 나뉘었다.

후생노동성은 2006년 사회적 입원의 해소를 위해 당시 38만 병상이던 요양병상에 대해 개호보험형 요양병상은 폐지하고 의료보험형 요양병상은 15만 병상으로 삭감[6]하였다. 이 밖에 입원기간이 장기

5) 유선종(2009), 미래사회에서 보는 노인주택, 도서출판 청람, pp. 78~80

6) 당시 건강보험조합연합회의 위탁을 받아 급성기의 일반병원, 요양병상을 대상으

〈표 7-1〉 개호보험시설의 입 · 퇴원자 상황

<table>
<tr><th>시설 구분</th><th colspan="2">입원 전(%)</th><th colspan="2">퇴원 후(%)</th></tr>
<tr><td rowspan="7">개호노인복지시설
(퇴소자수 5,115명,
퇴소자의
평균 재소일수
1,474.9일)</td><td>가정</td><td>31.8</td><td>가정</td><td>2.9</td></tr>
<tr><td>개호노인복지시설</td><td>2.5</td><td>개호노인복지시설</td><td>1.1</td></tr>
<tr><td>기타사회복지시설</td><td>3.2</td><td>기타사회복지시설</td><td>0.3</td></tr>
<tr><td>개호노인보건시설</td><td>22.0</td><td>개호노인보건시설</td><td>0.4</td></tr>
<tr><td>의료기관</td><td>24.5</td><td>의료기관</td><td>28.9</td></tr>
<tr><td rowspan="2">기타</td><td rowspan="2">16.1</td><td>사망</td><td>63.7</td></tr>
<tr><td>기타</td><td>2.6</td></tr>
<tr><td rowspan="7">개호노인보건시설
(퇴소자수 15,759명,
퇴소자의
평균 재소일수
329.2일)</td><td>가정</td><td>28.8</td><td>가정</td><td>23.8</td></tr>
<tr><td>개호노인복지시설</td><td>0.7</td><td>개호노인복지시설</td><td>9.3</td></tr>
<tr><td>기타사회복지시설</td><td>0.9</td><td>기타사회복지시설</td><td>2.5</td></tr>
<tr><td>개호노인보건시설</td><td>5.2</td><td>개호노인보건시설</td><td>6.6</td></tr>
<tr><td>의료기관</td><td>25.6</td><td>의료기관</td><td>48.9</td></tr>
<tr><td rowspan="2">기타</td><td rowspan="2">11.8</td><td>사망</td><td>6.0</td></tr>
<tr><td>기타</td><td>2.9</td></tr>
<tr><td rowspan="7">개호요양형의료시설
(퇴소자수 3,411명,
퇴소자의
평균 재소일수 412일)</td><td>가정</td><td>12.0</td><td>가정</td><td>12.1</td></tr>
<tr><td>개호노인복지시설</td><td>1.5</td><td>개호노인복지시설</td><td>6.5</td></tr>
<tr><td>기타사회복지시설</td><td>0.5</td><td>기타사회복지시설</td><td>1.4</td></tr>
<tr><td>개호노인보건시설</td><td>3.7</td><td>개호노인보건시설</td><td>9.9</td></tr>
<tr><td>의료기관</td><td>75.2</td><td>의료기관</td><td>34.7</td></tr>
<tr><td rowspan="2">기타</td><td rowspan="2">7.1</td><td>사망</td><td>33.0</td></tr>
<tr><td>기타</td><td>2.4</td></tr>
</table>

자료: http://www.hospital.or.jp/pdf/06_20120229_01.pdf p. 82 및 厚生労働省(2010), 介護サービス施設・事業所調査를 재구성한 것임.

화되면 입원비도 낮아지는 재원(在院)일수 단축화정책의 영향으로 입원의 필요성이 낮음에도 불구하고 일반병상과 요양병상을 전전하는

로 행해진 전국조사에 의하면 단기입원을 포함하여 입원의료의 필요성이 적음에도 입원을 계속하고 있는 환자는 32만 명으로 추계되었고, 이 중에 요양병상의 환자는 약 15만 명으로, 일반병상의 환자가 반수 이상인 약 17만 명을 차지하고 있었다. 나아가 개호자의 부재로 재택요양이 어렵거나 개호시설에 입소하지 못하여 입원하는 환자가 1년간 약 52만 명이 포함되어 있는 것으로 밝혀졌다.

부적절한 이동이 1년간 약 78만 명에 이르는 것으로 나타났다. 이로 인해 시설과 케어주택 등의 요양형 주택을 만들거나 병원에 의한 퇴원지원의 체제 강화의 필요성이 대두되었다.[7)]

개호보험시설의 입・퇴원자 상황[8)]에 따르면 개호보험시설에 입소하기 전에는 대부분 가정(개호노인복지시설 31.8%, 개호노인보건시설 28.8%, 개호요양형 의료시설 12.0%)에서 생활하고 있지만, 퇴원 후에 가정으로 돌아오는 비율은 하락하고 있으며 이들 중 대다수는 의료기관에 대부분 남게 되거나 개호보험시설에 분산되는 것으로 나타났다.

(5) 배리어프리

병원에서 노인보건시설을 거쳐 가정에 돌아오는 데 있어서 신체기능을 보완하고 휠체어 생활 또는 간병을 받기 위해서는 기존 주택의 건축양식을 개선해야 한다. 예를 들면 기존 주택은 철제 현관문의 여는 방법과 폭이 충분하지 못하고 문을 열고 닫는 데 힘이 들어 휠체어가 출입하기에 적절하지 못하다.

따라서, 고령자가 익숙한 자신의 주거환경과 지역사회에서 안심하고 생활할 수 있도록 하기 위해서는 배리어프리 주택이 요구되는데, 단차의 해소, 손잡이 설치를 기본으로 하고 방의 배치, 통로 등 출입구의 폭, 바닥, 벽, 설비 등 폭넓은 영역의 개조가 요구된다.[9)]

배리어프리(barrier free)란 장애가 있는 사람이 사회생활을 해 나가

---

7) 유선종(2009), 미래사회에서 보는 노인주택, 도서출판 청람, pp. 86~87

8) http://www.hospital.or.jp/pdf/06_20120229_01.pdf p. 82 및 厚生労働省(2010), 介護サービス施設・事業所調査 참조

9) 유선종(2009), 미래사회에서 보는 노인주택, 도서출판 청람, p. 83

는 데 있어서 장벽(배리어)이 되는 것을 제거한다는 의미로, 1974년 UN장애자생활환경 전문가회의가 배리어프리디자인이라는 보고서를 내놓았을 때부터 사용되고 있다. 원래는 건축용어로서 건물 내의 단차의 해소 등 물리적 장벽의 제거라는 의미가 강하지만, 보다 넓게는 고령자나 장애가 있는 사람의 사회 참가를 곤란하게 하는 사회적·제도적·심리적인 모든 장벽의 제거라는 의미로도 사용되고 있다.

(6) 의료형 노인주택

고령이 되면 개호뿐만 아니라 의료케어도 필요로 한다. 예를 들어 뇌경색으로 쓰러져 입원하는 경우, 적극적인 치료가 필요한 급성기 의료단계를 지나게 되면 병원은 환자에게 퇴원을 요구하여 다른 유형의 노인주택으로 이주를 하게 된다. 왜냐하면 의료비 삭감을 위해 입원일수를 가능한 한 단축하는 방향으로 의료제도가 변경되었기 때문이다. 그러나 퇴원 이후 일상적인 의료케어가 필요한 환자를 주택개호만으로 감당할 수는 없으므로 이러한 경우에는 의료서비스가 부가된 시설을 찾게 되는데, 의료케어노인주택과 의료기관이 만드는 고령자전용임대주택 등이 여기에 해당된다.

개호보험의 적용을 받는 말기 암환자에 대한 터미널케어(종말기 의료)[10]도 이러한 의료형 노인주택을 중심으로 확대될 것으로 판단된

---

10) 터미널케어의 대상이 되는 대표적인 질병은 말기 암이다. 말기 암 환자는 통증과 함께 변비·구역질·전신권태감·불면 등 많은 고통을 겪는다. 터미널케어의 목적은 신체적으로 불쾌한 증세를 여러 가지 방법을 써서 완화하는 일이고, 환자를 정신적으로 지탱해주는 일이다. 즉, 불안과 공포를 갖는 환자에게 오랜 시간 귀 기울여 그 불안과 공포에 대해 이해심을 가지고 대할 때 비로소 환자는 정신적으로 안정감을 가지고 삶을 지탱해 나갈 수 있게 된다.

다. 이용료가 높아지는 것이 단점이지만, 추가개호 체제가 갖추어진 노인주택이 늘어난다면 인생을 마무리하는 마지막 나날을 병원이 아닌 자신이 선택한 주택에서 살 수 있게 되는 것이다.[11)]

노인주택은 입주자에게 있어서 인생의 종착역이라는 성격을 갖고 있기 때문에 거주기능을 비롯한 의료와 급식서비스를 중심으로 하는 기능, 여가를 충실히 하는 기능, 심신기능 이상으로 터미널케어기능이 요구된다.

2) 제도적 · 정책적 변화

(1) 사전협의

노인주택을 개설하는 데 있어서 지자체의 정비계획은 어떠한 시설을 개설하는지를 결정하는 중요한 상대가 된다. 예를 들면 보조금 등 공적 조성의 유무는 노인주택 개설의 자금계획에 있어서 중요한 비중을 차지하지만 보조금 등 공적 조성에는 예산제약이 있다. 특별양호노인주택을 비롯한 보조금 등 대상시설은 예산의 범위 내에서만 보조금을 받게 된다. 즉, 시설을 개설하려 해도 모든 시설에 대해 보조금이 지급되는 것은 아니다. 따라서 보조금 지급 유무에 따라서 시설의 개설 자체를 재고해야 하는 경우도 생기게 된다.

노인주택의 개설에는 지방자치단체장의 인허가를 받아야 하는 시설도 있지만 신고에 의해 허가되는 시설도 있다. 그러나 신고만으로 개설한다 하더라도 실제로는 건물을 건설하기 위한 절차와 토지의 조성, 개발 등 필요한 절차가 있고 사업 내용 심사 등 지방자치단체와

---

11) 유선종(2009), 미래사회에서 보는 노인주택, 도서출판 청람, pp. 88~89

사전협의를 해야 한다. 물론 인허가를 필요로 하는 시설의 개설에 있어서도 사전협의를 한다. 사전협의를 통해 문제점을 시정하고 해당 노인주택의 요건을 충족시켜야 한다. 사전협의의 내용, 접수시기는 개설하려는 시설과 지방자치단체에 따라 달라지므로 사전에 확인해 둘 필요가 있다.[12)]

(2) 조치에서 계약으로

공적복지서비스의 공급량이 수요에 비해 압도적으로 부족했기 때문에 행정기관이 공권력으로 이용을 조정할 수밖에 없었으며, 복지서비스가 갖는 특성이 시장원리와 조화를 이루지 못하는 영역이 많고, 무리하게 시장화시키게 되면 부작용이 많았기 때문에 전후 일본은 복지서비스를 시장원리에 맡기지 못하고 '조치제도'라는 특수한 형태를 취하게 되었다.

'조치'[13)]는 행정기관이 사회복지시설에 입소자를 입소시키는 것, 또는 이렇게 입소된 사람에 대한 처우 자체를 의미한다. 즉, 노인주택에 입소를 희망하는 자가 시설을 직접 선택할 수 없다는 것을 의미한다. 한편 '계약'은 간병노인이 노인복지 서비스제공 사업자와 직접 계약하는 것을 의미한다.

2000년 4월에 시행된 개호보험법은 노인복지업계에 있어서 혁명적인 제도였다. 이 제도가 노인복지업계에 가져온 영향은 조치에서

12) 유선종(2009), 미래사회에서 보는 노인주택, 도서출판 청람, pp. 84~86

13) 조치제도란 행정기관이 그 직권으로 필요성을 판단하여 서비스의 종류나 제공기관을 결정하는 형태로 사회복지시설에 입주자를 입소시키거나 기타의 조치를 하는 것으로, 그 필요성 판단 여부에 따라 서비스 내용이나 제공기관을 결정·제공하는 행정처분을 가리킨다.

계약으로의 복지, 즉 복지의 자유화이다. 개호보험 시행에 따라 시설 입주자가 스스로의 의지로 이용하고 싶은 시설의 복지서비스를 선택 가능하게 된 것이다.[14)]

개호보험제도의 도입을 계기로 일본에서는 공공에서 제공하던 복지서비스에 대해 민간에서 수익을 목적으로 참여하는 시장화가 정착되고 있다. 이러한 변화로 인해 입주자는 '계약'에 의해 자유롭게 필요한 서비스와 사업자를 선택할 수 있게 되어 고령자의 권리가 높아졌고, 사업자에게는 경쟁원리가 작동하여 서비스의 질이 제고되고 있다.

(3) 복지서비스의 시장화

일본은 부동산 버블이 1990년에 붕괴되면서 20여 년 동안 경제가 침체되었다. 1990년대에는 구조조정을 위해 금융기관 등에 공적 자금이 127조 엔 투입되었지만, 홋카이도 타쿠쇼쿠은행(北海道拓殖銀行), 야마이치증권(山一証券) 등의 대규모 금융기관이 연달아 도산하였다. 은행의 대출거부(貸し渋り), 정리해고라는 말이 도처에서 들려왔고, 사회 전체에 앞이 보이지 않는 패배감이 만연했다. 개호보험제도는 이와 같은 환경에서 2000년에 발족되었다. 조세수입은 감소하였고 급속하게 고령화가 진행되는 가운데 간병이 필요한 고령자를 세금으로 서포트하는 복지시책은 한계를 맞고 있었다. 정부에서는 복지로서의 간병에 대한 재원부담을 사회보험제도로 이전시킬 필요가 있었다. 이러한 변화로 인해 지자체나 사회복지법인으로 한정되어 있던 고령자 개호를 영리목적의 민간기업에게도 개방하게 되었다.

---

14) 유선종(2009), 미래사회에서 보는 노인주택, 도서출판 청람, p. 82

정부·지자체가 제공해야 하는 개호서비스는 의료법인과 사회복지법인에 위탁하는 형태로 변화되기 시작하였다. 기존에는 노인주택 설립과 운영에 있어서 위탁자 측인 정부·지방자치단체가 설립 시의 자금제공, 입주자 할당, 규정된 운영비용을 부담하고, 수탁자 측인 의료법인, 사회복지법인은 규정된 운영비용으로 지정된 서비스를 제공하는 구조였다. 개호서비스 제공은 초과 수요상태가 계속되고 있기 때문에 완전한 매수자 시장이라고 말할 수는 없다. 그러나 신규 참여, 기존 사업자의 규모 확대로 서서히 매도자 시장에서 매수자 시장으로 이동하고 있다.

2000년 4월 개호보험의 시작과 함께 고령자용 체재형 복지시설운영에 건설회사, 부동산디벨로퍼, 통신교육을 주된 업종으로 하는 학습지회사, 철도회사, 요식업회사, 전력회사, 철강회사 등 다양한 업종이 참가하고 있다. 체재형 복지시설에는 특별양호노인주택과 노인주택이나 그룹홈이 있고, 도시지역의 시설개호에 대한 수요 증가에 부응하여 노인주택이 공급되었다.

정부가 보증하는 개호보험이라는 안정적인 사업구조는 경영자에게 커다란 매력이 되었다. 특히 공공사업의 감소, 저출산으로 인한 주택착공 건수의 하락으로 구조적인 불경기에 휩쓸린 건설업계, 부동산업계에 있어서 노인주택사업은 새로운 출구전략이 되었다.

오늘날 고령자주택은 시장화 단계에 있다. 앞으로는 더욱 많은 신규 참여자의 증가와 기존 사업자의 규모 확대를 통해 입주자가 개인적 선호에 적합한 서비스를 선택하는 매수자 시장으로의 이동이 불가피해 보인다.

(4) 총량규제

국가와 지방자치단체의 재정난을 억제하기 위한 조치로 개호형노인주택의 과잉공급을 억제하기 위해 신규개설허가를 조절하거나 동결시켜 개호보험시설 총량을 규제하게 되었다.

총량규제는 개호보험사업 지원계획하에 개호보험3시설(노인복지시설, 개호노인보건시설, 개호요양형의료시설)과 개호전용주거계서비스(개호형노인주택 등의 특정시설, 치매 그룹홈)시설의 지정을 거부하여 당해 지역의 총량을 제한[15]하는 것을 말한다. 총량규제의 대상은 특정시설 입주자생활개호와 치매대응형 공동생활개호의 지정을 받은 시설로, 개호도[16]1 이상을 입주시키는 개호전용형 특정시설과 개호보험시설, 그룹홈이다.

노인주택은 신고에 의해 개설이 가능[17]하지만 개호형 노인주택을

---

15) 지자체는 특별양호노인주택과 노인보건시설 등의 개호보험시설에 대해 일정 주기마다 적정 수준의 계획량을 정해 놓고 있다.

16) 개호도는 개호상태 · 요지원상태를 개호의 필요 정도에 따라 정한 구분으로, 요지원 1~2, 개호 1~5의 7단계로 나누어진다. 65세 이상의 제1호 피보험자는 개호가 필요해진 원인을 묻지 않으나, 40~65세의 제2호 피보험자의 경우는 장년기 치매 등의 노화에 기인하는 15종의 질병(특정 질병) 중 어느 것이 원인이 되어 심신의 장애가 초래된 경우에 한정된다. 개호인정이란 피보험자가 개호보험의 급부를 받기 위해서, 해당하는 개호상태의 구분에 대해 시 · 읍 · 면의 인정을 받는 것이다. 인정의 순서로는, 우선 신청을 받은 시 · 읍 · 면의 조사원이 신청자를 방문하고 조사를 실시해, 79개의 조사항목에 대해 컴퓨터가 1차 판정을 실시한다. 그리고 그 1차 판정의 결과와 진찰한 의사의 의견서, 방문조사원이 적은 특기사항을 바탕으로 개호인정심사회가 최종적인 판정을 하여 개호도를 인정한다. 시 · 읍 · 면은 신청을 받고 나서 30일 이내에 결과를 통지해야 한다고 되어 있다. 개호상태란 신체 또는 정신의 장애로 인하여, 입욕 · 배설 · 식사 등 일상생활에서의 기본적인 동작의 전부 또는 일부에 대해, 6개월에 걸쳐 계속적인 개호를 필요로 한다고 예상되는 상태를 말한다. 일반적으로 개호보험의 개호 1~5로 판정되는 상태를 말한다.

17) 실제로는 사업 내용 등 심사를 위한 사전협의를 한다.

개설하는 데는 특정시설입주자 생활개호의 지정[18]을 받아야 한다. 그러나 계획량을 초과하는 지자체에서는 이들 시설의 신규 개설이 불가능하다. 개호보험비용의 과다 지출로 부담을 느끼던 지자체에서는 이 규제에 포함되지 않는 혼합형 특정시설도 규제대상에 포함시켜 달라고 요청하게 되었고, 2006년 4월부터는 계획량을 초과하는 지자체에서 개호보험이 적용되는 시설의 신규개설은 사실상 할 수 없게 되었다.

이처럼 노인주택은 특정시설에 대한 한도를 설정하는 형식으로 총량규제를 하고 있어 노인주택을 개설하려는 경우에는 규제에 관한 정보를 입수하고 지역에 따른 차이가 있으므로 개설하려는 지역의 정보를 입수하여야 한다.

이에 대한 대응으로 민간업자들은 특정시설의 지정이 필요 없는 주택형 노인주택과 고령자 전용임대주택으로 경영전략을 바꾸고, 외부로부터 개호서비스를 제공하는 사업자를 불러서 개호서비스를 제공하는 사업모델을 구축하게 되었다.[19]

총량규제를 실시한 결과 개호보험제도시행 후 급성장하던 개호형 노인주택의 증가가 멈추었고, 총량규제에서 제외되는 주택형노인주택과 고령자전용임대주택은 크게 성장하였다.[20]

2012년부터 시작된 제5기 개호보험사업계획에서는 주택서비스에 대한 총량규제가 사라진다. 지방자치단체가 2012년부터 새롭게 창설한 '정기순회 · 수시대응형 방문개호간호등(24시간서비스)'의 보급을 위해, 필요한 경우 시읍면은 시군구에 사업자지정에 관한 협의를 요구

---

18) 지방자치단체가 정하는 개호보험 사업지원계획에 있어서 해당 지역이 이미 특정시설입주자 생활개호의 정원수를 충족하고 있는 경우에는 신규로 지정하지 못하게 되어 있다.

19) 유선종(2009), 미래사회에서 보는 노인주택, 도서출판 청람, pp. 84~85

20) 綜合ユニコム, 월간 시니어비지니스마켓(2009.5), p. 34

〈표 7-2〉 총량규제(2014년 목표치) 이미지

내용	2004년도	2014년도
1. 개호보험3시설 및 개호전용 주거계서비스의 적정한 정비		
개호 2~5에 대한 시설・주거계서비스이용자 비율	41%	37% 이하
2. 개호보험3시설이용자 중증자에 중점		
입소시설 이용자 전체에 대한 개호 4, 5의 비율	59%	70% 이상
3. 개호보험3시설 개실화 추진		
개호보험3시설 개실 비율	12%	50% 이상

자료: 綜合ユニコム, 월간 시니어비지니스마켓(2009.5), p. 34

〈표 7-3〉 개호보험3시설의 수급자수(2013년 3월 기준)

개호보험시설	수급자(명)
개호노인복지시설	471,457
개호노인보건시설	338,981
개호요양형의료시설	72,974

자료: 綜合ユニコム, 월간 시니어비지니스마켓(2014.1), p. 87

할 수 있고, 시군구는 이 협의를 바탕으로 주택서비스의 지정을 행하지 않거나 또는 행하는 경우에는 조건을 달 수 있게 되었다. 이것이 '시읍면협의제 도입'이다.[21]

(5) 서비스형고령자주택의 도입

서비스형고령자주택(サービス付き高齢者向け住宅)은 2011년 10월 20일 등록제도가 시작되었다. 이 제도는 고령자주택정책을 통괄하는 '고령자거주의 안정확보에 관한 법률(高齢者の居住の安定確保に関する法律)'에서 기존의 고령자주택제도를 정리・통합하는 것을 목표로 개정된 것

21) 綜合ユニコム, 월간 시니어비지니스마켓(2012.3), p. 35

이다. 서비스형고령자주택은 노인인구의 증대에 따라 개호자와 단신·부부세대 등 의료·개호·생활지원을 필요로 하는 노인이 증가하였고, 이에 대해 재정부담이 큰 시설개호[22]보다는 재택개호로의 이행을 꾀하려는 정부의 의도에서 비롯되었다.[23]

서비스형고령자주택에서 지원하는 서비스에 따라 자택에 거주하는 재택개호와 고령자지원서비스로 구성하였다. 서비스 내용은 의료·개호·생활지원의 세 분야로 정리된다. 생활지원은 생활상담·안부확인(상황파악), 식사제공, 청소·세탁 등으로 구성되어 있다.

서비스형고령자주택은 컨셉에 따라 '개호형', '의료형', '자립형', '복합형'으로 구분하는데, 개호형은 주택 외에도 방문개호사업소, 주택개호지원사업소, 소규모다기능형주택개호사업소 등을 부대사업으로 하며 요개호 인정을 받은 노인이 입주한다. 의료형은 재택요양지원진단소를 시작으로 클리닉을 병설하거나 병원 근처에 주택을 건설하는 등 의료연대를 강화하는 타입이다. 재원일수 단축의 영향을 받아 퇴원 후의 거처가 되는 것 외에도, 말기 암환자나 투석환자, 치매전문 건물이 등장하는 등 의료의존도가 높은 노인을 대상으로 하는 유형으로 자리잡고 있다. 자립형은 개호를 필요로 하지 않는 활동적인 노인을 대상으로 하고 있어 주택면적도 비교적 넓고, 부부나 부모자녀의 입주를 대상으로 하는 물건도 있다. 복합형은 개호형과 의료형, 자립형을 복합한 타입이다. 한쪽이 요개호상태인 부부의 경우 입주할 수 없는 노인주택도 많아 이러한 잠재적인 니즈를 해결할 수 있다.

국토교통성은 서비스형고령자주택의 정비를 위해, 신축의 경우 건축비용의 10분의 1(1호당 상한 100만 엔), 개보수는 비용의 3분의 1(1

22) 개호노인복지시설, 개호노인보건시설, 개호요양형의료시설.
23) 綜合ユニコム, 월간 시니어비지니스마켓(2012.3), pp. 28~33

호당 상한 100만 엔)의 보조금을 지급한다. 또한 병설되는 고령자생활지원시설에 대해서도 신축은 건축비용의 10분의 1(1시설당 상한 1,000만 엔), 개보수는 비용의 3분의 1(1호당 상한 1,000만 엔)의 보조를 받을 수 있다. 고령자생활지원시설은 개호(데이서비스, 방문개호 · 간호, 자택개호지원사업소 등)와 의료(병원, 진료소 등), 종합생활서비스창구, 생활상담서비스, 식사서비스, 교류, 건강 유지를 위한 입주자의 일상생활을 서포트하는 기능의 정비를 목적으로 하고 있다. 세제우대는 소득세 · 법인세, 고정자산세, 부동산취득세에 대해 2013년 3월 말까지 특례가 적용된다. 고정자산세와 부동산취득세는 연간 1,290만 엔의 감세를 받을 수 있다. 융자지원은 독립행정법인 주택금융지원기구에서 35년 또는 15년간의 고정금리로 2%대의 저리융자가 실시되고 있다.

2. 의료법인과 노인주택사업

1) 의료법인의 참여

노인주택에서 일상적인 개호뿐만 아니라 의사의 건강상담과 만일에 대비한 병원 등의 연대를 기본으로 의료적 조치를 받을 수 있는 체제는 입주자에게 '안심'을 주는 요인이 된다. 노인주택에서 24시간 왕진, 방문간호를 실시하는 재택요양지원진료소를 병설하는 등으로 '안심하고 생활할 수 있는 거주지'를 제공하는 것은 중요한 요소이다. 입주자 모집에 있어서 '의료법인의 직접운영'만으로는 성공적인 사업 전개를 기대하기 어렵다. 의료와 개호 사이의 시스템도 다르고 직원에게 요구되는 마인드도 상이하기 때문이다. 개호의 노하우를 충분히 쌓는 것뿐 아니라 개호 직원의 확보도 중요한 고려 요인이며 부동산사업으로서의 지식과 이해도 요구된다.

2007년도 의료법개정으로 의료법인이 노인주택과 고령자전용임대주택을 직영할 수 있게 되면서 의료법인이 고령자주택사업에 참여하고 있다. 이러한 개정은 '재원일수의 단축화', '요양병상의 삭감' 등 의료비 억제를 유도하려는 국가의 시책에 기인한다. 특히, 개호요양병상을 폐지하면서 '개호요양형 노인보건시설'로의 전환을 유도하고 노인주택과 고령자전용임대주택의 직영을 허가하여 의료·개호난민의 발생을 흡수하려는 것이다. 민간사업자에게 있어 의료법인의 참여는 강력한 경쟁자의 출현이며 위협이지만 지역 내에서 연대하여 협동함으로서 더욱 질 높은 의료·개호를 기대할 수 있게 되었다.

사업 주체인 의료법인은 의료사업을 경영하면서 축적된 노하우를 활용하여 입주자에게 개호서비스를 제공하는 것으로 개호보수를 받을 수 있고, 방문진료로 의료보수를 받는 등의 사업적 메리트도 기대할 수 있다. 또한 의료법인은 요양병상에서 전환한 경우 총량규제의 대상인 개호형노인주택 등의 특정시설에 대한 규제에서 제외되므로 유리한 조건을 갖게 된다.[24)]

(1) 의료와 개호의 연대와 시너지

재택의료의 경우 2012년 17만 명에서 2025년 29만 명으로 크게 확충되고, 재택개호도 2012년 320만 명에서 463만 명으로 확충되

24) 綜合ユニコム, 월간 시니어비지니스마켓(2009.5), pp. 46~47

고, 거주형서비스도 33만 명에서 62만 명으로 2배 정도 확충되었다.

의료법인이 노인주택시장에 참여하면서 발생되는 가장 큰 강점은 노인주택의 서비스를 제공하면서 입주자가 요구하는 의료서비스를 손쉽게 제공할 수 있다는 시너지 효과이다. 시너지 효과는 환자에게 있어서는 의료와 개호가 유연하게 제공되는 효과가 있고, 법인의 경영면에서는 의료보험, 개호보험, 기타 수입을 얻을 수 있다는 효과,

〈표 7-4〉 의료 · 개호서비스의 확충 계획

	2012년		2025년	
의료	병상수, 평균 재원일수	109만 상, 19~20일	고도급성기	22만 상, 15~16일
			일반급성기	46만 상, 9일
			아급성기등[25]	35만 상, 60일
	의사수	29만 명	32~33만 명	
	간호직원수	145만 명	196~206만 명	
	재택의료등(1일당)	17만 명분	29만 명분	
개호	이용자수	452만 명	657만 명(1.5배) • 개호예방 · 중증화예방으로 전체 3% 감소 • 입원의 감소(개호로 이행): 14만 명 증가	
	재택개호 소규모다기능 정기순회 · 수시대응형 서비스	320만 명분 5만 명분 —	463만 명분(1.5배) 40만 명분(7.6배) 15만 명분(—)	
	거주형서비스 특정시설 그룹홈	33만 명분 16만 명분 17만 명분	62만 명분(1.9배) 24만 명분(1.5배) 37만 명분(2.2배)	
	개호시설 특양 노건(+개호요양)	98만 명분 52만 명분 47만 명분	133만 명분(1.4배) 73만 명분(1.4배) 60만 명분(1.3배)	
	개호직원	149만 명	237~249만 명	
	개호비용	8.9조 엔	21조 엔	
	제1호보험료(월)	약 4,972엔	약 8,200엔	

자료: 內閣官房社會保障改革担当室長, 社會保障と税の一体改革について, 2012.7.12, p. 54

25) 아급성기(亜急性期): 급성기의 상태를 지나 회복기에 있는 경우.

나아가서는 지역의료·개호를 안정적으로 공급할 수 있다는 점 등 다양한 효과가 발생하게 된다.

그러나 의료법인이 노인주택에 참여하여 실패하는 사례도 적지 않다. 그 이유는 의료가 부대된 주택이라면 가격을 높게 설정해도 괜찮을 것이라는 과신에 기인한다. 시장은 과당 경쟁으로 가격과 수요의 미스매치가 발생하여 입주자가 모이지 않는 결과를 초래하기에 의료가 있으므로 입주자가 안심하고 살 것이라는 생각은 안일한 발상이다.

질병을 가진 노인의 경우, 의료법인에서 공급하는 노인주택은 노후의 안심을 목적으로 입주를 검토하게 되는데, 자금적 여유 정도에 따라 입주 여부를 결정하게 된다. 따라서 건설하려는 노인주택이 의료적 처치가 요구되는 환자를 대상으로 하는지 노후의 안심과 편안한 삶을 추구하는 부유층 대상인지 정확히 해야 할 필요가 있다.[26)]

(2) 재원조달

의료법인의 의료수입은 감소하고 시설기준·인원기준은 엄격해져 비용은 증가하는 등 일본에서는 병원의 70%는 적자의 상황이 될 것으로 예상하고 있다. 이러한 환경하에서 의료법인이 개호시장에 참여하기 위해서는 재원조달이 중요한 과제가 되는데, 최근에는 지주사 또는 민간사업자와 연대하는 서브리스 방식이 고려되고 있다.

의료법인에 있어서 시설개설의 우선순위는 본업인 병상의 신·증설, 의료기기의 쇄신 등이 상위이고 노인주택개설은 경영 면(특히 자금면)에서 여유가 될 경우에 진행하는 것으로 그 우선순위가 높지 않은 것이 사실이지만, 민간사업자와 연대하여 등가교환 방식을 채용하여

26) 綜合ユニコム, 월간 시니어비지니스마켓(2010.4), pp. 16~17

병원재건축과 노인주택을 개설하는 경우도 나타나고 있다.[27]

의료와 개호가 연계될 때의 재원조달방법은 차입, 리스, 진료보수 등 보험채권의 유동화, 부동산의 유동화를 고려할 수 있고, 자금제공자로는 은행, 논뱅크[28], 헬스케어펀드, 기타 등이 있다. 자금제공자에 따라 자금제공 방법도 다르다. 먼저, 은행은 차입금의 제공으로 다른 제공방법과 비교하여 저리이고 통상적으로 투자자의 입장에서 가장 먼저 택하는 방법이기도 하다. 은행에서 리스나 진료보수 등의 채권을 유동화하는 경우는 많지 않다. 부동산의 유동화는 SPC를 보면 자금제공액의 과반수가 은행이므로 투자자로부터의 재원 조달이 목적인 경우 은행과의 긴밀한 관계는 중요하다. 은행은 이자가 1% 이하인 예금으로 자금조달을 하지만, 헬스케어펀드는 부동산 유동화의 형태로 재원조달을 하기 때문에 조달비용이 상대적으로 높은 편이다.[29] 논뱅크의 주요 제공방법은 리스로, 상황에 따라 차입금을 제공하지만 은행과 비교하여 이자가 비싼 편으로, 소규모 사업자나 은행거래에서 대출받기 어려운 사업자가 이용하는 경향이 있다.

2) 사회복지시설 경영

의료와 복지재원이 고갈되면서부터 사업에 소요되는 부담을 사업자와 입주자에게 전가하는 형식으로 의료와 복지제도는 변화하고 있다. 복지시설 경영은 질 높은 서비스를 공공성과 효율성을 근간으로

---

27) 綜合ユニコム, 월간 시니어비지니스마켓(2010.4), p. 18

28) Non-Bank, 은행 이외의 대출기관으로 특징으로는 예금기능은 없고 대출기능만 있다.

29) 綜合ユニコム, 월간 시니어비지니스마켓(2012.4), pp. 46~47

실현하고 입주자의 권리를 옹호하는 것에 있다. 이를 위해 복합형 시설군의 장점인 치료의 연속성, 종합성, 생애성, 정보수집, 정보제공, 직원교류 연대와 협동 등을 최대한 끌어내면서 단점인 권위주의, 매너리즘을 배제하는 것이 가능토록 시설 간의 조화를 도출해야 한다.

의료와 복지제도에서 국가의 지원을 기대하기 어려울 때에는 자력으로 질(Quality)과 효율을 추구하고 의료법인과 사회복지법인이 함께 운영하는 형태를 고려할 수 있다. 복합적 경영을 통한 의료, 보건, 복지를 망라한 시설운영으로 효율과 질적 제고를 유도하는 것으로, 이러한 시설은 동일한 사이트에 있거나 인근 지역에 설치되어 상호 보완적인 역할을 하는 것이 특징이다.[30)]

(1) 시설의 연계성

고령자의 유형에는 건강한 자, 가벼운 질병과 장애를 가진 자, 중간 정도의 질병과 장애를 가진 자, 무거운 질병과 장애를 가진 자로 나뉘어 있고, 시간의 경과에 의한 가령으로 인해 장애와 질병은 심화되어 가는 것이 일반적이다.

예를 들어 건강한 단신(單身)생활을 하고 있는 고령자가 스스로 밥을 지어 먹을 수 없는 정도로 일상적인 생활기능 저하를 느끼게 되면 케어하우스 생활을 선택하게 된다. 케어하우스 생활 중에 만성 질병으로 인해 신체기능이 더욱 저하되면, 노인보건시설에서 재활(리허빌리테이션)을 통한 기능회복을 한다. 만성 질병이 심해지면 의료기관에서 치료를 받게 되고 상시 개호를 필요로 하는 상태로 진행이 되면,

30) 유선종(2009), 미래사회에서 보는 노인주택, 도서출판 청람, pp. 224~225

특별양호노인주택에 입소하는 것이 일반적인 진행 과정이다.

그러나 개호보험 이전에는 법률과 제도의 연속성이 확보되지 않았다. 예를 들면 케어하우스와 노인보건시설을 이용하던 사람이 특별양호노인주택의 입소대상이 되더라도, 지방자치단체에 설치되어 있는 입소판정위원회의 심사판정을 받아 필요하다고 인정되는 경우에 비로소 입주자격이 주어지게 된다.

현실적으로는 특별양호노인주택에 공실이 없어서 1~2년 기다리다가 그 사이에 사망하거나 민간의 노인주택에 입주해 버리는 경우가 대부분이다. 이러한 상황이 벌어지는 이유는 케어하우스와 노인주택은 특정시설이면서 그 이용은 사업자와 입주자의 계약에 근거한 것이지만, 특별양호노인주택 입주자는 노인복지법에 근거한 '조치'라는 행정처분으로 사업자와 입주자의 선택과 요청이 받아들여질 여지가 없기 때문이다.

(2) 복합형 시설군의 확립

고령으로 인한 노환 등의 장애는 되돌리기 힘들고, 통상적으로는 치료되는 질병도 아니며 연속해서 진행되기 때문에 고령자의 장애에 대한 개호는 의료, 보건, 복지의 연계가 필요하며 생활, 건강, 보람, 질병, 장애, 가족관계 등 여러 가지 요건이 고려되어야 한다. 따라서 복합형 시설군을 정비하고 있는 법인과 시설에서는 입주자가 이들 시설군을 이용할 때마다 의료, 보건, 복지라는 영역에서 입주자에 대한 정보가 분석되고 축적되어 필요에 따라 통합적으로 활용될 수 있다.

시설 경영에 있어서 시설 종류가 다양하거나 복합형 시설군을 갖추고 있는 것, 시설 그 자체의 규모가 크다는 것은 시설 경영에 있어서 유리하게 작용한다. 그 이유는 입주자의 다양한 니즈에 대응이 가능하여, 입주자가 시설을 선택할 때 신뢰와 안정감을 갖게 하고 물품의 대량 일괄구입을 통해 효율성을 확보하기 쉽고, 정보수집과 제공이 용이하여, 입주자에 대한 서비스의 종합화가 가능하기 때문이다.

(3) 입주자의 신뢰

고령자의 상황에 적합한 시설을 선택함에 있어 다양한 판단기준이 있다. 특별양호노인주택은 조치제도로 입주자 수의 제한이 있고, 노인보건시설은 이용기간이 제한되어 있으며, 노인병원과 노인주택은 비용이 비싼 편이다. 또한 노인복지시설은 일정 기간을 넘기면 개호수가의 지급액이 감액되므로 시설에서는 퇴소를 요구하게 되고 결국 다른 시설을 찾아 나가게 된다. 입주자와 그 가족은 고령자의 장애 정도에 따라 지속적이고 안정적인 시설이용을 원하지만 법제도상의 한계와 시설수의 절대부족으로 어려움을 겪고 있다.

개호보험법이 시행되면서부터는 특별양호노인주택, 노인보건시설, 케어하우스 등의 시설이 조치에서 계약의 형태로 바뀌어 사업자와 입주자가 직접 계약을 통해 입주를 판단하고 결정할 수 있게 되어, 입주자의 의사와 선택이 존중되고 연속성과 신뢰성이 확보될 수 있게 되었다.[31)]

---

31) 유선종(2009), 미래사회에서 보는 노인주택, 도서출판 청람, pp. 226~227

3. 노인주택의 입주자보호

노인주택의 상담 건수는 해가 거듭할수록 증가하고 있고 그중 80%가 계약과 해약에 관한 것으로 입주일시금 등의 반환에 관한 상담이 대부분을 차지하고 있다.[32] 2010년 12월 내각부의 소비자위원회는 단기해약특례제도의 법령화(90일 룰), 선불금 보전조치[33]의 철저한 이행을 건의하였다.

노인주택을 개설하는 사업자 중에는 대기업과 복지시설의 운영에 익숙하고 재무건전성이 양호한 기업뿐 아니라 재무기반이 약한 기업도 있다. 입주자보호와 노인주택의 관리를 위하여 장부(이용료의 수령, 일상생활상의 편의, 신체구속, 고충, 사고상황과 처리 등의 기록)의 작성과 보존, 중요사항설명서[34]의 교부가 의무화되었다. 또한, 입주일시금의 산정근거를 서면으로 명시하고 또한 도산 등의 경우에 대비하여 보호조치를 강구하였고, 지방자치단체장은 보고내용을 조사하는 것 외에도 필요시에 현장검사를 할 수 있도록 명문화하였다.

---

32) 綜合ユニコム, 월간 시니어비지니스마켓(2011.7), p. 18

33) 2006년 4월부터 운영회사가 도산했을 경우에 대비하여 입주금과 선납임대료 등의 보전조치가 의무화되었다. 구체적으로는 미상각의 선납임대료가 500만 엔과 비교하여 낮은 쪽을 보전하는 것으로 은행이나 보험회사와 보증계약을 맺는 것이다. 2006년 4월 이후에 개설된 시설에는 보전조치가 의무화되어 있다.

34) 사업자나 노인주택의 개요, 서비스, 요금, 직원의 대응체제 등 해당 노인주택에 관한 중요한 내용을 요약해 놓은 설명서이다. 사업 주체 법인(영리법인이나 재단법인 등)의 개요, 시설 개요, 거주권의 종류, 종업원에 관한 사항, 서비스의 내용, 이용료의 지불방식, 이용요금, 인허가 기관의 노인주택 설치운영지도지침에 대한 적합성, 개호서비스 등의 일람표, 비용 및 사용료 일람표 등 시설의 중요한 사항에 관해서 기술되어 있는 문서이다. 기술형태는 후생노동성의 표준서식으로 기재내용에 대한 충분한 설명도 의무화되어 있어 장점만을 기재하고 있는 홍보물과는 달리, 다른 노인주택과 비교할 때 객관적이고 공평한 비교가 가능하다.

1) 정보공개 의무화

입주자가 입주 전에 노인주택에 대해 다각적으로 검토할 수 있도록 여러 가지 정보공개를 의무화하였다. 주된 항목으로는 입주정원과 입주자 수, 입주일시금의 액수와 해약 시 반환금의 산정방법, 월 이용료와 내역, 요개호상태가 될 경우 개호를 받는 장소, 추가비용, 개호직원과 간호직원 등의 인원수, 개호직원 비율, 야간직원 체제, 개인실 면적, 개인실 설비, 담화실 유무 등 구조와 설비, 서비스 대응체제 등이다. 이러한 정보는 중요사항설명서에 명기되어 있기 때문에 계약서의 내용과 관리규정을 계약 전에 검토해야 한다. 이 외에도 개호서비스 일람표와 서비스요금표도 사전에 확인해야 한다.

또한 입주일시금을 징수하는 시설에는 대차대조표와 손익계산서도 입주자가 요청하면 공개하도록 의무화되어 있고, 사업수지계획서도 공개하도록 지도하고 있다. 통상적으로 경영이 건실한 노인주택은 정보를 사전에 공개하고 경영도 투명하게 하고 있으므로 정보공개를 꺼리는 노인주택은 주의해야 한다.

2) 유료노인주택 설치운영 표준지도지침

노인주택은 설치자가 신고를 하는 시스템이다. 그 신고수리 전에 지방자치단체장이 설치자에게 지도・조언을 하게 되어 있으나 그 경우 지도방침은 지방자치단체가 독자적으로 결정한다.

유료노인주택의 개발이 본격적으로 시작된 것은 1974년에 후생성이 '유료노인주택 설치운영 표준지도지침'을 제정하면서부터이다. 노인주택 중에는 시설기준을 만족시키지 못하는 시설 또는 다른 이유로

〈표 7-5〉 유료노인주택 설치운영 표준지도지침상 노인주택의 구분

<table>
<tr><th colspan="2">유형</th><th>공통 내용</th><th>특징</th></tr>
<tr><td rowspan="2">요양간호형 노인주택</td><td>일반형 특정시설입주자 생활개호</td><td rowspan="2">개호 등의 서비스가 있는 고령자용 주거시설이다. 개호가 필요해도 시설에서 제공한 특정시설입주자 생활개호를 이용하면서 생활을 계속할 수 있다.</td><td>개호서비스는 노인주택의 직원이 제공한다.</td></tr>
<tr><td>외부서비스이용형 특정시설입주자 생활개호</td><td>노인주택의 직원이 안부확인이나 개호계획 작성 등을 실시하고 개호서비스는 개호서비스 사업소가 제공한다.</td></tr>
<tr><td colspan="2">주택형 노인주택</td><td>생활지원 등의 서비스가 있는 고령자용 주거시설이다.</td><td>개호가 필요한 경우 입주자 자신이 선택하여 지역의 방문개호 등의 개호서비스를 이용하면서 해당 노인주택에서 생활을 계속할 수가 있다.</td></tr>
<tr><td colspan="2">건강형 노인주택</td><td>식사 등의 서비스가 있는 고령자용 주거시설이다.</td><td>개호가 필요한 경우에는 계약을 해제하고 퇴거해야 한다.</td></tr>
</table>

노인주택으로서 지방자치단체장에 신고하지 않는 노인주택이 있었다.

2000년 개호보험법이 시행된 이후 여러 번의 개정을 거쳐 제도의 내용과 개호수가 등이 크게 바뀌었고, 노인복지법의 개정과 함께 유료노인주택 설치운영 표준지도지침도 변경되었다. 후생노동성은 2002년 7월에 유료노인주택 설치운영 표준지도지침을 개정하였다. 개정된 표준지도지침에서는 노인주택을 개호형 · 주택형 · 건강형으로 분류하고, 시설기준을 완화하여 유사시설을 주택형 혹은 건강형의 노인주택 안에 포함시켜서 지방자치단체장에 대한 신고를 의무화하고 관리 감독하는 방향으로 바꾸었다. 따라서 이들 주택형과 건강형은 아파트나 임대아파트와 같이 입주자와 임대차 계약을 맺고 개호가 필요하게 되는 경우에는 입주자 개인이 방문개호사업자 등으로부터 개호서비스를 제공받게 되었다.[35]

35) 유선종(2009), 미래사회에서 보는 노인주택, 도서출판 청람, pp. 130~131

3) 입주일시금의 보전조치

입주일시금은 임대료와 추가개호의 선지불이라는 의미를 갖는 예치금이다. 따라서 사업운영자금과는 별도로 보전되어야 하며, 중도에 퇴거하는 경우에는 입주기간에 따라 반환될 수 있어야 한다. 그러나 경영상태가 부실한 노인주택은 별도로 보전되어야 하는 입주일시금을 차입금의 상환에 충당하거나 사업운전자금으로 소비하는 것이 일반적이다. 그 결과 노인주택 운영사업자의 도산이나 입주자 사정으로 중도에 퇴거하려는 경우에 반환되어야 할 일시금을 돌려받지 못하는 경우가 있게 된다. 따라서 2006년 개정에서는 선납되는 일시금에 대하여 500만 엔이나 상환채무 잔액 중 낮은 금액을 보전하도록 의무화[36]하였다.

2006년 4월 이전에 개설된 노인주택에 대해서는 노인주택의 일시금 보전은 권고사항이었다. 그러나 그 이후에 개설된 노인주택에 대해서는 은행 등에 의한 연대보증, 모회사에 의한 연대보증, 보험사업자에 의한 보증보험, 전국유료노인주택협회의 입주자기금 등에 의해 일시금은 보전되도록 하고 있다. 후생노동성이 당장의 생활자금으로서 적절하다고 판단한 500만 엔의 보증금액은 충분한 조치는 아니지만 아무런 대책이 없던 시기보다는 진전된 것으로, 모호했던 일시금의 산정근거를 서면으로 명시하도록 의무화하였다.[37]

노인복지법에서는 노인주택의 선불금은 각종 서비스의 대가이므로 장래의 대가도 포함되는 것을 전제로 입주일시금의 보전조치[38]를 의

36) 선불금의 보전조치는 2006년 4월 이후에 개설된 시설부터 의무화되어 적용되고 있다.

37) 유선종(2009), 미래사회에서 보는 노인주택, 도서출판 청람, p. 124

38) 노인복지법에서는 노인주택 선불금(입주일시금 등)의 보전조치를 5가지 방법으로

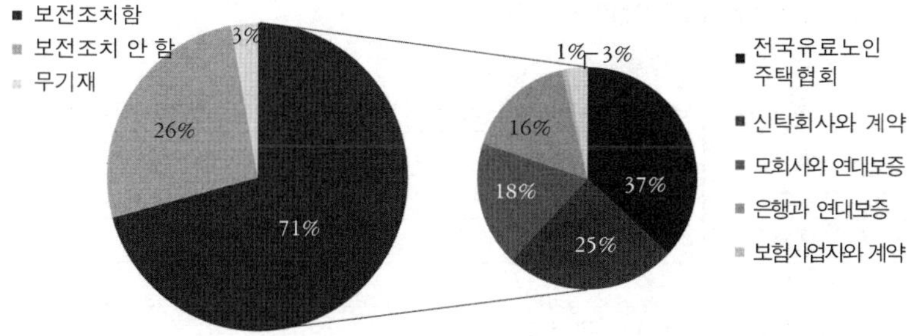

자료: 소비자위원회(2010.12.17), 유료노인주택의 계약에 관한 실태조사.

〈그림 7-1〉 입주일시금의 보전조치의 실태

무화하고 있다. '고령자거주 안정확보에 관한 법률'에 의해 서비스형 고령자주택은 선불월세 등의 반환기준 및 보전조치가 등록기준으로 규정되어 있으나, 적용대상은 선불월세로 한정하고 있어 월세 이외의 다른 서비스의 선불금은 그 적용대상이 되어있지 않아 분쟁과 갈등이 발생하고 있다.[39]

4) 선불금의 신탁

에스크로(Escrow)는 미국 부동산 거래에서 발달한 제도로, 계약 당사자 간의 대금결제와 상품, 물건 수취 등의 거래에서 확실성과 안전성을 보장하는 중개서비스를 말한다. ㈜일본에스크로신탁(日本エスク

정하고 있다. ① 은행 등과 보전금액에 상당하는 부분에 대해 연대보증계약, ② 신용평가기관(rating company)에 의해 특정 등급 설정이 부여된 모회사 간 연대보증계약, ③ 손해보험사업자와의 보증보험계약, ④ 공익법인(전국유료노인주택협회에 의한 협회보증)과의 보전계약으로 지방자치단체장가 인정하는 계약, ⑤ 신탁회사 등과의 사이에 보전금액의 선불금을 지불한 임차인을 원본수익자로하는 신탁계약 등이다.

39) 綜合ユニコム, 월간 시니어비지니스마켓(2011.7), pp. 29~30

〈표 7-6〉 일본에스크로신탁의 회사 개요

회사명	㈜일본에스크로신탁
소재지	요코하마시 니시구 키타사이와이1-11-15 요코하마ST빌딩 11층
URL	http://www.j-escrow-trust.co.jp
연락처	045-325-5081
대표자	야마코시 시게루
자본금	2억
운영시작일	2007년 1월 5일
사업 내용	관리형 신탁업무

ロー信託)은 일본에서는 에스크로 업무의 개척자와 같은 존재로, 지금까지 쌓아 온 노하우를 살려서 '서비스형고령자 임대주택 및 유료노인주택의 선불금 분별관리신탁'을 개발하였다.

유료노인주택과 서비스형고령자주택의 선불금은 관련 법령(노인복지법, 고령자거주 안정확보 관련법)에서는 시설사업자가 파탄할 경우를 대비하여 보전조치하는 것을 의무화하고 있다. ㈜일본에스크로신탁에서 제공하는 서비스는 보전조치를 신탁하는 것으로 시설사업자는 신탁회사와 신탁계약을 맺고 입주자에게서 수령한 선불금을 신탁한다. 신탁회사는 신탁구좌에서 선불금을 관리하고 매월 전월의 상각분을 사업자에게 교부한다. 만일 사업자가 파탄한 경우에는 원금수익자인 입주자의 수익자대리인이 원금수익권을 일괄 행사하여 입주자에게 반환하도록 구성되어 있다.

비슷한 다른 서비스로는 시설사업자가 복수의 시설을 운영하고 있어도 동일 신탁계약으로 보전조치가 가능하고, 일반적 규모의 시설이라면 신탁보수는 신탁계약 시 50만 엔, 관리보수는 1동당 매월 1만 엔을 지불하면 된다. 저렴한 비용으로 사업자는 고객과 신용을 확보할 수 있다. 또 신탁구좌가 페이오프 대상 외의 결제용 보통예금구좌로

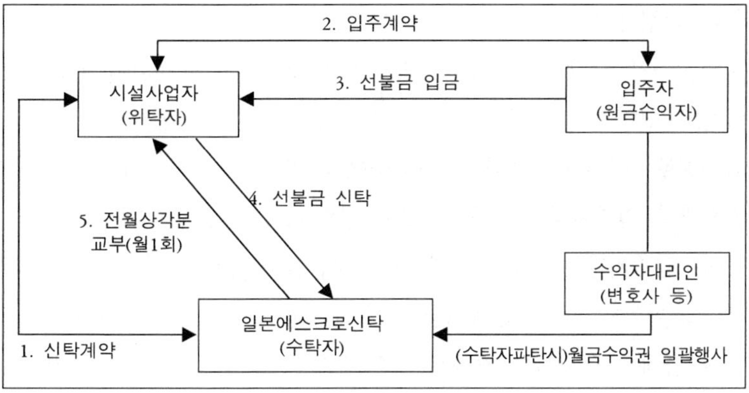

〈그림 7-2〉 신탁스킴

운용되지 않고 전액 보호되어 입주자에게 안심감을 제공할 수 있다.[40)]

5) 단기해약특례

노인주택에 관한 분쟁의 대부분은 해약 시의 입주일시금 등 요금 반환에 관한 사항이다. 2006년 유료노인주택설치운영지도지침에는 '계약체결일부터 90일 이내에 계약을 해제하는 경우, 이미 수령한 일시금의 전액을 이용자에게 반환할 것'으로 정하고 있다. 입주자가 계약일로부터 90일 이내에 계약을 해제하는 경우에는 수령한 일시금의 전액을 반환하는 단기해약특례제도(cooling-off)[41)]로 입주일시금의 반

40) 綜合ユニコム, 월간 시니어비지니스마켓(2012.9), p. 72

41) 노인주택의 분쟁 중에서 가장 많은 것은 요금에 관한 것으로, 2006년 4월부터 쿨링오프(cooling-off) 제도가 도입되었다. 이것은 계약일부터 90일 이내에 계약 해제를 하는 경우에는 기본적으로 임대료나 식비는 입주일수를 계산해서 지불해야 하지만 입주일시금의 전액을 돌려주는 제도이다. 단, 지방자치단체에 따라 쿨링오프의 범위가 다르다. 입주금을 분류하면 입주신청금, 시설협력금, 입주일시금(이용권), 선납시설료 등이 있지만, 지방자치단체에 따라서는 일부에만 쿨링오프

환을 규정하였다.

입주자가 사망한 경우는 쿨링오프의 대상에서 배제되어야 한다는 의견도 있었지만 제도개정에 의해 인정되지 않게 되었다. 입주자가 입주일로부터 90일 이내에 사망하여 퇴거하거나, 기타의 이유로 퇴거하거나 입주자를 구별하지 않고 쿨링오프는 적용된다.[42]

즉, 입주기간에 상응하는 일수의 개인실 사용료는 징수할 수 있지만, 그 이외의 선납금은 반환되도록 한 것이다. 따라서 입주한 뒤 90일 이내에는 입주자의 자유로운 의사로 계약을 해제하고 입주일시금 등 선납한 금액을 돌려받을 수 있도록 제도적인 보완이 되었다.[43]

의 효과를 인정하기도 한다.

42) 綜合ユニコム, 월간 시니어비지니스마켓(2011.7), p. 28

43) 유선종(2009), 미래사회에서 보는 노인주택, 도서출판 청람, p. 125

제8장
일본 노인주택의 유형

1. 유료노인주택
2. 소규모다기능시설
3. 서비스형고령자주택

제8장 일본 노인주택의 유형

1. 유료노인주택

유료노인주택[1]은 고령자를 배려한 주거환경을 갖추고 식사와 개호 등의 각종 서비스가 부가되어 있는 시설이다. 개호보험제도에 의해서 노인복지서비스는 행정조치라는 형태에서 선택 가능한 계약형식으로 전환되었으며, 노인주택은 입주자를 복지행정서비스의 대상이 아닌 민간소비자로 여기고 대등한 계약관계를 맺는 등 계약형 복지서비스의 선구적인 존재로 자리매김하였다.

1) 정의

2006년 7월 개정된 일본의 노인복지법에서는 노인주택의 정의(노인복지법 제29조)를 '식사 제공 이외에도 일상생활에 필요한 편의를 제공하는 것을 목적으로 하는 시설'이라고 명기하고 있다. 법률 개정

1) 노인주택이란 고령자를 입주시켜서 입욕, 배설, 혹은 식사의 개호, 식사의 제공 등을 실시하는 곳으로서 노인복지시설, 인지증(치매)고령자그룹홈, 등록된 고령자 전용주택, 서비스형고령자주택 등을 말한다.

전에는 요건으로 고령자를 10인 이상 입주시켜야 하고, 서비스로는 식사를 제공하여야 하는 것으로 되어 있었지만, 개정 후에는 인원요건을 삭제하고, 서비스 제공요건은 보다 구체화하여 식사서비스, 개호서비스, 세탁, 청소 등 가사서비스, 건강관리서비스 등 노인주거에 있어서 필요한 서비스를 제공하는 것으로 개정되었다. 다만, 외부에 위탁하여 서비스를 제공하는 경우 및 현재는 서비스의 제공이 없으나 장래에 제공을 약속한 경우도 포함하는 것으로 보다 폭넓게 그 범위를 적용하고 있다.

노인주택의 범위에 해당하는 것은 노인복지시설,[2] 그룹홈, 고령자전용임대주택, 서비스형고령자주택 중에서 다음 요건을 충족하는 경우이다.

① 각 세대(개실)의 바닥면적이 25m^2 이상일 것(개인실, 식당 등이 공동 이용을 위해서 충분한 면적을 가지는 경우는 18m^2).

② 각 세대(개실)에 주방, 수세화장실, 수납설비, 세면설비 및 욕실을 준비할 것. 단 공동 이용을 위해서 적절한 주방, 수납설비 또는 욕실이 있는 경우에는 개인 전용의 주방, 수납설비 또는 욕실이 없어도 된다.

③ 선불로 입주보증금 등의 임대료를 징수하는 경우에는 고령자주거법에 근거하여 임대료 보호조치를 강구할 것.

④ 임대의 경우에는 입주자에 대해서 개호, 식사, 세탁, 청소 등의 가사, 건강관리의 서비스 제공을 하고 있는 고령자전용임대주택일 것.[3]

---

2) 특별양호노인주택, 노인단기입소시설, 양호노인주택, 경비노인주택 A · B, 케어하우스

3) 유선종(2009), 미래사회에서 보는 노인주택, 도서출판 청람, pp. 94~95

복지서비스가 유료로 부과되는 상황[4]에서 노인주택이라는 명칭은 다소 이상하게 비칠지도 모른다. 그러나 복지서비스가 거의 무상이던 조치제도가 복지형 노인주택의 배경이 된다는 점을 고려해 보면, 노인주택이라는 명칭은 복지서비스가 부가된 민간 차원의 상품화된 주거복지라는 의미로 이해할 수 있을 것이다.

2) 연혁

일본에서 법률적으로 유료노인주택이라는 말이 정식으로 사용된 것은 1963년으로, 이때 제정된 노인복지법에 근거하여 법정시설이 되었는데, 자립자조의 생활을 할 수 있는 시설이라는 취지에서 노인복지시설과는 다르다. 노인복지시설이라는 것은 특별양호노인주택, 노인단기입소시설 및 경비(輕費)노인주택(케어하우스 포함) 등을 가리킨다. 이들 시설의 특징은 설치 시에 공적 조성을 받고, 시설입소의 가능 여부는 조치제도에 의해서 행정청의 처분에 따른다는 점이다.

복지와는 별도의 측면에서 고령자시설 또는 노인주택이 요구되는 상황이 조성되었고, 고도성장의 시대로 들어서면서 인구는 지방에서 도시로 집중하고 도시에서는 핵가족이 고착화되고 지방에서는 고령인구 비율이 높아지게 되었다.

이러한 사회경제적인 변화 가운데 고령기의 주거방법과 라이프스타일을 제안한 유료노인주택이 1954년에 개설되었다. 과거의 고령자시설은 구빈(救貧)시설로서의 색채가 농후하였고 부정적인 이미지를 갖고 있었다. 이 당시에는 조치제도의 틀 안에서 입주자와 사업자 각

4) 일본의 개호보험제도에서는 입주자가 10%를 부담하지만, 우리나라 장기요양보험에서는 재가급여 15%, 시설급여 20%를 본인부담금으로 규정하고 있다.

자가 자립적으로 활발한 고령기를 개발하고 창조하는 것을 목표로 시설을 개설하였다.[5)]

3) 공급 추이

유료노인주택의 시설수는 2013년 11월 기준으로 8,271시설이며 그중 개호형 시설은 3,249시설(39.3%), 주택형은 4,962시설(60.0%), 건강형이 15시설(0.2%), 개호형과 주택형이 결합된 형태가 45시설(0.5%)을 차지하고 있다. 1998년 이래 개설연도별 건수 및 정원수의 추이는 〈그림 8-1〉과 같다. 유료노인주택 중 최근 크게 증가하고 있는 형태는 주택형 시설이다.

유료노인주택 종류별로 2009~2012년의 정원수를 살펴보면 주택형은 2009년 5만 4,135명에서 2012년 11만 7,740명까지 2배 이상 증가하였으며 주택건수도 2,023건에서 4,324건까지 증가하였다. 그 이유는 2006년 3월 개정된 개호보험법에 따라 특정시설의 총량규제가 실시되었기 때문이며 규제대상이 아닌 주택형의 개설건수가 증가하게 되었다. 주택형유료노인주택의 정원 규모에서는 '10~19명'이 1,293건, 전체의 17%로 가장 많이 차지하고 있다.

2005년에 창설된 '지역밀착형특정시설입주자생활개호'의 상한 정원수인 '29명 이하'의 소규모 주택이 전체의 45% 이상을 차지하고 있으며, 반대로 '130명 이상'의 대규모 주택은 3%이고, '100명 이상'의 주택은 5.6%를 차지한다. 즉, 현재의 유료노인주택은 대부분이 소규모로 부유층을 대상으로 한 대규모주택은 소수임을 알 수 있다.

---

5) 유선종(2009), 미래사회에서 보는 노인주택, 도서출판 청람, pp. 95~96

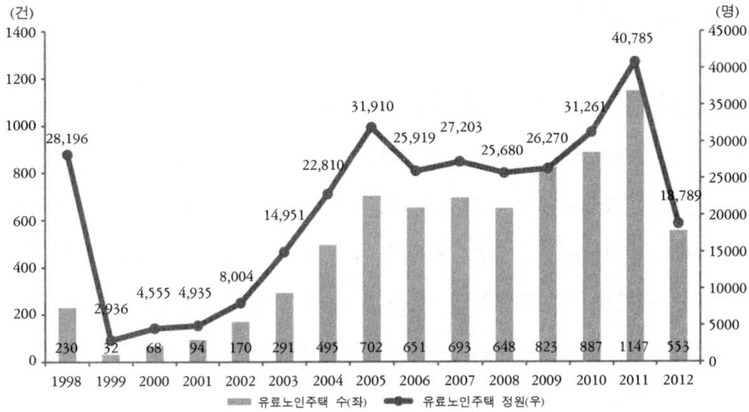

자료: '2012년도 제도 개정 후 유료노인주택에 관한 실태조사 및 계약 등에 관한 조사연구보고서(2013년 3월)', 사단법인전국유료노인주택협회.

〈그림 8-1〉 유료노인주택 공급 추이

유료노인주택의 평균 입주율은 85.1%이며, 그중 개호형은 86.0%, 주택형은 84.4%이다. 정원규모별로 평균 입주율을 보면, 개호형은 '9명 이하(91.3%)', '10~29명(88.9%)', '30~79명(87.4%)', '80명 이상(78.8%)'이다. 주택형은 '9인 이하(89.1%)', '10~29명(86.7%)', '30~79명(81.4%)', '80명 이상(65.8%)'이다. 주택형의 '80명 이상'인 65.8%를 제외하면 일반적으로 채산분기점 기준인 80%를 넘고 있어 순조로운 가동상황임을 알 수 있다. 입주자의 평균연령은 전체 유료노인주택은 84세이며, 개호형은 85세, 주택형은 82.9세로 주택형의 연령층이 약간 낮다.6)

6) 綜合ユニコム, 월간 시니어비지니스마켓(2013.11), pp. 22~23

4) 매출 순위

방문개호와 개호서비스 분야로 표방되는 유료노인주택사업은 2007년 굿윌그룹(GOODWILL Group)의 콤슨(コムスン)으로부터 시설과 재택개호사업을 양도받은 ㈜베넷세스타일케어(ベネッセスタイルケア)가 업계순위 1위로 운영동수 239동, 운영호실수 12,597실의 시설을 운영하고 있으며, 유료노인주택사업의 매출은 689억 엔이다(2013년 실적기준).

유료노인주택사업의 매출 순위는 ㈜베넷세스타일케어, ㈜멧세지(メッセージ), ㈜베스트라이프(ベストライフ), 니치이그룹(ニチイグループ), 와타미개호㈜(ワタミの介護), ㈜카와시마코포레이션(川島コーポレーション), ㈜키노시타개호(木下の介護), 그린라이프그룹(グリーンライフグループ), ㈜사와야카구락부(さわやか倶楽部), ㈜스파・코토(スーパー・コート), ㈜우이즈넷(ウイズネット), ㈜하레코포레이션(はれコーポレーション), ㈜시다(シダー), 하세가와개호서비스㈜(長谷川介護サービス), ㈜일본개호의료센터(日本介護医療センター), ㈜미라이설계(未来設計), ㈜츠쿠이(ツクイ), ㈜유우아이홀딩스(ゆうあいホールディングス), ㈜생활과학운영(生活科学運営), ㈜레오팔레스21(レオパレス21), ㈜케어21㈜(ケア21), 오리쿠스・리빙㈜(オリックス・リビング), ㈜니켄매니지먼트(日研マネジメント), ㈜라이프(ライフ), ㈜참케어・코포레이션(チャームケア・コーポレーション), ㈜메이쇼(明祥), 코야마의료복지그룹(湖山医療福祉グループ), ㈜시마너싱홈(しまナーシングホーム), 일본롱라이프㈜(日本ロングライフ), ㈜유미케어(ユミケア), ㈜메이토케어(めいとケア), ㈜동일본복지경영서비스(東日本福祉経営サービス), ㈜하프・센츄리・모아(ハーフ・センチュリー・モア), ㈜조이라이프(ジョイライフ), ㈜선라이즈・비라(サンライズ・ヴィラ) 등의 순위로 구성되고 있다.

유료노인주택사업의 업계 2위인 ㈜멧세지(メッセージ)는 운영동수 186

〈표 8-1〉 유료노인주택 순위

순위	사업자명	운영동수 순위		호실수 순위		유료노인주택사업 매출 순위	
		순위	동수	순위	호실수	순위	매출(억 엔)
1	㈜베넷세스타일케어	1	239	1	12,597	1	689
2	㈜멧세지	2	186	2	9,825	2	356
3	㈜베스트라이프	3	144	3	9,254	4	290
4	니치이그룹	4	103	5	6,155	-	-
5	와타미개호㈜	5	95	4	7,256	3	337
6	㈜카와시마코포레이션	6	64	6	5,074	-	-
7	㈜키노시타개호	7	58	8	3,579	7	171
8	그린라이프그룹	8	56	9	3,385	8	155
9	㈜사와야카구락부	9	41	10	3,150	9	90
10	㈜스파・코토	10	37	11	2,563	10	84
11	㈜우이즈넷	11	32	21	1,368	-	-
12	㈜하레코포레이션	12	31	20	1,425	34	21
13	㈜시다	13	30	16	1,582	16	61
14	하세가와개호서비스㈜	14	28	17	1,511	17	57
15	㈜일본개호의료센터	15	27	-	-	-	-
16	㈜미라이설계	16	26	15	1,616	11	80
17	㈜츠쿠이	17	24	13	1,747	13	78
18	㈜유우아이홀딩스	18	22	23	1,156	23	38
19	㈜생활과학운영	18	22	18	1,497	15	75
20	㈜레오팔레스21	20	21	30	775	-	-
21	㈜케어21	20	21	24	1,124	-	-
22	오리쿠스・리빙㈜	22	20	14	1,640	-	-
23	㈜니켄매니지먼트	23	18	36	682	45	8
24	㈜라이프	23	18	35	685	-	-
25	㈜챰케어・코포레이션	25	17	22	1,183	19	50
26	㈜메이쇼	25	17	19	1,450	14	76
27	코야마의료복지그룹	25	17	-	-	-	-
28	㈜시마널싱홈	25	17	-	-	-	-
29	일본롱라이프㈜	29	16	34	697	22	39
30	㈜유미케어	29	16	51	424	37	17
31	㈜메이토케어	29	16	42	600	-	-
32	㈜동일본복지경영서비스	32	14	38	664	29	27
33	㈜하프・센츄리・모아	32	14	7	3,954	6	178
34	㈜조이라이프	32	14	45	542	33	22
35	㈜선라이즈・비라	32	14	26	896	-	-

자료: 綜合ユニコム, 월간 시니어비지니스마켓(2013.11), p. 37

동, 운영호실수 9,825실의 시설을 운영하고 있으며, 매출은 356억 엔이다. 그 뒤를 잇는 ㈜베스트라이프(ベストライフ)는 144동, 9,254실의 시설을 운영하고 있으며, 매출은 290억 엔이고, 니치이그룹(ニチイグループ)은 103동, 6,155실의 시설을 운영하고 있으며, 와타미개호㈜(ワタミ介護)는 95동, 7,256실의 시설을 운영하고 있으며, 매출은 337억 엔이다.

또한 ㈜카와시마코포레이션(川島コーポレーション)은 64동, 5,074실의 시설을 운영하고 있으며, ㈜키노시타개호(木下の介護)는 58동, 3,579실의 시설을 운영하고 있으며, 매출은 171억 엔이고, 그린라이프그룹(グリーンライフグループ)는 56동, 3,385실의 시설을 운영하고 있으며, 매출은 155억 엔이고, ㈜사와야카구락부(さわやか俱楽部)는 41동, 3,150실의 시설을 운영하고 있으며, 매출은 90억 엔이고, ㈜스파・코토(スーパー・コート)는 37동, 2,563실의 시설을 운영하고 있으며, 매출은 84억 엔이고, ㈜우이즈넷(ウイズネット)은 32동, 1,368실의 시설을 운영하고 있다(2013년 실적기준).

5) 결산 동향

니치이각칸(ニチイ学館)은 개호 업계의 최대 기업으로 2012년 1Q 매출은 전기대비 11.4% 증가하여 약 1,385억 엔, 영억이익은 101억 엔이었다. 의료사무 강좌가 전기 대비 20% 감소되는 등 교육사업은 부진했지만 의료 관련 사업(병원사무수탁 등)과 헬스케어사업(재택개호서비스)이 매출을 보충하였다.

㈜베넷세스타일케어(ベネッセスタイルケア)는 유료노인주택의 최대 기업으로 주택을 건설하고, ㈜베넷세홀딩스 연결의 시니어개호사업 매

〈표 8-2〉 2012년 1Q 매출과 영업이익 (단위: 백만 엔)

회사명	매출	전기 대비 증감률	영업이익	전기 대비 증감률
니치이각칸	138,493	11.4%	10,142	56.0%
베넷세홀딩스	66,539	13.0%	4,668	14.5%
츠쿠이	48,965	9.7%	3,445	66.6%
멧세지	38,632	9.5%	5,872	3.9%
와타미	28,486	27.9%	4,935	27.6%
센트케어・홀딩스	25,298	3.9%	1,406	5.5%
재팬케어서비스그룹	21,830	6.3%	272	-61.4%
시다	9,614	-	421	-
케어서비스	6,581	8.1%	363	13.4%
야마네메디컬	5,483	5.0%	169	-62.3%
광하이츠・베라스	3,213	11.8%	764	3.8%

자료: 綜合ユニコム, 월간 시니어비지니스마켓(2012.10), p. 7

출은 665억 엔이었다. 또한 2012년 4월에는 ㈜본세쥬르(ボンセジュール)를 흡수 합병하였다.

㈜츠쿠이(ツクイ)는 재택개호, 유료노인주택, 인재개발의 3사업을 중심으로 2012년 1Q의 연수입이 전기 대비 9.7% 증가하여 약 489억 엔이었다. 데이서비스센터 14개소를 신설한 것이 경영 실적에 기여하였다.

고령자주택공급실적으로는 최대 기업인 ㈜멧세지의 2012년 1Q 결산은 전기 대비 9.5% 증가하여 386억 엔이었다. 유료노인주택 외 서비스형고령자주택사업에도 주력하고 있으며, 기존 시설의 입주율이 94.5%로 안정된 수준을 유지하고 있는 것이 흑자결산의 요인이다. 와타미개호㈜는 18동을 신설하고 기존 시설의 입주율도 92.1%로 높은 수준을 유지하여 2012년도 2월기 연수입은 전기 대비 27.9% 증가하여 284억 엔이었다.[7)]

7) 綜合ユニコム, 월간 시니어비지니스마켓(2012.10), p. 35

2. 소규모다기능시설

지역밀착형서비스는 익숙한 지역에서의 생활을 24시간 체제로 지원한다는 관점에서 요개호자의 일상생활권역 내에 서비스 제공의 거점이 확보되는 서비스이다. 지방자치단체가 서비스사업자의 지정 권한을 가지며, 개호보험사업계획에 있어 생활권역별로 소규모입소형서비스 및 소규모주거형서비스의 '필요이용자 정원총수'를 설정하고 이를 초과할 경우 지정하지 않을 수 있다. 또한 지방자치단체는 일정 범위 내에서 지정기준 및 보수를 변경할 수 있는데, 그 대상은 ① 소규모(정원 30인 미만) 개호노인복지시설, ② 소규모 개호전용 특정시설, ③ 치매고령자 그룹홈, ④ 치매고령자전용 데이서비스, ⑤ 소규모다기능형재택개호, ⑥ 지역야간방문개호 등이다.

1) 배경

21세기 초 '개인의 존엄'을 강조하게 되면서 개인실・유닛케어 보급이 시작되었다. 유닛케어의 장점은 그룹홈에서 검증되었다. 소규모지만 가정적인 분위기가 치매고령자의 정신적 안정에 기여한다는 평가를 받고 있다. 이러한 효과를 원동력으로 고령자시설은 유닛의 집합체가 되어감과 동시에 시설의 소규모화(주택화)를 추구하고 있다.

고령자수가 피크에 가까워지는 2015년의 고령자상은 고령자단독세대가 증가하고 재택개호지향이 심해질 것으로 예상된다. 거주에 대한 관심이 보다 높아지는 세대이며 익숙한 환경이 중시되어 지역에 대해 365일 24시간의 재택서비스와 서포트시설, 새로운 주거의 기능이 요구되어 여기서 소규모다기능형거점이라는 컨셉이 후생노동성에 의해 나오게 되었다.

2006년 이후 처음으로 '소규모다기능형'과 '지역야간대응형'의 서비스는 '개호보험개정법'에 의거하게 되었다. 소규모다기능형은 '건축기준법'적으로는 복합용도, 데이서비스는 '탁아소'의 취급, 단기거주는 '하숙'의 취급을 받는다. 개호보험서비스를 제공하는 법인은 주식회사, 사회복지법인, 의료법인, NPO법인 등이 적격자이며 개인은 할 수 없다.[8)]

2) 영향

소규모다기능은 생활권역 내에서 소규모 개호거점으로의 '통원'을 중심으로 이용자의 상태, 희망에 따라 '거주', '방문'을 유연하게 편성하여 고령자의 재택생활을 개호직원이 24시간 365일 지원하는 지역밀착형 서비스를 제공하는 시설로, 개호편의점이라고도 불린다.

소규모다기능의 보급은 고령사회를 주거에 대한 이미지를 변화시킬수 있다. 예를 들면 단독주택를 설계할 때 방문개호를 전제로 집을 설계하는 사람이 적으나 앞으로는 자택에서 다양한 서비스를 받을 수 있도록 주택을 설계하는 것도 생각해볼 수 있다. 야간, 새벽 방문서비스를 받기 위해서는 자택의 열쇠를 개호사업자에게 맡길 필요가 있으나, 자고 있을 때 타인이 문을 열고 자택에 들어오는 것이므로 다른 동거가족이 불편할 수 있다. 이에 따라 노인의 방에 전용출입문을 설계하기도 한다.

---

8) 今井一夫(2010), シニア居住の系譜とその未來, 鹿島出版會, pp. 73~77

집합주택에도 변화가 일어난다. 소규모다기능의 방문서비스를 수시로 받고 싶어도 멀리 살면 왕복시간이 걸린다. 이를 해결하기 위해 소규모다기능과 고령자주택을 일체화하는 계획이 세워지기도 한다. 가까우면 자주 방문할 수 있어 안부 확인도 쉽고 안심감을 제공할 수 있다. 이러한 집합주택이 시설과 다른 점은 24시간, 가까운 곳에 개호직원이 있다는 안심감을 주게 되므로 기존의 시설과 같으나 '집'과 같이 밀착된 점이다.

3) 인원기준과 이용자수

주간, 야간케어를 위한 개인실, 상담실, 사무실 등이 필요하다. 기존 시설의 개보수이용도 있으므로 서비스별 면적기준은 정해져 있지 않다. 시설 전체에서 1인당 면적기준 이외는 건축기준법이 기본이다. 어디까지나 주간케어가 중심으로 야간케어는 필요할 때로 한정된다. 야간케어 장소는 모두 개인실로 확보할 필요는 없고 실정에 따라 거실 등을 파티션 등으로 나누는 형태도 인정된다.[9)]

소규모다기능형의 등록 정원은 25명 이하로 한다. 통원서비스의 이용정원은 15인 이내로 하고, 거주서비스의 이용정원은 9인의 범위 내로 한다. 예를 들어, 등록 정원이 24인인 경우 통원서비스의 정원은 12~15인 내에서 등록이 가능하며 통원서비스 이용자가 12인인 경우 거주서비스의 정원은 4~9인 내에서 등록이 가능하다. 개호종업자 중 1인 이상은 상근해야 하며 또 1인 이상은 간호직원이어야 한다.[10)]

---

9) http://www.city.yokohama.lg.jp/kenko/kourei/jigyousya/shinsei/shitei/syoukibo/kijun-gaiyou-syoukibo.pdf

10) 今井一夫(2010), シニア居住の系譜とその未來, 鹿島出版會, p. 78

4) 과제

소규모다기능의 과제[11]는 정액제이다. 아무리 서비스를 이용하려 해도 제한된 일정 수준의 요금만으로는 제공서비스에 한계가 있다. 또한 소규모다기능의 등록이용자 중 특정인이 서비스를 독점하게 되면 다른 사람이 서비스를 받을 수 없게 되는 것이므로 이용자에게 도덕성이 요구되기도 한다. 만일 악덕 사업자가 서비스를 필요로 하지 않는 이용자를 선발해 개호보수를 많이 받으면 소규모다기능의 사회적 신뢰를 잃게 된다.

소규모다기능의 사업자가 입주서비스를 제공하면 지역밀착형서비스의 취지에 반하게 된다. 따라서 이용자를 병설임대주택에 입주시킬 수 있도록 한다면 왕래하는 수고를 덜고 간단히 방문할 수 있으므로 효율적인 서비스를 제공할 수 있다.

3. 서비스형고령자주택

서비스형고령자주택(サービス付き高齢者向け住宅)이란 단신고령자나 부부세대의 고령자가 안심하고 거주할 수 있는 임대주택 등을 말한다. 고령자에게 적합한 건축설비와 전문가의 개호서비스를 제공한다.[12]

고령자주거 안정확보에 관한 법률(高齢者の居住の安定確保に関する法

---

11) 大阪市立大学大学院生活科学研究科外1人(2009), Aging in Place 超高齢社会の居住デザイン, 学芸出版社, pp. 85~86

12) コムパニアシスト株式会社(2012.8), 補助金・優遇税制を活用'サービス付き高齢者向け住宅'の手引き, 医業経営情報レポート, p. 2

〈표 8-3〉 서비스형고령자주택의 등록기준

입주자	• 단신고령자세대(고령자: 60세 이상 또는 요개호·요지원 인정을 받은 자) • 고령자+동거자(배우자, 60세 이상의 친족, 요개호·요지원 인정을 받은 친족, 특별한 이유로 동거할 필요가 있다고 지사가 인정한 자)
규모·설비	• 각 거주 부분의 바닥면적은 원칙 25m^2 이상(단, 거실, 식당, 주방, 기타의 주택 부분이 노인이 공동으로 이용하기 위해 충분한 면적을 가질 때는 18m^2 이상) • 각 거주 부분에 주방, 화장실, 수납설비, 세면설비, 욕실을 설치한 곳일 것 • 배리어프리 구조일 것(단차가 없는 마루, 손잡이 설치, 복도 폭의 확보)
서비스	• 상황 파악(안부 확인)서비스, 생활상담서비스를 제공 – 사회복지법인, 의료법인, 지정거주서비스사업소 등의 직원 또는 의사, 간호사, 개호복지사, 사회복지사, 개호지원전문원, 헬퍼2급 이상의 자격을 가진자가 적어도 주간에는 상주하고 서비스를 제공할 것 – 상주하지 않는 시간대는 긴급통보시스템에 의한 대응
계약 관련	• 서면으로 계약할 것 • 거주 부분이 명시된 계약일 것 • 권리금 이 외 금전을 수령하지 않는 계약일 것(보증금, 월세, 서비스비, 월세·서비스비의 선금만 징수 가능) • 입주자가 입원하거나 입주자 심신의 상황 변화를 이유로 입주자의 동의 없이 주거 부분의 변경, 계약해제를 행할 수 없음 • 서비스형고령자주택의 공사완료 전에 보증금 및 월세 등의 선금을 수령하지 않을 것 • 월세 등의 선금을 수령할 경우는 – 월세 등의 선금의 산정의 기초, 반환채무의 금액의 산정방법이 명시되어 있을 것 – 입주 후 3개월 이내에 계약을 해제 또는 입주자가 사망한 것에 의해 계약이 종료된 경우, 계약해제까지의 일수×일할로 계산한 월세를 제외한, 월세 등의 선금을 반환할 것 – 반환채무를 지게되는 경우에 대비하여 월세 등의 선금에 대해, 필요한 보전조치가 되어 있을 것
	• 기본방침 및 고령자거주 안정확보 계획에 비추어보아 적절한 것일 것.

자료: 국토교통성(http://www.mlit.go.jp/jutakukentiku/house/jutakukentiku_house_tk3_000005.html).

律)에서는 서비스형고령자주택을 거주공간과 고령자지원서비스로 구성하였다. 서비스내용은 의료와 개호, 생활지원 등이다. 생활지원은 생활상담·안부 확인(상황 파악), 식사 제공, 청소·세탁 등으로 구성되어 있다. 따라서 서비스형고령자주택에 노인을 입주시키고 입주자에게 일상생활에 필요한 복지서비스를 제공하는 사업자는 지방자치

단체장에게 등록을 해야 한다.13)

1) 배경

일본 고령자세대의 장래 추이를 살펴보면 고령자인구는 2010년 약 2,900만 명에서 2020년 약 3,600만 명으로 증가할 것으로 보이며 그 중 고령자단신·부부세대는 2010년 약 1,000만 세대에서 2020년 약 1,245만 세대로 증가할 것으로 예상된다.14) 이렇듯 고령화가 급속하게 진전되는 것에 비해, 고령자에 대한 개호시설 및 고령자주택의 입주정원수 비율은 4.4%로 스웨덴의 6.5%, 덴마크의 10.7%와 비교하여 낮은 수준이다.15) 이에 따라 개호·의료가 연대된 고령자 지원서비스 제공 주택을 확보하는 것이 중요하게 되었고 국토교통성은 2020년까지 서비스형 주택의 비율을 5%까지 높이기 위한 정책으로 '서비스형고령자주택제도'를 창설하였다.16)

〈표 8-4〉 전체 고령자에 대한 개호시설·고령자주택의 정원수 비율

	시 설	주 택	합 계
일본(2005)	3.5%	0.9%	4.4%
덴마크(2006)	2.5%	8.1%	10.7%
영국(2001)	3.7%	8.0%	11.7%
미국(2000)	4.0%	2.2%	6.2%

자료: 常陽経營コンサルタンツ(2011.5), 2011年度創設サービス付高齢者住宅の概要(http://www.joyokeiei.com/repo_i130.pdf), 医業経營情報レポート, p. 4

13) 綜合ユニコム, 월간 시니어비지니스마켓(2011.7), p. 27

14) 常陽経営コンサルタンツ(2011.5), 2011年度創設サービス付高齢者住宅の概要(http://www.joyokeiei.com/repo_i130.pdf), 医業経営情報レポート, p. 1

15) 綜合ユニコム, 월간 시니어비지니스마켓(2011.9), p. 23

16) 常陽経営コンサルタンツ(2011.5), 2011年度創設サービス付高齢者住宅の概要(http://www.joyokeiei.com/repo_i130.pdf), 医業経営情報レポート, p. 3

〈표 8-5〉 기존 고령자주택유형의 문제점

주택 유형	문제점
고령자원활입주임대주택	• 바닥면적의 원칙은 25m^{2}이지만 18m^2 미만이 10%, 25m^2 미만은 30% • 배리어프리는 20% 미만으로 일반 임대주택과 동일 수준
고령자전용임대주택[17]	• 등록하지 않은 물건이 고령자전용임대주택으로 이름 지어도 벌칙규정이 없음 • 노인주택의 규제가 적용되지 않는 고령자전용임대주택에 대한 행정의 관여가 적음 • 선불월세 이외에는 보전조치의무가 없음
고령자우량임대주택	• 개호, 생활지원서비스는 외부의 사업자가 제공
유료노인주택	• 권리금 등이 각 시설에 따라 불명확 • 선불월세의 반환규칙이 불명확

2011년 10월 20일 '고령자거주 안정확보에 관한 법률' 개정[18]법의 시행으로 서비스형고령자주택의 등록이 시작되었다.[19] 서비스형고령자주택제도의 창설과 함께 고령자원활입주임대주택, 고령자전용임대주택, 고령자우량임대주택의 기존 3시설이 폐지되고 서비스형고령자주택으로 일원화되었다. 또한 기존의 노인주택도 기준을 만족시키면 등록할 수 있게 되었다. 서비스형고령자주택은 기존 주택의 문제점을 개선하여[20] 국토교통성과 후생노동성이 공동으로 관할하게 되었다.

17) ① 각 방 면적 25m^2 이상일 것, ② 각 방에 수세식화장실, 세면설비 등을 설치할 것, ③ 선불월세의 보전조치를 할 것.

18) 고령자거주 안정확보에 관한 법률의 개정의 목적은 개발·운영비용 부담이 큰 시설(특별요양노인주택, 노인보건시설, 요양병상 등)에서 지역과 재택이 일치된 환경에서 24시간 365일 간호하는 지역포괄케어시스템을 구축하는 것이었다.

19) 綜合ユニコム, 월간 시니어비지니스마켓(2011.9), p. 23

20) 常陽経営コンサルタンツ(2011.5), 2011年度創設サービス付高齢者住宅の概要(http://www.joyokeiei.com/repo_i130.pdf), 医業経営情報レポート, p. 2

2) 개요

국토교통성은 서비스형고령자주택의 정비를 위한 '고령자거주안정화추진사업'의 실시에 따라 2011년도 325억 엔, 2012년도 355억 엔, 2013년도 340억 엔, 2014년도 375억 엔을 예산으로 확보했다. 국토교통성은 앞으로 10년간 60만 호를 정비할 계획이며 이를 달성하기 위해서는 연간 평균 6만 호의 정비가 필요하다. 2012년 7월 60,949호가 정비되었다.[21]

서비스형고령자주택의 공급을 촉진하기 위해 직접적인 예산보조와 부동산취득세 등의 감면, 주택융자지원기구의 임대주택융자의 실시 등을 통해 지원정책을 펴고 있다. 공급 촉진을 위한 건축비 등의 보조인 예산조치는 2015년까지 계속될 예정이다.[22]

주택의 신규 참가사업자는 이 보조금을 활용할 수 있는데, 보조율은 신축이 건축비용의 1/10(1호당 상한 100만 엔), 개보수는 비용의 1/3(1호당 상한 100만 엔)이다. 또 병설되는 고령자생활지원시설에 대해서도 신축은 건축비용의 1/10(1시설당 상한 1,000만 엔), 개보수는 비용의 1/3(1호당 상한 1,000만 엔)의 보조를 받을 수 있다.

(1) 보조금

서비스형고령자주택은 국토교통성의 '고령자거주안정화추진사업'의 대상으로, 등록할 경우 신축은 사업비의 1/10(1호당 100만 엔 상한), 개보수는 사업의 1/3(1호당 100만 엔 상한)을 직접 보조받을 수 있다.[23]

---

21) 綜合ユニコム, 월간 시니어비지니스마켓(2012.3), p. 30
22) コムパニアシスト株式会社(2012.8), 補助金・優遇税制を活用'サービス付き高齢者向け住宅'の手引き, 医業経営情報レポート, p. 1

〈표 8-6〉 보조요건 및 금액

요건	서비스형고령자주택으로 10년 이상 등록할 것	
	월세가 인근 동종 주택의 월세와 균형을 이룰 것	
	월세 등의 징수방법이 선불방식으로 한정되어 있지 않을 것	
보조액	서비스형고령자주택	신축: 건축비의 1/10(상한 100만 엔/호)
		개보수: 개보수비의 1/3(상한 100만 엔/호)
	고령자생활지원시설[24]	신축: 건축비의 1/10(상한 1,000만 엔/시설)
		개보수: 개보수비의 1/3(상한 1,000만 엔/시설)

자료: コムパニアシスト株式會社(2012.8), 補助金・優遇税制を活用'サービス付き高齢者向け住宅'の手引き, 医業経營情報レポート, p. 6

〈표 8-7〉 세제지원조치 개요

〈소득세・법인세〉	
요건	바닥면적 $25m^2$ 이상/호(전용면적만)
	10호 이상
당초 5년간 할증상각 40%(내용연수 35년 미만 28%)	
〈고정자산세〉	
요건	바닥면적 $30m^2$ 이상/호(공용부분 포함)
	5호 이상
	국가 또는 지방공공단체에서 서비스형고령자주택에 대한 건설비보조를 받고 있을 것
당초 5년간 세액 2/3 경감	
〈부동산취득세〉	
요건	바닥면적 $30m^2$ 이상/호(공용부분 포함)
	5호 이상
	국가 또는 지방공공단체에서 서비스형고령자주택에 대한 건설비보조를 받고 있을 것
주택	과세표준에서 1200만 엔/호 공제
토지	주택 바닥면적의 2배에 해당하는 토지면적 상당분의 가격을 감액

23) http://www.misawa.co.jp/sakoujyu/step.html

24) 데이서비스, 방문개호사업, 주택개호지원사업소, 진료소, 방문간호사업소, 식사서비스 등 입주자의 일상생활을 서포트하는 기능의 정비를 목적으로 하는 시설.

(2) 세제지원조치

국가의 보조금을 받는 조건으로 소득세, 법인세, 고정자산세, 부동산취득세가 우대된다. 소득세와 법인세는 건물의 할증상각이 가능하며 고정자산세와 부동산취득세는 연간 1,290만 엔의 감세를 받을 수 있다. 세제우대조치는 2013년 3월까지 가능하며 임대주택만 특례가 적용된다.[25]

(3) 융자지원조치

서비스형고령자주택의 융자에 대해서는 독립행정법인 주택금융지원기구의 융자요건[26]이 완화된다. 단, 융자지원조치는 국가의 보조금을 받고 있는 것을 요건으로 하기 때문에 교부금대상이 되어 있지 않을 경우 융자우대를 받을 수 없다.[27]

〈표 8-8〉 융자대상 임대주택의 조건

• 고령자거주 안정확보에 관한 법률 제5조 제1항에서 규정하는 '서비스형고령자주택'으로 등록된 임대주택일 것(임대차계약주택으로 한정) • 에너지절약대책 등급 3 이상의 성능을 가질 것 • 융자대상 임대주택의 연면적이 200m² 이상일 것 • 대지면적 165m² 이상일 것 • 기구가 정하는 기술기준에 적합할 것

25) コムパニアシスト株式会社(2012.8), 補助金・優遇税制を活用'サービス付き高齢者向け住宅'の手引き, 医業経営情報レポート, p. 6

26) 독립행정법인 주택금융지원기구에서 35년 또는 15년간의 고정금리로 2%대의 저리융자가 실시되고 있다. 단 세제우대와 융자지원의 대상은 '입주자와 임대차계약을 맺는 자'로 제한된다.

27) コムパニアシスト株式会社(2012.8), 補助金・優遇税制を活用'サービス付き高齢者向け住宅'の手引き, 医業経営情報レポート, p. 7

〈표 8-9〉 융자조건

자금사용	서비스형고령자주택의 건설자금 개량자금
차입금	사업비의 100% 이내(10만 엔 단위)
차입금리	35년 고정금리 또는 15년 고정금리
변제방법	원리균등 매월 지불 또는 원금균등 매월 지불
변제기간	35년 이내(1년 단위)
담보	담보대상의 건물과 토지에 기구가 제1순위로 저당권이 설정될 것
보증	일반주택형[28]의 경우 연대보증인 필요 시설공용형[29]의 경우 연대보증인 불필요

자료: 綜合ユニコム, 월간 시니어비지니스마켓(2012.3), p. 30

3) 기준 및 비용체계

'고령자거주 안정확보에 관한 법률'에 의해 서비스형고령자주택사업으로 등록된 건축물이 '노인복지법' 제29조 제1항에서 규정하는 노인주택에 해당하는 경우에는 건축기준법의 용도를 노인주택으로 취급하고, 노인주택에 해당하지 않는 경우에는 실태파악 후 공동주택, 기숙사 등으로 취급한다. 또 병설하는 서비스 제공시설은 각 복지서비스의 근거가 되는 개호보험법에 따른다.[30]

서비스형고령자주택은 컨셉에 따라 '개호형', '의료형', '자립형', '복합형'으로 구분할 수 있다. 개호형은 주택 외에도 방문개호사업소, 주택개호지원사업소, 소규모다기능형주택개호사업소 등을 부대시설로 하며, 요개호 인정을 받은 노인이 입주한다. 의료형은 재택요양지원 진단소를 시작으로 클리닉을 병설하거나 병원 근처에 주택을 건설하

28) 각 거주부분에 주방, 화장실, 수납설비, 세면시설, 욕실이 설치된 주택.

29) 일반주택형 이외의 주택.

30) 神奈川県建築行政連絡協議会(2011.11.24), サービス付き高齢者向け住宅の取扱いについて.

〈표 8-10〉 서비스형고령자주택의 법적 기준

<table>
<tr><td rowspan="3">고령자거주 안정확보에 관한 법률 제5조 제1항</td><td colspan="3">서비스형고령자주택 사업으로 등록된 건축물</td></tr>
<tr><td colspan="2">서비스형고령자주택</td><td rowspan="2">서비스 제공시설</td></tr>
<tr><td>유료노인주택</td><td>고령자임대주택</td></tr>
<tr><td>노인복지법 제29조 제1항</td><td>유료노인주택</td><td>비해당</td><td>비해당</td></tr>
<tr><td rowspan="2">건축기준법상의 용도</td><td>유료노인주택</td><td>공동주택, 기숙사 등</td><td>제공하는 각 복지서비스의 근거가 되는 법률의 용도에 따름</td></tr>
<tr><td colspan="3">각 용도의 복합건축물</td></tr>
</table>

자료: 神奈川縣建築行政連絡協議會(2011.11.24), サービス付き高齢者向け住宅の取扱いについて.

는 등 의료연대를 강화하는 타입이다. 재원일수 단축의 영향을 받아 퇴원후의 거처가 되는 것 외에도, 말기 암환자나 투석환자, 치매전문 건물이 등장하는 등 의료의존도가 높은 노인을 대상으로 하는 유형으로 자리잡고 있다. 자립형은 개호를 필요로 하지 않는 활동적인 노인을 대상으로 하고 있어 주택면적도 비교적 넓고, 부부나 부모자녀의 입주를 대상으로 하는 물건도 있다. 복합형은 개호형과 의료형, 자립형을 복합한 타입이다. 한쪽이 요개호상태인 부부 등은 입주할 수 없는 노인주택도 많으므로 이러한 잠재적인 니즈를 해결할 수 있는 타입이다.31)

지속적으로 고령자수가 증가하는 가운데 고령단신세대와 고령부부세대의 비율은 점점 높아질 것으로 예상된다. 2025년은 베이비붐세대가 75세 이상이 되는 시기로 대부분이 개호를 필요로 하는 연령층이 된다. 일본정부는 베이비붐세대를 대상으로 서비스형고령자주택을 2011년부터 10년간 60만 세대를 공급할 예정이다. 현재의 공적 시설로는 대응하기 어려워 민간사업자를 시작으로 의료법인 등에 의한

31) 綜合ユニコム, 월간 시니어비지니스마켓(2012.3), p. 33

서비스형고령자주택을 지원할 계획이다.[32]

이러한 상황 속에서 고령자주택사업이 성공하기 위해서는 '기획', '개발', '운영'의 각 방면에서 질을 높이는 노력이 필요하다. 개발후보지를 엄선하는 시장분석력, 입주자의 '안심 · 안전'을 담보하는 서포트 체제, 고객 및 입주자에게 강하게 다가서는 명확한 컨셉 등이 사업 성공에 필수적인 항목이라고 볼 수 있다.[33]

구체적으로 살펴보면 사업기획 시 개설 예정지역의 고령자 동향, 고령자 시책 등을 확인하고 시장리서치를 철저히 해야 한다. 고령자주택사업은 주택산업이며 서비스산업이므로 무엇보다 노인에 대한 서비스의 제공이 중요하다는 점에서 인건비 비율이 높은 점도 고려하여 착수해야 한다.[34]

개발 시에는 교통과 생활이 편리한 장소를 엄선하여 건물을 지어야 한다. 운영적인 면에서는 초기에 입주율을 높일 수 있는 방책을 기획하고 효율적인 입주 촉진 활동을 해야 하며 운영을 시작하면 적절한 임대료를 설정하여 적정한 수익을 얻도록 해야 한다. 또 병설사무소 개설 가능성을 위해 의료 · 개호 · 간호 · 행정 등의 인재네트워크를 만들어야 한다. 지역의 여러 사업자들과 교류하고 연대하여 개호보험제도 · 개호보수, 고령자의료 · 진료보수, 고령자주택제도 등의 행정시책에 대해서 항상 정보를 수집하여 방향성을 찾고 지역사회에 공헌해야한다.

서비스형고령자주택 사업 시 사업자는 입주자와 보증금, 월세, 고령자생활지원서비스비, 월세 등의 선불금을 제외한 권리금, 기타 금

32) 綜合ユニコム, 월간 시니어비지니스마켓(2012.11), p. 23
33) 綜合ユニコム, 월간 시니어비지니스마켓(2012.3), p. 33
34) 綜合ユニコム, 월간 시니어비지니스마켓(2012.11), pp. 22~23

〈표 8-11〉 서비스형고령자주택의 비용 체계

<table>
<tr><th>분 류</th><th colspan="2">종 류</th><th>내 용</th><th>비 용</th></tr>
<tr><td rowspan="2">주거비</td><td colspan="2">월세</td><td rowspan="2">거주하기 위해 반드시 필요한 비용</td><td rowspan="2">월세+관리비</td></tr>
<tr><td colspan="2">관리비</td></tr>
<tr><td rowspan="5">생활지원 서비스</td><td rowspan="3">기본 서비스</td><td>긴급 시 대응・안부 확인</td><td rowspan="5">주택에 따라 그 제공내용과 범위가 다름</td><td rowspan="3">월 고정비용</td></tr>
<tr><td>생활상담</td></tr>
<tr><td>건강상담・쓰레기관리</td></tr>
<tr><td rowspan="2">선택 서비스</td><td>식사서비스</td><td rowspan="2">월 고정비용 또는 이용 정도에 따른 가산 등</td></tr>
<tr><td>가사서비스</td></tr>
<tr><td rowspan="2">개호</td><td colspan="2">개호보험서비스</td><td rowspan="2">개별 심신 상황에 따라 개별계약</td><td rowspan="2">이용 정도</td></tr>
<tr><td colspan="2">개호보험외서비스</td></tr>
</table>

자료: 東京都福祉保健局住宅支援課(2010.9), あんしんなっとく高齢者向け住宅の選び方, p. 9

전을 수령하는 계약을 할 수 없다. 그렇기 때문에 일반적으로 주택의 임대차계약 시 수령하는 사례금, 갱신료는 서비스형고령자주택에서는 수령할 수 없다. 또한 입주자가 입주한 후 3개월 이내에 계약이 해제되거나 입주자가 사망하여 계약이 종료된 경우 월세 등의 선불금은 입주자에게 반환해야 한다. 월세 등의 선불금(500만 엔) 또는 반환의무가 있는 금액에 대해 보전조치를 해야 한다.[35)]

4) 영향

서비스형고령자주택제도가 만들어 짐에 따라 서비스형고령자주택의 신규 참여자와 기존의 고령자전용임대주택에서 변경한 사업자 또는 노인주택 운영 사업자 간의 경쟁이 심화되었다. 서비스형고령자주

35) 고령자거주 안정확보에 관한 법률(高齢者の居住の安定確保に関する法律) 제7조 제1항 제6호 및 제8호, 고령자거주 안정확보에 관한 법률 관계규칙 제12조

택의 등록대상에는 노인주택도 포함되지만 등록기준을 만족시키지 못해 등록대상에서 제외된 노인주택도 상당수 있으므로 이런 사업자들 간에 가격과 제공서비스의 차별화를 꾀하는 움직임도 나타나고 있다. 따라서 서비스형고령자주택은 보다 매력 있는 서비스 제공을 목표로 해야 하며 노인주택은 독자적인 서비스를 개발할 필요가 있다.

2007년의 제5차 의료법개정에 따라 의료법인도 고령자전용임대주택의 개설 주체가 될 수 있게 되었다. 제도를 추진하는 각종 시책에 흥미를 느끼는 의료법인이나 사회복지법인, NPO법인, 대형부동산회사, 민간사업자 등 여러 개발・운영 주체들이 고령자주택시장에 참여하게 되었다. 앞으로 시장에서 살아남기 위해서는 소비자의 니즈를 정확히 파악하는 것이 중요해질 것이다.[36]

서비스형고령자주택의 등록대상에는 등록기준을 만족시킨 고령자전용임대주택과 유료노인주택이 포함된다. '고령자거주 안정확보에 관한 법률'의 개정으로 행정의 지도감독과 벌칙이 강화되었다. 기존 고령자전용임대주택의 경우, 지방자치단체는 운영 상황에 관한 보고를 듣고 필요에 따라 조언과 지도를 할 수 있었다. 이에 비해 새로운 제도에서는 현장검사와 질문이 가능하게 되었다. 기존 고령자전용임대주택의 경우 지방자치단체의 보고에 응하지 않는 사업자에 대한 과태료가 10만 엔 이하였다면, 개정 후에는 30만 엔 이하의 벌금이 부과된다. 또한 서비스형고령자주택과 비슷한 명칭 사용을 금지하여 명칭독점권을 설정하였다. 이러한 강화의 의미는 입주 고령자의 보호를 강화하는 것과 등록사업자와 등록하지 않은 사업자를 차별화하겠다는 의도도 있다.

---

36) 常陽経営コンサルタンツ(2011.5), 2011年度創設サービス付高齢者住宅の概要(http://www.joyokeiei.com/repo_i130.pdf), 医業経営情報レポート, pp. 9~12

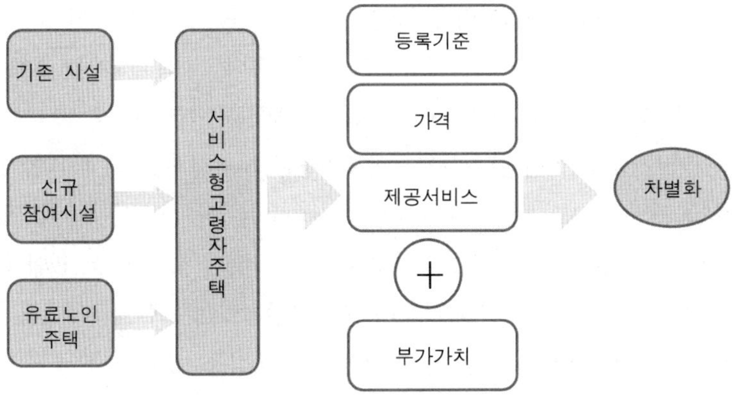

〈그림 8-2〉 서비스형고령자주택의 방향

5) 현황

서비스형고령자주택은 2012년 이후 신규등록 및 (구)고령자전용임대주택의 등록전환과 함께 등록건수가 증가하고 있다. 등록전환을 제외한 2012년의 신규등록 세대수는 약 5만 8,000세대에 달한다. '서비스형고령자주택 정보제공시스템'에서 전국 등록물건의 기본정보, 설비정보, 입주계약, 비용·서비스, 관리 등을 확인할 수 있다. 2013년 10월까지의 정보를 대상으로 분석한 서비스형고령자주택의 현황은 다음과 같다.[37]

(1) 등록세대수

2011년 10월 20일 제도가 시작되고 2012년부터 급속히 등록수가

37) 綜合ユニコム, 월간 시니어비지니스마켓(2013.10), p. 16

증가하였다. 특히 (구)고령자전용임대주택의 등록전환 기한인 3월~5월의 등록전환 건수가 집중적으로 증가하였다. 등록세대수는 2012년 6월 5만 세대를, 2013년 2월 10만 세대를 넘어섰다.

지역별 등록 상황은 북해도 · 동북지방이 696건으로 가장 많았고, 남관동지방(도쿄도 · 가나가와현 · 지바현 · 사이타마현)이 685건, 긴키지방(교토부 · 오사카부 · 시가현 · 효고현 · 나라현 · 와카야마현)이 675건으로 많았다.

종류별 등록건수를 살펴보면 (구)고령자전용임대주택에서의 등록전환이 거의 일단락되고 현재는 신규등록이 중심을 이룬다. 신규 서비스형고령자주택 등록이 60%를 넘었고 앞으로 이 비율은 더 커질 것으로 예상된다.

사업 주체별 등록건수를 살펴보면 등록사업자는 전체 등록건수 3,849건 중 2,143건으로 주식회사(56%)가 가장 많고, 유한회사와 합동 · 합자회사를 포함하면 영리법인이 전체의 70%를 차지한다. 의료법인은

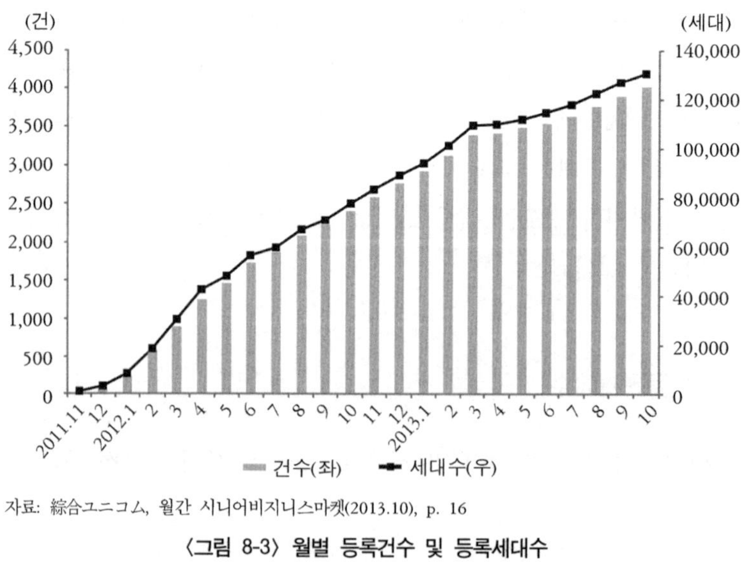

자료: 綜合ユニコム, 월간 시니어비지니스마켓(2013.10), p. 16

〈그림 8-3〉 월별 등록건수 및 등록세대수

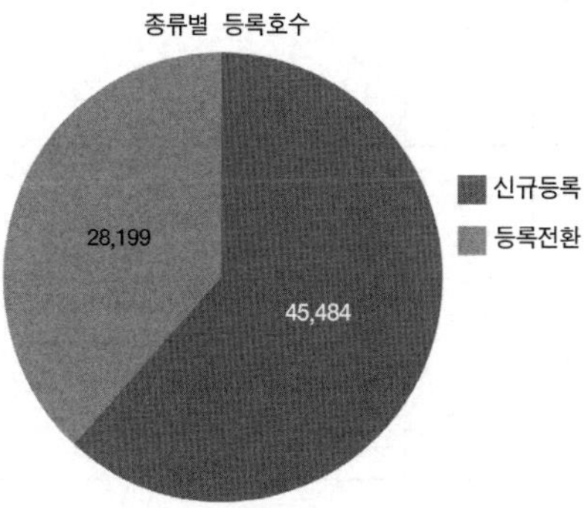

〈그림 8-4〉 종류별 등록세대수

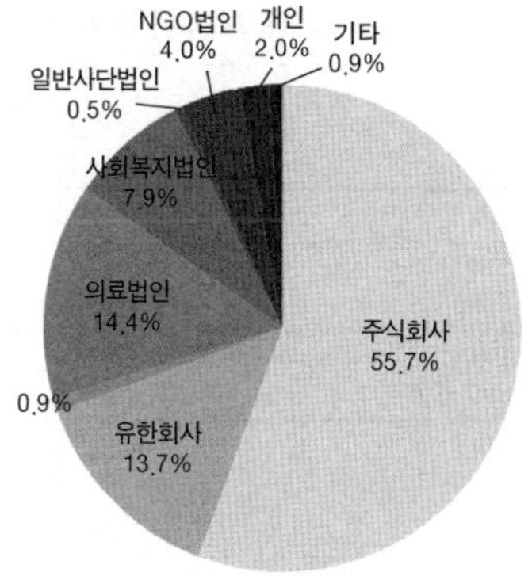

자료기준일: 2013년 9월 15일.

〈그림 8-5〉 법인형태별 등록건수

14%이지만 NPO법인과 사회복지법인이 사업자로 되어 있는 경우도 있어 실질적인 비율은 이보다 높은 편이다.[38)]

등록세대수가 많은 상위 20사를 보면, (구)고령자전용임대주택 때부터 고령자전용임대주택사업을 적극적으로 해온 기업도 많지만, 서비스형고령자주택제도가 시작된 후 본격적으로 그 수를 늘려 온 사업자도 증가하고 있다. 1위인 ㈜멧세지(メッセージ)가 81건 5,233세대이고, 이 회사에서 출자한 4위의 ㈜세키와서포트시스템(積和サポートシステム)을 포함하면 멧세지그룹은 113건 6,679세대를 등록하고 있다. 새로운 움직임으로는 고령자전용임대주택 때부터 긴키권을 거점으로 해온 ㈜카와쇼가 수도권으로도 진출하였으며 통원개호사업에 주력하는 ㈜야마네메디컬이 단기간에 물건수를 증가시킨 것도 주목된다. 또한 서비스형고령자주택사업에 아직 관심이 적은 대형 부동산기업 중 동경건물부동산판매㈜가 상위에 자리잡고 있다. 풍부한 자금력과 부동산개발・임대사

38) 綜合ユニコム, 월간 시니어비지니스마켓(2013.10), p. 17

〈표 8-12〉 등록세대수 상위 20사(2013년 9월 15일 기준)

순위	사업 주체	건수	세대수	1건당 평균 세대수	브랜드명	전개지역
1	㈜멧세지(メッセージ)	81	5,233	64.6	C아미유	수도권, 긴키권
2	㈜가쿠엔코코팡(學研ココファン)	46	2,538	55.2	코코팡	수도권, 오사카, 구마모토
3	후지・아메니티서비스(フジアメニティサービス)	68	2,145	31.5	후지파레스시니아	오사카, 효고, 와카야마
4	㈜바티(ヴァティー)	59	1,927	32.7	후루사토홈/안심홈	도치기, 군마, 사이타마, 시즈오카
5	세키와서포트시스템(積和サポートシステム)	32	1,446	45.2	C아미유	동경
6	NPO법인라샤리테(NPO法人ラシャリテ)	75	1,408	18.8	시니어팬션/실버퓨어	홋카이도, 토후쿠, 시코쿠
7	㈜라이후(らいふ)	17	1,051	61.8	홈스테션라이프	수도권
8	㈜잇신(いっしん)	21	884	42.1	코코이치	오키나와, 이바라키
9	㈜유니맷소요카제(ユニマットそよ風)	14	631	45.1	케어커뮤니티 소요카제	수도권, 긴키권
10	㈜ASS	20	567	28.4	소요카제노사토/이코이노사토	아이치
11	㈜카와쇼(川商)	13	555	42.7	하트랜드	킨키권, 수도권
12	㈜야마네메디컬(やまねメディカル)	22	539	24.5	나고야카레지던스	수도권, 추쿄권
13	동경건물부동산판매㈜(東京建物不動産販賣)	9	536	59.6	그레이프스	수도권
14	골드트러스트(ゴールドトラスト) 레이크스트웬티원(レイクストゥエンティワン)	12	527	43.9	골드에이지	추쿄권, 이바라키
15	㈜동일본복지경영서비스(東日本福祉経營サービス)	10	505	50.5	리셰/하트풀케어	사이타마, 니가타
16	닛신주택서비스㈜(日清住宅サービス)	6	474	79.0	MiYo	오사카
17	의료법인기쇼카이(医療法人氣象會)	3	473	157.7	의료법인기쇼카이 쿠니미관	오사카
18	㈜제이・에스・비(ジェイ・エス・ビー)	9	472	52.4	그란메존/그란비루	긴키권, 동경, 후쿠오카
19	㈜레이크스21(レイクス21)	12	450	37.5	프라치나・시니어홈	수도권, 효고
20	㈜파워・즈안리미테도(パワーズアンリミテッド)	8	419	52.4	리리파워즈레지던스	동경, 사나가와

업의 노하우를 발휘하고 있어 향후의 폭넓은 사업 확대가 기대된다.[39]

(2) 건물 특징

건물구조는 철골조가 38%로 가장 많고, 철골콘크리트구조가 33%, 목조는 27%이다. 건물 층수는 2층(36%), 3층(25%) 건물이 가장 많고, 3층 이하가 전체의 70%를 차지하고 있다. 2층 건물의 비율이 증가하고 있으며 건축비 상승의 영향으로 세대수 규모가 작은 건물을 낮은 비용과 단기간의 공사기간으로 건축하는 건물이 상대적으로 증가하고 있다. 세대수 규모는 10호~30세대가 많고 30세대 미만이 과반수를 차지하고 50세대 미만이 80%를 차지하고 있었다. 1동당 평균 32.4세대이다.[40]

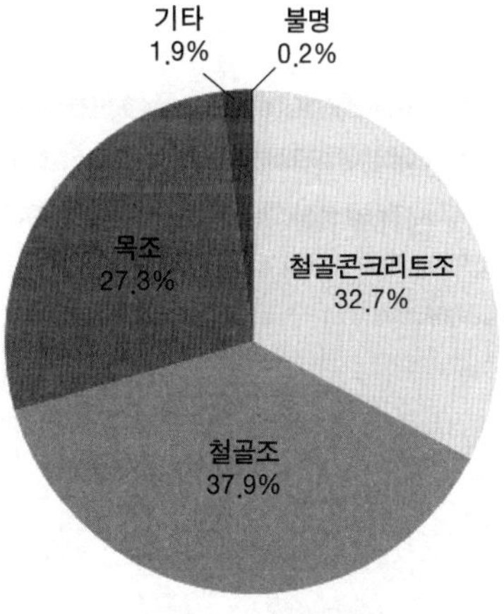

〈그림 8-6〉 건물 구조

39) 綜合ユニコム, 월간 시니어비지니스마켓(2013.10), p. 18
40) 綜合ユニコム, 월간 시니어비지니스마켓(2013.10), pp. 18~19

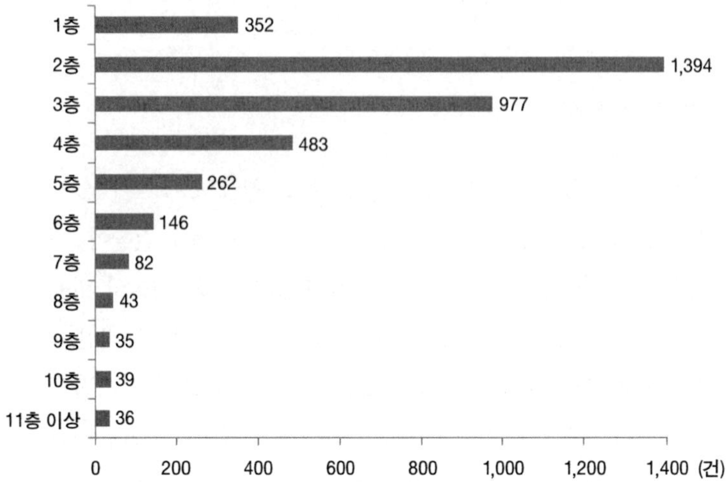

〈그림 8-7〉 건물 층수

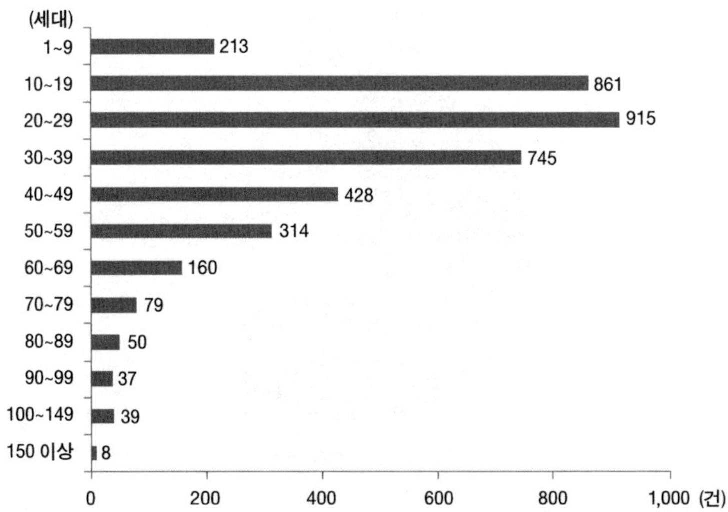

〈그림 8-8〉 세대수 규모

(3) 주거면적

주거면적(전용면적)의 최저치는 서비스형고령자주택의 면적특례기준인 18m^{2}에 집중되어 있으며 약 60%를 차지한다. 표준 기준인 25m^{2}에 달하지 않는 18~25m^{2}가 80%를 차지하고 있다. 이전에 비해 18m^{2}대의 비율이 증가하고 있으며 전 세대가 최저 기준인 18m^{2}인 물건은 272건(전체의 7%)을 차지한다.[41] 국토교통성・후생노동성에서는 25m^2 미만 건물에 대해서는 각 거주 부분의 바닥면적 기준을 25m^2 이하로 할 경우 식당, 주방 등의 공동이용 부분 면적 합계가 각 전용부분 면적과 25m^{2}의 차이의 합을 상회할 것으로 정하고 있다.[42]

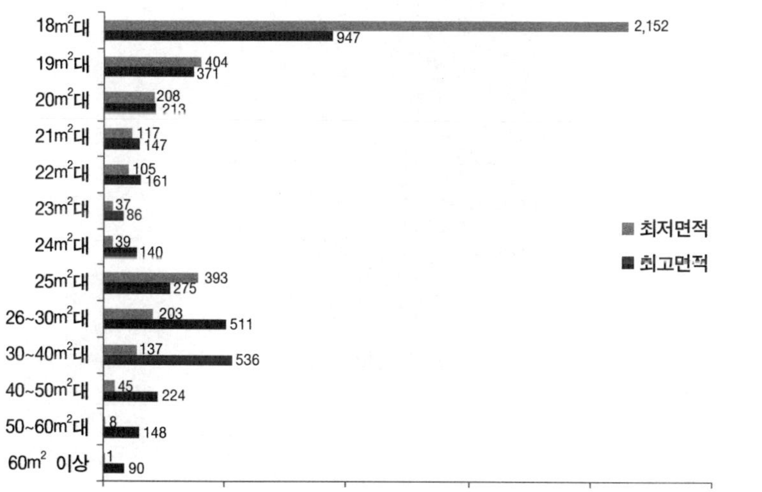

〈그림 8-9〉 주거면적

41) 綜合ユニコム, 월간 시니어비지니스마켓(2013.10), p. 19
42) 綜合ユニコム, 월간 시니어비지니스마켓(2012.11), pp. 29~31

(4) 설비 상황

방의 설비(화장실, 세면, 욕실, 부엌, 수납시설) 상황은 모두 '완비'되어 있는 시설은 23%이며, '욕실 · 부엌 제외'의 형태(화장실 · 세면 · 수납시설만 설치)가 55%로 가장 많다. 이전과 비교하여 '완비'된 시설의 비율이 감소하였으며 '욕실 · 부엌 제외' 형태의 시설이 증가하였다. 18m^{2}대의 시설이 증가하고 있는 상황과 함께 생각할 때 요개호자를 대상으로 한 형태에 집중되고 있는 것을 추측할 수 있다.[43]

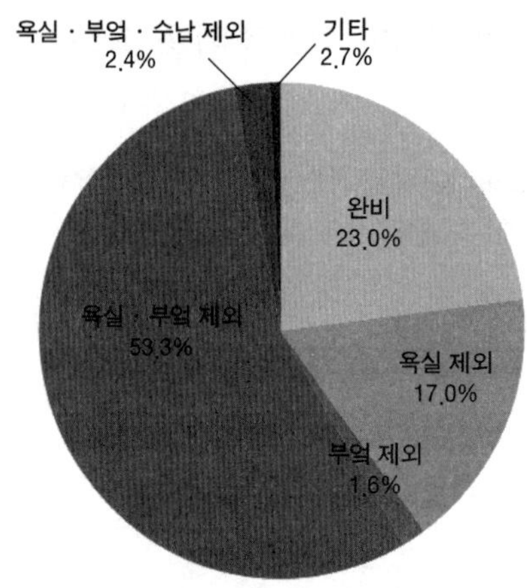

〈그림 8-10〉 설비 상황

(5) 비용

제도 시행 초와 비교하면 월세가 낮아지는 경향으로, 월세의 최저 금액은 5만엔 대가 가장 많으며(24%), 7만 엔 미만이 전체의 80%를

43) 綜合ユニコム, 월간 시니어비지니스마켓(2013.10), p. 19

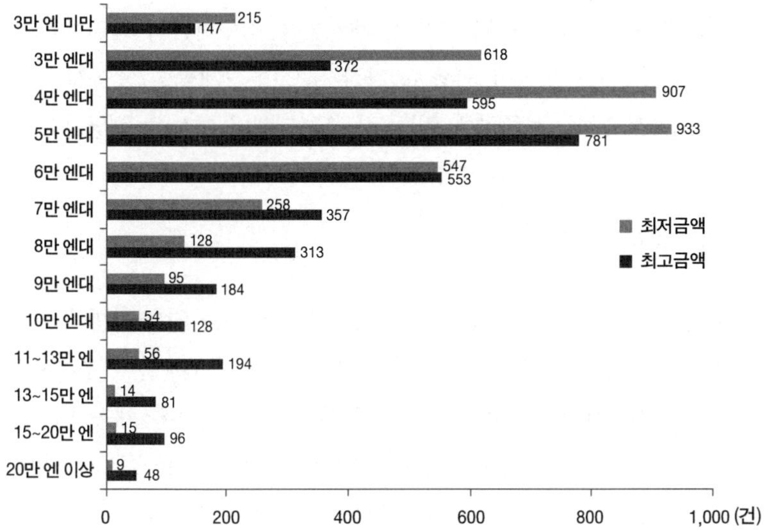

〈그림 8-11〉 월세 최고치와 최저치

차지하고 있다. 이는 서비스형고령자주택의 공급이 확대되어 경쟁이 심해진 데다가 공급이 집중되어 있는 지역은 저가격화 경향의 사업자가 증가하고 있고 입주율이 낮은 물건은 월세를 낮추고 있기 때문이다.[44] 최고금액도 5만 엔대가 가장 많으며(20%), 9만 엔 미만이 전체의 80%를 차지한다.[45]

서비스비용(상황파악・생활상담, 식사, 개호, 가사, 건강유지증진, 기타 서비스 제공에 필요한 비용)의 합계는 5만 엔대가 가장 많으며(21%), 6만 엔 미만이 전체의 절반을 차지한다. 서비스비용의 내역은, 식비가 차지하는 비중이 가장 크며(4만 엔 정도), 다음으로 상황파악・생활상담서비스비용이 크다. 개호, 가사, 건강유지증진에 대한 비용의 경우 개호보험적용의 서비스를 이용하면 별도 비용이 발생하므로 실제 이용료

44) 綜合ユニコム, 월간 시니어비지니스마켓(2012.11), p. 32
45) 綜合ユニコム, 월간 시니어비지니스마켓(2013.10), p. 19

는 상승한다. 보증금은 월세의 몇 개월분을 징수하는지 살펴보면, 3개월 이상 4개월 미만이 31%로 가장 많으며, 2개월 이상 3개월 미만이 28%로 많다. 보증금이 없는 경우도 전체의 25%에 해당한다.[46)]

(6) 서비스 제공

서비스 제공 상황에 대하여 자체적으로 공급하는 경우(직영)와 위탁하는 경우, 직영과 위탁을 병용하는 경우 등으로 구분하여 조사하였다. 모든 시설에서 의무서비스인 상황파악 · 생활상담을 제공하고 있으며, 식사서비스는 95%, 건강유지증진서비스는 60%의 시설에서 제공하고 있다. 상황파악 · 생활상담서비스의 제공 주체가 직영인 경우는 84.7%, 위탁은 14.3%, 병용은 0,9%이며, 식사서비스는 52.0%가 직영으로, 41.8%가 위탁하여, 1.1%가 병용하여 제공하고 있다. 개

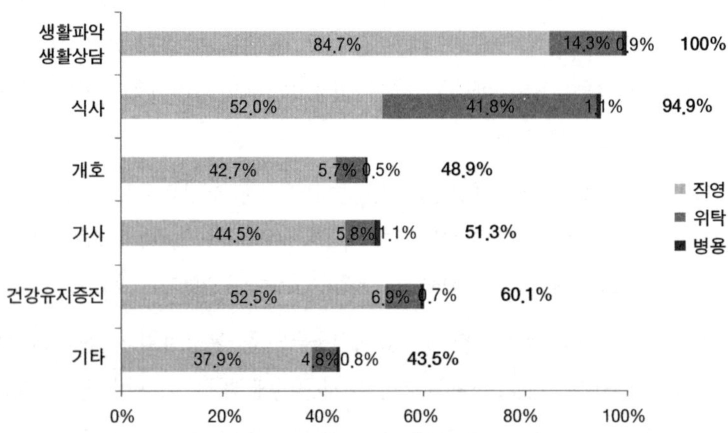

〈그림 8-12〉 서비스 제공 상황

46) 綜合ユニコム, 월간 시니어비지니스마켓(2013.10), p. 20

호서비스는 직영 42.7%, 위탁, 5.7%, 병용 0.5%이며, 가사서비스는 직영 44.5%, 위탁 5.8%, 병용이 1.1%이다. 건강유지증진서비스는 직영이 52.5%, 위탁이 6.9%, 병용이 0.7%를 차지한다.

(7) 계약형태

서비스형고령자주택은 임대차계약 이외에 이용권계약도 등록이 가능하지만 90% 가까이 임대차계약을 선택하고 있다. 하지만 서비스형고령자주택은 단기간에 급증하고 있는 데 비해 개호보험재정의 영향을 염두에 두고 있는 지자체도 증가하고 있어 주소지 특례대상이 되는 이용권계약의 주택으로 등록하도록 사업자에게 요구하는 지자체도 일부 있다. 또한 임대차계약 중 종신건물임대차의 인가를 받은 시설은 전체의 3%에 지나지 않는 상황이다.47)

일본 정부는 서비스형고령자주택의 공급 촉진을 위해 2013년도 예산으로 340억 엔을 책정하고, 건설・개수비용의 보조를 실시하고 있다. 2014년도에 국토교통성이 '스마트웰니스주택등 추진사업'으로 375억 엔을 책정하고 있으며 그중 서비스형고령자주택의 건설・개수비용의 보조가 계속될 예정이다. 이러한 시책에 호응하여 앞으로도 다양한 사업자의 참여와 적극적인 사업 전개가 펼쳐질 것이다. 영리법인을 시작으로 의료법인 등의 참여 의지가 높아 한동안 증가할 것으로 생각된다. 하지만 일반 소비자와 케어매니저 등의 인식 부족, 단기간 급증에 따른 경쟁 격화, 개발비용의 상승 등 서비스형고령자주택을 둘러싼 환경이 좋은 것만은 아니다.

---

47) 綜合ユニコム, 월간 시니어비지니스마켓(2013.10), p. 17

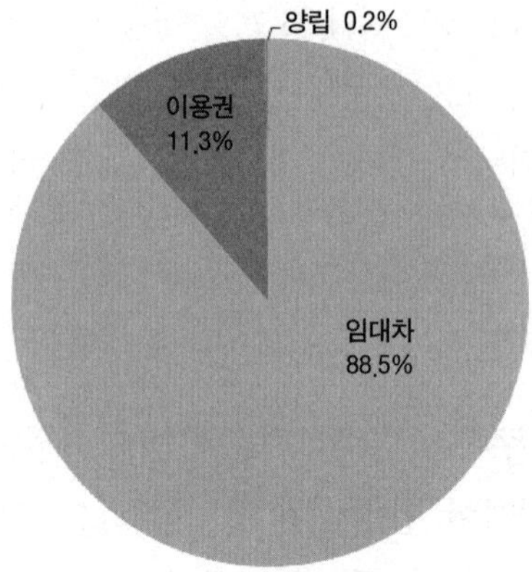

〈그림 8-13〉 계약형태

도시부를 중심으로 고령화가 진행되는 가운데 더욱 양적 확대가 필요한 한편, '싼 게 비지떡'인 시설과 입주자 모집이 이뤄지지 않는 공실물건, 소비자의 니즈와 동떨어진 미스매칭시설 등 불량스톡화가 될 우려가 있는 시설을 만들지 않도록 사업설계를 신중히 하는 것이 중요하다.[48]

---

48) 綜合ユニコム, 월간 시니어비지니스마켓(2013.10), p. 24

제9장
일본의 노인주택사업 및 개발사례

제9장 일본의 노인주택사업 및 개발사례

1. 노인주택사업자의 확대

2000년 개호보험제도의 도입으로 개호사업이 민간기업에 개방되었고 노인주택의 사업자는 확대되었다. 유료노인주택 설치운영 표준지도지침으로 인해 노인주택의 윤곽이 더욱 구체화되었고 후생성의 연금복지사업단과 일본개발은행이 노인주택개설과 관련된 융자의 창구를 두게 되면서부터 본격적으로 개발이 시작되었다. 노인주택사업에 참여하게 된 회사[1)]는 건설회사, 부동산개발회사, 철도회사, 철강회사, 식재료회사, 인재파견회사, 에너지계회사, 유통회사, 통신판매회사, 학습지회사 등 다양한 기업이 자회사를 만들어 노인주택사업에 참여하고 있다.

후생노동성 개호보험사업 상황보고에 의하면 2006년도 누계 개호서비스 급부액은 5조 8,743억 엔으로 나타났다. 이는 개호보험을 통

---

1) 구체적으로 부동산사업자나 종합건설회사 등 건설 관련 사업자들이다. 이 외에도 철도・버스회사 등의 교통 관련, 유휴부동산의 활용을 위해 전력・가스 등의 에너지 관련, 통신 관련 등 서비스기업도 있다. 특히 보건・금융, 외식, 유통, 시큐리티 등 노인마켓과 접점이 있는 본업을 가진 사업자 등 타 업종에서의 참여는 계속되고 있다.

해 지급된 급부액으로 개호 관련 서비스에 대해 개호보험이 적용되어 지출된 금액[2]이다.

노인복지업계에 신규 참여한 기업을 보면, 그동안 운영해 왔던 사업의 노하우와 지식을 바탕으로 개호서비스를 심화시키고, 업체의 전문성을 기반으로 노인주택사업에 참여하고 있다. 인재파견과 도시락 배달을 하던 콤슨, 대형 선술집을 프랜차이즈로 운영하는 와타미(和民), 가전제품의 전국적인 판매망을 운영하는 야마다전기, 생명보험회사의 합병으로 인지도가 높아진 메이지야스다생명보험상호회사 등이 대표적이다.[3]

1) 의료법인

의료법인은 병원을 모체로 개호노인보건시설을 병설하고 있다. 서비스형고령자주택은 병원과 개호노인보건시설의 중간적 위치로 병원에서는 입주자의 긴급 시 대응과 입퇴원을 서포트하고, 개호노인시설에서는 부대서비스인 통원재활, 방문개호사업, 개호예방센터를 연대하고 있다.[4]

대도시에서 의료법인 진출의 가능성으로는 저렴한 타입의 노인주택뿐만 아니라 상류층과 중상류층 대상의 주택건설을 제안할 수 있다. 예를 들면 대도시 내 고층빌딩의 경우, 저층은 병원과 관련 시설, 중간층은 노인주택, 고층은 호텔로 설정[5]하는 것이다. 병원은 선진화

2) 통상적으로 시장 규모를 추정함에 있어서 관련 업계에서는 보험급부액의 3배 정도 수준이라고 한다.

3) 유선종(2009), 미래사회에서 보는 노인주택, 도서출판 청람, pp. 227~228

4) コムパニアシスト株式会社(2012.8), 補助金・優遇税制を活用'サービス付き高齢者向け住宅'の手引き, 医業経営情報レポート, p. 13

된 의료시설에서 요양병상까지 준비하고 의료·개호형주택·숙박 등의 기능이 복합된 시설을 운영하기도 하는데, 이러한 대형 복합시설의 선례로 세이루카(聖路加)국제병원이 있다. 2동의 초고층빌딩에 상업시설, 오피스, 의료·개호시설, 노인임대아파트, 호텔을 갖추었다. 오카야마현을 중심으로 노인주택 등을 운영하는 ㈜하레코포레이션에서는 지역병원과의 밀접한 연계성을 구축하고 충실한 의료·개호 서비스 체제에 의한 '안심감'을 내세워 입주율이 높다. 토지소유자가 건설한 건물을 동시에 일괄 임차하여 노인주택을 운영 관리하고, 의료법인은 그 건물의 일부에 클리닉과 데이서비스, 주택개호지원사업소 등의 의료·개호사업소를 개설하고 입주자와 지역에 서비스를 제공하는 구조이다. 의료법인은 임차료만의 작은 부담으로 고객확보와 사업확대가 가능하다.[6)]

오카야마시(岡山市)를 본거지로 그룹홈을 시작한 ㈜멧세지(株式会社メッセージ)는 주목할 만한 노인주택의 사례이다. 이 회사는 오카야마 시내에서 개업의로 시작한 의사가 병원을 중심으로 하여 특별양호노인주택, 노인보건시설, 케어하우스, 그룹홈을 전개하고 개호보험의 시행 직전부터 '아뮤(アミュー)'라고 하는 브랜드명으로 시설수를 늘려왔다. 이 업체도 입주일시금에 기대지 않는 노인주택의 운영을 도모하고 있다. 입주 시에 보증금으로 수개월분을 받아 퇴거 시에 원상회복비용을 제외한 전액을 반환하는 사업구조이다. 월 이용료도 14만엔 전후로 저렴한 수준의 합리적인 가격으로 정해진 까닭에, 전국 각지에서 입주 대기자가 나오는 등 많은 수요를 창출하게 되었다. 오카야마시 주변을 비롯하여 관서권(関西圏), 중부권(中部圏), 관동권(関東圏)

---

5) 綜合ユニコム, 월간 시니어비지니스마켓(2010.4), p. 18
6) 綜合ユニコム, 월간 시니어비지니스마켓(2009.5), p. 49

〈표 9-1〉 멧세지의 회사 개요

회사명	㈜멧세지(メッセージ)
소재지	오카야마시 키타구 시타나카노 1222-7
대표자	하시모토 토시아키
설립	1997년 5월
자본금	39억 2,516만 엔
종업원수	2,525명
사업 내용	유료노인주택, 고령자전용임대주택, 그룹홈의 운영, 주택서비스사업
자회사	㈜시케후지(급식제조 및 시설에 배식), 라이프멧세지㈜(개호용품판매, 복지용품대여), ㈜엠에스테이트(부동산관리, 임차, 매매중개 및 컨설팅), ㈜개호시스템연구소(고령자 관련 간호, 개호기술의 연구개발지도 및 출판, 세키와서포트시스템㈜
수익	270억 9,972만 엔

자료: 綜合ユニコム, 월간 시니어비지니스마켓(2009.12), p. 26

에서도 여러 종류의 시설을 운영하고 있다.

멧세지는 110여 개의 노인주택을 운영하고 있는데 개호예방노인이 오랫동안 살아온 익숙한 지역에 계속 거주하면서 개호서비스를 받을 수 있는 시스템의 확립과 치매케어서비스 질의 향상을 마케팅 포인트로 삼고 있다.7)

의사이기도 한 하시모토 토시아키가 창업한 ㈜멧세지(メッセージ)는 관서지역을 거점으로 중산층이 안심하고 입주할 수 있는 고령자주택을 전개, 업계를 선도해왔다. 개인지주를 중심으로 한 리스백방식의 채용, 개인실을 충실하게 하고 공용 부분을 컴팩트하게 설계하여 '입주금제로'를 실현하고 있다. 또한 입지선정에 있어 지주와의 임대료 교섭력과 전국에 약 8,000실을 보유하고 있다. 하지만 이 중에서도 현장의 운영능력은 ㈜멧세지의 가장 큰 장점이다. ㈜멧세지에서는 너스콜 등 부정기적인 서비스발생은 니즈를 미리 파악할 수 없기 때문

7) 유선종(2009), 미래사회에서 보는 노인주택, 도서출판 청람, pp. 229~230

에 케어플랜의 개선이 요구되어 이를 개선하였다. 그리고 개호스케쥴 시뮬레이션소프트 '액시스트(Axist)'를 개발하여 분단위로 직원이 케어내용을 파악하고 검증 가능한 형태로 데이터를 축적하고 있다. 업무를 눈으로 파악할 수 있도록 하여 서비스의 질을 향상시키고 현장 오퍼레이션의 효율화를 꾀하는 것이다. '입주금제로'로 '저가격화'를 선도하는 ㈜멧세지는 품질도 가격과 함께 시장에서 지지받을 수 있도록 노력하고 있다.[8)]

2) 요식업계

와타미(和民)가 노인복지업계에 참여한 것은 2004년 4월로 와타미메디컬주식회사(和民メディカル株式会社)를 설립하면서부터이다. 2005년 3월에 노인주택 16개 시설을 경영하고 있던 주식회사아르(株式会社アル)의 경영권을 취득하고, 와타미는 노인주택을 운영하면서 개호서비스사업에 본격적으로 참여하게 되었다. 와타미는 선술집 프랜차이즈의 경영으로 얻게 된 식재료와 유통과정에 관한 노하우, 네트워크를 기반으로 하는 식사재료에 착안하여 노인복지업계에 신규 참여를 결정하였다. 실제로 와타미의 차별화된 사업 내용은 식사를 보면 알 수 있는데 일반적인 노인주택에서는 접하기 어려운 유기농 메뉴로 구성된 식사가 월 5만 엔 정도[9)]로 제공되고 있다. 와타미의 선술집에서 제공되는 야채는 유기농이고, 안전한 식재를 사용한 요리를 제공하는 배려는 Selling Point가 되고 있다.[10)]

---

8) 綜合ユニコム, 월간 시니어비지니스마켓(2009.12), pp. 26~27
9) 일반적인 노인주택의 경우, 월식사비가 6~7만 엔 수준임.
10) 유선종(2009), 미래사회에서 보는 노인주택, 도서출판 청람, p. 229

〈표 9-2〉 와타미개호의 회사 개요

회사명	와타미개호㈜(ワタミの介護)
소재지	도쿄도 오타구 하네다 1-1-3
대표자	시미즈 타카하마
설립	2006년 4월
자본금	9,500만 엔
종업원수	2,931명
사업 내용	유료노인주택 운영, 주택개호지원사업, 방문개호사업, 방문간호사업, 통원개호사업, 복지용품대여사업
영업이익	20억 5,200만 엔
수익	146억 88만 엔

자료: 綜合ユニコム, 월간 시니어비지니스마켓(2009.12), p. 28

유료노인주택은 도중에 폐업, 휴업할 수 없는 사업이므로 와타미개호㈜(ワタミの介護)는 먼저 1개소를 성공시켜 모델을 확실히 한 후 단계적으로 늘려갔다. 와타미개호㈜(ワタミの介護)는 지금까지 쌓아 온 운영기법에 따라 독자적인 개호서비스를 모색해왔다. '입주금 600~800만 엔, 월 비용 18만 엔'을 기본 모델로 카나가와현을 기반으로 수도권까지 전개하였다.

와타미개호㈜(ワタミの介護)는 새로운 시도로 '입주금 300만 엔의 저가격주택'을 실현하기 위해 여러 가지 전략을 구성하였다. 보다 많은 고객에게 1엔이라도 저렴한 주택을 제공하고자 하는 기본 방침으로 저가격주택에 주목하면서도 서비스 질은 일정 수준 이상으로 유지하고자 노력하였다. 서비스를 줄이거나 식사 수준을 낮추지 않고 저가격을 실현하기 위한 포인트로는 입지, 건축공법과 건물구조, 공유 부분의 다목적화, 운영효율화를 검토하였다. 입지를 대도시 교외나 지방으로 하여 지대, 인건비를 줄이고, 저층경량철골조 등을 검토하여 층수를 줄이고, 와타미그룹의 강점인 식재사업의 노하우를 살려 운용

비용을 줄이고자 하였다. 외식사업과 개호사업의 운용 포인트는 무엇보다 스텝의 동선을 의식한 시설설계이다. 설계에서는 사각지대의 처리가 중요한데, 사각지대가 많으면 고객에 대응하기 위해 그만큼 많은 인원배치가 필요하게 된다. 따라서 사각지대를 해소한 설계를 하게 되면 장기적으로 인건비 절감이 된다.[11]

이전의 물건은 M&A 승계를 통한 시설이 대부분으로 개발과 운영상의 제약이 많아 사업 전개가 여의치 않았다. 그러나 총량규제가 완화하는 경향에 따라 와타미개호㈜에서는 연간 15시설의 개설을 예정하고 있다. 그리고 노하우의 축적과 '4대 제로(기저귀 제로, 특수욕 제로, 관급식(tube feeding) 제로, 휠체어 제로)', 치매대응 강화 등을 위한 구조 확립에도 힘쓰고 있다. 이와 같이 주택신설을 위해 시작 단계부터 자유로운 플래닝이 가능한 환경을 정비하며 기존 모델과의 차별성을 모색하고 있다.

3) 교육산업계

오카야마 시내의 '선라이즈오카야마(サンライズ岡山)'가 1996년 도산하여 노인주택 시장에 대한 부정적인 시각이 팽배했던 시기에 베넷세코퍼레이션(ベネッセコポレーション)이 오카야마 시내에 '베넷세홈크라라(ベネッセホームくらら)'를 개설하였다.

1997년, 교육산업 분야에서는 대기업에 해당하는 베넷세(ベネッセ)는 3년후에 개호보험이 도입될 것을 예견하고 입주일시금에 의지하지 않는 노인주택의 개설을 검토했는데, '크라라(くらら)'는 그 실험적

11) 綜合ユニコム, 월간 시니어비지니스마켓(2009.12), pp. 27~29

〈표 9-3〉 베넷세스타일케어의 회사 개요

회사명	㈜베넷세스타일케어(ベネッセスタイルケア)
소재지	도쿄도 시부야쿠 시부야 2-17-5 시오노기시부야빌딩 9층
대표자	코바야시 히토시
설립	2003년 12월 1일
자본금	1억 엔
종업원수	8,879명(2012년 3월)
사업 내용	고령자개호서비스사업, 보육사업, 의료개호직 소개파견서비스
수익	6,65억 엔(2012년 3월)

자료: 株式會社ベネッセスタイルケア(http://www.benesse-style-care.co.jp/company/).

인 시설의 하나였다. 크라라는 개호보험이 시작되기 전의 사업형태로, 입주자의 이용료만으로 운영하면 월 지불액이 고액이 되어 입주자를 모집하기 어려울 것으로 예상했다. 개설 당시에는 입주자 모집에 고심했으나 개호보험이 시작된 후 시설 수는 큰폭으로 늘어났다. 베넷세의 자회사인 ㈜베넷세스타일케어(ベネッセスタイルケア)는 의료기능을 복합화시킨 노인주택인 '아리아(アリア)' 등을 개설하였고, 이는 장래에 터미널케어까지 가능한 시설로 운영한다.

㈜베넷세스타일케어(ベネッセスタイルケア)는 콘셉트와 가격별로 4가지 유형을 설정하여 시설을 전개하고 있다. 24시간 간호, 개호가 정비되어 있는 질 높은 생활을 추구하는 도심 입지의 '아리아', 개성 넘치는 주택으로 다양한 생활을 제공하는 '그라니&그란다', 개방적인 거실 중심의 안심하고 생활할 수 있는 '마도카', 소수의 그룹케어로 가정적인 '크라라'가 그것이다.

㈜베넷세스타일케어(ベネッセスタイルケア)는 제공하는 상품과 지역의 고객층이 매치되는 것을 중시하며 필요한 장소에 적절한 가격으로 상품을 제공하는 것을 추구하고 있다. 입지를 신중히 선정하고 니즈에 따라 4가지 타입의 유형을 전개하는 등 비교적 장기적인 안목으로

사업을 전개하고 있다.[12)]

4) 보험업계

고령화의 진전과 요개호자의 증가에 따라 사회보장제도를 보완하는 민간개호보험 니즈는 증가하는 추세이다. 일본의 공적 개호보험제도에서는 자기부담 부분이 10%이다. 65세 이상의 피보험자의 증가로 보험료는 증가하지만 실제 수혜액은 적어지는 등 생명보험상품이 공적 개호보험의 보완적인 역할을 해야 할 것으로 보여진다. 또한 초고령사회를 지지하고 있는 생명보험사업으로서 사회적 역할이라는 관점에서 다양한 개호 관련 니즈에 대응 가능한 서비스 태세의 확립이 요구되고 있다.

이러한 배경 속에서 메이지야스다생명보험상호회사(明治安田生命保険相互会社)는 2011년도부터 진행하던 중기 경영계획 '메이지야스다 신발전프로그램'에서 개호보험 분야를 사망·연금·의료 분야와 더불어 신규사업 분야로 선정하였다.

메이지야스다는 개호시장에 참여하여 고객을 리스크의 발현 전과 발현 후로 나누어, 발현 전에는 리스크의 이해, 대비, 미연방지를 목적으로 한 개호·건강에 관한 정보·컨설팅 등의 서비스를 제공하고 있고, 발현 후에는 개호서비스를 제공하고 있다. 그리고 양자에 대해 본래업무인 개호(생활기능장애)보험의 제공에 의한 경제적인 지원을 하는 방식을 취하고 있다.

또한 신규사업으로 개호형노인주택의 운영사업에 참여하였는데,

12) 綜合ユニコム, 월간 시니어비지니스마켓(2009.12), p. 31

〈표 9-4〉 메이지야스다 생명보험상호회사의 개요

회사명	메이지야스다 생명보험상호회사(明治安田生命保險相互會社)
본사소재지	도쿄도 치요다구 마루노우치 2-1-1
대표자	세키구치 켄이치, 마츠오 켄지
창업	1881년 7월 9일
설립	2004년 1월 1일
총 자산	29조 6,641억 엔
기금 총액	5,200억 엔
보유계약액	210조 7,217억 엔
사원수	648만 31명
사업 내용	생명보험업 타 보험회사 기타 금융업을 행하는 자의 사무의 대리 또는 사무의 대행, 사무의 보증 등 국채, 지방채, 정부보증채의 매매, 지방채, 사채 기타 채권의 모집 또는 관리의 위탁 기타 보험업법에 의한 사무 및 보험업법 외의 법률에 관한 생명보험회사가 하는 업무 등

2012년 3월 개호형노인주택 '선비너스 다치카와(サンビナス立川)'의 운영회사를 자회사화하였다. 생명보험회사로서 초고령사회에 대응한 서비스를 확충하는 것이 필요하다고 생각하여 그 일환으로 노인주택 사업에 진출하게 된 것이다. 사업 참여를 결정함에 있어 가장 중요하게 생각한 것은 노인주택의 경영・운영은 중장기에 걸쳐 입주자의 안심과 안전을 보장하는 것이 대전제가 되어야 한다는 것이었다. 그래서 생명보험회사 입장에서 시행착오를 최소화하는 방안으로 현재 경영상태의 주택을 양도받는 것이 최선책이라고 판단하였다. '선비너스 다치카와(サンビナス立川)'의 기존 운영체는 신닛테츠(新日鐵)그룹이었다. 기업으로서의 신용력도 있고 주택의 운영상태도 양호하며 시설 103호실이 거의 만실의 입주율을 유지하고 있었다. 입주금은 3,430만 엔 이상(75세 이상・1인 입주의 경우)으로 저렴한 편은 아니지만 역과 공원이 가까워 입지가 양호하여 입주자의 만족도가 높고 현재도

〈표 9-5〉 선비너스 다치카와 시설 개요

시설 명칭	선비너스 다치카와(サンビナス立川)
소재지	도쿄도 다치카와시 후지미쵸 1-33-3
사업 주체	㈜선비너스 다치카와(메이지야스다생명보험상호회사가 주식 90%를 취득)
유형	개호형노인주택
개설	1990년 4월 1일
부지면적	3,558m^2
연면적	9,466m^2
구조・규모	철골콘크리트조・지상 8층
토지・건물의 권리형태	임차
방수	103실, 일시개호실 7실
방 설비	미니주방, 수납, 거실, 다다미방, 간호사콜, 방재설비, 내선전화, 생활리듬센서, 에어콘, 화장실, 세면, 욕실 등
공용시설	입구, 프론트, 로비, 옥상시설, 응접실, 담화코너, 게스트룸, 식당, 목욕탕, 기기욕실, 세탁실, 도서관, 다목적실, 집회실, 일시개호실, 건강관리상담실 등
병설시설	개호동시설, 클리닉
요금체계	입주 시 비용: 1인 입주 3,430~6,840만 엔, 2인 입주 4,300~7,740만 엔 월 비용: 월세・관리비 9만 2,400엔, 식비 5만 7,300엔 수도광열비는 실비 개호비용은 입주 시 비용에 포함

높았다.

M&A로 흡수합병하면서도 경영・운영방침을 전환하지 않았으며, 이미 입주한 노인들의 변함 없는 일상생활을 위해 종업원도 고용승계하였다. 신닛테쯔(新日鐵)그룹이 목표로 삼았던 가정적인 분위기의 방향성을 승계하는 것이 최선이라고 생각했다.13)

13) 綜合ユニコム, 월간 시니어비지니스마켓(2012.8), pp. 60~63

5) 전기가전판매업계

전기가전 판매점으로 수익 2조 엔을 달성한 업계 1위의 ㈜야마다 전기(ヤマダ電機)가 서비스형고령자주택사업에 참여하였다. 확대되어가는 주택 분야에서 가전제품 종류의 판로 확보를 노리고 참여한 것 외에도 그 배경에는 의료시장을 노리는 큰 전략이 있었다.

야마다전기(ヤマダ電機)에서는 의료 분야에 있어서 5년 전부터 'Dr. Pen Lite'라는 제품시스템을 개발・판매하고 있었다. 키보드 없이 전자펜으로 문자정보를 입력하는 제품으로 진료소의 전자 진료카드작성을 위한 시스템이다. 이 제품의 판매 확대를 위해 의사의 개업지원을 패키지시스템으로 시작했는데, 개업하더라도 의사에게 일정의 고객수가 충당되지 않으면 안 되는 불안한 요소가 있었다. 그러던 중 노인주택과 클리닉의 복합개발에 의해 개업 불안 요소가 제거될 수 있을 것으로 판단하고 'Dr. Pen Lite'를 개발하여 개호・복지사업의 고객관리시스템에 활용하고 있다.

이러한 배경에서 착목한 것이 의료・개호를 연대한 노인주택이었다. 1층에는 클리닉과 데이서비스, 방문개호사업소 등을 병설, 입주

〈표 9-6〉 야마다전기의 회사 개요

회사명	㈜야마다전기(ヤマダ電機)
소재지	군마현 다카사키시 사카에쵸 1-1
대표자	야마다 노보루
설립	1983년 9월
자본금	710.5억 엔(2012년 3월)
종업원수	24,768명
사업 내용	국내 및 해외 유명 메이커의 가정전자제품, 오디오기기・건강기구・개호관련기구・OA기구의 판매와 수리 등
수익	18,354억 엔(2012년 3월)

자료: ヤマダ電機(http://www.yamada-denki.jp/).

자의 안심·안전을 보장하며 개업의와 개호사업자도 고객이 확보되어 안심할 수 있게 되었다. 이는 제품의 판로 확대로 연결되었고, 고령자주거법의 개정으로 의료·개호의 연대인 서비스형고령자주택의 사업은 보조금도 받을 수 있는 장점을 포함해 하나의 비지니스가 될 것이라고 생각하였다. 특히 점포 개발 시 자재와 각종 설비까지 야마다전기만의 경영자원이 제공되어 저가격으로 수준 높은 시설·주택 건설이 가능하다.

효고현 히메지시의 부동산 사업자 (유)오오니시쇼쿠산(大西殖産)은 2011년 12월 서비스형고령자주택사업에 야마다전기와 협력하여 신규 참여하였다. 1층에는 재택요양지원진료소와 데이서비스 방문개호와 간호스테이션을 병설하였다. 의료·개호기능을 충실히 하여 퇴원환자를 포함한 의료의존도나 개호도가 높은 노인들도 안심하고 거주할 수 있는 공간을 만들었다.

오오니시쇼쿠산에서는 많은 분양지 개발, 아파트·상업시설 임대사업 등에 실적을 가지고 있었으나 다가오는 고령화사회에 대응하여 노인특화주택사업에 참여할 것을 결정하였다. 자사 소유지를 활용하여 1호 물건을 개발하여 주택 부분의 운영·관리는 물론 데이서비스 등 개호사업소도 개설하였다. 이 시설에 야마다전기는 기기욕조, 침대, TV, 에어컨 등 노인주택의 개설을 지원하고 있다. 향후의 노인주택 개발에 있어서도 야마다전기와 협력하여 다양한 가능성에 도전할 예정이다.14)

〈표 9-7〉 오오니시쇼쿠산의 회사 개요

회사명	유한회사 오오니시쇼쿠산(大西殖産)
소재지	효고현 히메지시 츠쿠다마치 37
연락처	079-289-3007

6) 부동산업계

토큐부동산㈜(東急不動産)은 2003년 노인주택사업에 참여하였다. 토큐부동산㈜에서 전개한 '그랑그렐(グランクレル)'은 질 높은 주거공간과 호텔 같은 공용설비, 서비스가 준비된 거주공간이다. 요개호상태가 된 경우는 개호전용실로 이동하도록 하고 있다.

토큐부동산은 입주자의 실질부담액을 80% 정도로 낮추기 위하여 여러 방안을 모색하였다. 입주 시에 드는 부담을 줄이는 것보다는 월 부담액을 줄이는 것에 주안점을 두었는데 이는 입주자들이 입주일시금보다 월 비용을 중시하는 경우가 많기 때문이었다. 입주자 대부분이 건강하므로 의사가 상주하지 않고 인근에 있는 의사와 MOU를 맺었고, 조식에 대한 니즈가 낮아 조식을 예약제로 하여 아침에 조리사 출근이 필요 없는 형태로 하였다.

토큐부동산㈜(東急不動産)은 대형 물건, 세세한 서비스를 특징으로한 컴팩트한 성격을 기본으로 토큐전원도시선 연선 지역에 집중된 시설로 차별화를 두어왔다. 여기에 저가격화된 새로운 시리즈는 다양화되

〈표 9-8〉 토큐라이프디자인의 회사 개요

회사명	㈜토큐라이프디자인(東急ライフデザイン)
소재지	도쿄도 시부야쿠 도젠자카 1-21-2
대표자	사장 다나카 야스오
설립	2003년 3월 3일
자본금	4억 엔
사업 내용	고령자주택・시설의 경영・운영・운영수탁, 고령자회원 조직기획・운영
수익	22억 8,700만 엔(2012년 12월)

자료: 東急イーライフデザイン(http://www.e-life-design.co.jp/outline).

14) 綜合ユニコム, 월간 시니어비지니스마켓(2011.12), pp. 54~56

는 고객의 니즈에 대응할 수 있는 시설이 되었다.15)

나카긴그룹(中銀グループ)은 창업자의 미국 고령자전용주택 시찰을 계기로 일찍부터 일본의 고령화사회 도래를 예견하고 1970년에 시니어대상 분양아파트를 중심으로 한 라이프케어사업을 시작했다. 나카긴라이프케어(中銀ライフケア)는 건강한 고령자 시설이 되기 위하여 필요한 것을 파악, 설비・서비스를 구성하여 입주자에게 있어 풍족한 커뮤니티 공간이 되도록 힘썼다. 나카긴그룹(中銀グループ)은 22시설(3,937실)을 관리 운영하고 있다.

나카긴인테그레이션㈜은 다양화하는 니즈를 충족시키기 위해 입주 시 건강상태에 의한 선택, 구입 시 자금에 의한 선택, 입주시스템에 의한 선택 등으로 분류하여 정비하였다. 시즈오카현(静岡県)을 중심으로 요코하마시(横浜市), 치바현(千葉県), 삿포로시(札幌市) 등 지역 집중형의 사업 전개도 펼치고 있다.

이용권방식이나 임대차방식 등 다양한 고령자주택이 증가하고 있지만 소유권분양방식도 고객층이 뿌리 깊게 존재하며 앞으로도 계속 증가할 것으로 예상된다. 나카긴케어의 대부분은 소유권분양방식으로 입주자는 일반 아파트와 같이 방을 구입한다. 구입 후 매각, 상속도 가능하다. 전용 부분은 조합의 규정 범위 내에서 개인의 희망에 따라 리모델링도 가능하다.

나카긴그룹(中銀グループ)에서는 입주자가 풍요롭게 생활하도록 2011년부터 3가지에 주력하고 있다. 먼저 총괄 요리사를 두어 식사를 한층 더 레벨업시키고, 그 지역에서 얻을 수 있는 신선한 식재료를 사용해 안심, 안전, 건강한 식사를 기본으로 칼로리까지 고려하여 영양사에

15) 綜合ユニコム, 월간 시니어비지니스마켓(2009.12), pp. 29~30

〈표 9-9〉 나카긴인테그레이션 회사 개요

회사명	나카긴인테그레이션㈜(中銀インテグレーション)
소재지	도쿄도 츄오구 긴자 8-16-10
연락처	03-3548-1234 http://www.nakagin.co.jp/integration
설립	1972년 2월
자본금	5,000만 엔
사업 내용	일반주택 아파트 관리 중고령자전용주택 관리 운영 개호전용시설 운영 부동산 판매, 중개, 임대업 회원제호텔 관리 운영 개호보험법 지정주택 개호지원사업 및 지정주택 서비스사업
사원수	995명

의해 관리된 식단을 제공하고 있다. 또한 나카긴그룹에서 주최하는 합동댄스파티, 골프경기, 해외에서 초청하여 개최하는 콘서트 등 입주자의 활동적이고 즐거운 생활을 위해 힘쓰고 있다. 마지막으로 간호사 24시간 365일 상주를 기본으로 하여 일상 바이탈 체크와 긴급 시 신속하고 빠르게 대응할 수 있도록 하는 의료케어 시스템이다. 개호가 필요한 노인과 건강한 노인을 구별하여 어느 쪽이든 입주 시 건강하고 즐거운 생활이 되도록 노력하고 있다.16)

민간사업자 중에서도 노인주택 개발을 진지하게 준비하고 있는 기업이 증가하고 있다. 커뮤니티계의 '다세대형 커뮤니티 주택' 및 '복지아파트'는 노인주택의 개발 운영으로 실적을 쌓아 온 ㈜생활과학운영(生活科学運営)이 연구개발비를 투자하여 실험적으로 개발한 공동주택의 비즈니스 모델이다.

---

16) 綜合ユニコム, 월간 시니어비지니스마켓(2012.12), pp. 56~57

〈표 9-10〉 생활과학운영의 회사 개요

회사명	㈜생활과학운영(生活科學運營)
소재지	도쿄도 신주쿠구 타카다노바바 3-3-3 산유빌딩 3층
대표자	우라타 요시노부
설립	1991년 9월
자본금	1억
종업원수	약 850명(파트타임 등 포함)
사업 내용	유료노인주택, 고령자주택, 다세대형주택의 기획 및 판매, 개호 및 복지 관련 기획입안, 컨설턴트, 생활지원 시스템 개발 및 제공 등
운영시설수	라이프하우스, 라이프&시니어하우스 등 29동
수익	72억 6,000만 엔(2012년)

㈜생활과학운영은 관동, 중부, 관서를 중심으로 30동의 유료노인주택과 시니어공동주택, 그룹홈 등을 운영하는 기업으로 생활과학연구소에서 시작되었다. 2004년 8월 유료노인주택의 공동이용권의 판매를 개시하였다. ㈜생활과학운영은 보다 나은 업무 개선을 위하여 소수의 관리자로는 해결되지 않는 문제를 여러 사람이 모여 토론하고 해결하기 위해 사내외에서 참가자를 모집하여 그룹 활동을 개최한다. 이를 통해 개호직원의 의식 향상과 서비스 수준의 향상을 꾀하고 있다.

7) 호텔업계

리조트트러스트㈜(リゾートトラスト)는 1973년 창업 이래 회원제 리조트호텔 개발을 중심으로 회원권 판매와 호텔레스토랑사업, 골프장 개발, 운영 등 레저 및 서비스 사업으로 성장해 왔다. 리조트트러스트가 유료노인주택사업에 참여한 이유는 본업인 회원제클럽사업의 회원들의 고령화 때문이다. 회원수는 전국적으로 14만 명이며 평균

〈표 9-11〉 리조트트러스트의 회사 개요

회사명	리조트트러스트㈜(リゾートトラスト)
소재지	도쿄 본사 도쿄도 시부야구 요요기 4-36-19 본사 나고야시 나카구 히가시사쿠라 2-18-31
창업	1973년 4월
자본금	142억 5,811만 엔(2011년)
대표자	회장 이토요시로 사장 이토카츠야스
사업소	회원권사업: 도쿄, 나고야, 오사카에서 2~3시간 거리에 위치한 회원제 리조트호텔의 개발과 회원권 판매 호텔레스토랑사업 메디컬사업: 건강한 인생을 보내도록 하이메딕사업과 쾌적하고 안심할 수 있는 시니어라이프를 보내도록 시니어라이프사업을 전개 골프사업: 골프장 개발과 운영
수익	1,089억 7,600만 1엔
취급 상품	회원제 리조트호텔 회원권, 메디컬회원권, 골프장회원권 등

연령은 60세 이상이다. 따라서 회원들 사이에서 장래 노후생활을 위한 질 높은 서비스와 거주공간의 필요성을 느끼는 사람들이 많았다. 이에 따라 이 회사는 2006년 개호형유료노인주택 '클래식가든 분쿄네즈'를 취득하고 고령자주택, 개호사업에 참여하게 되었다.[17]

한편 1992년 3대 질환의 초기 발견·초기 치료를 목적으로 ㈜하이메딕(ハイメディック)을 설립하는 등 메디컬사업도 실시해 왔다. 그 후 '도쿄미드타운메디컬센터(東京ミッドタウン メディカルセンター)'와 '도쿄방사선클리닉(東京放射線クリニック)'을 설립하여 메디컬서비스의 제공 영역을 확대하는 한편 시니어라이프사업부를 세워 유료노인주택의 개발과 운영사업에도 참여하여 개호서비스의 제공을 꾀하고 있다.

17) 綜合ユニコム, 월간 시니어비지니스마켓(2012.5), p. 61

2. 차별화된 개발사례

1) 역전재개발 컨버전

아키타현(秋田県) 남부에 위치한 요코테시(横手市)의 인구는 약 10만 명이다. 2005년 10월에 요코테시를 포함한 주변 8개의 시읍면이 합병하여 만들어졌다. 요코테역 앞에 있던 쇼핑센터(자스코)가 1998년 교외로 이전하면서 역전지구의 공실점포와 공가빌딩이 증가하였고 중심 시가지의 공동화(空洞化)가 진행되었다. 이러한 공동화현상에 대한 활성화 대책의 핵심으로 '요코테역동쪽출구제일지구시가지재개발사업'이 추진되었다.

1998년에 중심시가지활성화기본계획이 작성된 이래 2012년 탄생한 요코테이스트(横手イースト)는 2개의 구역으로 구성되는데 1구역은 아키타후생연 히라카종합병원(秋田厚生連平鹿総合病院)의 이전부지, 2구역은 요코테시에 본사를 둔 우고교통㈜의 버스터미널 상업빌딩부지이다. 1구역에는 공익시설(건강증진, 양육지원, 지역교류기능 등), 은행, 상업시설, 점포의 각동을 배치하고, 2구역에는 버스터미널을 신설하고 노인주택과 집합주택을 배치하였다.

요코테시의 고령화율은 31.5%(2010년 7월 1일 기준, 아키타현 2010년도 노인 월간 관계자료)로 전국 평균보다 높은 편이다. 개호주택 '사라사요코테(さらさ横手)'는 우고교통 버스터미널부지의 2구역에 위치한 것으로, 우고교통 소유의 건물을 JAWA그룹㈜ JAWA가 임차하여 운영하는 사업형태이다. 채광이나 관내 개방성 확보를 중시하고 남쪽에 가로를 배치하였고, 분양아파트 '랜드시티요코테역전(ランドシティ横手駅前)'과 나란히 지어져 있어 노인주택으로 보이지 않는다. 지상 3층

〈표 9-12〉 요코테역 동쪽 출구 제1지구 제1종시가지재개발사업의 개요

시행사	요코테역 동쪽 입구 제1지구 시가지재개발조합
시행지구	아키타현 요코테시 에키마에쵸 921번지
사업형식	도시재개발법령제110조형(전원동의형)
사업연도	2006~2011년도
용도지역지구	상업지구, 준방화지구
기준건폐율	80%
기준용적율	400%
지구면적	약 2.1ha
부지면적	약 1만 4,000m^2
연면적	약 2만m^2
총 사업비	63억 엔

〈표 9-13〉 요코테역 동쪽 출구 1·2구역의 개요

요코테역 동쪽 출구 1구역		요코테역 동쪽 출구 2구역	
공익시설동	지역정보센터, 아동센터, 건강증진 목적의 '건강의역(健康の驛)' 철골조 지상 4층 약 5,300m^2	버스터미널동	2010년 1월 개설. 우고교통㈜(羽後交通)의 버스터미널, 사무소, 여행대리점 등 철골조 지상 2층 약 1,500m^2
은행동	2009년 10월 개설. 호쿠토은행요코테역전지점(北都銀行横手驛前支店) 철골조 지상 2층 약 500m^2	노인주택동	2010년 3월 개설. ㈜JAWA의 개호형노인주택 '사라사요코테(さらさ横手)' 철근콘크리트조 지상 3층 약 2,600m^2(44실)
상업시설·점포동	2010년 10월 개설. 식품슈퍼, 지권자(地權者)점포 철골조 평야일부 지상 2층 약 4,000m^2	집합주택동	2010년 2월 준공. ㈜JAD분양아파트 '랜드시티요코테역전(ランドシティ横手驛前)' 철근콘크리트조 지상 11층 약 6,288m^2 50호 2LDK(56m^2)~4LDK(91m^2)

건물로 44실 규모이고 공용 부분도 충실하다. 각 층에 대면식 주방이 붙은 거실, 유닛배스(unit bath: 세면기, 욕조, 변기 등), 세탁실을 배치하였다. 1층에는 레스토랑과 라운지, 목욕탕, 노래방, 영화관 등이 있으며 2, 3층의 다목적공간에는 헬스공간인 재활기구나 게임기가 배치

되어 있다. 공용시설은 자유롭게 이용할 수 있고, 객실은 침대 이용의 개인실(32실)과 다다미방(12실) 중에서 선택할 수 있다.

입주금은 제로이고 입주비용은 월 지불로 월세, 공익비, 식비, 개호보험료(자기부담분 등을 포함)등 13만 9,400엔과 개호보험자기부담분 정도이다. 저렴한 비용부담으로 만실이 계속되고 있고 100명 정도가 대기자로 있는데, 이렇게 성공할 수 있는 요인은 비용 대비 질 높은 서비스와 철저한 니즈분석이라고 말한다. 니즈는 가족이 방문하기 쉬운 역전 입지의 편리성과 지역과의 연결성이 좋아 번화한 느낌을 받을 수 있다는 것이다.[18)]

2) 다세대 교류형 복합개발

히로시마현(広島県) 미하라시(三原市)를 거점으로 의료・개호・보육 등을 복합한 시설의 건설이 진행되는 한편, 시설 주변의 주민을 끌어들이는 다세대 교류형의 커뮤니티존이 창조되었다. 우체국 부지에 사회복지시설의 진출을 계기로 의료 관계 시설이 입지하였고 육아지원시설을 설치하고 노인에서 아이까지 폭넓은 세대를 아우르는 상점가가 형성되었다.

이곳은 지역커뮤니티에 주안점을 두고 상점가와 지역의 특성을 살린 독자적인 구성으로 타 상점가와 지역에 벤치마킹되는 등 그 아이디어성이 검증되었다. 2004년 11월 태청회(泰清會)는 이 지역에 케어하우스 '선라이즈 미나토마치(サンライズ港町)'를 개설하였다. 24시간 365일 케어서비스를 제공하는 노인개호・복지시설일뿐만 아니라 지

18) 綜合ユニコム, 월간 시니어비지니스마켓(2010.12), pp. 34~36

〈표 9-14〉 선라이즈그룹(サンライズグループ)의 회사 개요

명칭	의료법인사단 명청회(明淸會)
운영의료기관	야마다기념의원(뇌신경외과, 내과, 신경내과), 산산내과클리닉
소재지	히로시마현 미하라시 미야우라 6-2-1
대표자	야마다 토오루
설립	1992년 11월
명칭	사회복지법인 태청회(泰淸會)
소재지	히로시마현 미하라시 후카마치 583
대표자	야마다 토오루
설립	1998년 7월
운영시설	선라이즈, 토털케어선라이즈, 산산미나토보육원, 산산미나토지역육아지원센터 등
관련 법인	유한회사 쿡웰(택배급식서비스) 유한회사 히토야사(선라이즈 헬퍼스테이션) 유한회사 와쿠스(고령자임대아파트운영)

역주민과의 교류공간, 이벤트공간으로서 개발된 점이 높게 평가되고 있다.

2005년에는 노인임대아파트 '선라이즈 ANNEX'가 개설되어 1층에 내과, 피부과, 안과, 약국이 입주하고 케어시설, 노인주택, 의료시설, 쇼핑시설 등 편리한 공간이 탄생되었다. 이러한 노인임대아파트의 의료 · 개호 · 생활서비스를 선라이즈그룹이 협력하고 있으며, 임대아파트의 거실면적은 21～34.27m^2, 보증금은 120～144만 엔, 월세 6～8만 6,000엔, 공익비 1만 5,000엔, 기타 광열비, 개호보험서비스 부담금 등이 별도로 필요하다.[19]

19) 綜合ユニコム, 월간 시니어비지니스마켓(2010.12), pp. 28～29

3) 소규모 유휴지활용형

2012년 5월 15일, 시즈오카현 이와타시 고우다이지마(静岡県磐田市合代島)에 서비스형고령자주택 '후지가오카 와라쿠 이와타고우다이지마(ふじがおか和楽久磐田合代島)'가 오픈했다. 시설 개요는 목조·준내화 2층 건물로 총 세대수는 22호이다. 전관 배리어프리, 1층 면적은 526m^{2}로 입구, 식당, 화장실·세면, 방문개호, 데이서비스(통소개호)사업소를 병설하고 있다. 1층에는 11호의 방이 있고 면적은 25m^{2}로 서비스형고령자주택의 등록 기준을 만족시키고 있으며 현관, 유닛배스, 화장실·세면, 주방, 긴급콜서비스, 에어콘 등 요개호자는 물론, 자립한 건강한 노인도 입주할 수 있다. 24시간 간호, 식사, 의료·개호 서비스 등도 충실하게 갖춰져 있다.

건축 부지는 오오이시 가문(大石一族)이 소유하던 유휴지를 활용하였고 건물은 오오이시 원장의 사새였던 것을 이용하였다. 2012년 4월 방문전시회를 개최하였고 5월 15일 오픈 당일 예약포함 입주자는 만실의 상황이 되었다. 방문전시회뿐 아니라 2011년 10월 착공에 들어간 뒤 11월부터 입주 모집을 시작하여 지역의 타 의료기관과 사회복지법인, 주택개호지원사업소를 방문하고, 지역노인주택에 광고지를 게시하는 등 영업활동을 펼친 결과이다.

단기간에 입주율 100%를 달성한 것은 ① 지역에서 30년 정도 운영해 온 의료시설에서 서비스형고령자주택을 개설하고 운영한다는 신뢰성, ② 24시간 간호, 식사, 의료·개호서비스형 임대주택이라는 니즈가 이 지역에 잠재되어 있었던 것에 기인한다. 입주자에게 제약이 많고 입주금도 비싼 유료노인주택보다는 생활하기 자유롭고 임대차계약으로 가볍게 입퇴거할 수 있는 서비스형고령자주택을 원했던 것으로 판단된다.

후지가오카 와라쿠(藤が丘和楽久)의 입주조건은 ① 만 60세 이상, ② 연대보증인・신원보증인이 있을 것, ③ 개호도5까지인 자, ④ 의료서포트가 필요한 자는 요상담 등으로 되어 있다.

노인주택, 서비스형고령자주택의 전용률(임대 부분/연면적)은 42~50% 정도이나 와라쿠의 경우 75~80% 정도로 20% 이상 높은 것이 특징이다. 개인실의 면적은 25m^{2}로 필요자금이 적고 조달금리가 낮아 호실 수가 적어도 수익성이 있다.

서비스형고령자주택 등록신청 시 90% 이상이 방면적 18m^{2}의 타입을 선호하고 대부분이 요개호자 대상이다. 하지만 와라쿠는 요개호자는 물론 건강한 노인에게도 대응할 수 있도록 25m^{2}를 기본으로 거주성과 채산성을 추구하고 있다.

가격설정은 1인 입주 13만 5,000엔으로, 주변 시설보다 평균 1만엔 정도 비싼데도 불구하고 만실을 실현한 의미는 크다. 24시간 간호, 의료・개호서비스, 식사제공과 같은 내용의 충실성, 가족과 묵을 수 있는 주거성을 마련한 까닭이다.

와라쿠(和楽久)는 공법과 건물의 구성을 차별화하여, 방의 전유면적당 건축비를 기존 공법의 65% 정도로 절감하였다. 그 결과 보다 저렴한 월세와 쾌적한 넓이를 제공할 수 있게 되었다.

운영 면에서도 개호보수와 진료보수에 가능한 한 의존하지 않도록 월세와 관리비 등의 고정비 부분, 매일의 식사서비스, 쇼핑 등의 보험 외 서비스, 방문개호, 데이서비스 등 부문별로 수지관리를 철저히 하고 있다. 수지관리를 철저히 하는 과정에서 IPAD를 활용한 개호・의료서비스의 관리시스템을 통해 입주자에게 언제 어떤 서비스를 어떻게 실시하였는지 등을 수시로 파악하고 있다. 직원 모두가

〈표 9-15〉 후지가오카 와라쿠(和樂久) 이와타고우다이지마 시설 개요

명칭	후지가오카 와라쿠 이와타고우다이지마(ふじがおか和樂久磐田合代島)
유형	서비스형고령자주택
운영·관리	후지가오카내과그룹/후지가오카서비스㈜
소재지	시즈오카현 이와타시 고우다이지마 1098-1
구조·층수	목조·준내화·지상 2층
대지면적	2,695.09m^2
건축면적	653.30m^2
연면적	999.79m^2(1층 526.12m^2 2층 473.67m^2)
총 세대수	22호
세대면적	25m^2~
방 설비	주방, 유닛배스, 화장실, 세면, 세탁기 두는 곳, 긴급콜설비, 에어콘, LAN
공용시설	전관 배리어프리, 공용식당, 엘리베이터, 수도직결형 스프링클러, 자동화재보지기, 비상통보장치·비상해정장치
직원	25인, 24시간 상주
보증금	월세의 2개월분
원액이용금	13만 5,000엔(월세, 기본서비스비, 공익비, 식비)
병설사업소	방문개호, 데이서비스(통소개호)

IPAD를 갖고 입주자에 관한 정보를 공유하므로 보다 세심한 서비스 제공이 가능하다. 이러한 정보는 동시에 입주자의 가족에게 발신되도록 하여 서로 간의 원활한 커뮤니케이션 툴로서 활용되고 있다.[20]

4) 의료법인의 지원시설

일본 최대 규모의 의료법인 토쿠슈카이그룹(徳洲会グループ)에서 개호·고령자주택사업을 전개하는 ㈜케어넷토쿠슈카이(ケアネット徳洲会)는 2012년 3월 1일 오사카부(大阪部)키시와타시(岸和田市)에 서비스형 고령자주택 '케어넷토쿠슈카이 키시와타(ケアネット徳洲会岸和)'를 개설

20) 綜合ユニコム, 월간 시니어비지니스마켓(2012.6), pp. 18~22

〈표 9-16〉 케어넷토쿠슈카이 키시와타 시설 개요

명칭	케어넷토쿠슈카이 키시와타(ケアネット德洲會岸和)
유형	서비스형고령자주택
사업 주체	㈜케어넷토쿠슈카이
소재지	오사카부 키시와타시 이소노카미쵸 4-22-40
개설	2012년 3월
대지면적	3,269.15m²
구조 · 규모	철골조 지상 7층
연면적	6,556.64m²
총 세대수	123호
방 면적	18.02m²
방 설비	세면, 온수세정기능부수선화장실, 긴급통보장치, 에어컨, 수납 외
입주 시 비용	보증금 28만 엔
월 비용	13만 6,100엔 (임대료 6만 2,000엔, 관리비 3만 엔, 식비 4만 4,100엔) 수광열비는 별도 필요 의료보험, 개호보험 자기부담금은 별도 필요
설계 · 관리	㈜플러스PM

했다. 토지 · 건물은 의료법인 토쿠슈카이가 소유하고, 케어넷토쿠슈카이가 임대하는 서브리스방식이다. 토쿠슈카이그룹에서는 케어넷토쿠슈카이를 중심으로 전국에 있는 토쿠슈카이병원의 후방지원시설로서 병원근처에 노인주택과 서비스형고령자주택 등을 개발하고 있다.

국가가 입원의료비의 포괄평가방식 도입을 시작으로 재원일수 단축화에 의한 의료비 삭감을 추진하고 있어, 급성기 병원에서는 하루라도 빨리 환자를 퇴원시키려는 상황에 놓여 있다. 따라서 의료법인 토쿠슈카이그룹은 고령자주택 등 퇴원 후 거처 만들기에 필요한 개호사업을 추진하고 있다. 다만, 요개호도나 의료의존도가 높은 입주자에 대해서는 포괄적인 케어를 제공할 수 있도록 개호형노인주택(특정시설)을 전개하려고 하지만 특정시설의 총량규제가 전국적으로 계속

〈표 9-17〉 케어넷토쿠슈카이회사 개요

회사명	㈜케어넷토쿠슈카이(ケアネット徳洲會)
소재지	치바현 후나바시시 니시나라시노 2-24-8
설립	2005년 3월
자본금	1,000만 엔
대표자	대표이사장 토쿠다 케이코
사업 내용	개호 및 개호 관련 시설의 개발 및 운영, 컨설팅 개호보험법에 의한 개호·개호예방서비스사업 의료 및 개호시설의 임대관리업 의료기기기구의 제조판매 및 리허빌리테이션업 고령자개호의 연수 및 강습 기타 고령자개호 관련 사업
사원수	512인(2012년 5월 현재)

되고 있어서 규제대상 외인 주택형노인주택, 서비스형고령자주택의 개발이 진행되고 있다.

키시와타에서 주택형홈이 아닌 서비스형고령자주택을 집중적으로 개발하는 이유는 임대차계약인 서비스형고령자주택이 이용권방식의 주택형홈과 비교해 유연한 대응이 가능하기 때문이다.

의료법인의 장점은 의료와 개호의 연계도 모색할 수 있어 보다 안심·안전한 생활환경이 제공될 수 있다는 점이다. 병설클리닉이나 그룹사업소에서 왕진, 방문간호서비스의 활용이 가능하므로 의료의존도가 높은 입주자도 충분히 받을 수 있다. 서비스의 이상형을 추구하다 보면 24시간 간호사 상주가 필요하지만 결과적으로 이용료가 높아져 입주자에게 부담이 될 수밖에 없기 때문에 케어넷토쿠슈(ケアネット徳洲)에서는 낮에는 헬퍼, 야간에는 방문간호로서 대응하고 있다.

터미널케어에 대한 대응도 다른 노인주택과의 차별화가 된다. 말기암의 입주자도 받아들여 가까운 토쿠슈카이병원이나 근처의 클리닉에서 의사, 간호사를 불러 진찰하도록 하여 높은 안심감을 주도록 노

력하고 있다.[21]

5) 터미널케어 대응형

건축비용 삭감과 고품질의 주거공간, 디자인을 동시에 실현하는 공법으로 의료법인, 사회복지법인, 하우스메이커 등에서 높은 평가를 받고 있는 ㈜실버우드(シルバーウッド)가 개발한 스틸판넬공법이 있다. 이 공법을 기초로 기획·설계·시공·운영까지 실현한 것이 서비스형고령자주택 '긴목세이 카마가야(銀木犀鎌ケ谷)'로 ㈜실버우드의 1호 노인주택이다. 이 회사는 40년이 넘는 철강가공판매사업자로 7년간 선진공법을 개발하여 국토교통성의 철골구조의 기술 기준을 만족시키고 높은 내화성과 내진성, 내구성, 방음성, 단열성을 가진 소재를 완성했다. 그 결과 '긴목세이 카마가야(銀木犀鎌ケ谷)'는 총 세대수 53호이지만 공사기간은 4개월밖에 걸리지 않았고 건축비는 평단가 50만 엔대의 비용 절감을 실현했다. 따라서 입주 시 비용은 제로, 월 비용은 15만 6,250엔으로 설정할 수 있었다.

이곳의 입주요건은 자택에서 개호가 곤란한 자, 혼자 살기에 장래

〈표 9-18〉 실버우드 회사 개요

회사명	㈜실버우드(シルバーウッド)
소재지	치바현 우라야스시 텟코도오리 1-2-11
대표자	시모가와라 타다미치
설립	2000년 12월 11일
자본금	1,000만 엔
사업 내용	얇은 판경량형강조의 구조설계, 구조판넬의 제작, 판매, 시공관리, 노인주택·시설의 기획·개발·운영

21) 綜合ユニコム, 월간 시니어비지니스마켓(2012.6), pp. 22~25

가 불안한 자, 퇴원 후의 주거를 찾는 자, 특별요양노인주택 · 노인보건시설의 입주를 기다리는 자, 치매환자, 사생활을 위해 개인실에서 생활하고 싶은 자, 배리어프리가 없어 자택에서 생활이 곤란한 자 등으로 하여 중증의 요개호자에서 건강한 자까지 폭넓게 입주할 수 있다.

입주자를 지원하는 생활지원서비스는 ① 프론트서비스(방문자, 외출 시 관리, 우편물의 수취, 전화받기 등), ② 야간긴급대응(야간순회, 안부 확인, 긴급통보대응서비스), ③ 대리주문서비스(택시, 미용, 클리닝, 택배발송), ④ 생활 향상프로그램, ⑤ 침구대여, ⑥ 생활 · 건강 개별상담으로 구성되어 있다.

개호에서는 개호직원이 24시간 상주하고 있으며 각 호실과 욕실, 화장실에 긴급통보장치를 설치하여 대응하고 있다. 의료 면에서는 협력 의료기관으로 카마가야종합병원과 연계하고 재택요양지원진료소도 연계하여 재택의료를 받을 수 있도록 하였고 터미널케어까지 시야를 넓히고 있다. 노인이 사망하는 장소가 병원만으로는 부족하고 노인주택에서 안락한 마지막을 맞이할 수 있도록 체제정비가 필요하다. 이곳은 생의 마지막을 맞이할 수 있는 장소를 만드는 것이 경영방침의 하나라고 말하고 있다.[22)]

6) 자립 · 경증노인 입주자형

2011년 2월 오픈한 '하월 우라와 카와세미노사토'는 자립 · 경증 요개호(입주 시)의 노인을 타깃으로 한 노인주택이다. 사업 주체는 ㈜에스테이트 하쿠바(エステート白馬) 및 하쿠바건설㈜(白馬建設)을 중심으

---

22) 綜合ユニコム, 월간 시니어비지니스마켓(2012.2), pp. 34~35

〈표 9-19〉 하쿠바 메디케어서비스 회사 개요

회사명	하쿠바 메디케어서비스㈜(白馬メディケアサービス)
소재지	사이타마현 구키시 마카마 470-1
대표자	마에다 에미코
설립	2007년 4월
자본금	1,200만 엔
사업 내용	방문개호사업, 주택개호지원사업, 노인전용임대주택의 기획 · 개발 · 운영 · 관리, 음식사업, 기타 관련사업

로 부동산업 · 건설업을 전개하는 하쿠바그룹의 개호사업회사인 하쿠바메디케어서비스㈜(白馬メディケアサービス)이다. 이 회사에서는 방문개호사업을 시작하는 등 입주자가 중증의 요개호가 된 경우에도 대비하고 있으나 입주의 타깃은 자립 · 경증 요개호의 노인이다. 입주 심사는 감염 등 건강체크를 필수로 하고 있고 연대보증인과 신원보증인을 요구한다. 일반 임대주택 같은 임대차 계약기간을 설정하고 있지 않은데 이는 계약기간이 만료하면 나가야 하는 노인들의 불안을 해소하기 위한 배려이다.

기존 고령자시설 · 주택은 중증 요개호자 대상이 대부분으로, 의료나 개호를 크게 필요로 하지 않는 노인들을 위한 노인주택은 적은 편이다. 그래서 자립 노인을 타깃으로 하는 노인주택이 필요하게 될 것이다. 이러한 자립 · 경증 요개호 노인을 타깃으로 한 노인주택의 특징은 개호시설이나 일반 임대주택과 비교하여 만실 가동까지 시간이 필요하지만 일단 만실이 되면 입주자의 입퇴거가 적고 만실 가동이 계속된다는 점이다. 또한 입주검토자는 절박한 개호니즈도 없고 거주지가 곤란한 상황도 아니므로 봄이나 가을 등 기후가 좋은 시기에 입주하는 것이 특징이다.[23)]

23) 綜合ユニコム, 월간 시니어비지니스마켓(2012.2), pp. 38~41

7) 저가격형 컨버전

노인주택의 가격대를 결정하는 큰 요소 중 하나가 입지조건이다. 대기업 중에서도 지역과 입지조건을 차별화하여 저가격대의 노인주택시장에 진출하는 움직임이 나타나고 있다.

신축이 아닌 컨버전방식을 채용하여 개설까지의 기간을 단축시켜 경영비용, 리스크의 절감을 꾀하는 사례도 많다. ㈜조이라이프(ジョイライフ)는 개호보험시행과 거의 동시에 기숙사 개축 타입의 노인주택사업에 착수하였고, 이 회사에서 운영하는 모든 시설은 컨버전 물건이다. 컨버전 전에는 독신기숙사였던 물건이 대부분이고 호텔을 경매로

〈표 9-20〉 조이라이프 운영 컨버전

시설명	유형	정원	구조	토지건물의 임대차계약	개축	개설
조이라이프 후지가오카 (ジョイライフ藤が丘)	개호 포함	65실	철근콘크리트조 5층	2000.4.1.부터 20년	2000.7	2000.7
조이라이프 제2후지가오카 (ジョイライフ第2藤が丘)	개호 포함	73실	철골조 3층	2007.4.부터 20년	2007.7	2007.7
조이라이프 히카리가오카 (ジョイライフ光が丘)	개호 포함	47실	철골조 3층 내화건축물	2010.6.30.부터 20년	2010.8	2010.10
조이라이프 타이노우라 (ジョイライフ鯛の浦)	주택형	44실	철근콘크리트조 5층 지하 1층	자사소유	2001.7	2001.7
조이라이프 사이타마 (ジョイライフ埼玉)	주택형	48실	철근콘크리트조 3층	2003.5.부터 10년	2003.5	2003.5
조이라이프 토오카이치바 (ジョイライフ十日市場)	주택형	37실	철골조 4층	2006.5.23.부터 20년	2006.11	2006.11
조이라이프 카모이 (ジョイライフ鴨居)	주택형	29실	철근콘크리트조 3층	2009.3.16.부터 20년	2009.4	2009.7

자료: 綜合ユニコム, 월간 시니어비지니스마켓(2011.9), p. 30

〈표 9-21〉 조이라이프의 회사 개요

회사명	㈜조이라이프(ジョイライフ)
소재지	도쿄도 치요다구 이다바시 4-10-1
대표자	니시무라 료지
설 립	2000년 2월 14일
자본금	3,000만 엔
사업 내용	유료노인주택 · 고령자주택운영, 방문개호 · 간호, 통원개호 · 주택개호지원사업, 치매대응형공동생활개호사업

자료: 株式會社ジョイライフ(http://www.joylife-jp.com/).

취득하여 컨버전한 것도 있다. 특히 컨버전방식은 법령 기준을 모두 만족시켜 설계해야 하는 신축과는 달리, 개축 후의 레이아웃과 개축 방법의 평면계획에 전문 노하우가 필요하다. 조이라이프(ジョイライフ)는 건축내장회사 경영 경험을 바탕으로 회사 내에서 플래닝과 도면그리기, 사업준비 등을 해결하고 있어 회전율도 빠르다.

컨버전으로 개설하는 경우, 신축과 비교하여 초기 투자는 약 3분의 1수준이다. 단 개축이므로 내구연수가 짧고, 장기적으로는 비용부담이 더 될 수도 있다. 신축에서 리스백 방식을 하면 기본적으로 사업자 측의 선행투자는 없지만 컨버전방식을 선택하는 이유는 개설까지의 준비기간이 단축되기 때문이다. 신축으로 노인주택을 개설할 경우 준비기간은 3년 정도 필요하지만 컨버전방식에 의한 개설은 준비기간 1년 정도면 끝낼 수 있다. 즉, 개축이므로 건설에 큰 돈이 들어가지 않는다기보다는 준비기간 단축으로 시간을 벌어 경쟁력을 높일 수 있다는 전략에서 컨버전을 택한다.[24]

---

24) 綜合ユニコム, 월간 시니어비지니스마켓(2011.9), pp. 27~30

8) 요금체계 선택형

㈜아즈파토나즈(アズパートナーズ, 도쿄도치요다구)가 운영하는 노인주택은 2009년 기준 7시설 · 427호실에 이른다. 어떤 플랜을 선택해도 입주일시금의 상각기간 내 총 지불액은 일정하도록 설정한 알기 쉬운 요금체계로 전 시설평균 가동률은 약 90%이다.

이 회사에서는 입주희망자에게 1주일 정도의 체험입주를 실시하고 있으나 그때 기존 입주자의 서비스 만족도를 저하시키면 안 된다는 생각에서 체험입주자는 주택당 1주간 1명, 월 5명 정도로 정하고 있다. 체험입주자가 만족할 만한 서비스를 제공해야 하는 직원에게도 그 책임이 있으므로 월 5건 정도의 신규 입주자의 획득을 목표로 설정하여 그 목표를 달성하거나 주택의 입주율 100% 가동을 실현한 경우는 전 직원에게 인센티브를 지급하여 동기 부여를 하고 있다.

이 회사에서 제공하는 요금플랜은 전부 5가지 패턴이다. 하나의 방 타입에 입주일시금 최저액 0엔의 A플랜에서 최고액 720만 엔의 E플랜이 설정되어 있다. 입주 희망자의 예산이나 라이프플랜에 맞추어 선택이 가능하다. 요금의 특징은 상각기간 5년간의 총 지출액은 어느 플랜을 선택해도 동일 금액이 되도록 설정한 점이다(초기 상각률은 30%, 개호보험 자기부담분과 의료비, 일용품비는 별도 지불).

노인주택의 요금은 어디에 얼마가 쓰였는지 알 수 없어 불신을 불러오고 클레임이 생길 수 있다. 하지만 이 회사의 요금플랜은 알기 쉽고 공정함을 추구하는 플랜을 만들었다고 한다. 또 입주기간은 일률적으로 연령으로 판단할 수 없으므로 이 회사의 요금플랜에서는 연령에 관계 없이 고객이 자유롭게 선택할 수 있도록 하였다. 또한 개인적 요소가 강한 서비스에 관해서는 유료로 하였다. 입주 후 일상생활에

〈표 9-22〉 아즈하임 나카우라와(アズハイム中浦和) 타입별 이용요금표

A타입(16.50m², 1인 입주)					
플랜	플랜A	플랜B	플랜C	플랜D	플랜E
입주일시금	0엔	240만 엔	480만 엔	600만 엔	720만 엔
초기 상각율	30%				
상각기간	5년(60개월)				
월 이용료	27만 3천 엔	23만 3천 엔	19만 3천 엔	17만 3천 엔	15만 3천 엔
월세	8만 엔	4만 엔	0엔	0엔	0엔
관리비	11만 엔	11만 엔	11만 엔	9만 엔	7만 엔
수광열비	2만 엔	2만 엔	2만 엔	2만 엔	2만 엔
식 비	6만 3천 엔	6만 3천 엔	6만 3천 엔	6만 3천 엔	6만 3천 엔
5년간 총합	1,638만 엔	1,638만 엔	1,638만 엔	1,638만 엔	1,638만 엔
B타입(33m², 1인 입주)					
플랜	플랜A	플랜B	플랜C	플랜D	플랜E
입주일시금	400엔	700만 엔	1,000만 엔	1,300만 엔	1,600만 엔
초기 상각율	30%				
상각기간	5년(60개월)				
월 이용료	34만 8천 엔	29만 8천 엔	24만 8천 엔	19만 8천 엔	14만 8천 엔
월세	10만 엔	5만 엔	0엔	0엔	0엔
관리비	16만 엔	16만 엔	16만 엔	11만 엔	6만 엔
수광열비	2만 5천 엔	2만 5천 엔	2만 5천 엔	2만 5천 엔	2만 5천 엔
식 비	6만 3천 엔	6만 3천 엔	6만 3천 엔	6만 3천 엔	6만 3천 엔
5년간 총합	2,488만 엔	2,488만 엔	2,488만 엔	2,488만 엔	2,488만 엔
C타입(33m², 2인 입주)					
플랜	플랜A	플랜B	플랜C	플랜D	플랜E
입주일시금	400엔	700만 엔	1,000만 엔	1,300만 엔	1,600만 엔
초기 상각율	30%				
상각기간	5년(60개월)				
월 이용료	47만 1천 엔	42만 1천 엔	37만 1천 엔	32만 1천 엔	27만 1천 엔
월세	10만 엔	5만 엔	0엔	0엔	0엔
관리비	22만 엔	22만 엔	22만 엔	17만 엔	12만 엔
수광열비	2만 5천 엔	2만 5천 엔	2만 5천 엔	2만 5천 엔	2만 5천 엔
식비	6만 3천 엔	6만 3천 엔	6만 3천 엔	6만 3천 엔	6만 3천 엔
5년간 총합	3,226만 엔	3,226만 엔	3,226만 엔	3,226만 엔	3,226만 엔

〈표 9-23〉 아즈파토나즈 회사 개요

회사명	㈜아즈파토나즈(アズパートナーズ)
소재지	도쿄도 치요다구 유락쵸 2-2-1 라쿠쵸빌딩8층
설립	2004년 11월
대표자	우에무라 켄지
자본금	4,000만 엔
사업 내용	노인주택을 중심으로 시니어레지던스의 운영, 부동산컨설팅사업
사원수	310명(2009년)

서 필요한 비용 등은 일단 회사에서 지불하고 한 사람 한 사람분의 영수증을 첨부하여 월말에 월 이용료와 함께 청구하는 방식을 취했다.25)

9) 연령별 상각형

스미토모임업그룹인 ㈜휠케어(フィルケア, 요코하마시 미도리구)가 운영하는 개호형노인주택은 8시설(총 355실)로 평균 호실 가동률은 84.9%이다. 입주일시금, 월 이용료 모두 비교적 고액의 가격대이지만 높은 가동률을 실현하는 이유는 질 높은 개호서비스의 제공과 연령에 따라 차별화된 요금체계에 있다.

㈜휠케어(フィルケア)가 제공하는 요금플랜은 8패턴이다. 65~69세, 70대, 80대, 90대 이상으로 4가지의 연령별로 '기본플랜'과 '특별플랜'을 설정26)하였다. 특징은 입주노인의 연령에 따라 입주일시금의 상각연수가 변화한다는 점이다. 가격은 건물임대차요금과 전용률에서 '공용 부분 월 이용요금'과 '방 부분 월 이용요금'을 산출한다. 입주일

25) 綜合ユニコム, 월간 시니어비지니스마켓(2009.12), pp. 38~39
26) 입주일시금은 기본플랜은 (공용 부분 월 이용요금)×(상각연수), 특별플랜은 (공용 부분 월 이용요금+방 부분 월 이용요금)×(상각연수)으로 산출한다.

〈표 9-24〉 입주연령별 부담액의 요금 체계

연령	플랜명	입주금	상각월수	월 이용금	상세	금액
65~69세	기본플랜	1,344만 엔	84개월 (7년)	21만 9,600엔	관리비	7만 5,600엔
					수광열비	2만 1,000엔
					식비	6만 3,000엔
					월세	6만 엔
	특별플랜	1,848만 엔		15만 9,600엔	관리비	7만 5,600엔
					수광열비	2만 1,000엔
					식비	6만 3,000엔
					월세	0엔
					관리비	7만 5,600엔
70~79세	기본플랜	1,152만 엔	72개월 (6년)	21만 9,600엔	수광열비	2만 1,000엔
					식비	6만 3,000엔
					월세	6만 엔
					관리비	7만 5,600엔
	특별플랜	1,584만 엔		15만 9,600엔	수광열비	2만 1,000엔
					식비	6만 3,000엔
					월세	0엔
80~89세	기본플랜	960만 엔	60개월 (5년)	21만 9,600엔	관리비	7만 5,600엔
					수광열비	2만 1,000엔
					식비	6만 3,000엔
					월세	6만 엔
	특별플랜	1,320만 엔		15만 9,600엔	관리비	7만 5,600엔
					수광열비	2만 1,000엔
					식비	6만 3,000엔
					월세	0엔
90세 이상	기본플랜	768만 엔	48개월 (4년)	21만 9,600엔	관리비	7만 5,600엔
					수광열비	2만 1,000엔
					식비	6만 3,000엔
	특별플랜	1,056만 엔			월세	6만 엔
				15만 9,600엔	관리비	7만 5,600엔
					수광열비	2만 1,000엔
					식비	6만 3,000엔
					월세	0엔

〈표 9-25〉 휠케어 회사 개요

회사명	㈜휠케어(フィルケア)
소재지	요코하마시 미도리구 나카야마쵸 291루치드빌딩 503
설립	2004년 5월
대표자	우메키 타카노리
자본금	1,000만 엔
사업 내용	노인주택경영, 주택서비스사업, 의약품의 조제 및 판매
사원수	192명(2009년)

시금의 상각연수는 개호전용형이면 7~4년, 혼합형이면 10~4년으로 하여 각각 연령에 따라 감산한다. 월 이용요금은 개호도에 따라 개호보험자기부담액이 다르기 때문에 연령별로 차이를 둘 필요는 없으므로 일정하다. 이렇게 입주연령별 부담액의 요금체계를 구축하여 입주희망자에게는 알기 쉽게 하고 사업자에게 있어서는 안정적인 수익 확보와 경영을 실현할 수 있다.

결코 저렴하지 않은 입주일시금을 설정하고 있지만, 시설의 약 60%를 차지하는 공용 부분이 또 다른 성공 이유이다. 평균 방면적은 20m^{2}로 전용률은 40%이고 나머지는 거실, 시어터룸, 기능훈련실, 옥상정원 등 입주자 만족을 높이는 공간과 직원용 공간 등의 공용 부분이다. 입주금은 이러한 공용 부분 이용권의 구입대금인 셈이다. 대부분은 입주자용 공용 부분만을 넓게 설정하는 경우가 많지만 이 시설이 직원용 공간도 넓게 설정하는 이유는 직원이 일하기 좋은 직장환경을 구축하는 것이 이직률을 낮추고 동기 부여를 하여 입주자에 대한 서비스의 질 향상으로도 이어지기 때문이다.[27)]

---

27) 綜合ユニコム, 월간 시니어비지니스마켓(2009.12), pp. 41~43

10) 종합병원일체형 분양타워아파트

도쿄도 하치오지시에 있는 '아크시아 하치오지(アクシア八王子)'는 양호한 입지와 생활상의 편리성을 가진 '종합병원 통합 역전 타워아파트'이다. 사업 주체인 도요타통상㈜(豊田通商)은 재건축에 따른 병원의 비용부담을 최소화시키기 위해 등가교환방식을 채용하여 현재와 같은 규모의 연면적을 확보함과 동시에 신축병원으로 변환시켰다. 예전 건물에서의 잉여분용적[28]을 최대로 살려서 노후화된 병원 재건축과 부가가치를 창출하는 아파트 개발을 추진한 일본 최초의 사례(2006년 12월 15일)가 되었다.

역전 시가화구역·상업지역에 이러한 대형 건물건이 입지한 이유는 원래의 토지에 병원이 있었기 때문이다. 재단법인 진와카이종합병원(財団法人仁和会総合病院)은 환자수 총 4만 8,332명으로 지역의 종합병원으로서 중요한 역할을 하였는데, 메인인 외래동이 재건축 시기를 맞이하고 있었다.

2006년 6월 동병원과 도요타통상(豊田通商)은 병원 재건축에 관해 사업의 기본협정서를 체결하고 2009년 9월에 준공하였다. 도요타통상에서는 역전이라는 입지를 활용한 분양 아파트와 병원을 재건축하여 주택과 의료를 일체화한 '메디컬아파트' 개발을 제안하였다. 병원과 아파트의 입주자가 쌍방향의 커뮤니케이션을 할 수 있는 메디컬서포트 기능을 붙여 새로운 부가가치와 시너지 효과를 발생시키고자 하는 것이었다. 이미 있던 4층 건물의 병동 부분을 재건축하고, 21층의 주거 부분을 신축하는 대규모 공사로 진행되었고 3년에 걸쳐 이상적

28) 잉여분용적은 도시계획법개정 등에 의해 후천적으로 용적율에 여유가 발생하여 종전보다 큰 건물을 건설할 수 있게 된 것.

인 종합병원일체형 타워아파트를 완성하였다.

자금 면에서 도요타통상(豊田通商)은 병원의 건축비를 분양아파트의 총 사업비로 조달하여 병원 측의 비용부담을 줄였다. 병원의 소유지에 도요타통상이 건물을 짓고 도요타통상은 건물을 분양하는 것으로 총사업비를 조달하는 등가교환방식이었다. 부가가치가 높은 분양아파트와 종합병원을 등가교환방식으로 개발하는 플랜이었다. 또 구체적인 부가가치로는 ① 건물 전체의 관리운영은 도요츠리빙㈜(豊通リビング)이었으나 관리인은 간호사 또는 개호복지사의 자격을 가진자가 24시간 상주하고, 구급지정병원이기도 한 진와카이병원의 직원과 함께 24시간 체제로 입주자에 대응하는 의료서포트를 실시, ② 모든 호실에는 병원과 직결하는 단말기가 배치되어 있어 병원의 각과에 진료예약 가능, ③ 맞춤검진 안내, 영양지도 및 일상적인 건강관리, 질병예방, ④ 아파트 공용부에는 개호예방운동기를 설치, 피트니스와 카운슬링 룸을 설치, ⑤ 거실, 식당, 침실, 화장실 등에는 비상긴급콜을 설치하여 직원이 24시간 대응하고 긴급 시에는 신속한 대처 가능, ⑥ 재택요양이 필요한 경우에는 병원에서 방문진료나 방문간호, 방문개호 등 직원이 대응하는 체제를 구축하고 있다.

종합병원 일체형 이외의 특징은 설계・시공 시 면진구조를 채택한 것이다. 지반면에서 약 15m의 지지층까지 28개의 콘크리트 기둥으로 기초구조를 보다 견고하게 하였다. 또 건물과 지반 사이에 납플러그삽입형 적층고무 등으로 구성된 면진장치를 배치하였다. 이는 지진으로 지반이 크게 흔들려도 지진에너지가 건물에 직접 전달되는 것을 방지하고 흔들림을 흡수하여 손상을 방지하는 건축구조이다.

이 건물과 같이 터미널과 역 부근에 종합병원이 위치하고, 그러한 대도시부근에 고령자인구가 많은 좋은 조건의 환경은 많지 않을 것이다. 하지만 자금력에 여유가 있는 의료법인이라면 니즈가 강한 노인 주택과 일체화한 병원 재건축은 큰 매력이 있다고 본다.[29]

29) 綜合ユニコム, 월간 시니어비지니스마켓(2010.4), pp. 26~28

제10장
일본 노인주택의 시사점

1. 노인주택 운영의 리스크
2. 노인주택사업과 M&A

제 10 장 일본 노인주택의 시사점

1. 노인주택 운영의 리스크

1) 노인주택의 사업 운영계획

노인주택사업은 입주자의 생활 기반이 되는 주택사업이므로 단기적인 사업 이윤에만 주안점을 두어서는 안 된다. 노인주택사업에 부여되는 제도적인 지원을 활용하고 사회적 요구를 반영하여 장기적이고도 안정적인 운영이 될 수 있도록 사업의 특수성을 분석하고 사업의 리스크를 검토하는 준비가 요구된다.[1)]

노인주택사업에서 입주일시금모델은 입주일시금(cash in)과 반환금(cash out)의 경영수지분석이 어렵고, 현금수지가 사업에 미치는 영향이 커서 현금흐름의 계산이 어렵다. 사업계획의 검증과 현금흐름 계산의 유의점을 감안하여 입퇴거 세대수의 추정, 부부비율의 추정, 반환금 설정, 공실률의 추정, 기타 서비스 비용의 산정 등 고려해야 할 요소가 많다.[2)]

---

1) 유선종(2009), 미래사회에서 보는 노인주택, 도서출판 청람, pp. 131~132

(1) 입주인원의 추정

입주일시금의 경우 입퇴거자수의 설정이 현금흐름에 큰 영향을 미친다. 연도에 따라 퇴거실적의 편차가 심한 경우, 장래 예측이 매우 어렵다. 가동률 추정은 과거의 실적, 입지, 서비스 콘셉트 및 인원배치 등의 상황, 가격(주변의 분양아파트 가격, 임대아파트 임대료, 경합시설의 입주일시금 및 관리비)으로 판단한다.

입주세대수의 결정은 가동률과 퇴거세대수에서 산출하고 이러한 추정치의 정합성을 확인하기 위해 과거의 입주세대수의 트렌드, 판매체제, 시장 상황에 비추어 점검한다. 퇴거세대수의 결정[3)]은 입주자의 예상 입주기간에서 산출한다. 즉 예상 입주기간은 과거 입주기간의 실적치(개설 후의 경과 연수가 짧은 경우는 이용할 수 없음)로 계산하거나, 입주자의 평균연령에서 평균여명을 이용해 산출한다. 예를 들면 자립형주택의 경우 20~40%가 한 호실에 입주하는 부부의 구성으로 볼 수 있는데, 현금흐름을 볼 때는 입주세대수와 입주자수를 예측할 필요가 있다. 왜냐하면 한 명이 퇴거해도 재판매할 수 없고, 한 명분의 월 관리비를 받을 수 없는 등의 요소가 있기 때문이다. 퇴거 후 다음 대기자의 입주까지 리노베이션 등이 있어 통상적인 공실기간이 3~4개월 정도 발생하며 이러한 공실기간의 관리비는 수입 감소의 요인이 되므로 조정이 필요하다.

---

2) 綜合ユニコム, 월간 시니어비지니스마켓(2010.12), p. 59
3) 퇴거세대수=1/예상 입주기간×총 세대수

(2) 세금과 운영비용

입주일시금모델에서 반환금은 현금흐름에서 매우 중요한 요소이다. 반환금의 설정방법은 최근에 받은 입주일시금 잔고를 부부입주를 고려하여 산출한 입주세대수로 나누면 1인당 반환금이 되고, 여기에 퇴거 세대수를 곱하여 금액을 산출한다. 입주일시금은 현금흐름상으로 볼 때 입주 시 전액 입금되지만 손익계산서상으로는 상각분만 매출에 계상된다. 따라서 2년째 이후에 균등 상각되는 연차 상각분은 실제 cash in이 없음에도 불구하고 과세되고, 단순 현금흐름으로 보면 세금부담이 크게 나타나는 모순이 생긴다.

전반적으로 지대・월세가 하락하는 경향이므로 사업자가 책정한 사업계획에서 임차료의 감액을 전제로 계획하는 경우가 있으나 개호시설의 경우 임차료는 하향 조정하기 어렵다. 이것은 인허가가 당해 토지・건물에 부여되어 있는 등의 이유로 임대인과의 교섭이 잘 되지 않는 경우가 많기 때문이다.

자립형시설의 사업계획에 있어 요개호입주자의 증가나 평균 개호도의 상승으로 인해 개호시비스의 수익성이 높아질 것으로 계획하기도 한다. 개별개호 시, 개호도가 어느 정도 이상이 되면 오히려 사람의 손이 필요하지 않게 되는 경우도 있고, 개호도가 낮아도 움직일 수 있는 입주자의 개호업무가 손이 더 가는 경우도 있기 때문이다. 또한 자립형이나 부유층 대상의 고액시설은 추가적인 장기 요양서비스로 개호도의 상승에 의한 수익보다 인적 비용이 더 드는 경우도 있다.[4)]

---

4) 綜合ユニコム, 월간 시니어비지니스마켓(2010.12), pp. 59~61

(3) 직원배치 및 사고관리

노인시설에서는 발생한 사고, 클레임에 대한 대응방법과 보고체계, 공유방법의 실태적인 확인이 필요하다. 또한 일정 이상의 리스크는 발생 당일에 경영자까지 정보가 공유될 수 있도록 하는 것이 좋다.

안심·안전 의식과 관련해서 행정 대응에 대한 조직으로서의 체제가 구축되어 있는지 확인한다. 또 안심과 안전은 개호사업의 전제이므로 현장에서 구체적으로 직원에게 확인하는 등 충분히 체크할 필요가 있다.

개호시설은 인허가상의 인원기준이 있으나, 법정요건을 만족하는 인원 기준만으로는 현장 운영이 어렵다. 그 이유는 ① 법정요건은 상근환산인원이고 아침근무, 오후근무, 심야근무 등의 시프트 작성상의 제약, ② 직원의 동선, 호실의 배치 등의 설치 요건에 기인하는 최저 필요직원의 배치, ③ 제공 서비스의 내용, 입주자의 신체 상황에 따라 변화하는 업무량의 증감 등이 달라지기 때문이다.

2) 노인주택사업의 운영단계별 리스크

노인주택사업의 성패는 적절한 사업계획의 책정과 입주자 확보에 달려 있다. 경영위기에 빠진 노인주택을 보면 사업계획단계에서는 상품구성의 실패와 입주자 모집전략의 실패가 가장 많고, 사업안정기에는 재무계획의 실패와 경영자의 자금유용 등 도덕적 해이에 의한 경영위기가 대부분이다.[5)]

노인주택은 입주자의 생활 기반이 되는 주택사업이기 때문에, 개설

---

5) 유선종(2009), 미래사회에서 보는 노인주택, 도서출판 청람, pp. 149~151

〈표 10-1〉 노인주택사업의 운영단계별 리스크

단 계	원 인
창업기 (노인주택사업운영 시작 전)	• 시장환경과 괴리된 상품의 설계 • 시장조사를 실시하지 않고 노인주택사업을 계획 • 구체적인 자금조달계획 없이 사업화를 추진 • 입주자 모집전략의 실패
운영 초기(모집목표 달성 전)	• 입주자 모집 부진에 의한 운용자금 부족 • 개설 시 차입금 상환계획의 차질
안정기(일정기간 경과 후)	• 방만한 경영에 의한 자금사용처의 불명
초기 입주자 교체기	• 추가적인 입주자 모집 부진 • 타 사업으로의 자금유용

후에는 수십 년에 걸쳐서 안정적인 운영을 해야 한다. 그 계획에 있어서도 단기적인 이익 확보만이 아니라, 사업의 특수성과 장기적인 사업리스크를 상세하게 검토해야 한다. 단순히 수요가 높아질 것이라는 과도한 기대는 노인주택사업의 특수성으로부터 오는 리스크를 간과하고 운영계획에 대한 상세한 검토 없이 안이하게 진행하도록 하는 원인이 되고 있다.

노인주택사업에서는 입주일시금, 관리비, 식비 등의 이용료가 설정되고, 여러 가지 서비스를 제공하고 있지만 특정 부문 수지의 적자를 다른 부문에서 인출하여 채워 버리는 등 부적절한 회계처리와 방만한 운영이 문제로 지적되고 있다.

경영위기[6]에 빠진 노인주택의 유형을 구분하면 ① 개설시기의 실기(失機), ② 입지선정의 실패, ③ 입주대상자 설정의 오류, ④ 시설유형 선정에 대한 오류, ⑤ 입주자 모집 부진 등 대부분 부적절한 사업계획에 기인하는 것으로 나타났다. 또한 노인주택사업의 안정기에는

6) 경영위기의 주된 원인으로는 입주자 모집 부진, 자금유용, 적자경영, 운용자금 부족, 입주금 등 가격선정, 사업경영능력, 시장경합, 상품 차별화의 실패, 직원의 불친절, 사고 등이 있다.

자금유용의 효율적 통제가 관건으로 이를 위한 자금운용의 객관적인 기준과 운용이 요구된다.

노인주택 개설 전의 사업계획 책정과 개설 후의 중장기 사업계획 책정 및 정기적인 계획 수정은 경영위기를 회피하는 중요한 요소가 된다.

(1) 입주자 모집 및 시장경쟁 심화

입주자 모집 부진을 해결하기 위한 대책으로는 계획지역의 입지조건에 부합하는 가격 및 서비스 메뉴의 수정, 적절한 시장조사의 실시, 계획적이고 조직적인 모집활동, 경영 주체에 대한 사회적 신뢰감의 제고, 소비자의 니즈 파악, 경쟁업체의 정보수집, 서비스의 질적 제고를 통한 생전퇴거의 억제 등이 있다. 또한 개설 후에는 지역과의 관계와 입주자의 구전을 통한 모집 효과도 큰 영향을 주는 것으로 나타났다.

시장경쟁의 불가피한 리스크를 축소시키고 회피하기 위해서는 사업환경과 시장변화에 민감해야 한다. 주변의 동종 업체인 노인주택과의 상품구성에 있어서 독자성을 확립하고, 요금체계를 차별화시키거나, 이용료의 인하와 서비스 향상을 꾀해야 한다. 뿐만 아니라 경영수지의 안정을 위해 적정 가격을 충분히 검토하고 다양한 입주플랜을 설정하여 입주를 독려하고 유료서비스와 무료서비스의 구분을 확실히 하여 적절한 비용을 설정해야 한다.[7]

---

7) 유선종(2009), 미래사회에서 보는 노인주택, 도서출판 청람, pp. 151~153

(2) 경영능력

경영능력 부족의 리스크를 개선하기 위해서는 지역환경에 친숙한 마케팅을 실시하고, 시장 동향을 잘 파악하며, 행정시책의 변화에 효과적으로 대응하고 우수한 인재를 확보·육성하며 경영판단과 위기관리능력이 높은 인재를 기용하여야 한다.

적자경영을 해소를 위해서는 경영자원의 효율적인 배분을 하고 사업운영의 중장기 계획을 수립하여 입주금과 급여형태를 수정하고 정기적으로 경영상태를 확인한다. 또한 장기수지분석을 통해 예산을 면밀하게 수립하고, 자금수지와 월별시산표를 대조하고 원가 절감을 위한 노력을 한다.

자금 부족에 대한 방안으로는 입주자 확보를 통한 안정적이고 체계적인 자금조달을 우선적으로 꼽을 수 있다. 현금수지분석을 통한 경영분석을 하고 안정적인 초기 자본을 충분히 갖고 사업을 영위하며, 개설 전후의 자금계획은 여유 있게 수립한다.

(3) 인건비 절감 및 자금유용 회피

노인주택 운영에 있어 최대 지출항목은 인건비이다. 저가격화를 위해서는 서비스 원가이자 고정비이기도 한 인건비를 억제하지 않으면 안 된다. 최근 급증한 노인주택사업 계획의 상당수는 개호직원의 절반을 파트타임 등의 계약직이나 비상근 직원으로 고용하는 등 인건비 절감을 통한 운영계획이 이루어지고 있다. 바꾸어 말하면 노동시장을 통하여 노인주택에 근무할 개호직원을 모집하면 저렴한 인건비로 풍부한 노동력을 구할 수 있어 운영의 합리화를 도모할 수 있다.

자금유용을 회피하고 감시기능을 강화하기 위해서는 제3의 관리체계를 포함한 자금관리 체제를 강화하고 월별수지관리와 예치금인 입주일시금의 적절한 자금관리에 대한 감시체제를 구축한다. 자금운영에 투명성을 확보하는 등 본업 이외에 투자를 하지 않도록 관리감독을 철저히 한다. 즉, 경영자가 독단적으로 자금유용을 할 수 없도록 제한하는 체계적인 장치의 마련이 필요하다.

개호사업은 부동산 평가뿐 아니라 운영자 조사도 중요하다. 운영자를 평가할 때는 해당 기업의 주력 사업, 개호사업 참여 동기, 사업의 구체적 계획, 그 사업모델의 완성 여부에 착안할 필요가 있다.

(4) 수입변동성과 운영의존도

노인주택 등 개호시설의 경우, 레지던스(일반 임대주택)에 비해 입주 후의 변동은 적다. 호텔은 계절변동을 포함해 수입변동성이 큰 편이지만, 호텔보다 수입변동성이 더 큰 시설이 급성기의료시설[8]이다. 의료 중에서도 만성기의료는 비교적 안정적이지만 급성기의 경우 의사 한 명의 근무 일수에 따라서도 병원의 수입이 크게 달라질 정도로 수입의 편차가 큰 편이다.

운영의존도를 살펴보면 레지던스는 다른 사업자에게 전매되어도 큰 변화는 없지만 노인주택은 운영자에 따라 제공되는 서비스의 내용이나 그 특징이 크게 달라진다. 의료의 경우 개호사업보다 운영자의

---

8) 급성기는 발병 후 급격히 건강이 악화되는 기간을 말한다. 급성기의료는 환자가 병의 진행을 멈추거나 회복이 예상되는 단계까지의 기간 동안 제공하는 의료이다. 만성기의료는 급성기에서 벗어나 병과 신체가 비교적 안정된 상태의 치료를 말한다. 급성기와 같이 생명의 위험은 없으나 건강하지 않은 상태가 지속되는 기간이다.

〈표 10-2〉 개호자산의 위치

사업용부동산 ←					→ 수익부동산
	의료	호텔	개호형노인주택	주택형노인주택	레지던스
수입 변동성	대(중)	대	소	소	중
	급성기는 대, 만성기는 비교적 안정적.	계절변동 포함 큼	일시입주금이 없으면 입주후의 변동은 한정적	일시입주금이 없으면 입주후의 변동성은 한정적	입주・퇴거이외의 변동요인은 한정적
운영자 의존도	대	중	중	중(→소)	소
	급성기는 운영자에 따라 완전히 달라짐	의존도는 높은 편이나 의료만큼은 아님	주택형보다 의존도는 높으나 의료만큼은 아님	일반임대주택에 가까운 것부터 개호형에 가까운 것까지 있음	서비스보다 부동산 의존부분이 큼

존도가 높아 의사 한 명에 따라서도 큰 변화가 생긴다.9)

개호자산 평가 시 비교대상이 되는 것이 레지던스(일반 임대주택)와 같은 수익부동산과 호텔과 같이 사업으로 이용하여 수익을 확보하는 사업용 부동산이다. 여기서 개호자산의 위치를 평가하면 〈표 10-2〉와 같다.

노인주택의 개호사업은 레지던스보다 운영의존도가 높지만 수입의 안전도가 높다. 즉 레지던스에 유동화가 성립된다면 개호사업(시니어 레지던스 사업)에 있어서도 유동화가 성립되므로 이 시장에서는 레지던스 시장과 비교하여 투자자에게는 매력적이다. 실제 유동화한 경우 시니어레지던스 투자자의 기대이익10)이 7% 정도라면 펀드의 실현성이 있다고 말할 수 있다.

---

9) 綜合ユニコム, 월간 시니어비지니스마켓(2012.4), p. 48

10) (재)부동산연구소가 부동산투자자를 대상으로 설문조사를 실시한 결과를 보면, 7% 이하의 환원이율(Cap Rate)이어도 투자를 검토하겠다는 응답을 한 투자자는 35% 이상이었다.

또한 시니어레지던스 사업이 상업용 부동산임을 고려할 때 환원이율(Cap Rate)이 5% 이하인 수익률이 낮은 물건에 대한 투자는 위험하다. 투자자로부터 조달한 자금 이외에 금융기관에서 융자를 받아 높은 레버리지 효과를 기대하는 물건도 리스크가 높다. 따라서 투자 판단 시에는 환원이율이 낮은 물건, 차입율(LTV)이 높은 물건은 주의할 필요가 있다.[11)]

3) 노인주택 운영의 한계

(1) 이용권방식과 입주일시금

대부분의 노인주택은 거주공간과 그곳에서 제공하는 개호·생활지원서비스를 종신까지 이용할 수 있는 이용권방식으로 입주자와 계약을 체결하고 있다. '이용권'은 입주일시금과 임대료, 관리비, 식비 등의 '월 비용'으로 구성되어 있다.

입주일시금은 1970~80년대 후반에는 3,000~5,000만 엔 정도의 고액이었으나 버블경제 붕괴의 영향과 개호보험제도의 도입으로 개호형노인주택이 증가하면서 점차 낮아졌다. 또한 2005년 2월, ㈜멧세지(メッセージ)가 '입주일시금제로'의 노인주택을 개설하고 2007년 6월 이후로 기존 시설의 입주자에 대해서도 무료화를 실시하며 가격파괴를 선도하였다.

2013년 기준으로 입주일시금은 300~500만 엔 정도로 낮아져 자택을 매각하지 않아도 입주할 수 있는 정도가 되었다. 입주일시금의 부담이 없어지게 되면서 입·퇴거의 문턱도 낮아지게 되었다. '유료

---

11) 綜合ユニコム, 월간 시니어비지니스마켓(2012.4), pp. 50~51

노인주택에 대한 소비자문제 조사연구(국민생활센터 2006년 3월)'의 입주일시금과 3년간의 퇴거자수에 대한 조사를 살펴보면, 입주일시금이 없거나 50만 엔 이하의 노인주택에서 퇴거자수가 많이 나타나는 것을 알 수 있다.[12)]

동경권의 노인주택 입주일시금은 최저액 0엔에서 최고액 3억 엔이고, 1천만 엔대가 가장 많다. 단 지불방식이 변화하고 있어 입주 시에 선불을 내야 하는 '일시금형', 일시금과 매월 내는 방식 중 선택할 수 있는 '선택형', 월마다 내는 방식인 '월부금형'이 등장하고 있다. 서비스형고령자주택은 입주 시 비용(보증금, 수수료 등), 월 비용(월세, 생활지원서비스비, 관리비, 식비), 개호비용으로 구성되어 있다.[13)]

(2) 장기입주리스크

입주일시금은 입주자와 사업자의 이해가 상당 부분 일치하여 보급되었지만, 입주일시금의 가격시스템은 장기입주리스크로 인해 장기적으로는 안정 경영을 불안하게 하는 요소가 될 수 있다. 입주일시금은 일반적으로 '금액・상각기간・종신이용권'이 하나로 묶여 있어, '상각기간 이용료의 선불'이라는 측면과 '종신이용권의 구입'의 두 가지 의미를 가지고 있다. 예를 들어 '입주일시금 1,000만 엔, 상각기간 5년, 종신이용권'이라면, 1,000만 엔은 5년간의 이용권의 선불이기 때문에, 3년 만에 퇴거한 경우, 나머지 2년분이 환불된다. 한편, 5년 이상 입주한 경우는 상각기간을 넘게 되지만 지불된 입주일시금으로 종신이용할 수 있는 권리를 구입한 것이기 때문에 추가비용은 필요 없는

12) 綜合ユニコム, 월간 시니어비지니스마켓(2009.5), p. 93
13) 綜合ユニコム, 월간 시니어비지니스마켓(2012.3), p. 25

계약이다. 입주자 입장에서는 장기입주할수록 이용료가 적어지지만, 반대로 경영자 입장에서는 상각기간을 넘어 장기입주하게 되는 부분에 대해서 이용료를 면제해 주는 것이 되기 때문에 상각기간 이후에는 현저하게 수익이 떨어지게 된다.[14]

장기입주리스크가 높아지는 이유에는 2가지가 있다. 첫째는 서비스 내용의 변화이다. 유료노인주택은 개인실과 설비 등의 '주택서비스'와 식사, 개호, 상담 등의 '생활서포트서비스'의 복합서비스가 제공된다. 개호보험제도 발족 이전의 건강한 고령자를 대상으로 한 유료노인주택은 지출 중 주택 부분이 크고 생활서포트는 식사와 상담 등의 수동적인 서비스 중심이었다. 부유층을 대상으로 하는 것이 많고 입주일시금은 수천만 엔 이상으로 입주자가 예정대로 모이면 서비스운영으로 경영적자가 생길 가능성은 높지 않았기에 많은 유료노인주택에서는 고액의 일시금수입을 차입금변제로 사용하고 이자를 줄이는 경영수법을 채택하였다. 분양 맨션에 가까운 수지로 입주일시금 경영의 장점은 크고 리스크는 적었다고 말할 수 있다.

이에 반해 개호형유료노인주택은 지출 면에서 개호와 간호 등의 생활서포트 부분이 크고 주택 부분의 개인실은 원룸형태이며 일시금은 수백만 엔 정도이다. 따라서 인건비의 상승 등으로 운영에 실패하면 인건비 중심인 생활서포트 관련 비용으로 한 번에 입주일시금이 지출된다. 입주일시금의 장점은 적고 리스크가 확대된 것이다.

둘째는 상각기간 내 이용권료의 선불이다. 1년간 이용권료가 같으면 상각기간과 입주일시금의 금액은 비례관계가 된다. 개호보험제도 이전의 부유층 대상 유료노인주택은 상각기간을 15년 이상으로 장기

14) 유선종(2009), 미래사회에서 보는 노인주택, 도서출판 청람, pp. 154~155

설정하였다. 개인실의 넓이나 설비의 차이도 있으나 입주일시금이 고액이었던 것은 상각기간이 길게 설정되었던 것도 하나의 요인이다. 이에 반해, 요개호고령자를 대상으로 하는 유료노인주택은 후기고령자가 중심으로 상각기간을 5~8년 정도로 짧게 설정하고 있다. 이는 상각기간을 넘으면 입주자에게 반환해야 하는 미상각금이 없어지므로 가능한 상각기간을 짧게 하는 것이 단기적으로 이익이 확보되기 때문이다. 하지만 상각기간이 짧게 설정되는 것은 장기입주리스크를 높이는 원인이 된다.

장기입주리스크는 장래에 손실이 잠재되어 있는 중대한 리스크이다. 입주자가 언제까지 장수하느냐가 문제의 요점이므로 결산서 등의 숫자로는 미루어 예측이 어렵다. 입주일시금 경영은 결산 내용이 안정되어 있다거나 과거 3년 흑자 경영이 유지되었다고 해서 다가올 장래의 경영까지도 안정된 흑자 경영이 보장된다고 확신하기는 어렵다.[15)]

(3) 종신계약

경영 환경이 변화하면 서비스 내용이나 가격체계가 변화하게 되는데, 사업자 간의 계속적인 장기계약도 사회 정세나 경영 환경의 변화에 대응하기 위해서 계약기간은 1~2년으로 설정하고 정기적인 재검토가 이루어지는 것이 일반적이다.

종신계약은 생명보험 등의 금융상품이지만 매매계약이나 서비스 제공계약이 '종신이라는 기간' 동안 계속되는 것은 노인주택밖에 없다. 만기가 불확실한 종신이라는 기간은 사업자에게 있어 매우 리스

15) 濱田 孝一(2010), 有料老人ホーム 大倒産時代を回避せよ, 花伝社, pp. 32~34

크가 높은 계약이고, 사업자의 판단만으로 가격이나 서비스 내용을 변경할 수 없다는 특성이 있다. 70세의 여성이 입주하는 경우 평균여명, 즉 계약이 계속되는 기간은 보통 18년 정도이다. 계약기간 중(입주기간 중)에 계약 내용을 변경하는 경우에는 입주자나 보증인에게 충분히 설명하여 그 이해를 얻는 것이 요구된다. 노동시장 등의 사회정세는 변동하고, 고령자는 가령에 따라 개호도가 변화하여 필요로 하는 서비스의 내용도 변해간다. 그러나 노인주택의 경우 가격・서비스 내용은 고정성이 강한 종신계약이므로 변화에 대응하기 어려운 특수한 사업이다.[16)]

2. 노인주택사업과 M&A

1) 개호업계의 M&A

개호사업자는 총량규제, 부동산개발의 어려움, 사업파탄 등의 사업리스크에 대해 각각의 해결방법을 모색해야 한다.[17)] 오늘날 개호사업자는 국가의 정비사업 보조금을 이용해 개발을 진행해 왔으나 지방자치단체의 의향에 따라 공급이 편중된 까닭에, 고령자주택이 필요한 지역에 개호시설이 공급되어 온 것은 아니었다. 신규 참여사업자의 물건도 많아 고령자주택이 포화상태에 이른 지역을 중심으로 사업파탄의 우려가 제기되고 있다. 업계로서는 이러한 사업파탄의 증대에

16) 유선종(2009), 미래사회에서 보는 노인주택, 도서출판 청람, pp. 155~156
17) 綜合ユニコム, 월간 시니어비지니스마켓(2012.4), pp. 51~52

〈표 10-3〉 개호사업 M & A의 배경

사업양도기업에서 본 M&A의 배경	
〈양도이유〉 • 비채산적인 사업 • 개호사업에서 철수 • 대가의 취득 • 신용력의 향상(승계처가 대기업의 경우)	〈M&A실시의 장점〉 • 비채산사업의 해결 • 사회적 책임의 회피 • 종업원의 고용 계속 • 입주자 보호 • 신용력의 향상(승계처가 대기업의 경우)
사업승계기업에서 본 M&A의 배경	
〈양수이유〉 • 사업의 확대 • 시너지 효과에 의한 기존 사업의 강화 • 신규 사업에 참여 • 사업 확대기간의 단축	〈M&A실시의 장점〉 • 기존 사업소의 틀 확보 • 사업 확대기간의 단축 • 종업원의 확보 • 입주자의 증가 • 신규 사업에 참여

대해 사업승계·재생의 형태로 대처할 수 있다. 합병과 같은 포괄적인 승계, 사업양도 형태의 부분 승계가 있고 주식의 취득도 고려할 수 있다. 노인주택사업의 장래 성장성에 주목하여 효율적인 시장진입을 고려하는 경우 M&A나 사업승계는 유리한 방법이 될 수 있다.[18)]

개호업계에서 M&A가 행해지는 배경을 살펴보면, 사업양도의 사유는 경영 악화와 사회적 책임의 회피(입주자보험·종업원의 고용계속)가 개호사업 분야 M&A의 최대 특징이다. 사업승계의 사유는 기존시설과 노하우의 확보, 건물설비·종업원·입주자의 확보·승계 등이다. 즉 사업 확대를 위한 양(정원수)의 확보와 시간 단축이 가능하다는 점이다. 기존 사업자의 시설에서는 입주자가 실제로 생활하고 있어 서비스의 제공을 하루도 멈출 수 없다. 따라서 사업양도자와 사업승계자는 신중하고 신속하게 일을 진행시킬 필요가 있다.

노인주택을 운영함에 있어 입주자에게 보다 나은 서비스를 제공하

18) 綜合ユニコム, 월간 시니어비지니스마켓(2009.5), p. 50

고 종업원이 일하기 쉬운 환경을 만드는 것은 중요한 일이다. 그러나 운영하는 시설에서 수익이 나지 않으면 입주자, 가족, 종업원 및 관계자에게 큰 피해를 끼치게 된다. 개호시설의 운영관리를 하게 된다면, 입주자와 가족에게 만족을 줄 수 있는 시설을 만들기 위해 힘써야 하며 개호사업자로서 적정한 이익을 확보하기 위해 객관적이고 냉정한 판단을 해야 한다.[19]

(1) M & A의 성패

양도기업과 승계기업의 원활한 상호 협력은 M&A의 성공과 실패를 결정한다. 사업승계과 함께 운영 주체의 변경이 필요한 경우, 승계사업자로서 사업소 지정의 취득을 위해 먼저 행정기관에 신청할 필요가 있다. 승계사업자는 개호서비스사업자로서 지정을 받아야만 기존 입주자에 대해 동질의 서비스를 제공할 수 있고 운영 계속에 필수적인 개호보험 수입을 얻을 수 있기 때문이다. 신청수속 시 양도 측 사업자의 협력이 필요하다. 일반적으로 M&A는 시간적 여유가 없이 진행되기 때문에 신청에 필요한 자료를 확보하고 신청서류를 준비하는 기동력이 요구된다.

사업양도 및 사업승계를 하는 양사업자는 건물 소유자(임대물건의 경우), 홈에 거주하는 입주자, 시설의 종업원 등 3자에게 충분한 설명을 할 필요가 있다. 건물 소유자의 경우 현 사업자의 파탄에 의한 사업양도라는 사태에 직면하기 때문에 개호사업에 대해 불신감을 갖게 된다. 특히 M&A 이후의 월세수입에 대한 내용은 중요하게 다뤄져야

19) 綜合ユニコム, 월간 시니어비지니스마켓(2011.4), pp. 17~20

한다. 따라서 승계사업자는 정확히 설명하고 건물 소유자의 불안을 해소한 뒤 재계약을 하는 것이 중요하다.[20]

(2) 원가와 비용의 재검토

사업양수를 받은 시설 중 거의 만실인 경우에도 적자가 나는 경우가 있다. 이럴 경우 원가와 판매관리비를 재검토할 필요가 있다. 먼저 확인해야 할 대상은 인건비, 임대료(지대 · 월세), 리스 · 소모품비이다. 인건비[21]는 노동집약형 산업인 개호사업에 있어 원가의 절반을 차지하므로 대상 시설 인건비의 적정 여부를 검증해 볼 필요가 있다. 개호사업에서는 사람의 배치에 대해 세심한 조정능력이 요구된다.

개호시설의 경우 토지 소유자가 세운 건물을 사업자가 일괄 임차하는 경우가 많다. 이러한 경우 시설경비에서 인건비 다음으로 큰 항목이 임대료이다. 따라서 사업승계 후에 적절한 시설운영을 실현하기 위해서는 임대료를 검증해 보는 것이 좋다. 시설 소유자와 개호운영사업자는 서로의 이익을 확보하며 자신의 사업을 존속시키기 위해 협력할 필요가 있다. 리스 · 소모품비의 검토는 경비 삭감의 기본이다. 소규모로 운영되는 시설의 경우, 대량으로 일괄구입하여 경비를 삭감할 수 있으며, 필요에 따라 거래처의 변경도 검토해 볼 수 있다. 하지만 개호서비스의 제공과 위생관리로 시설에서 당연히 제공해야 할 소모품과 비품의 공급에 차질이 생기지 않도록 유의해야 한다.[22]

---

20) 綜合ユニコム, 월간 시니어비지니스마켓(2011.4), pp. 17~18

21) 인원 배치를 잘못하면 직원 부족으로 법령기준위반이 될 수 있고, 필요한 인원 배치보다 과하게 직원을 배치하면 인건비의 낭비를 초래할 수 있다.

22) 綜合ユニコム, 월간 시니어비지니스마켓(2011.4), pp. 18~20

(3) 노인주택의 도산

사회경제의 혼란은 노인주택시장에도 영향을 미쳤다. 버블기인 1988년에 개설하여 4억 엔이라는 입주일시금으로 화제가 되었던 '사쿠라비아세조도쿄(サクラビア成城東京)'의 경영파탄은 전형적인 사례로, 버블붕괴 후인 1996년 '사쿠라비아세조(サクラビア成城)'는 종합경비회사인 세콤(セコム)과 부동산디벨로퍼인 모리빌딩(森ビル)에 경영권과 소유권을 양도하고 사실상 도산했다.

1987년 개설한 '아쿠티바(시가현, アクティバ)'는 사실상 경영자인 의사의 방만경영(2억 7,000만 엔의 비자금과 약 50억 엔의 부채)으로 경영위기에 봉착하여 후생성의 알선에 의해 시공했던 건설회사를 중심으로 재건시킨 사례도 있다.

전국에 7개의 노인주택과 2,000명의 입주자가 거주하는 '유우유우노사토(ゆうゆうの里)'를 개설한 재단법인 일본노인복지재단도 2000년 전후에 경영위기에 봉착하였다. 경영진의 경영능력이 문제였는데, 입주자 최우선의 대책이 강구되었고 경영진이 교체되면서 경영위기를 벗어날 수 있었다.

도산한 사례로는 입주정원 58명 규모의 '선라이즈오카야마(サンライズ岡山)'가 있다. 오카야마현(岡山県)의 사회복지법인은 버블경제가 붕괴조짐을 보이던 1991년 9월에 개설하였다. 입주일시금은 1,000~2,400만 엔이었지만 입주자가 모집되지 않아 직원을 줄였다. 그 결과 서비스가 제대로 제공되지 않았을 뿐 아니라 사업자 측의 운영 의욕도 사라져 입주자가 방치되는 상태가 되었다. 입주자가 관계기관에 진정하고 피난해 오는 사태가 발생되어서 외부에 발각되었고, 결과적으로 부채액 10억 엔을 안고 도산했다.

〈표 10-4〉 노인주택사업에 있어서 경영위기의 발생 경향

사업의 흐름	성숙도	경영위기의 이유	경영위기의 상세이유	경영 주체
개설 전	창업기	• 상품구성의 실패 • 모집전략의 실패 • 사업계획의 실패	• 나쁜 입지, 높은 가격설정, 운영내용 설정 • 잘못된 마케팅, 잘못된 모집방법 • 동일 지역에서의 경합 심화, 경영이념의 부족	[규모] • 가업적 • 중소기업 • 대기업 계열 [주된 업종] • 단일목적 • 부동산, 건설 • 금융 • 전력, 철도 • 의료법인계 • 메이커 • 종교법인 • 사회복지법인
개설 후 수년	성장기	• 모집전략의 실패 • 재무계획의 실패	• 잘못된 모집방법으로 인한 입주 부진 • 차입금의 과도한 상환	
안정기	안정기	• 재무계획의 실패 • 방만한 자금운용 • 자금유용 • 도덕적 해이	• 자금유출, 자금운용 악화, 모회사의 경영부진 파급 • 경영능력과 인재 부족 • 후발 사업자와의 시장경합 심화	
최초 입주자의 교체기		• 모집전략의 실패 • 방만한 자금운용 • 상각 완료된 입주자가 다수 • 사업계획 수정 실패	• 추가 입주자의 부족 • 사업자금의 부족 • 회전되지 않는 자금 부족 • 경영자의 사업의욕 상실, 트렌드 변화에 대한 대응 실패	

노인주택 '쿄오하시유우유우관(京橋ゆうゆう館)'을 경영하고 있는 쿄오하시시니어서비스(京橋シニアサービス)는 2008년 8월 동경지방법원에서 파산수속 결정을 받았다. 동경상공리서치에 의하면 부채 총액은 약5억 5,700만 엔이었다. 쿄오하시시니어서비스는 재택개호지원사업과 재택개호서비스업, 노인주택의 개설 등을 목적으로 2003년 8월에 설립되었다. 병원을 리뉴얼하여 개설한 코요하시유우유우관이 주력이었지만, 건물의 리뉴얼비와 인건비 등이 경영을 압박하였다. 쿄오하시시니어서비스 사장이 원장을 겸임하고 있던 병설 진료소 쿄오하시메디컬클리닉(京橋メディカルクリニック)도 폐원하였다.

제국데이터뱅크(帝国データバンク)에 의하면 2013년도 상반기(2013년 4월~9월) 노인복지사업의 도산(부채 1,000만 엔 이상, 법적정리 한정)은

19건으로 전기(2012년 10월~2013년 3월)의 18건, 전년 동기(2012년 4월~9월)의 14건을 상회하였다. 2011년도 하반기이래 4기 연속으로 전기 대비 증가를 기록하고 있다. 또한 19건의 도산기록은 리먼쇼크로 인한 금융원활화법이 시행되기 이전의 도산이 급증했던 2009년도 상반기의 20건에 이은 많은 건수이다. 한편 부채 총액은 9억 2,600만 엔으로 전기의 12억 5,400만엔, 전년 동기의 12억 6,800만 엔을 하회한다. 도산 한건당 부채는 약 4,800만 엔으로 도산의 소형화가 나타나고 있다.[23)]

이상과 같은 노인복지주택 이외에도 특별양호노인주택, 케어하우스 등의 경비노인주택, 노인복지센터, 데이서비스센터, 노인단기입소시설 등 여러 가지 노인복지사업자의 도산사례가 보고되고 있다.[24)]

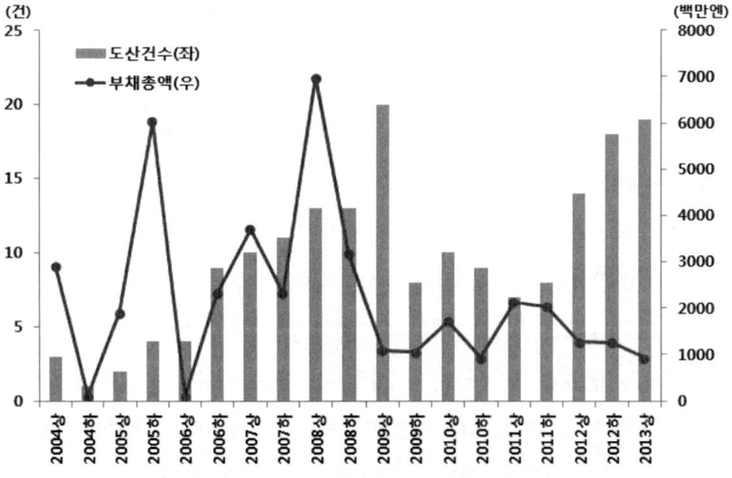

자료: 綜合ユニコム, 월간 시니어비지니스마켓(2013.11), p. 50

〈그림 10-1〉 노인복지사업의 도산건수와 부채총액 추이

23) 綜合ユニコム, 월간 시니어비지니스마켓(2013.11), p. 49
24) 유선종(2009), 미래사회에서 보는 노인주택, 도서출판 청람, pp. 156~158

(4) 개호사업자의 순위

2012년 4월 시점의 요개호 인정자수가 543만 7,000명으로 전년도 대비 4.8% 증가되는 등으로 노인복지사업자 중 2011년도 매출이 10억 엔 이상의 257사를 추출하여 민간기업과 사회복지법인, 재단법인별로 상위 30사를 정리하였다.[25)]

257사의 2011년도 매출을 보면 212사가 전기 대비 매출이 증가하였고, 매출이 증가한 사업자는 전체의 82.5%를 차지했다. 그중 84사는 10% 이상의 대폭적인 성장을 하였다. 이러한 매출의 상승기조는 2010년도도 마찬가지이다. 2010년도 결산에서 233사가 전기 대비 수익이 증가하였고 그중 91사가 10% 이상 매출이 크게 늘었다. 2010년도 2011년도 연속으로 전기대비 수익이 증가한 기업은 193사였고, 매출이 10억 엔 이상인 개호사업자 4사 중 3사가 2기 연속으로 호(好)결산을 기록하고 있다. 그 배경으로는 고령화에 따라 이용자수가 확대된 것과, 2009년도 개호보수 개정으로 개호사업비가 3% 증가된 것도 있다. 또한 이용자수의 증가로 인해 개호시설의 신규 개설과 기존 시설의 가동률이 향상되었고 재택서비스, 시설서비스도 호조를 유지하였다.

손익면을 보면 257사 중 241사가 2011년도 결산이 흑자로 전체의 90% 이상을 차지한다. 2010년도 결산이 흑자인 회사가 242사, 2009년도 결산이 흑자인 회사가 239사로 전체의 90% 이상이 흑자를 내고 있었다. 과거의 결산연도를 보아도 적자기업의 비율은 한 자릿수로 개호보험제도하에 타 산업에 비해 안정된 업종이라고 말할 수 있다.

---

25) 綜合ユニコム, 월간 시니어비지니스마켓(2012.10), pp. 32~34

〈표 10-5〉 민간기업 개호사업자 매출 순위

	상호	결산기 연월	매출 (백만 엔)
1	㈜니치이각칸(ニチイ學館)	2012년 3월	229,889
2	㈜베넷세스타일케어(ベネッセスタイルケア)	2011년 3월	50,361
3	㈜츠쿠이(ツクイ)	2012년 3월	48,965
4	㈜멧세지(メッセージ)	2012년 3월	32,066
5	와타미개호㈜(ワタミの介護)	2012년 2월	28,486
6	㈜베스트라이프(ベストライフ)	2011년 8월	25,900
7	㈜유니맷소요카제(ユニマットそよ風)	2012년 3월	24,066
8	㈜니치이케어파레스(ニチイケアパレス)	2012년 3월	20,369
9	㈜카와시마코포레이션(川島コーポレーション)	2011년 11월	16,853
10	㈜재팬케어서비스(ジャパンケアサービス)	2012년 3월	16,144
11	㈜하프・센츄리・모어(ハーフ・センチュリー・モア)	2011년 4월	15,843
12	㈜우이즈넷(ウイズネット)	2012년 3월	13,503
13	㈜키노시타개호(木下の介護)	2012년 3월	13,317
14	아스서포트㈜(アースサポート)	2011년 6월	11,377
15	아사히선크린㈜(アサヒサンクリーン)	2011년 12월	10,200
16	㈜케어21(ケア21)	2011년 10월	9,998
17	㈜시다(シダー)	2012년 3월	9,346
18	㈜야사시이테(やさしい手)	2011년 6월	8,847
19	㈜리에이(リエイ)	2012년 3월	8,778
20	메디컬・케어・서비스㈜(メディカルケアサービス)	2011년 8월	8,224
21	㈜시티・에스테이트(シティーエステート)	2012년 3월	7,690
22	㈜쇼메이	2011년 6월	7,417
23	㈜생활과학운영(生活科學運營)	2011년 3월	7,316
24	㈜사와야카구락부(さわやか倶樂部)	2011년 3월	6,855
25	케어파트너㈜(ケアパートナー)	2012년 3월	6,786
26	㈜케어서비스(ケアサービス)	2012년 3월	6,581
27	파나소닉에이지프리서비스㈜(パナソニックエイジフリーサービス)	2011년 3월	6,500
28	휴먼라이프케어㈜(ヒューマンライフケア)	2012년 3월	5,767
29	그린라이프㈜(グリーンライフ)	2012년 3월	5,687
30	신코케어라이프㈜(神鋼ケアライフ)	2011년 3월	4,999

자료: 綜合ユニコム, 월간 시니어비지니스마켓(2012.10), p. 33

〈표 10-6〉 공공기관(사회복지법인, 재단법인 등) 개호사업자 매출 순위

	상호	결산기 연월	매출 (백만 엔)
1	사회복지법인 나가오카복지협회	2012년 3월	11,695
2	사회복지법인 미사사카이(三篠會)	2011년 3월	11,644
3	사회복지법인 코호엔	2012년 3월	11,065
4	사회복지법인 온시재단동경도동포원호회	2011년 3월	10,782
5	사회복지법인 요코하마시복지서비스협회	2012년 2월	10,777
6	사회복지법인 아이치현후생사업단	2011년 3월	9,650
7	사회복지법인 텐류후생회	2011년 3월	9,308
8	재단법인 철도코사이카이(鐵道弘濟會)	2012년 3월	9,253
9	재단법인 일본노인복지재단	2011년 3월	9,024
10	의료법인 진센카이(仁泉會)	2012년 3월	8,857
11	사회복지법인 교토복지서비스협회	2011년 3월	8,605
12	사회복지법인 요쿠푸카이(浴風會)	2012년 3월	8,504
13	사회복지법인 나고야시사회복지협의회	2011년 3월	8,368
14	사회복지법인 켄쇼카이(健祥會)	2011년 3월	8,300
15	사회복지법인 슈호카이(秀峰會)	2012년 3월	8,060
16	사회복지법인 후쿠쥬카이(福壽會)	2011년 3월	7,900
17	사회복지법인 나고야복지시설협회	2011년 3월	7,058
18	사회복지법인 케이와카이(惠和會)	2011년 6월	7,000
19	사회복지법인 오사카부사회복지사업단	2011년 3월	6,921
20	사회복지법인 야마가타현사회복지사업단	2011년 3월	6,815
21	사회복지법인 나가오카산코노인복지회	2012년 3월	6,366
22	사회복지법인 겐키무라	2011년 3월	6,000
23	사회복지법인 케이로엔(敬老園)	2012년 3월	5,936
24	사회복지법인 소세이카이(創生會)	2012년 3월	5,913
25	사회복지법인 케이진카이(敬仁會)	2011년 3월	5,622
26	사회복지법인 오사카복지사업재단	2012년 3월	5,536
27	사회복지법인 레이메이카이(黎明會)	2011년 3월	5,500
28	사회복지법인 선비젼	2012년 3월	5,372
29	사회복지법인 온시재단아이치현동포원호회	2011년 3월	5,219
30	사회복지법인 아스나로카이	2012년 3월	5,209

자료: 綜合ユニコム, 월간 시니어비지니스마켓(2012.10), p. 34

2) M&A와 업계의 재편

(1) 콤슨의 청산

'일본실버서비스㈜(日本シルバーサービス)'가 소유하던 '오토엔(桜湯園)' 시리즈는 '콤슨(コムスン)'이 2006년 약 210억 엔에 취득하였으나, '콤슨'의 개호보험비용 과다 청구가 사회문제화되면서 개호사업자 1위였던 '콤슨'은 도덕적 해이에 대한 사회적 지탄을 받게 되고 2007년에 공중분해된다. 따라서 '콤슨'이 보유하던 유료노인주택과 그룹홈 등은 청산과정을 거치면서 다른 회사로 사업이 승계되었다.

'㈜젝쿠스(ゼクス)'는 2005년에 개호형유료노인주택 '챠밍스퀘어마이코(チャーミングスクウェア舞子)'를 오픈하였고, 2007년에 시니어주택 '챠밍스퀘어아시야(チャーミングスクウェア芦屋)'를 개설, 2008년에 주택형 유료노인주택 '챠밍스퀘어시로가네(チャーミングスクウェア白金)'를 개설하였는데, 이들 시설은 2010년에 '㈜시티인덱스호스피탈리티(シティインデックス ホスピタリティ)'가 시니어분양아파트로 사업 승계하였다. 2007년에 '㈜니치이각칸(ニチイ学館)'은 '콤슨'의 유료노인주택과 그룹홈의 일부를 약 210억 엔에 취득(사업승계)하였다.

2007년에 '㈜젝쿠스(ゼクス)'는 '콤슨(コムスン)'의 '콤슨가든(コムスンガーデン)', '바링턴하우스(バーリントンハウス)'를 약 360억 엔에 취득(사업승계)하게 되었는데, 이는 다시 2010년에 '리조트트러스트㈜(リゾートトラスト)', '㈜하프・센츄리・모아(ハーフ・センチュリー・モア)', '토큐부동산㈜(東急不動産)' 등 3개 회사에 매각된다. 즉, '리조트트러스트㈜'가 '본세쥬르그랑(구 콤슨가든)' 4개 시설을 취득하여, '트러스트가든(トラウトガーデン)'으로 명칭을 변경하였고, 개호형 유료노인주택인 '선시티(サンシティ)'를 개설한 '㈜하프・센츄리・모아'는 약 100억 엔을 투자하여 '콤슨'이 개설한 '바링턴하우스키치죠지(バーリントンハウス吉祥寺)'를 취득하여, '선시티키치죠지(サンシティ吉祥寺)'로 새롭게 오픈하였고, '토큐부동산㈜'은 '바링턴하우스바지코엔'을 취득하여 '구랑쿠레르바지코엔(グランクレール馬事公苑)'이라는 명칭으로 오픈하였다.

이와 같이 '콤슨'이 개설했던 '오토엔', '본세쥬르(ボンセジュール)', '바링턴하우스' 시리즈는 '니치이각칸', '시티인덱스호스피탈리티', '리조트트러스트', '하프 · 센츄리 · 모아', '토큐부동산' 등에 공개 매각되었고, '리조트트러스트㈜'의 '트러스트가든', '㈜하프 · 센츄리 · 모아'의 '바링턴하우스키치죠지', '토큐부동산㈜'의 '바링턴하우스바지코엔', '㈜시티인덱스호스피탈리티'의 시니어분양아파트, '니치이그룹'의 유료노인주택 및 그룹홈의 사업승계는 안정적으로 진행되었다.26)

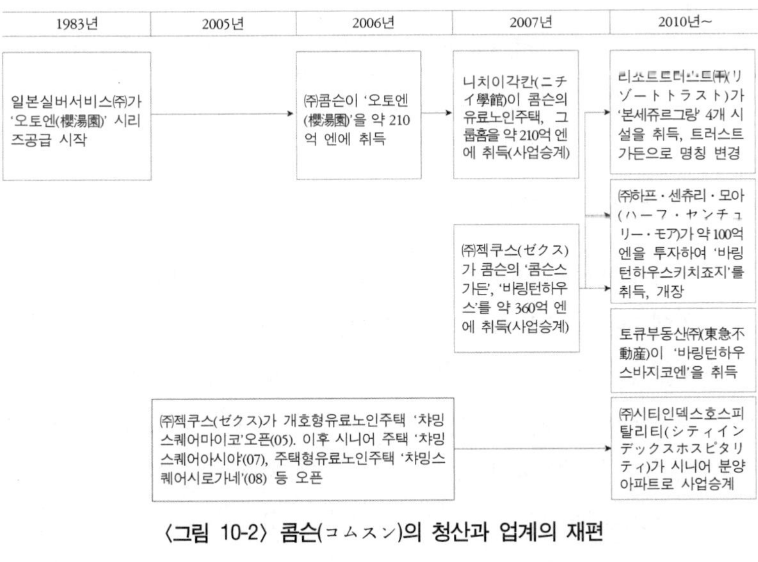

〈그림 10-2〉 콤슨(コムスン)의 청산과 업계의 재편

26) 綜合ユニコム, 월간 시니어비지니스마켓(2012.10), pp. 30~31

(2) 의료법인과의 연대

1990년에 '㈜메디스코포레이션(メディスコーポレーション)'이 설립되고, 이는 1996년에 '㈜케어프렌드(ケアフレンド)', 2000년에 '㈜시즈라이프케어(シーズライフケア)'를 거쳐, 2006년에는 '닛코코디얼그룹(日興コーディアルグループ)'에서 미공개주식에 대한 투자사업을 전개하였다. '닛코앤트팩토리㈜(日興アントファクトリー)'가 '앤트케어홀딩스㈜(アントケアホールディングス)'를 설립하였고, 이후에 '㈜메디스코포레이션', '㈜케어링크(ケア・リンク)'를 자회사화하였고 '㈜케어프렌드', '㈜시즈라이프케어'도 참여하게 된다. 2011년에 '시프헬스케어홀딩스㈜(シップヘルスケアホールディングス)' 산하의 '그린호스피탈서프라이㈜(グリーンホスピタルサプライ)'는 '앤트케어'를 자회사화하였고, 2012년에 '그린호스피탈서프라이㈜'의 그룹기업인 '그린라이프㈜(グリーンライフ)'를 존속회사로서 '앤트케어'를 흡수합병하게 된다. '시프헬스케어홀딩스㈜'가 '앤트케어'를 흡수합병하고 의료법인과 연대하여 전국적으로 사업을 전개하고 있다.

(3) 생명보험·손해보험 업계의 참여

'메이지야스다생명보험(明治安田生命保険)'과 '㈜손보재팬(損保ジャパン)'이 본업에 대한 고객만족도를 증대시키기 위하여 노인주택업계에 참여하게 되었다. 1981년에 '㈜시다(シダー)'를 설립하고, 2005년에는 '㈜시다'가 쟈스닥(JASDAQ, 오사카증권거래소)에 상장하게 되고, 2012년에는 NKSJ홀딩스의 '손보재팬'이 '㈜시다'를 TOB(주식공개매수)로 자회사화하였다. 1987년에 '신닛테츠(新日鐵)그룹'의 유료노인주택운영회사로서 '㈜선비너스타치가와(サンビナス立川)'를 설립하고, 2012년에는 '메이지야스다생명보험'이 주식의 90%를 취득하여 자회사화하였다.

〈그림 10-3〉 의료법인과의 연대

〈그림 10-4〉 생명보험 · 손해보험 업계의 참여

(4) 학습지회사의 참여(베넷세스타일케어)

'㈜베넷세홀딩스(ベネッセホールディングス)'는 '콤슨'이 운영하던 '㈜본세쥬르(ボンセジュール)'를 흡수합병하며 유료노인주택을 1만 실 넘게 확대해 가는 베넷세그룹으로 자리 잡았다. 2000년에 '㈜베넷세코포레이션'의 개호사업자회사로서 '㈜베넷세케어(ベネッセケア)'를 설립하고, 2003년에는 '㈜베넷세케어' 및 '㈜베넷세시니어스타일(ベネッセシニアスタイル)'과 카나가와현에서 고령자케어주택을 운영하는 '신코카이㈜(伸こう会)' 등 3개 회사를 통합하여 '㈜베넷세스타일케어(ベネッセスタイルケア)'를 설립하였다. 2010년에는 '콤슨(コムスン)'이 동경권에서 운영하던 '㈜본세쥬르'를 흡수하였고, '베넷세스타일케어'와 '본세쥬르'는 '㈜베넷세홀딩스' 산하로 편입되었다. 2012년에는 '㈜본세쥬르'를 흡수합병하였고, 에리아컴퍼니제를 도입하여 도미넌트전략(지역별로 주도권을 부여하여 운영토록 하는 전략)을 가속화하였다.

(5) 주식공개매수(멧세지)

'㈜멧세지(メッセージ)'는 '㈜재팬케어서비스그룹(ジャパンケアサービスグループ)'을 자회사화하고 주거계 서비스와 재택개호의 포괄적 케어를 제공하고 있다. 2000년에 '㈜멧세지'가 설립되었고, 2004에는 쟈스닥시장에 주식공개를 통해 상장되었다. 2005에는 '세키스이하우스㈜(積水ハウス)'와 공동 출자하여 유료노인주택운영회사의 '세키와서포트시스템㈜(積和サポートシステム)'을 설립하였고, 2012년에는 재택개호서비스업계의 대기업에 해당하는 '㈜재팬케어서비스그룹'을 우호적인 주식공개매수제도인 TOB를 통하여 자회사화하였고, '㈜재팬케어서비스'가 운영하던 개호형유료노인주택 '그린동경(グリーン東京)'과 '웰피어이치가와(ウエルピア市川)'를 사업 승계하였다.

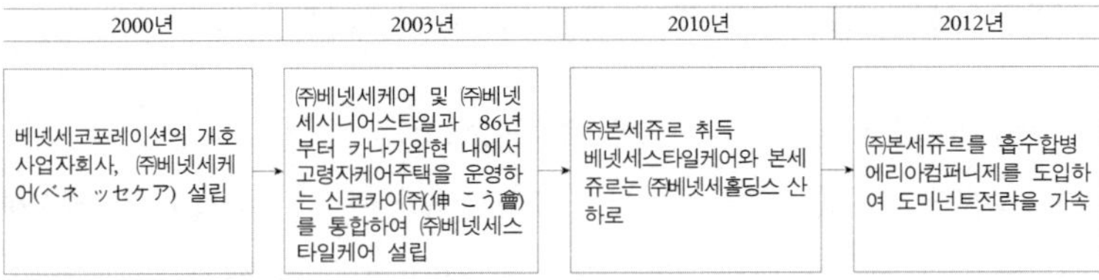

〈그림 10-5〉 베넷세스타일케어

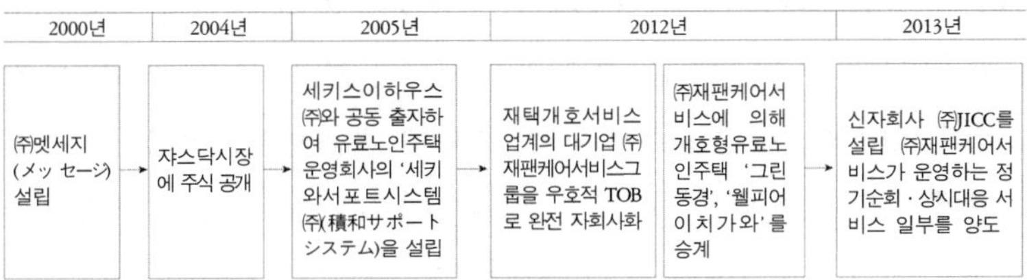

〈그림 10-6〉 주식공개매수(멧세지)

(6) 외식업계의 참여(와타미)

'와타미㈜(和民)'가 '와타미개호㈜(ワタミの介護)'를 설립하고 외식사업 노하우와 경영자원을 바탕으로 새로운 바람을 일으키고 있다. 2005년에 일본에서 외식사업으로 선술집 프랜차이즈를 운영하는 '와타미㈜'가 카나가와현을 본거지로 하는 '㈜아르개호(アールの介護)'를 약 93억 엔에 매수하여 개호사업에 본격적으로 참여하게 되었다. 2006년에는 '와타미개호㈜'를 설립하였고, 2007년에는 '㈜토탈케어서포트'의 '네크스테이지아자미노(ネクステージあざみ野)'를 취득하여 '레스토뷔라아자미노(レストヴィラあざみ野)'로 명칭을 변경하여 운영하고 있다. 그 외에도 '나리타(成田)', '카와구치안교(川口安行)', '미조노구치(溝の口)' 등도 사업양도를 거쳐 취득하여 운영하고 있다.

(7) 고가의 시니어임대주택 공급(키노시타의개호)

'㈜키노시타개호(木下の介護)'가 '㈜라이프코뮨(ライフコミューン)'을 취득하고 수도권 전역을 커버하였고 '라토르토요스(ラトゥール豊洲)', '루포제토요스(ルポゼ豊洲)'와 같은 고가격대의 시니어임대주택도 취득하였다. 2004년에 '㈜MC코포레이션(현재의 ㈜키노시타개호)'으로 개호형유료노인주택 '리안레부(リアンレーヴ)'를 개업하였고, 수도권을 중심으로 노인주택시설을 공급하고 있다. 2008년에는 ㈜키노시타매니지먼트가 ㈜라이프코뮨을 ㈜LEOC로부터 약 25억 엔에 매수하였다. 2010년에는 '텐더파이브야쿠모'를 취득하여 '리안레부야쿠모(リアンレーヴ八雲)'로 명칭을 변경하여 운영하고 있고, 2012년에는 젝쿠스그룹(ゼクスグループ)의 '챠밍스쿠웨어토요스'를 취득하여 '라토르토요스', '루포제토요스'로 명칭을 변경하여 운영하고 있다.

2005년	2006년	2007년
외식사업의 와타미㈜가 카나가와현을 본거지로 하는 ㈜아르개호를 약 93억 엔에 매수 →	와타미개호㈜(ワタミの介護) 설립 →	㈜토탈케어서포트의 '네크스테이지아자미노'를 취득 그 외 '나리타', '카와구치안교', '미조노구치' 등도 사업양도로 취득

〈그림 10-7〉 외식업계의 참여(와타미)

2004년	2008년	2010년	2011년	2012년
㈜MC코포레이션으로 개호형유료노인주택'리안레부' 개업 그 후 수도권을 중심으로 시설 전개 →	㈜키노시타매니지먼트㈜라이프코뮨을 ㈜LEOC에서 약 25억 엔에 취득 →	'텐더파이브야쿠모'(현, 리안레부야쿠모)를 취득 →	젝쿠스그룹의 '챠밍스쿠웨어토요스'를 취득 →	사토그룹(里グループ)의 6동 · 304실 취득

〈그림 10-8〉 고가의 시니어임대주택

(8) 고급물건 적극적 취득(리조트트러스트㈜)

'리조트트러스트㈜(リゾートトラスト)는 2006년에 '클래식가든분쿄네즈'를 취득하여 사업에 참여하였는데, 2009년에는 '모닝파크치카라마치'를 취득하였다. '리조트트러스트㈜'는 2010년에 '본세쥬르그랑(구 콤슨가든)'의 회사 보유 지분의 전체 주식을 취득하고 '본세쥬르그랑'의 4개 시설을 취득하여, '트러스트가든(トラウトガーデン)'으로 명칭을 변경하였고, 2012년에는 '선비너스다카라츠카'를 취득하고 2013년에는 '클럽안크라쥬미카게'의 운영기업인 '안크라쥬'를 M&A를 통해 흡수하고 '트러스트그레이스미카게'로 명칭을 변경하였다.

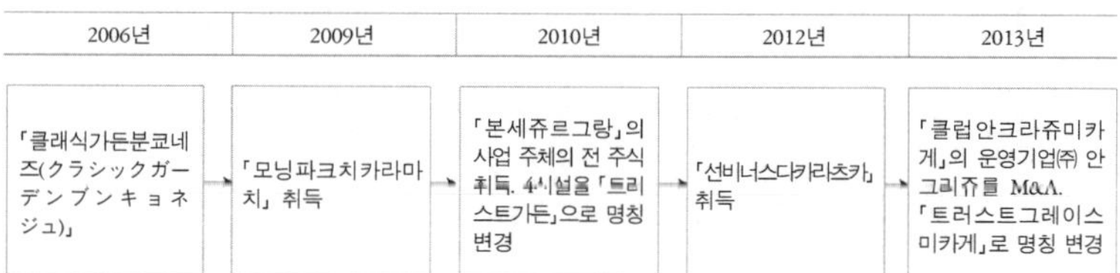

〈그림 10-9〉 고급물건의 적극적 취득

제11장
결 론

제11장 결 론

오늘날 일본에서는 베이비붐세대의 은퇴에 따라 치안문제, 고독사 문제 등이 사회적 이슈로 대두되고 있으며, 75세 이상의 후기고령자의 증가, 노인부부 및 노인독거여성가구의 증가, 농촌뿐만 아니라 대도시권의 고령화 심화 등 다양한 사회문제가 나타나고 있다. 일본은 급속한 고령화를 경험하면서 노인복지시스템의 구축 및 노인복지시설 공급과 관련하여 다양한 시도를 하고 있다. 고령화 속도 및 유교적 가치관 등 유사한 문화적 속성과 개호보험 및 역모기지 등 제도적인 유사성을 갖는 한국의 입장에서 볼 때, 일본의 이러한 다양한 경험과 시대적 환경은 우리에게 시사하는 바가 크다.

일본에서는 노인단신 · 부부세대의 급증과 노인이 안심하고 생활할 수 있는 환경을 정비하고, 의료 · 개호 · 주택이 연대하여 안정감 있는 거주공간의 공급을 위하여 정부 예산에 의한 지원조치, 세제에 의한 지원조치, 융자에 의한 지원조치가 2011년 10월부터 서비스형고령자주택의 형태로 뒷받침되어 있다. '서비스형고령자주택'은 노인인구의 증대에 따라 개호자와 단신 · 부부세대 등 의료 · 개호 · 생활지원을 필요로 하는 노인이 증가하고, 이에 대해 재정부담이 큰 시설개호(개호노인복지시설, 개호노인보건시설, 개호요양형의료시설 등)보다는 재택개호로의 이행을 유도하려는 정부의 의도에서 비롯되었다. 이에 따라 기존의 고령자원활입주임대주택, 고령자전용임대주택, 고령자대상우량임대주택을 폐지하고 서비스형고령자주택으로 일원화되었다. 국토교통성과 후생노동성이 공동 관리하여 저렴한 임대료와 비교적 입퇴거가 자유로운 임대주택을 대량 정비하는 것이 이 제도의 목적이다. 또한 종신임대사업의 절차를 완화하고 생활지원서비스의 장비를 의무화하여 정든 지역에서 마지막까지 거주할 수 있도록 하였다.

이 책에서는 일본 노인주택의 유형과 사례에 대해 고찰하였다. 우선 입주의사, 입주비용, 이용료 결정방식, 계약형태(이용권방식, 임대방식, 분양방식) 등에 대해 기술하고 있다. 노인주택사업의 사회적·경제적 환경(입주일시금의 가격 파괴, 개호형 노인주택 중심, 사회적 입원)과 제도적·정책적 변화(사전협의, 총량규제), 의료와 개호의 연대와 시너지 효과 제고를 위한 의료법인의 참여에 대해 기술하고 있다.

일본 노인주택의 유형으로는 유료노인주택, 소규모다기능시설, 서비스형고령자주택에 대해 기술하고 있다. 일본에서는 타 업종에서 노인주택사업 참여가 확대되고 있는데 의료법인, 요식업계, 교육산업계, 보험업계, 전기가전판매업계, 부동산업계, 호텔업계 등 다양한 영역으로 넓혀지고 있다. 차별화된 개발사례로는 역전재개발 컨버전, 다세대 교류형 복합개발, 소규모 유휴지 활용형, 의료법인의 지원시설, 터미널케어 대응형, 자립·경증노인 입주자형, 저가격형 컨버전, 요금체계 선택형, 연령별 상각형, 종합병원일체형 분양타워아파트 등의 사례를 기술하고 있다.

또한 이러한 일본 노인주택의 외연이 확대되는 것과 개발사례를 통한 시사점으로 노인주택사업을 운영함에 있어서 발생되는 리스크에 대해 고찰하고 있다. 입주인원의 추정, 세금과 운영비용, 입주자 모집 및 시장경쟁 심화, 경영능력, 인건비 절감 및 자금유용 회피, 수입변동성과 운영의존도 등의 중요성을 확인하고, 일본 노인주택 운영에서 나타나는 이용권방식과 입주일시금, 장기입주리스크, 종신계약 등의 한계에 대해 기술하고 있다. 뿐만 아니라 노인주택사업과 M&A가 검토되는 사례에 대한 분석을 통하여 원가와 비용의 재검토, 노인주택의 도산, M&A의 성패, M&A와 업계의 재편, 의료법인과의 연대, 주식공개매수 등 다양한 형태의 노인주택사업의 이합집산을 볼 수 있다.

우리나라는 급격한 고령화에 대응하기 위한 노력으로 가족과의 동거를 장려하는 정책과 시설공급 위주의 정책에서 벗어나 다양한 고령자주택의 공급을 시도하고 있다. 고령자를 위한 주거 관련 사항은 보건복지부의 노인복지법에서 규정하고 있다. 보건복지부에서는 고령자주택 및 시설과 관련된 정책을 담당하면서, 고령자주택 및 노인여가문화 등에 관한 것을 주된 업무로 하고 있다. 국토교통부에서는 고령자 주거안정과 주택 개조, 노인전용 임대주택 보급에 초점을 두고 있다.

한국형 고령자주택에 관한 방향을 모색하고자 다양한 문헌을 분석하고, 업계 전문가에게 자문을 구했지만 구체적인 방향을 도출하지는 못하였다. 다만 '한국형 고령자주택유형개발에 관한 연구(국토연구원, 2009)'에서 제시하는 한국형 고령자주택의 이미지에 있어서 기초가 되는 여가 중심형 고령자주택과 의료서비스 중심형 고령자주택을 본문에 기술하여 후학의 연구 방향에 대한 이정표 역할을 제시하고 있다.

이 책에서는 일본 노인주택의 추이에 대한 고찰과 이를 바탕으로 우리나라에 주는 시사점을 도출하고, 인생 100세 시대를 맞이하는 시대의 변화와 그에 따른 노인주택의 전개를 담아내려고 노력하였다. 고령화 선진국인 일본의 노인주택에 대한 사례와 이를 둘러싼 고령사회의 여러 가지 시대적인 변화는 노인주택의 방향을 모색하는 우리나라의 입장에서는 시대적 요구에 부응하고 노인의 주거생활에 기여하는 지침이 될 것이다. 즉, 노인주택이 더 이상 수용시설이 아닌 노후의 윤택하고 활기 넘치는 삶을 제공하는 새로운 노후 주거의 장이 되고, 차별화된 형태의 고령자를 위한 커뮤니티로 자리매김할 수 있도록 올바른 방향을 안내하는 길잡이가 될 수 있을 것이라고 기대한다.

| 참고문헌 |

국내문헌

100세 시대 대비 저출산·고령사회 포럼(2011), 인생 100세 시대 대응 전략, 보건복지부.

강병근(1999), 고령화사회 대응한 노인주거유형, 대한건축학회 논문집 제15권 제10호.

건설교통부 보도자료(2007.8.17), 노인가구주택개조매뉴얼.

고혜진(2013), 성년후견과 신탁을 이용한 고령자 재산관리에 관한 연구, 건국대학교 부동산대학원 석사학위논문.

김유정(2003), 서울시 중년층의 노년기 주거선호에 관한 연구, 단국대학교 석사학위논문.

김혜승·강미나(2008.12), 주거수요분석에 기초한 노인주거지원 정책과제 연구, 국토연구원.

대한건설협회(1995), 실버산업분류.

대한주택건설산업협회(1996), 실버산업현황과 전망.

문헌상 외(1996), 실버산업의 현황과 정책과제, 한국보건사회연구원.

박재간(2002), 노인전용주거시설의 개발전략, 아시아미디어리서치.

박준영 외(2010), 노인주거복지시설의 관리과 운영실태, 한국주거학회 학술대회 논문집, 한국주거학회.

박천익(2004), 시니어웰빙과 노후보장을 위한 재산관리방안에 대한 시론적 고찰, 사회복지연구 제27권, 대구대학교 사회복지연구소.

보건복지부, 2011년도 노인실태조사.

보건복지부(2011), 고령자통계.

보건복지부(2012), 노인복지시설현황 재구성.

송태경(2004), 고령화사회의 노인주거정책에 관한 연구, 국민대학교 대학원 박사학위논문.

안혜원(2010), 유료노인복지시설 종사자의 직무스트레스가 서비스 질에 미치는 영향에 대한 연구, 백석대학교 석사학위논문.

원융희(2003), 우리나라 실버타운의 개발방향에 관한 연구, 한국관광산업학회지 제17권.

유선종(2009), 미래사회에서 보는 노인주택, 도서출판 청람.

유선종 외(2010), 유료노인복지시설의 가격결정요인에 관한 연구, 부동산학연구, 제16집 제3호.

유선종 · 김문영(2014), 주택연금의 보증료 특성에 관한 연구, 도시행정학보 제27집 제1호, 한국도시행정학회.

유선종 · 김선주(2006), 역모기지 선택 결정요인에 관한 연구: 민간 역모기지 이용자 특성 분석, 국토연구, 제50호, 국토연구원.

유선종 · 노민지(2013), 주택연금 계약해지의 결정요인에 관한 연구, 부동산학연구, 제19집 제2호, 한국부동산분석학회.

유선종 · 이석희(2013), 주택연금계약특성이 월지급금에 미치는 영향, 국토연구, 제77권, 국토연구원.

유주연 · 이준용 · 한지원 · 손재영(2010), 주택연금 확대적용을 위한 유료노인복지주택의 실태조사 연구. 부동산연구, 20(2).

윤석명 외(2011), 노후준비실태를 반영한 노후소득보장체계 구축방안–노후소득보장제도와 관련 복지제도간 연관성을 중심으로, 한국보건사회연구원.

이민경 외(2004), 중년기의 실버타운 선호도 및 관련 변인에 관한 연구, 한국가족관계학회지, 제9권 제1호.

이상우(2013.5), 정년연장에 따른 사적연금시장 수요전망과 정책과제, Kiri Weekly 2013.5.6, 보험연구원.

이영숙(2013), 노인복지주택 특성요인이 사업의사결정과 입주가격에 미치는 영향, 단국대학교 박사학위논문.

이인수(2006), 실버산업의 전망과 과제, 대왕사.

이정헌(2006), 고령화사회에 따른 부산시 노인주거정책 추진방안 연구, 부산발전연구원.
이진혁(2003), 도시형 유료노인주거복지시설의 동향과 건축적 제안에 관한 연구, 성균관대학교 대학원 박사학위논문.
전영진(2009), 실버타운입주의향자의 입주선택요인에 관한 연구, 건국대학교 박사학위논문.
전홍택 · 박명호 · 윤석명 외(2011), 100세 시대, 어떻게 행복하게 살것인가?, 경제 · 인문사회연구회.
정경희외(2011.7), 베이비붐세대 실태조사 및 정책현황분석, 보건복지부 한국보건사회연구원.
정후식(2011.7), 일본의 노후난민시대 도래와 정책대응, 한국은행 조사국.
주택금융월보(2014.1), 한국주택금융공사.
KB금융지주경영연구소(2012.5.7), 일본 주요기관의 고령화 대응 현황.
천현숙 · 강미나(2012), 저소득층 독거노인가구의 주거지원방안, 국토연구원.
최인호(2013), 농지연금제도에 대한 연구, 토지공법연구 제61집, 한국토지공법학회.
최윤영(2011), 성년후견제 노입 의미와 과제, 제1차 장애인 정책토론회 자료집, 한국장애인개발원.
통계청(2011.12), 장래인구추계 2010－2060.
하윤수(1999), 고령자 재산관리제도를 둘러싼 제 문제, 경성법학 제8권, 경성대학교 법학연구소.
하정순(2007), 실버타운 개발을 위한 선호속성 및 선택의도에 관한 연구, 건국대학교 대학원 박사학위논문.
한국리서치(2011), 2011년 저출산 · 고령화에 대한 국민인식조사결과보고서.
한국토지개발공사(1995), 실버타운 개발계획에 관한 연구.
홍미령외6인(2009), 노인복지주택 개선방안 및 발전모형 개발연구, 재단법인 한국노인복지진흥재단.

고용상 연령차별금지 및 고령자고용촉진에 관한 법률 일부개정법률안(환경노동위원장 대체입법안, 2013.4.30).

노인복지법 32조, 시행규칙 14조1항.
노인복지법 부칙 〈법률 제8608호, 2007.8.3.개정, 2008.8.4.시행〉 제4조의22(노인복지주택의 양도 등에 관한 특례), 제4조의3(노인복지주택의 입소자격에 관한 특례)(법률 제10509호, 2011.3.30. 일부 개정 및 시행).
노인복지법 시행규칙 14조1항, 제17조 제1항.
민법 [시행 2013.7.1.] [법률 제10429호, 2011.3.7, 본조신설].
민법 제959조의 15, 제959조의19, 제959조의20.
주택법시행령 제2조의2(준주택의 범위와 종류) .
지방세특례제한법(2011년부터 시행).
연합뉴스, 한국인 기대수명 81세로 17위…세계평균 70세, 2013.5.16.
차학봉, 조선일보, 2012.3.23.
사단법인 한국성년후견지원본부(http://www.kscg.net).
한국주택금융공사 홈페이지(http://www.hf.go.kr/hindex.html).

외국문헌

Fidelity投信株式会社(2010.10), 超高齢社会にむけた自助努力.
エコノミスト2010, 葬式と墓, 2010.9.21.
コムパニアシスト株式会社(2012.8), 補助金・優遇税制を活用'サービス付き高齢者向け住宅'の手引き, 医業経営情報レポート.
高齢者住宅研究所(2012.11.30), サービス付き高齢者向け住宅登録動向.
今井一夫(2010), シニア居住の系譜とその未來, 鹿島出版會.
紀平正幸(2006), 10万時間の自由, 幻冬舍.
内閣府(2011.4), 平成23年版 高齢社会白書.
内閣府政策統括官(共生社会政策担当), 2011年度高齢化の状況及び高齢社会対策の実施状況.
内閣官房社会保障改革担当室長(2012.7.12.), 社会保障と税の一体改革について.
大阪市立大学大学院生活科学研究科外1人(2009), Aging in Place 超高齢社会の居住デザイン, 学芸出版社.
東京都福祉保健局住宅支援課(2010.9), あんしんなっとく高齢者向け住宅の選び方.
濱田孝一(2010), 有料老人ホーム 大倒産時代を回避せよ, 花伝社.
사단법인전국유료노인주택협회(2013년 3월), 2012년도 제도 개정 후 유료노인주택에 관한 실태조사 및 계약 등에 관한 조사연구보고서.
サービス付き高齢者向け住宅整備事業について, (http://www.koreisha.jp/service/dl/se_jyutaku.pdf).
常陽経営コンサルタンツ(2011.5), 2011年度創設サービス付高齢者住宅の概要, 医業経営情報レポート(http://www.joyokeiei.com/repo_i130.pdf).
소비자위원회(2010.12.17), 유료노인주택의 계약에 관한 실태조사.
神奈川県建築行政連絡協議会(2011.11.24), サービス付き高齢者向け住宅の取扱いについて.
第4回民主党 社会保障と税の一体改革調査会総会 厚生労働省 提出資料: 医療・介護制度改革について, 2011.11.16.
종합유니컴(綜合ユニコム), 월간 시니어비지니스마켓, 각월호(2009.1~2014.1).
清原晃(2011.11), 医療・介護制度改正と動き出すサービス付き高齢者住宅, 財団法人医療関連サービス振興会月刊セミナ189(www.ikss.net/enterprise/images/189.pdf).
厚生労働省(2010), 사회보장심의회 개호보험부회(제32회) 자료.
厚生労働省(2011), 사회보장심의회 개호급부비분과회(제71회) 자료.
厚生労働省(2010), 介護サービス施設 · 事業所調査.
厚生労働省(2012.10.31), 후생노동통계조사(매년 10월 1일 시점).
厚生労働省(2011.7.12), 平成22年 国民生活基礎調査の概況.
厚生労働省(2012), 社会福祉施設等調査の概況(각년도 10월 1일 기준).
厚生労働省 www.mhlw.go.jp/shingi/2006/12/dl/s1215-13b01.pdf
高齢者の居住の安定確保に関する法律 관계규칙 제12조.
高齢者の居住の安定確保に関する法律 제7조제1항제6호 및 제8호.
국토교통성(http://www.mlit.go.jp/jutakukentiku/house/jutakukentiku_house_tk3_000005.html).
読売新聞, 2007년 5월 2일.
独立行政法人 都市再生機構: UR都市機構.
ミサワホーム, http://www.misawa.co.jp/sakoujyu/step.html
ヤマダ電機(http://www.yamada-denki.jp/).
東急イーライフデザイン(http://www.e-life-design.co.jp/outline).
株式会社ジョイライフ(http://www.joylife-jp.com/).

株式会社ベネッセスタイルケア(http://www.benesse-style-care.co.jp/company/).

WAMNET http://www.wam.go.jp

http://www.city.yokohama.lg.jp/kenko/kourei/jigyousya/shinsei/shitei/syoukibo/kijun-gaiyou-syoukibo.pdf.

http://www.hospital.or.jp/pdf/06_20120229_01.pdf

http://www.mhlw.go.jp/stf/shingi/2r985200000211 3p-att/2r985200000212g9.pdf

http://www.roujinhoumu.com/senior-residence/suii.html, www.mhlw.go.jp/toukei/saikin/hw/fukushi/11/dl/gaikyo.pdf

Martin Valins(1991), Housing for the elderly people: A Guide for architecture and clients New York: Butterworth-Heineman Ltd, pp. 1-11.

OECD(2009), Pensions at a Glance: Retirement-Income System in OECD Countries.

OECD(2010), 'OECD Factbook 2010'.

UN(2010), World Population Ageing 2009 및 UNCTAD, Demographic indicators.

부록 1 자신에게 맞는 노인주택 찾기[1)]

■ 자신의 상황

심신상황	본인: 자립 / 요지원( ) / 요개호( )
	배우자: 자립 / 요지원( ) / 요개호( )
개호가 필요한 경우의 내용(입욕, 식사 서비스 등)	
의료행위의 필요성 (인슐린주사, 인공투석 등)	

■ 경제상황과 예산

자 산	현예금 ( )원 부동산 ( )원 기 타 ( )원
수 입	연 금 ( )원/월 급 여 ( )원/월 기 타 ( )원/월
수유 부동산의 처부	주택: 매각 / 임대 기다 ( )
이사 예산	입주일시금 ( )만 원
이사 희망시기	즉시 / 약 ( )년 후

1) 東京都福祉保健局住宅支援課(2010.9), あんしんなっとく高齢者向け住宅の選び方, pp. 14~15

■ 이사지역 희망

희망지역	
집 세	
입지조건	역 근처 / 슈퍼 / 주변 환경 등
방 구조	방수 ( ) 거실 / 주방 / 화장실 / 욕실
주거설비	긴급통보 / 수납 / 베란다 / 배리어프리 기타 ( )

■ 생활지원서비스 희망

식사서비스	부지 내 식당 희망 / 택배식사 희망 / 자취
24시간 관리인 상주	희망함 / 희망하지 않음
안부 확인 · 생활상담	희망함 / 희망하지 않음
개호서비스	희망함 / 희망하지 않음
의료서비스	희망함 / 희망하지 않음
교류활동	희망함 / 희망하지 않음

■ 개호에 대한 생각

개호가 필요한 경우 희망	• 지역서비스를 이용하고 싶다 • 거주하는 주택에서 개호서비스를 받고 싶다 • 개호전문시설로 이사하고 싶다 • 가족과 동거 • 기타
후견인(보증인)	있음 / 없음

■ 기타 희망사항 / 확인사항

부록 2 시설 견학 전후의 확인사항[2)]

1. 수집한 정보를 바탕으로 마음에 드는 주택에 견학 예약을 한다

	확인 항목	메 모
□	예약 시 전화대응은 좋았는가?	
□	불안하지 않도록 설명해 주었는가?	
□	견학주택까지 교통수단은 이해되었는가?	
□	식사서비스가 제공될 경우, 시식이 가능한지 확인했는가?	

2. 견학에 지참할 것

	확인 항목	메 모
□	사전 자료	
□	확인하고 싶은 점, 의문점을 적어 둔 메모	
□	메모지, 필기도구 등	
□	카메라(사전에 활영 허가를 받을 것)	

3. 견학포인트

- 견학 시 담당자 이름과 설명 내용을 기록하여 보관할 것
- 가족, 친구 등 여러 사람과 시간 · 요일을 바꾸어 2~3회 견학할 것
- 주택관리자 등 주택의 책임자에게 운영방침을 들을 것
- 식사 등은 가능한 한 시식해 볼 것
- 복수의 주택을 견학할 것

■ 비용근거에 대한 확인사항[3)]

	확인 항목	메 모
□	월세 설명에 납득이 갔는가?	
□	관리비 내역과 산정근거 확인	
□	기본서비스 비용 내역과 산정근거 확인	
□	식사 내용과 산정근거 확인	
□	별도 비용이 필요한 경우 확인	
□	요금이 개정되는 경우의 취급 확인	

2) 東京都福祉保健局住宅支援課(2010.9), あんしんなっとく高齢者向け住宅の選び方, p. 17

■ 견학 시 확인사항(설비)

1. 자립자 대상 주택[4]

〈독립 부분〉

	확인 항목	메 모
□	넓이, 구조는 자신의 희망에 적합한가?	
□	손잡이 등이 필요한 장소에 있는가? 또는 나중에 붙일 수 있는가?	
□	화장실, 욕실에 긴급통보·안부 확인 설비가 있는가?	
□	화장실, 욕실은 개호가 필요한 경우에도 사용할 수 있는가?	
□	콘센트, 전기스위치 등이 사용하기 쉬운 위치에 있는가?	
□	수납공간이 충분한가?	
□	채광, 통풍, 소음 등의 상황이 괜찮은가?	
□	공기조절설비 관리는 조정하기 쉬운가?	
□	조명은 밝게 조정할 수 있는가?	

〈공용 부분〉

	확인 항목	메 모
□	건물 입구의 시큐리티는 불안하지 않은가?	
□	딘차, 손잡이의 설치상황은 어떠한가?	
□	충분한 조명이 있는가?	
□	(희망 시)식당 등의 커뮤니티 공간이 있는가?	
□	화재 시 피난루트는 적절하고 알기 쉬운가?	
□	관리비의 대상이 되는 공용 부분은 어디인가?	

3) 東京都福祉保健局住宅支援課(2010.9), あんしんなっとく高齢者向け住宅の選び方, p. 22

4) 東京都福祉保健局住宅支援課(2010.9), あんしんなっとく高齢者向け住宅の選び方, pp. 17~18

2. 요개호자 대상 주택5)

〈독립 부분〉

	확인 항목	메 모
□	넓이, 구조는 자신의 희망에 적합한가?	
□	방문은 열기 쉬운가?	
□	통로 등은 휠체어도 쉽게 이용 가능한 넓이인가?	
□	손잡이는 필요한 위치에 있는가?	
□	화장실, 욕실에 긴급통보・안부 확인 설비가 있는가?	
□	화장실은 프라이버시가 지켜지는 형태인가?	
□	콘센트, 전기스위치 등이 사용하기 쉬운 위치에 있는가?	
□	공기조절설비 관리는 조정하기 쉬운가?	
□	조명은 밝게 조정할 수 있는가?	

〈공용 부분〉

	확인 항목	메 모
□	건물 출입구의 시큐리티는 어떻게 되어 있는가?	
□	공용 부분은 휠체어 등도 이용하기 쉽게 여유가 있는가?	
□	식당은 밝고 청결한가?	
□	관리실, 헬퍼대기소 등은 이용하기 쉬운 환경인가?	
□	중증의 요개호자도 대응 가능한 입욕설비 인가?	
□	욕실 사용규칙이나 사용 가능 횟수는 몇 번인가?	
□	세탁실 사용규칙은 어떻게 되어 있는가?	
□	주방의 사용규칙은 어떻게 되어 있는가?	
□	방문자가 사용할 공간이 충분한가?	
□	피난루트는 적절하고 알기 쉬운가?	
□	관리비 대상이 되는 공용 부분은 어딘가?	

5) 東京都福祉保健局住宅支援課(2010.9), あんしんなっとく高齢者向け住宅の選び方, pp. 18～19

견학 시 확인사항(서비스 등)[6)]

〈주거〉

	확인 항목	메 모
□	월세, 관리비의 대상 부분은 어디인가?	
□	관리비의 내용과 근거는?	
□	수도광열비는 개별인가 일률징수인가?	
□	수도광열비가 일률징수라면, 실적에 따라 환불되는가?	
□	수도광열비가 일률징수라면, 장기입원 중에도 징수되는가?	

〈생활지원서비스〉

	확인 항목	메 모
□	각 서비스는 누가 제공하고 누구와 계약하는가?	
□	각 서비스의 신청방법과 신청처 확인	
□	각 서비스의 비용에 대한 설명 듣기	
□	각 서비스 제공자의 변경은 가능한가?	
기본서비스(긴급 시 대응 · 안부 확인 · 생활상담 등)		
□	상주직원이 있는가? 있다면 몇 명인가?	
□	야간직원은 어떻게 구성되어 있나?	
□	긴급 시 누가 어떻게 대응하는가?(긴급통보시스템 등)	
□	정기적인 안부 확인을 받을 수 있는가?	
□	건강, 개호에 대한 상담을 받을 수 있는가?	
□	긴급 시 대응 이외에 기본서비스 비용에서 제공되는 서비스는?	
□	기본서비스 비용에 제공되는 서비스에 상한은 있는가?	
선택서비스(식사서비스 · 가사서비스)		
□	식사 신청 방법은?	
□	식사 취소 가능 여부와 비용부담	
□	식사 메뉴는 다양한가?	
□	개호식사, 병원식사 등도 가능한가?	
□	시식 시 본인 입맛과 맞았는가?	
□	상태가 좋지 않을 때 개인실까지 옮겨줄 수 있는가?	
□	쓰레기 배출 서비스의 유무와 이용방법	
□	청소서비스의 유무와 이용방법	

6) 東京都福祉保健局住宅支援課(2010.9), あんしんなっとく高齢者向け住宅の選び方, pp. 19~21

〈개호서비스〉

	확인 항목	메 모
□	개호서비스 제공자와 계약자는 누구인가?	
□	서비스 내용과 비용에 대한 설명은 들었는가?	
□	개호보험 이외에 필요한 비용은 없는가?	
□	개호서비스에 불만이 있을 시 제공자는 변경 가능한가?	
□	개호도가 중증이거나 치매가 될 경우 대응은?	
□	개호도가 중증이거나 치매가 될 경우 이사할 필요가 있는가?	
□	개호도가 중증이 된 경우 이사 상담체제는 어떠한가?	
□	사업자가 안내한 이사지는 어디인가?	

〈의료서비스〉

	확인 항목	메 모
□	긴급 시 이용 가능한 연대 의료기관의 유무와 연대 내용	
□	필요에 따라 전문의료기관에 소개받을 수 있는가?	
□	근처 의료기관의 진료과목은 자신에게 적합한가?	
□	방문간호사업소, 방문진료 의료기관이 근처에 있는가?	

〈주변 환경〉

	확인 항목	메 모
□	은행・우체국・상점・의료기관 등이 가기 쉬운 장소에 있는가?	
□	교통은 편리한가?	
□	주변 환경은 어떤가?(자연, 환경 등)	

〈기타〉

	확인 항목	메 모
□	직원, 입주자의 분위기	
□	입주자 간의 커뮤니케이션 기회는 있는가?	
□	서비스 내용과 비용을 서면으로 확인 가능한가?	
□	상담 창구는 명기되어 있는가?	
□	주택 내에 담배 등 불 사용이 가능한가?	

〈견학 시 입수할 자료〉

확인 항목		메 모
□	팸플릿	
□	건물임대차계약서	
□	입주 안내서	
□	서비스 계약서	
□	서비스에 관한 중요사항 설명서	
□	서비스일람표	

부록 3 자금계획

1. 자립으로 서비스형고령자주택에 입주하는 경우[7)]

입주 시 필요비용	매월 고정비용	매월 기타비용	기타 비용
• 보증금 • 입주일시금 (월세 선불 등)	• 주거비 －월세 －관리비 －수도광열비 • 생활지원 서비스비 －기본서비스	• 식비 • 선택한 생활지원 서비스비 • 일상생활품비 • 용돈 등	• 개호서비스비 • 의료비

2. 요개호 상태로 서비스형고령자주택에 입주하는 경우

입주 시 필요비용	매월 고정비용	매월 기타비용
• 보증금 • 입주일시금 (월세 선불 등)	• 주거비 －월세 －관리비 －수도광열비 • 생활지원서비스비 －기본서비스 －식비 • 개호서비스비(보험 내)	• 개호 · 위생용품비 • 개호서비스비(보험 외) • 의료비 • 선택한 생활지원서비스비 • 일상생활품비 • 용돈 등

3. 주의점

입주 시 필요비용	보증금은 퇴거 시 원상회복비용을 제외 후 반환되는 비용이다. 월세의 선불 등의 일시금은 산정근거, 보전조치, 중도 퇴거 시의 반환금 산출 등에 관해 확인해 둘 필요가 있다.
매월 비용	월세는 거주하는 방의 임대료이다. 관리비는 공용 부분의 유지관리를 위한 것으로 그 내용과 금액이 타당한지 확인해야 한다. 수도광열비는 사용분실비로 내거나, 개호형의 경우는 관리비 등에 포함되는 경우도 있다. 기타 긴급시대응 · 안부 확인의 기본 서비스비가 필수인 경우도 있다. 식사서비스나 생활지원 · 개호서비스와 같이 필요에 따라 선택하는 서비스는 이용 실적에 따라 비용이 발생하는 것이 일반적이다. 비용부담 규정을 확인하는 것이 좋다.
기타 비용	앞으로의 상황도 생각하여 같은 주택에 계속 거주할 경우, 어떤 상황에서 어떤 생활지원, 개호서비스를 이용하고 그 비용은 얼마나 필요할지 반드시 사전에 확인해 둘 필요가 있다.

7) 東京都福祉保健局住宅支援課(2010.9), あんしんなっとく高齢者向け住宅の選び方, pp. 23~24

부록 4 엔딩노트

엔딩노트는 자신이 걸어온 인생을 돌아보기 위한 비망록입니다. 가족과 친구에 대한 감사를 전하고, 언젠가 자신에게 있을지 모르는 만약의 상황이 발생했을 때, 본인의 의지를 전달하고 필요한 정보와 연락처 등을 기록하기 위한 것입니다.

당신을 믿고 함께하며 지지해준 사람들, 여러 가지 생각 등 지금까지 자신의 인생을 돌아보며 정리하고, 자신에게 있어서 무엇이 중요한지 등이 부각될 것입니다.

이것은 남겨진 인생을 보다 충실히 하기 위해서라도 필요한 작업입니다. 그리고 당신에게 만약의 상황이 발생하게 되었을 때, 남겨진 사람들에게 당신의 희망과 의사를 전달해 두는 것으로, 나중에 발생할지 모를 불편함을 피할 수도 있고, 당신 자신에게 있어서도 당신의 가족과 친구에 있어서도 납득할 수 있는 행복한 마지막을 맞이할 수 있을 것입니다.

엔딩노트는 특정한 서식을 갖춰서 써야 할 필요는 없습니다. 자신이 가장 쓰기 편한 노트를 골라 나름의 방식으로 자유롭게 써 내려가면 됩니다. 또한 엔딩노트는 한 번 쓰면 변경할 수 없는 고정불변의 것도 아닙니다. 50대, 60대, 70대, 이렇게 나이를 먹어 가면서 생각이 바뀌는 것은 지극히 자연스러운 현상이듯이, 엔딩노트 역시 상황에 따라 한 번씩 펼쳐보면서 그때마다 새롭게 고쳐 나가는 것도 필요합니다. 자신의 생각이 어떻게 바뀌어 왔는지 그 흐름을 살펴보는 것도 중요한 의미가 있습니다.

긴장하지 말고 편안한 기분으로 당신의 마음속에 담고 있는 당신만의 생각을 충분히 꺼낼 수 있도록 마음의 문을 여시고, 당신의 보다 나은 미래로 연결되는 새로운 장을 열어가기 바랍니다.

엔딩노트는 만일에 대비해 눈에 잘 띄는 곳에 놓아 두길 바랍니다. 설마하고 생각했던 갑작스러운 이별이 닥쳤을 때 엔딩노트가 누군가의 눈에 띄지 않으면 아무 소용이 없기 때문입니다. 평소에 "이러한 노트를 준비해 뒀다"고 가족이나 친한 지인들에게 말해두는 것도 좋습니다. 엔딩노트는 떠나는 사람을 위한 정리이기도 하지만 보내는 사람을 위한 작별 인사이기도 합니다.

이 엔딩노트에 기록하는 내용은 평소에 가족과 함께 이야기해 두세요.

이 엔딩노트의 존재는 평소에 가족에게 전해주세요.

이 엔딩노트에는 법적 효력은 없습니다. 따라서 유언장은 별도로 작성해 두셔야 합니다.

엔딩노트 작성요령

우선, 기록할 수 있는 것부터 천천히 기록해 봅니다.
처음부터 완벽하게 모든 항목을 채워 나갈 필요는 없습니다. 우선은 쓸 수 있는 곳부터 시작해 봅니다. 또는 '이것 먼저 써야지, 이것은 꼭 남겨둘거야…'라고 생각되는 것부터 써 봐도 좋을 듯 합니다.
모든 빈칸을 채우려고 하지 않아도 됩니다.
당신의 마음을 기록으로 남겨두고 싶은 항목만 기록해 놓아도 됩니다.
기록하면서 피로해지면, 다음에 써도 됩니다.
여유 있게 시간을 들여서 생각하고 기록해 나갑니다.
몇 번이고 썼다 지웠다를 반복해도 됩니다.
정기적으로 수정해도 됩니다.
연필뿐만 아니라, 만년필, 볼펜, 사인펜으로 기입해도 됩니다.
지워지지 않는 볼펜이라 수정 불가도 아닙니다. 잘못 기술했으면 두 줄 긋고 지우고 덧쓰면 됩니다. 깨끗하게 완성하고 싶다면, 별도의 종이에 써보고 나서 옮겨와도 됩니다.
한번 기록했더라도, 기록할 때의 상황에 따라 당신의 상태와 마음이 바뀔 수도 있습니다.
엔딩노트는 한 번 쓰면 끝인 것이 아닙니다.

가능하면 1년에 1번 정도는 기술한 것을 읽고 수정하는 것을 권합니다.
그러기 위해서는 기입일란에 언제 기록했는지를 알 수 있도록 해둘 필요가 있습니다.
또한 기록하려는 항목란이 부족해지면 그 페이지를 복사한 뒤 기록하고, 그것을 해당기록란에 붙여도 됩니다.
엔딩노트는 잘 보관해야 합니다.
엔딩노트에는 당신에 관한 섬세한 개인정보가 기록되게 됩니다. 따라서 분실하거나 타인에게 본의 아니게 읽혀지는 일이 없도록 잘 보관하시기 바랍니다.

목 차

I. 나의 정보

사 진			
촬영일자		장 소	
설 명			

기록일자 년 월 일 (세)			
이 름		생년월일	년 월 일
혈액형		출생지	
본 적			
현주소			
연락처		이메일	
신 장		체 중	
결혼 여부		비 고	

학 력			
기 간		학교명	비 고

직업경력				
기 간		회사명	소속부서	직 위

취미생활	
취 미	
특 기	
좋아하는 음식	
싫어하는 음식	
좋아하는 색깔	
좋아하는 계절	
좋아하는 동물	
좋아하는 꽃	
좋아하는 옷	
좋아하는 노래 · 가수	
좋아하는 책 · 작가	
좋아하는 영화	
좋아하는 프로그램	
좋아하는 운동	
좋아하는 장소	
좋아하는 인물	
존경하는 인물	
신 념	
가 훈	
성 격	
삶의 보람	

신체정보	
주 병원	
병원연락처	
담당의사	
건강검진 결과내용	
수검일자	
결과표 보관장소	
현재 앓고 있는 병	
발병시기	
경과 · 치료내용	
복용약	
약 보관장소	
알레르기	
기 타	

병 력	
병 명	
시 기	
증 상	
병원명	
병 력	
병 명	
시 기	
증 상	
병원명	
병 력	
병 명	
시 기	
증 상	
병원명	

비망록	
날 짜	내 용

Ⅱ. 가족 정보

배우자			
이 름		생년월일	년 월 일
관 계		출생지	
본 적			
주 소			
근무처			
연락처		혈액형	

자녀 1			
이 름		생년월일	년 월 일
관 계		출생지	
본 적			
주 소			
연락처		혈액형	

자녀 2			
이 름		생년월일	년 월 일
관 계		출생지	
본 적			
주 소			
연락처		혈액형	

자녀 3			
이 름		생년월일	년 월 일
관 계		출생지	
본 적			
주 소			
연락처		혈액형	

자녀 학력 1			
기 간		학교명	비 고

자녀 직업경력 1				
기 간		회사명	소속부서	직 위

자녀 학력 2			
기 간		학교명	비 고

자녀 직업경력 2				
기 간		회사명	소속부서	직 위

자녀 학력 3			
기 간		학교명	비 고

자녀 직업경력 3				
기 간		회사명	소속부서	직 위

가족기념일	
날 짜	내 용

<table>
<tr><th colspan="5">애완동물</th></tr>
<tr><td>이 름</td><td colspan="2"></td><td>생년월일</td><td>년 월 일</td></tr>
<tr><td>종 류</td><td colspan="2"></td><td>성 별</td><td></td></tr>
<tr><td>등록번호</td><td colspan="4"></td></tr>
<tr><td rowspan="2">먹 이</td><td>보통식</td><td colspan="3"></td></tr>
<tr><td>좋아하는 음식</td><td colspan="3"></td></tr>
<tr><td>병원주소</td><td colspan="4"></td></tr>
<tr><td>미용실주소</td><td colspan="4"></td></tr>
<tr><td>비 고</td><td colspan="4"></td></tr>
</table>

Ⅲ. 재산 정보

예 · 적금				
금융기관	종 류	계좌명의	계좌번호	금 액

유가증권			
증권회사	계좌명의	계좌번호	주식보유수

기타 금융자산			
종 목	명 의	증권회사/금융기관	금 액

<table>
<tr><th colspan="5">부동산</th></tr>
<tr><td>종 류</td><td>☐ 토지 ☐ 건물</td><td>내 용</td><td colspan="2"></td></tr>
<tr><td>명 의</td><td>이름</td><td colspan="2">관계</td><td>지분</td></tr>
<tr><td>면 적</td><td></td><td>사용상황</td><td colspan="2"></td></tr>
<tr><td>소재지</td><td colspan="4"></td></tr>
<tr><td>등기부
기재내용</td><td colspan="4"></td></tr>
<tr><th colspan="5">부동산</th></tr>
<tr><td>종 류</td><td>☐ 토지 ☐ 건물</td><td>내 용</td><td colspan="2"></td></tr>
<tr><td>명 의</td><td>이름</td><td colspan="2">관계</td><td>지분</td></tr>
<tr><td>면 적</td><td></td><td>사용상황</td><td colspan="2"></td></tr>
<tr><td>소재지</td><td colspan="4"></td></tr>
<tr><td>등기부
기재내용</td><td colspan="4"></td></tr>
<tr><th colspan="5">부동산</th></tr>
<tr><td>종 류</td><td>☐ 토지 ☐ 건물</td><td>내 용</td><td colspan="2"></td></tr>
<tr><td>명 의</td><td>이름</td><td colspan="2">관계</td><td>지분</td></tr>
<tr><td>면 적</td><td></td><td>사용상황</td><td colspan="2"></td></tr>
<tr><td>소재지</td><td colspan="4"></td></tr>
<tr><td>등기부
기재내용</td><td colspan="4"></td></tr>
</table>

<table>
<tr><th colspan="3">카 드</th></tr>
<tr><th>카드회사</th><th>카드번호</th><th>유효기간</th></tr>
<tr><td></td><td></td><td></td></tr>
<tr><td></td><td></td><td></td></tr>
<tr><td></td><td></td><td></td></tr>
</table>

대 출			
대출처		차입목적	
차입액		차입일	
차입잔액	(년 월 일 현재)		
변제기한		담 보	
보증인		관 계	

보증채무			
보증일		보증금액	
주채무자		관 계	
주 소			
연락처			
채무자		연락처	

보 험					
보험회사	보험내용	청구일	계약자명	피보험자명	보험금수취인
증권번호	보험기한	보험료	담당자연락처	보험금액	비 고

보 험					
보험회사	보험내용	청구일	계약자명	피보험자명	보험금수취인
증권번호	보험기한	보험료	담당자연락처	보험금액	비 고

공적연금		
연금번호	연금종류	금액 / 월

사적연금		
명 칭	연락처	금액 / 월

Ⅳ. 전하고싶은 말

치 료		
치료방침에 대해 판단해 줄 사람	이 름	관 계
	연락처	이메일
통 지	□ 연락하지 말 것 □ 병원명만 통지할 것 □ 여명이 ( )개월 남았을 때 병원명과 여명을 통지할 것 □ 여명기간에 상관없이 연락할 것 □ 기타 ( )	
회복이 불가능할 때 연명조치	□ 회복의 여지가 없어도 연명조치를 해줄 것 □ 연명조치보다 고통을 줄이는 것을 우선으로 할 것 □ 회복의 여지가 없으면 연명조치를 하지 말 것 □ 존엄사를 희망하며 서면을 작성해 둠 (보관장소) □ 기타 ( )	
장기기증	□ 장기기증 서약서를 갖고 있음 (보관장소) □ 안구기증을 위해 각막은행에 등록해줄 것 (등록증 보관장소) □ 헌체 등록할 것 (등록한 단체) □ 기타 ( )	

간 병		
간병방침에 대해 판단해 줄 사람	이 름	관 계
	연락처	이메일
희망간병자와 희망간병장소	□ 자택에서 가족이 해줄 것 □ 자택에서 헬퍼 등의 전문가에게 간병을 맡기고 가족과 함께 지낼 것 □ 병원 또는 시설에 들어감 □ 생각하고 있지 않음 □ 기타 ( )	
간병비용	□ 본인의 재산 사용 □ 보험에 가입되어 있음 (보험회사) □ 준비되어 있지 않음 □ 기타 ( )	
재산관리 희망대리인	이 름	관 계
	연락처	이메일

<table>
<tr><th colspan="3">장 례</th></tr>
<tr><td>장례식</td><td colspan="2">□ 성대하게 할 것
□ 통상적인 수준으로 할 것
□ 가족장으로 처리해도 됨
□ 화장할 것
□ 가족의 판단에 맡김</td></tr>
<tr><td>장례비용</td><td colspan="2">□ 보험/공제와 상조회의 부금으로 충당
□ 가족이 부담
□ 가족의 판단에 맡김</td></tr>
<tr><td>조의금</td><td colspan="2">□ 통상적인 수준에서 받음
□ 받지 않음
□ 가족의 판단에 맡김</td></tr>
<tr><td>영정사진</td><td colspan="2">□ 영정사진으로 준비한 사진이 있음 (보관장소)
□ 영정사진은 장식하지 않음
□ 가족의 판단에 맡김</td></tr>
<tr><td>납골함</td><td colspan="2">□ 희망하는 납골함을 준비해 둠 (보관장소)
□ 가족의 판단에 맡김</td></tr>
<tr><td>부고인사</td><td colspan="2">□ 업자가 준비한 것을 사용함
□ 문구를 준비해 둠 (보관장소)
□ 꼭 넣을 문구 ( )
□ 가족의 판단에 맡김</td></tr>
<tr><td rowspan="2">납골희망</td><td>묘지명칭</td><td>경영 주체</td></tr>
<tr><td>소재지</td><td>연락처</td></tr>
<tr><td rowspan="2">추모공원희망</td><td>추모공원명칭</td><td>경영 주체</td></tr>
<tr><td>소재지</td><td>연락처</td></tr>
<tr><td>기타 희망장소</td><td colspan="2"></td></tr>
</table>

유언장			
유언장	□ 작성하지 않았음 □ 작성함 □ 자필증서유언 □ 공정증서유언 □ 비밀증서유언		
보관장소			
작성일			
유언시행자	명 칭		연락처	
	주 소		
비 고			

지인명단			
이 름		연락처	
이 름		연락처	
이 름		연락처	
이 름		연락처	
이 름		연락처	
이 름		연락처	
이 름		연락처	
이 름		연락처	
이 름		연락처	
이 름		연락처	
이 름		연락처	
이 름		연락처	
이 름		연락처	
이 름		연락처	
이 름		연락처	
이 름		연락처	
이 름		연락처	
이 름		연락처	
이 름		연락처	
이 름		연락처	
이 름		연락처	
이 름		연락처	

전하고 싶은말	
이　름	메시지

| 찾아보기 |

ㄴ

ㅇ

ㅈ

ㅊ

ㅋ

ㅌ

ㅍ

저자 소개

유선종(劉銑鍾) 건국대학교 부동산학과 졸업
日本大學 大學院 理工學硏究科 不動産科學專攻(學術博士)
현재 건국대학교 부동산학과 교수

아산재단 연구총서 제367집

노인주택 파노라마 값 17,000원

2014년 7월 30일 1판 1쇄

저 자	유 선 종
발 행 인	임 동 규
발 행 처	**집 문 당**
주 소	110-360 서울특별시 종로구 돈화문로 82
등 록	1971. 3. 23. 제300-2012-69호
영 업 부	(02)743-3192～3 팩스(02)742-4657
전자우편	sale@jipmoon.co.kr
편 집 부	(02)743-3096～7 팩스(02)743-0227
전자우편	edit@jipmoon.co.kr
홈페이지	www.jipmoon.co.kr

ISBN 978-89-303-1642-2
978-89-303-1500-5(세트)

이 도서의 국립중앙도서관 출판예정도서목록(CIP)은 서지정보유통지원시스템 홈페이지(http://seoji.nl.go.kr)와 국가자료공동목록시스템(http://www.nl.go.kr/kolisnet)에서 이용하실 수 있습니다. (CIP제어번호: CIP2014019818)

아 | 산 | 재 | 단 | 연 | 구 | 총 | 서

1 전환기의 중국경제
김윤환 외 | 단국대 경제학과

2 폴란드 경제의 변천 개혁과 그 전망
김광수 | 숭실대 경제학과

3 재소한인
이광규 외 | 서울대 인류학과

4 소련산림과 임업
홍성천 외 | 경북대 임학과

5 아세안의 정치경제
김국진 외 | 외교안보연구원

6 태국의 사회변동과 경제발전
최석만 외 | 전남대 사회학과

7 중국의 사회경제 통계분석
신한풍 외 | 고려대 통계학과

8 중국의 정치와 경제
박두복 외 | 외교안보연구원

9 동유럽의 개혁과 시장경제의 도입
허만 외 | 부산대 사범대학

10 동유럽의 개혁운동
박영신 | 연세대 사회학과

11 현대 러시아 연구
기연수 외 | 한국외대 노어과

12 전략적 선택과 기업의 국제경쟁력
이장호 | 서강대 경영대학

13 협동사회의 정착과 정부의 역할
이종범 외 | 고려대 행정학과

14 한국 제조기업 생산성의 동적 분석
노부호 외 | 중앙대 경영대학

15 분배의 정의
변형윤 외 | 서울대 경제학과

16 도덕적 행동의 강화
이훈구 외 | 연세대 심리학과

17 관료부패와 통제
김해동 외 | 서울대 행정대학원

18 한국경제의 내실 있는 성장
정창영 외 | 연세대 경제학과

19 한국국민정신운동의 역사와 발전방향
박수명 외 | 부산대 사범대학

20 한국대학생의 가치성향과 상담효과
이영희 외 | 숙명여대 교육학과

21 가출청소년과 학교관리체제
안창규 외 | 부산대 교육학과

22 동북아 정세변화와 한 · 일관계
한승조 외 | 고려대 정치외교학과

23 언론과 부정부패
정대철 외 | 한양대 신문방송학과

24 한국의 고등학교 교육
이원호 외 | 부산대 교육학과

25 가족과 방송
김학수 외 | 서강대 신문방송학과

26 재정개혁의 전망과 재산세제의 개편 과제
오연천 | 서울대 행정대학원

27 청소년을 위한 전자게임 프로그램의 규제 및 평가체계 개발
박혜원 외 | 울산대 가정관리학과

28 정신장애자 가족의 사회심리적 특성
이근후 외 | 이화여대 의과대학

29 가족의 관계역동성과 문제인식
이광규 외 | 서울대 인류학과

30 현대인과 한국전통음식
승정자 | 숙명여대 식품영양학과

31 기업의 초고속정보통신망활용
안중호 | 서울대 경영학과

32 지역발전을 위한 교육자치제의 개선방안
김남순 | 조선대 사범대학

33 전환기의 공무원 가치관
조경호 | 울산대 행정학과

34 지방자치와 사회복지의 과제
김영모 | 중앙대 사회복지학과

35 WTO체제하의 지방중소기업 지원정책
최명주 외 | 계명대 통상학부

36 현대한국의 시민운동
이효선 | 중앙대 사회학과

37 기업 세계화의 단계 및 정도의 측정
허영도 외 | 울산대 경영학과

38 가족복지를 위한 가족주치의 시범사업의 효과
이혜리 외 | 연세대 가정의학교실

39 한국대학생의 삶의 만족도
김재은 외 | 이화여대 교육심리학과

40 지역경제와 지역산업구조의 개편방향
정기화 외 | 전남대 경제학부

41 중국기업의 소유형태별 경영특성
노철화 외 | 부산대 무역학과

42 남북한의 인성 · 사상교육
한승조 외 | 고려대 정치외교학과

43 연계적 뇌기능 조언을 위한 의료용 멀티미디어 시스템의 설계
유선국 | 연세대 의용공학교실

44 다민족국가의 민족문제와 한인사회
최협 외 | 전남대 인류학과

45 저소득층지역 청소년 여가문화와 소집단 활성화
박문수 외 | 서강대 사회학과

46 삶의 질의 국제비교와 지역간 비교분석
이재기 외 | 울산대 경제학과

47 21세기 지역주민의 삶의 질
양종회 외 | 성균관대 사회학과

48 삶의 질에 대한 국가간 비교
조명한 외 | 서울대 심리학과

49 외국인 노동자의 노사관계와 사회적 적응
석현호 외 | 성균관대 사회학과

50 한국의 사법제도와 발전 모델
정종섭 | 건국대 법학과

51 고령화사회와 중상층 노인의 사회활동
조성남 외 | 이화여대 사회학과

52 한국의 서비스 시장 개방정책
한홍렬 | 한양대 경제학부

53 한국과 AFTA간의 교역증진 및 경제 협력방안
손일태 외 | 경희대 경제통상학부항

54 물류비 절감을 위한 무역업체의 정보화전략
이영수 외 | 경북대 경제통상학부

55 사회주의 체제전환과 사회정책
오정수 외 | 충남대 사회복지학과

56 남북통일 이후 농업생산체계 개편
홍성규 외 | 건국대 농업경제학과

57 국제화와 세계화
하영선 외 | 서울대 외교학과

58 IMF 개혁정책의 평가와 한국경제의 신(新) 패러다임
조동근 | 명지대 경제학과

59 구조개혁과 실업대책
박동운 | 단국대 경제무역학부

60 21세기 신노사관계
심윤종 외 | 성균관대 사회학과

61 학교에서의 집단 따돌림
이춘재 외 | 가톨릭대 심리학과

62 한국노인의 정신건강실태와 건강증진
조맹제 외 | 서울대 의과대학

63 혁명과 개혁 속의 중국 농민
김광억 | 서울대 인류학과

64 중국의 경제환경과 한국기업의 진출 전략
지용희 외 | 서강대 경영학과

65 김대중 대통령의 시스템 사고
김동환 | 중앙대 공공정책학부

66 실업과 가족해체
최일섭 외 | 서울대 사회복지학과

67 합리적 부채비율 조정방안
오상근 | 동아대 경제학과

68 한국 중산층의 생활문화
문숙재 외 | 이화여대 소비자 · 인간발달학과

69 계층간 갈등상태에서 최적소득세
김진욱 | 건국대 경상학부

70 글로벌 경쟁력 제고를 위한 기업전략과 조직구축
이만우 외 | 고려대 경영학과

71 의료보험과 국민연금의 관리효율화를 위한 통합방안
사공진 외 | 한양대 경제학부

72 정부개혁의 과제와 전략
박우서 외 | 연세대 행정학과

73 책임운영기관 제도에 관한 비교분석
김근세 | 가톨릭대 행정학과

74 새로운 패러다임하에서의 한국기업의 바람직한 지배구조
최운열 외 | 서강대 경영학과

75 현대 한국사회의 계층구조
양춘 외 | 고려대 사회학과

76 한국의 산업정책과 산업구조조정
강인수 | 숙명여대 경제학부

77 기업구조조정
김석진 | 경북대 경영학부

78 지식경영을 위한 인적자원 개발 및 관리체계
장영철 | 경희대 경영학부

79 뉴 비즈니스 모델
전성현 | 국민대 정보관리학부

80 중산층의 정체성과 소비문화
함인희 외 | 이화여대 사회학과

81 외국관광객 유치를 위한 마케팅 전략
박상규 | 강원대 경영학과

82 한국인의 세대별 문학의식
이동순 | 영남대 국문과

83 공공부문의 효율성 평가와 측정
김재홍 외 | 울산대 사회과학부

84 한국 청소년의 정치의식과 형성요인
김광웅 외 | 숙명여대 아동복지학과

85 한국 대학생의 정치의식
배한동 | 경북대 윤리교육과

86 산업의 정보화와 산업발전
이기동 | 계명대 통상학부

87 한국 제조업의 고용조정 분석
이종원 외 | 성균관대 경제학부

88 지식자산에 대한 경영전략적 평가모형 개발
배재학 외 | 울산대 컴퓨터 · 정보통신공학부

89 관광사업을 위한 한국적 이미지의 휴식복 개발
채금석 | 숙명여대 의류학과

90 한국 정치제도의 개혁
신정현 | 경희대 사회과학부

91 e비즈니스와 아웃소싱 전략
정승화 외 | 연세대 경영학과

92 집단 따돌림의 진단 및 치료방안
홍준표 | 중앙대 인간생활환경학과

93 16대 총선과 낙선운동
조기숙 | 이화여대 국제대학원

94 부동층 유권자 행태 분석
진영재 | 연세대 정치외교학과

95 사이버 공동체의 성공요인
이제진 | 숭실대 경영학부

96 온라인 소비자 행동의 이론과 실증
윤성준 | 경기대 경영학부

97 글로벌 시대 정약용 세계관의 가능성과 한계
차성환 | 한일장신대 역사사회학과

98 러시아의 체제전환 과정에서 나타난 국가의 역할과 그 전망
이상민 외 | 부산대 정치외교학과

99 남북한의 경제발전 수준과 산업구조 비교, 그리고 경제교류 협력방향
주성환 | 건국대 경제학과

100 집단따돌림과 교육해체
한준상 | 연세대 교육학과

101 공적연금제도의 효율성과 개선방안
유금록 | 군산대 행정복지학부

102 벤처기업-대기업의 성공적인 협력 모델
나중덕 | 경산대 경영학과

103 북한의 재외동포정책
조정남 외 | 고려대 정치외교학과

104 사이버 공동체 형성의 역동적 모형
장용호 | 서강대 신문방송학과

105 기업이론과 기업의 소유지배구조
김일태 외 | 전남대 경제학부

106 가축분뇨 자원화를 위한 공동이용조직에 대한 농가선호도 분석
유덕기 | 동국대 생명자원경제학과

107 개혁정책과 전문가 집단
이경원 외 | 제주대 행정학과

108 현대 한국사회의 이중가치체계
신수진 외 | 이화여대 가정관리학과

109 한국의 산업구조 변화와 기업집단 다각화 전략
김용학 외 | 연세대 사회학과

110 지식정보사회의 경제적 모형 설정 및 사례 연구
김범환 | 배재대 경영정보학부

111 변호사징계제도
오종근 | 한림대 법학부

112 인터넷 특허법
김순석 | 광주대 법학과

113 e-비즈니스 시대의 금융 및 재정정책의 새로운 패러다임
이종욱 | 서울여대 경제학과

114 청소년의 하위문화와 정체성
조성남 | 이화여대 사회학과

115 디지털금융시대의 금융구조변화와 정부규제 및 정책
이충열 | 고려대 경제학부

116 지식경영을 위한 기업의 조직설계방안
김경수 외 | 전남대 경영학과

117 전자금융의 발달과 경제정책의 새로운 패러다임
이명훈 | 명지대 경제학과

118 동아시아의 안보와 유엔체제
강성학 편저 | 고려대 정치외교학과

119 유료 치매노인 그룹홈의 개발과 관련 정책
최정신 외 | 가톨릭대 소비자 · 주거학과

120 소비자 지향적 문화산업 정책
홍영준 | 호남대 광고홍보학과

121 국제 · 국가 · 지방 환경규제의 연계
정준금 외 | 울산대 행정학과

122 현행 회사 합병 · 분할제도의 평가와 개선방안
옥무석 외 | 이화여대 법학과

123 배려지향적 도덕성과 정의지향적 도덕성
정옥분 외 | 고려대 사범대학

124 기업구조조정에 대한 채권금융기관 및 금융감독기관의 역할과 책임
이중기 | 한림대 법학과

125 실업대책으로서 한국의 법정기준근로시간 단축
박영범 | 한성대 경제학과

126 프랑스어의 비분리성 소유개념 표현
노윤채 | 연세대 언어정보연구원

127 지방채의 효율적 관리방안
강태구 | 호원대 법행정학부

128 21세기 산업구조 변화와 과학기술정책
임채성 외 | 그리스도신학대 경영정보학부

129 인터넷 쇼핑몰 이용자의 불평행동
예종석 | 한양대 경영학부

130 한국기업의 성과급제도 현황, 효과 및 개선방안
김성수 | 서울대 경영학과

131 전자상거래와 소비자보호
서민교 외 | 경일대 인터넷국제통상학과

132 평생학습 사회에서의 인적자원개발을 위한 사회적 파트너십 구축
김영화 | 홍익대 교육학과

133 한국 공교육의 새로운 구상과 전략
권대봉 외 | 고려대 교육학과

134 한국의 정부개혁
김태룡 | 상지대 행정학과

135 지방정부 생산성 측정의 이론과 실제
이은국 외 | 연세대 행정학과

136 불가 시문학론
배규범 | 경희대 학술연구 교수

137 남북경제교류의 법적 문제
제성호 | 중앙대 법학과

138 경제위기와 청소년 발달
구인회 | 서울대 사회복지학과

139 생명과학기술의 응용과 기본권보호적 한계
정상기 외 | 한남대 법학과

140 경제발전과 정치환경의 한 · 일 비교분석
정갑영 외 | 연세대 동서문제연구원

141 한국 공교육의 진단
윤정일 외 | 서울대 교육학과

142 우리나라 지방자치 발전을 위한 자치단체장의 역할
정성호 외 | 경기대 사회과학부

143 의료보험제도의 개혁방안
권순원 | 덕성여대 경제학과

144 중등 도덕교육의 현실과 문제
손동현 외 | 성균관대 철학과

145 사이버공동체 발전론
이명식 | 상명대 경영학과

146 남북경협 확대에 대비한 북한 담보제도의 정비방안
박훤일 | 경희대 법과대학

147 한국 공무원 인사제도 개혁
김판석 | 연세대 행정학과

148 교사화법 교육
임칠성 외 | 전남대 국어교육과

149 세계화의 문화정치학
임혁백 외 | 고려대 정치외교학과

150 효과적인 e-SCM을 위한 의사결정 조정 시스템 모형
이원준 | 성균관대 경영학부

151 환경거버넌스
김종순 외 | 건국대 행정학과

152 자동차산업의 인적자원관리
이덕로 | 서원대 경영학부

153 한국과 영국 간 지식기반산업 비교
이명호 | 한국외대 경영학과

154 한국 벤처기업의 기술네트워킹 및 기술마케팅 전략
장영일 | 인제대 경영학부

155 회사변호사의 윤리
오승종 | 성균관대 법과대학

156 미디어교육론
이정춘 | 중앙대 신문방송학과

157 조선시대 서원과 양반
윤희면 | 전남대 역사교육과

158 환경문제와 철학
박찬국 | 서울대 철학과

159 노인보건복지 이론과 실제
김명 외 | 이화여대 보건교육학과

160 북한의 법체계
권재열 외 | 숭실대 법학과

161 생명공학기술의 안전성 확보에 관한 법적 고찰
이재협 | 경희대 법학부

162 청소년복지학
김성이 외 | 이화여대 사회복지학과

163 변화하는 세계, 변화하는 복지국가
조영훈 | 동의대 사회복지학과

164 의리의 윤리와 한국의 유교문화
김낙진 | 진주교대 도덕교육과

165 미국의 통상정책과 통상법
윤충원 | 전북대 무역학과

166 사회복지 프로그램 평가
김학주 | 경상대 사회복지학과

167 환경주의와 지속가능한 발전
정대연 | 제주대 사회학과

168 무역과 환경
김기홍 외 | 경기대 경제학부

169 산업계 유해폐기물의 위험과 관리
김금수 | 호서대 경상학부

170 백범 김구의 지적 계발과정 탐색
문용린 | 서울대 교육학과

171 태평양전쟁 발발 이후 일제의 인적 지배와 그리스도교계의 대응
윤선자 | 전남대 사학과

172 거버넌스 상황에서 갈등관리를 위한 대체적 분쟁해결제도
서순복 | 광주대 법경학부

173 시장경제의 유형과 민주주의
최배근 | 건국대 경상학부

174 일본고전소설 총론
김현정 | 국립한국전통문화학교

175 국어 교육을 위한 국어 문법론
이관규 | 홍익대 국어교육과

176 율곡의 군주론
전세영 | 부산교대 윤리교육과

177 동북아시아 환경협력
정서용 | 명지대 법학과

178 기후변화협약과 기후정책
신의순 외 | 연세대 경제학과

179 인터넷과 국제 학술정보 네트워크-하이퍼링크 분석
박한우 | 영남대 언론정보학과

180 국내 기업복지의 활성화 방안
최수찬 | 연세대 사회복지대학원

181 세계화와 인간안보
김우상 외 | 연세대 정치외교학과

182 세계문화유산 종묘 이야기
지두환 | 국민대 국사학과

183 한국 평생교육의 사회철학적 과제
곽삼근 | 이화여대 교육학과

184 강점모델
정순둘 | 이화여대 사회복지학과

185 글로벌시대의 계약법
박영복 | 한국외대 법과대학

186 배심제와 시민의 사법참여
안경환 | 서울대 법학과

187 동북아공동체
김재한 | 한림대 정치외교학과

188 정치 참여와 탈물질주의
김욱 | 배재대 정치외교학과

189 퍼지전문가회로망을 이용한 금융기관의 사이버 기업여신결정 지원시스템의 개발
권혁대 | 목원대 경영학과

190 환경정책과 환경법
송인성 | 전남대 지역개발학과

191 포스트모던 시대의 평생교육학
한숭희 | 서울대 교육학과

192 현대 한국인의 세대경험과 문화
박길성 외 | 고려대 사회학과

193 서구의 근로연계복지
김종일 | 건국대 사회복지학과

194 사회복지운동론
현외성 | 경남대 사회복지학과

195 외국의 역모기지 사례
유선종 | 건국대 부동산학과

196 옛이야기와 어린이문학
이지호 | 진주교대 국어교육학과

197 노인사회복지관광의 정책과제와 방안
김창수 | 경기대 관광학부

198 복지서비스의 민간위탁 시스템 분석
김순양 | 영남대 행정학부

199 새로운 빈곤층의 대두와 정부의 정책과제
김진욱 | 건국대 경제학과

200 문화행정론
김정수 | 한양대 행정학과

201 스칸디나비아 노인용 코하우징의 계획과 적용
최정신 외 | 가톨릭대 생활과학부

202 북한의 자연생태계
공우석 | 경희대 지리학과

203 통계로 이해하는 러시아
전홍찬 | 부산대 정치외교학과

204 사회복지법인의 경영과 회계
이동규 | 충남대 회계학과

205 의약분업 정책과정
차흥봉 | 한림대 사회복지학과

206 지역공동체와 평생교육
오혁진 | 동의대 평생교육학부

207 아동보호서비스의 실제
한미현 | 백석대 사회복지학부

208 그린마케팅
박재기 | 충남대 경영학부

209 아동권리와 아동복지
이혜원 | 성공회대 사회복지학과

210 국제 이주와 인도인 디아스포라
김경학 | 전남대 인류학과

211 질병과 의료의 사회학
조병희 | 서울대 보건대학원

212 북한이탈주민의 사회통합을 위한 지역복지실천의 모색
이기영 | 부산대 사회복지학과

213 치매노인케어론
조유향 | 초당대 간호학과

214 노인상담입문
서혜경 외 | 한림대 대학원 사회복지학과

215 '통일 이후 통일과정'으로서의 독일 통일영화
이준서 | 이화여대 독어독문학과

216 중국의 사회보장
오정수 | 충남대 사회복지학과

217 환경자원의 경제적 가치와 환경오염의 사회적 비용
김재홍 | 울산대 사회과학부

218 사회복지프로그램의 경제적 평가방법
박창제 외 | 상주대 사회복지학과

219 자유의지와 결정론
안건훈 | 강원대 철학과

220 심리학자들이 쓴 행복한 결혼의 심리학
채규만 외 | 성신여대 심리학과

221 현대 해석학 강의
양해림 | 충남대 철학과

222 한국인의 주거 빈곤과 공공주택
하성규 | 중앙대 도시 및 지역계획학과

223 IMF 경제위기와 한국 출산력의 변화
김두섭 | 한양대 사회학과

224 동아시아의 영토분쟁과 국제법
이석우 | 인하대 법학부

225 독일 복지국가와 사회복지서비스
정재훈 | 서울여대 사회사업학과

226 사회복지사를 위한 실용 비모수통계
엄명용 | 성균관대 사회복지학과

227 피해자학 연구
이윤호 | 동국대 경찰행정학과

228 광고언어창작론
박영준 외 | 부경대 국어국문학과

229 환경규제 패러다임의 전환
한철 | 한남대 법학과

230 고령사회의 노동환경변화와 고용시스템의 문제점 및 법적 대응
고준기 | 국립군산대 법학과

231 세계화와 소득불평등
이성균 외 | 울산대 사회과학부

232 유비쿼터스 사회의 이해
안중호 외 | 서울대 경영학과

233 국제환경책임법론
박병도 | 건국대 법학과

234 한국의 선거와 민주주의
윤종빈 | 명지대 정치외교학과

235 한국 시민운동의 구조와 동학
조대엽 외 | 고려대 사회학과

236 또래관계
송영혜 | 대구대 재활심리학과

237 해외 한국기업과 현지인 노동자
석현호 외 | 에스코이아학술문화재단

238 독일 국가복지에서 민간복지단체의 역할과 의미
차성환 외 | 한일장신대 사회복지학부

239 청정공학
조정호 | 동양대 생명화학공학과

240 한국전통연희론
심상교 | 부산교육대 국어교육학과

241 정신장애와 가족
서미경 | 경상대 사회복지학부

242 빈곤통계의 작성과 활용
김주환 | 동국대 정보통계학과

243 인터넷과 한국정치
강원택 | 숭실대 정치외교학과

244 북한의 시장경제이행
정영화 외 | 서경대 법학과

245 시스템사고로 본 지속가능한 도시
문태호 | 중앙대 도시및지역계획학과

246 실버산업과 유비쿼터스 컴퓨팅
고일상 | 전남대 경영학부

247 재활상담과 사례관리
나운환 | 대구대 직업재활학과

248 영유아교육기관에서의 장애 이해 교육
유수옥 | 우석대 유아특수교육과

249 장애의 사회적 의미와 사회통합
박수경 | 대진대 사회복지학과

250 경제분석의 수리적 기초
조인성 | 공주대 경제통상학부

251 비영리부문의 비교연구
김승현 | 서울산업대 행정학과

252 고등교육경제학
반상진 | 전북대 교육학과

253 과학윤리교육의 이론과 방법
조희형 | 강원대 과학교육학부

254 결혼이민자가족의 이해
김오남 | 대불대 사회복지학과

255 동아시아 국가의 공공부조
신동면 | 경희대 사회과학부

256 특수아동 진단 및 평가
이나미 | 대불대 특수교육과

257 계약형 사회복지와 권리옹호시스템
이명현 | 경북대 상주캠퍼스 사회복지학과

258 실내공기질 및 위해성 관리
양원호 | 대구가톨릭대 산업보건학과

259 충남 방언 문법
한영목 | 충남대 국어국문학과

260 교육권론
노기호 | 군산대 법학과

261 도시경관계획론
임승빈 | 서울대 조경·지역시스템공학부

262 교통의 새로운 패러다임
김형철 | 경원대 도시계획·조경학부

263 노인의 삶의 질 향상을 위한 주거환경 디자인
천진희 | 상명대 디자인대학 실내디자인전공

264 사회복지와 문화
박병현 | 부산대 사회복지학과

265 장애인복지의 이론과 실제
이선우 | 인제대 사회복지학과

266 창의성 개발을 위한 디자인교육 콘텐츠
김선영 | 인천가톨릭대 조형예술대학 환경디자인학과

267 구성주의 사회복지 실천 기술론
고미영 | 서울신학대 사회복지학과

268 장애아교육학
김기흥 | 부산교육대 유아교육과

269 지역사회복지와 자원부문
한상진 외 | 울산대 사회학과

270 환경관리회계
육근효 | 부산외국어대 회계학부

271 인권 관점에서 보는 장애인복지
유동철 | 동의대 사회복지학과

272 정신증상
송지영 | 경희대 의과대학병원 신경정신과

273 사이버공간의 사회심리학
이성식 외 | 숭실대 정보사회학과

274 노인에 대한 사회적 돌봄과 돌봄 서비스의 질 보장
최희경 | 신라대 가족노인복지학과

275 아동 심리치료의 실제
신현균 | 전남대 심리학과

276 사회복지와 위험관리
노충래 | 이화여대 사회복지전문대학원

277 국제 탄소시장의 이해
양승룡 | 고려대 식품자원경제학과

278 타자의 초상
신문수 | 서울대 영어교육과

279 한국정치와 환경정치
나정원 | 강원대 정치외교학과

280 북한이주민
윤인진 | 고려대 사회학과

281 음주의 사회경제적 비용
정우진 외 | 연세대 보건대학원

282 지방정치와 동북아 도시거버넌스
박재욱 | 신라대 행정학과

283 노숙인 복지론
남기철 | 동덕여대 사회복지학과

284 유럽통합과정과 지역협력
이규영 | 서강대 국제대학원

285 사회복지재정 연구
지은구 | 계명대 사회과학대학 사회복지학과

286 지역사회 교육개혁을 위한 시민사회 조직의 참여
김영화 | 홍익대 교육학과

287 복지사회를 대비한 국민연금의 구조개혁
박영석 외 | 서강대 경영학부

288 한미 FTA 지재권 협상에 따른 의약품 분야 사회후생 변화
오근엽 | 충남대 무역학과

289 산업입지, 환경 그리고 지역경제
이가동 외 | 계명대 국제통상학과

290 감성지능 개발을 통한 삶의 질 향상
김경수 외 | 전남대 경영학부

291 교육복지론
이용교 외 | 광주대 사회복지학부

292 인간과 행복에 대한 철학적 성찰
박찬국 | 서울대 철학과

293 유럽연합의 사회통합 사례와 교훈
이무성 | 명지대 정치외교학과

294 민영화와 사회후생
이상호 | 전남대 경제학부

295 북한의 교육학 체계 연구
최영표 외 | 동신대 교육대학원

296 한국 지속가능발전의 구조와 변동
정대연 | 제주대 사회학과

297 우리나라의 공익 연계 마케팅에 관한 연구
임승희 | 전주대 경영학부

298 시각장애인복지론
김영일 | 조선대 특수교육과

299 그린에너지와 환경촉매
정석진 | 경희대 화학공학과

300 취약학교 초등학생을 위한 온라인 보건교육 프로그램
박경옥 | 이화여대 보건관리학과

301 신탁제도를 통한 고령자의 보호와 지원
최수정 | 서강대 법학전문대학원

302 사회적 약자계층에 대한 실태분석 및 정책방안
이은우 외 | 울산대 경제학과

303 한류 문화와 동북아 공동체
최혜실 | 경희대 국어국문학과

304 노동유연화와 해고보호법
권혁 | 부산대 법학전문대학원

305 사회복지 위험관리의 이해
박미은 | 한남대 사회복지학과

306 의료기관의 회계와 세무
노준화 | 충남대 경영학부

307 여성인적자원의 전문성 확보를 위한 경력개발
백지연 | 이화여대 국제사무학과

308 정신병리
강선경 | 서강대 신학대학원

309 바다의 반란 적조
윤양호 | 전남대 해양기술학부

310 한국 장애인 복지 발달사
이성규 | 서울시립대 사회복지학과

311 서양예술 속의 동양 탐색
진상범 | 전북대 독어독문학과

312 한국인의 도덕성 발달 진단
문용린 | 서울대 교육학과

313 영국정치와 국가복지
고세훈 | 고려대 공공행정학부

314 인간학적 사유를 여는 중도·중복장애 교육학
이숙정 | 단국대 특수교육과

315 개별화 교육과정
이소현 | 이화여대 특수교육과

316 인간의 긍정적 성품
권석만 | 서울대 심리학과

317 지방자치와 지역여성의 전망
이혜숙 | 경상대 사회학과

318 한국 현대 노년소설 연구
전흥남 | 한려대 교양학부

319 정보격차 해소를 위한 창의적 정보교육 프로그램
이영준 외 | 한국교원대 컴퓨터교육과

320 한국 가족과 젠더
손승영 | 동덕여대 교양학부

321 한국의 복지혼합
김진욱 | 서강대 신학대학원

322 사회자본과 자원봉사
김태룡 외 | 상지대 행정학과

323 농촌교육복지연구
박삼철 | 단국대 교양학부

324 사회정체성 평가 차원에 대한 국제 비교조사
이명진 | 고려대 사회학과

325 캐나다 복지국가 연구
조영훈 | 동의대 사회복지학과

326 한국의 소수자운동과 인권정책
전영평 외 | 서울대 행정대학원

327 한국과 미국의 보육서비스 전달체계와 품질 비교분석
김근세 외 | 성균관대 국정관리대학원

328 한국사회의 소득불평등과 국민 의료이용
이용재 | 호서대 사회복지학과

329 정보시대의 인간안보
조화순 | 연세대 정치외교학과

330 가족의 사회경제적 특성과 아동발달
김광혁 | 전주대 사회복지학과

331 초·중·고등학생의 학업소진 진행과정 및 경로분석
이상민 | 고려대 교육학과

332 다문화사회의 사법통역
이지은 | 이화여대 통역번역대학원

333 동아시아 지역주의
유현석 | 경희대 정치외교학과

334 환경친화적 공공시설관리와 지역공동체의 삶의 질
이소영 | 중앙대 실내디자인·주거환경학과

335 의료보험의 법정책
김나경 | 성신여대 법과대학

336 양극화 시대 가족해체와 청소년의 적응에 관한 한국과 미국의 비교 연구
오승환 외 | 울산대 사회복지학과

337 기업의 사회적 책임과 지역경제사회발전 연구
허영도 외 | 울산대 경영학부

338 노인의 삶의 질 향상을 위한 온라인 소셜 네트워크 구축 방안
김진우 | 연세대 경영학과

339 청소년 생활역량
윤명희 외 | 동의대 평생교육학과

340 외국인 배우자의 다양성과 국제결혼의 안정성
김두섭 | 한양대 사회학과

341 정보인권의 규범구체화
이민영 | 가톨릭대 법학과

342 한국 사회복지실천의 고유성
최성재 외 | 서울대 사회복지학과

343 스웨덴의 환경책임 실천모형
최희경 | 경북대 행정학부

344 자율운동과 주거공동체
윤수종 | 전남대 사회학과

345 한국인의 공공봉사동기
김상묵 | 서울과학기술대 행정학과

346 한국 이혼가정 아동의 성장
김혜숙 | 경인교육대 교육학과

347 동양 사상과 노인 복지
홍승표 외 | 계명대 사회학과

348 노동과 사회보장의 연계
오문완 | 울산대 법학과

349 학습장애 위험군 아동의 조기선별을 위한 읽기검사 표준화 연구
김애화 외 | 단국대 특수교육학과

350 신·재생에너지에 기초한 녹색성장과 사회통합
김인호 | 이화여대 법학전문대학원

351 문화교류역량과 다문화 경영이 기업 경영성과에 미치는 영향
임병학 외 | 부산외대 경영학부

352 빈곤영유아의 발달과 적응
정익중 외 | 이화여대 사회복지학과

353 민사법질서와 인권
양천수 | 영남대 법학전문대학원

354 성년후견제도와 사회복지제도의 연계
신권철 | 서울시립대 법학전문대학원

355 한국 다문화사회의 이방인
김순양 | 영남대 행정학과

356 현대 시민사회와 소비자계약법
이병준 | 한국외대 법학전문대학원

357 개인의 사회적 정보보호를 위한 공공 정보서비스 개선 연구
장현배 | 상명대 경영학과

358 여성교육투자에 대한 교육경제학적 탐색
백일우 외 | 연세대 교육학부

359 사회적 기업과 지속가능한 지역발전
임업 외 | 연세대 도시공학과

360 다문화가정 구성원에 대한 투트랙 한국어 교육방안 연구
박시균 | 군산대 국어국문학과

361 아시아의 빈곤과 한국기업의 역할
한인수 | 충남대 경영학부

362 유치원·초등학교 연계 환경교육
박희숙 | 공주대 유아교육학과

363 비정규 고용과 사회정책
구인회 외 | 서울대학교 사회복지학과

364 사생활의 자유에 관한 비교법적 연구
이창현 | 서강대 법학전문대학원

365 다중융합 환경 기반의 미디어스킨을 활용한 문화콘텐츠 디자인 적용방안에 관한 연구
오문석 외 | 광운대 미디어영상학부

366 북한이탈주민 여성의 성인식 관련 기초조사
한인영 외 | 이화여대 사회복지학과

367 노인주택 파노라마
유선종 | 건국대 부동산학과

아 | 산 | 재 | 단 | 연 | 구 | 보 | 고 | 서

1 한국인의 도덕성 연구
배해수 | 고려대 국문학과

2 산업화와 청소년 진로
이원호 | 울산대 교육학과

3 공동체의식과 시민운동
김영섭 | 한양대 행정학과

4 한국청년의 삶의 의미 충족도와 만족적 태도
안정수 | 경희대 철학과

5 중국조선족의 사회발전과 한·중관계의 위상
손장권 | 고려대 사회학과

6 해송림 "솔껍질깍지벌레"의 천적 및 주요 종의 생태
김규진 | 전남대 농생물학과

7 사회정의와 실천윤리
박종대 | 서강대 철학과

8 동구개혁의 영향
김달중 | 연세대 정치외교학과

9 한국청소년의 의식세계
김문조 | 고려대 사회학과

10 고강도 철근 콘크리트 구조의 실용화
정헌수 | 중앙대 건축학과

11 신기술의 연관형태 및 출현예측의 구조모형
권철신 | 성균관대 산업공학과

12 민간기업의 연구개발을 위한 조세정책
권영훈 | 한양대 경제학부

13 기술개발 활성화방안
송승구 | 울산대 화학공학부

14 부패의 현상과 진단
이문조 | 영남대 정치외교학부

15 연구투자의 지역적 편중화와 부산지역의 기초과학연구 활성화방안
윤웅찬 | 부산대 화학과

16 GATT의 신구 덤핑방지협정과 그 대응방안
전창원 | 동국대 무역학과

17 한국사회의 도덕성 제고를 위한 진단과 처방
황경식 | 서울대 철학과

18 새로운 노사관계 방향
이진규 외 | 고려대 경영학과

19 21세기 동북아 정세예측과 한국의 전략적 대응방안
최평길 외 | 연세대 행정학과

20 소련의 한국에 대한 정책목표분석
신승권 | 한양대 정치외교학과

21 메모리 커패시터용 $Pb(Zr_xTi_{1-x})O_3$ 강유전체 박막의 제작과 특성
장지근 외 | 단국대 전자공학과

22 러시아 국제법학의 전통
김용구 | 서울대 외교학과

23 유럽연합의 현황과 전망
김동현 외 | 성균관대 행정학과

24 중국의 정치동원
송영우 외 | 건국대 정치외교학과

25 산업적 활용을 위한 이동로보트 시스템의 개발
박민용 외 | 연세대 전자공학과

26 중국조선족의 정치사회화과정과 동화적 국민통합의 방향
전인영 외 | 이화여대 사회생활학과

27 공적부조의 이론과 실제
최일섭 외 | 서울대 사회복지학과

28 대외통상환경의 변화와 법제개편
서헌제 | 중앙대 법학과

29 기업금융의 국제화
최생림 | 한양대 경영학부

30 자동차부품공업의 노사관계
김호진 외 | 고려대 행정학과

31 산업화 과정에서의 한국가족의 실태와 전망
정창수 외 | 성균관대 사회학과

32 공무원 가치관 실태와 정립방안
배병룡 외 | 경상대 행정학과

33 해외귀국청소년의 국내적응연구
이장영 | 국민대 사회학과

34 초고속정보통신망에서 LAN서비스 제공방안
이재용 | 연세대 전자공학과

35 WTO체제의 정책적 대응
김병진 외 | 경희대 행정학과

36 유럽의 통합정치
최수경 외 | 충남대 정치외교학과

37 유기질폐기물을 이용한 고단백사료원인 조류의 생산공정
최정우 외 | 서강대 화학공학과

38 초고속정보통신망의 수용성과 정책방향
박영상 외 | 한양대 신문방송학과

39 중국의 강남사회와 한중교섭
조영록 외 | 동국대 사학과

40 세계화시대의 사회 · 문화의식
신행철 외 | 제주대 사회학과

41 국내 외국인 노동자의 문제와 대책
성규탁 외 | 연세대 사회복지학과

42 노인인력 활용정책과 프로그램
김정후 외 | 강원대 법과대학

43 한일간 학술교류 현황과 활성화방안
정홍익 외 | 서울대 행정대학원

44 계량모형에 의한 한일 경제관계의 이해
김명직 외 | 한양대 경제학부

45 직장인의 음주행태와 삶의 질
진기남 외 | 연세대 보건행정학과

46 유통정보 시스템의 구조와 설계
정용길 | 충남대 경영학과

47 남북통일 이후 사회통합을 위한 교육의 역할
안기성 외 | 고려대 교육학과

48 대중음악에 심취한 청소년들의 심리적 특성
김인경 외 | 연세대 인간행동연구소

49 멀티미디어 시스템을 활용한 교육환경의 개선방안
김한일 | 제주대 컴퓨터교육학과

50 탈냉전기 한일관계의 쟁점
최상룡 | 고려대 정치외교학과

51 자치시대 새로운 '삶의 질' 지표의 모색
김형기 외 | 경북대 경제통상학부

52 유럽통합의 역내외 협력과 갈등
이호재 외 | 고려대 정치외교학과

53 21세기를 대비한 신노사관계
김재원 | 한양대 경제학부

54 대학의 시간제학생 등록제
안규철 외 | 전남대 교육학과

55 21세기에 대비한 방송통신정책
한진만 외 | 강원대 신문방송학과

56 주민참여를 통한 혐오시설 관리운영방안
박균성 외 | 경희대 법학부

57 여성의 정치적 권리인식과 정치참여
전경옥 외 | 숙명여대 정치외교학과

58 한국인 위장질환과 식생활 · 환경요인 및 *H. pylori* 감염과의 관계
이양자 외 | 연세대 식품영양학과

59 학생과 시민의 자원봉사활동
윤정일 외 | 서울대 교육학과

60 동북아 환경문제와 지역환경협력의 모색
신연재 외 | 울산대 정치외교학과

61 노인 자원봉사활동을 통한 사회통합 프로그램 개발
김동배 | 연세대 사회복지학과

62 물류정보 시스템
김태현 | 연세대 경영학과

63 전자식 문서교환을 이용한 항공화물 운송체계
민재형 | 서강대 경영학과

64 청소년과 성
이근후 | 이화여대 의과대학

65 민족통합과 무궁화호 위성의 남북한 공동활용방안
방정배 | 성균관대 신문방송학과

66 채식주의가 20대 여성의 영양상태와 에스트로겐 대사에 미치는 영향
성미경 | 숙명여대 식품영양학과

67 가상정보공간을 통한 지역개발 활성화 전략
유재천 외 | 한림대 언론정보학부

68 조산아 관리현황 및 정책수립 방안
박상기 외 | 조선대 의과대학

69 남북한관의 의식조사와 통일교육 개선방안
김동규 외 | 고려대 북한학과

70 동양 전통 자연사상 탐구
장동순 | 충남대 환경공학과

71 초고속정보망의 시뮬레이터 구현
한기준 | 경북대 컴퓨터공학과

72 유통원가 시스템의 유효성
전다미 | 명지대 경영학과

73 국악과 문화관광의 만남
정익준 외 | 동아대 국제관광통상학부

74 기업의 지식경영 활용사례
김창은 | 명지대 산업공학과

75 선진국과 한국의 직업교육 · 훈련제도의 특성과 한계
정주연 | 고려대 경제학과

76 제주지역 성인 여성의 자원봉사활동
이상철 외 | 제주대 사회학과

77 M&A와 문화충돌 관리
박원우 | 서울대 경영학과

78 폐금속광산 인근 주민들의 중금속 오염실태
정종학 외 | 영남대 의학과

79 북한 농촌 · 농업실태와 인력자원개발 시스템을 통한 북한 농민의 구호방안
박성열 | 건국대 교육공학과

80 중소 소매점의 경쟁력과 소매성과
채명수 외 | 한국외대 무역학과

81 고령자를 위한 쾌적한 실내온도와 착의량의 설정
정운선 | 안동대 의류학과

82 지역문화 이벤트 PR
박종민 | 경희대 언론정보학부

83 인터넷 지역정보화의 실태와 전략
유평준 외 | 연세대 행정학과

84 여성 삶의 질 향상을 위한 사회교육 활성화 방안
김양희 | 중앙대 가족복지학과

85 벤처기업과 벤처금융
강대석 외 | 충남대 무역학과

86 구조조정기에 있어서 실업대책과 사회안전망 구축
박천익 | 대구대 경제학과

87 한국 유아의 조기교육
이명조 외 | 한국외대 교육대학원

88 남북한 경제공동체 형성전략
이상만 | 중앙대 경제학과

89 지방자치회계의 투명성과 주민의 알권리
권찬태 외 | 경북대 경영학부

90 정치지도자의 정책리더십
이해영 | 경일대 행정학과

91 경제위기와 한국인의 복지의식
신광영 외 | 중앙대 사회학과

92 북한의 노동
김강식 | 한국항공대 경영학과

93 우리나라 중소기업의 정보기술 활용 현황과 경쟁력 강화를 위한 제안
정승호 | 부산외대 정보시스템학과

94 인간배아복제의 법적·윤리적 문제점과 그 해결방안
최병규 | 한경대 법학부

95 가치변화에 따른 투표행태
조찬래 외 | 충남대 정치외교학과

96 인터넷 경매에서의 계약체결과 소비자보호
이기수 외 | 고려대 법과대학

97 세계화시대 남북한 통합의 방향과 과제
윤민재 | 서울대 사회발전연구소

98 글로벌 시대 지방정부의 문화마케팅 전략
박흥식 | 중앙대 행정학과

99 대졸여성실업의 실태분석 및 대학-노동 시장 간 효율적 연계방안
이은우 외 | 울산대 사회과학부

100 그린 투어리즘의 분석
이응진 | 대구대 관광학부

101 지방자치단체장의 부정부패
오일환 | 한양대 아태지역연구센터

102 산업화가 유교체제하 중국여성의 지위에 미친 영향
천성림 | 배재대 사회과학연구소

103 움직이는 말하기
유혜숙 외 | 나사렛대 교양학부

104 장애학생을 위한 특수교육공학의 활용
김용욱 | 대구대 중등특수교육과

105 지식기반사회의 평생교육 이해와 평생교육 프로그램 개발
박성열 | 건국대 교육공학과

106 N세대의 미술교육
김동철 | 대구교육대 미술교육학과

107 노후계획과 투자
권택호 | 여수대 국제통상학과

108 영화산업
양영철 | 경성대 연극영화학부

109 동유럽의 변혁과 언론의 역활
정대수 | 경남대 정치언론학부

110 환율, 임금, 물가가 국제경쟁력 및 수출입산업에 미치는 영향
하인봉 | 경북대 경제통상학부

111 일본기업의 기술혁신 전략
위정현 | 중앙대 상경학부

112 노후보장정책과 역저당연금제도
조덕호 외 | 대구대 행정학과

113 유비쿼터스 라이프와 미래 사회
김석수 | 한남대 멀티미디어공학과

114 죽음과 관련된 생명윤리적 문제들
구인회 | 가톨릭의과대 인문사회과학교실

115 경제적 세계화와 빈곤문제, 그리고 국가
김준현 | 한일장신대 인문사회과학부

116 한국의 세계불교유산
김종명 | 한국학중앙연구원 한국학대학원

117 복지레저서비스론
고태규 | 한림대 국제학부

118 자생적 철학체계로서 인간중심철학
선우현 | 청주교대 윤리교육과

119 전략적 통합과 한반도 평화체제
김승채 | 고려대 정책대학원

120 환경사법론
전경운 | 경희대 법학부

121 인터넷 자료를 통해 본 한국의 이혼 문화와 사회복지
성정현 외 | 협성대 사회복지학과

122 유럽연합의 사회정책에 관한 연구
문진영 | 서강대 신학대학원 사회복지학과

123 여성건강의 통합적 관점
김혜원 | 관동대 간호학과

124 복잡계 네트워크 과학
강병남 | 서울대 물리천문학부

125 경제적인 3세대 전원주택 개발
박근준 | 호서대 건축공학과

126 사회복지와 인적자원개발
이상일 | 인제대 국제경상학부